权威·前沿·原创

皮书系列为
"十二五""十三五""十四五"时期国家重点出版物出版专项规划项目

BLUE BOOK

智库成果出版与传播平台

以色列蓝皮书

BLUE BOOK OF ISRAEL

以色列发展报告

（2024）

ANNUAL REPORT ON ISRAEL'S NATIONAL DEVELOPMENT

(2024)

主 编／张倩红

副主编／张礼刚　艾仁贵　马丹静

社会科学文献出版社
SOCIAL SCIENCES ACADEMIC PRESS (CHINA)

图书在版编目（CIP）数据

以色列发展报告 . 2024 ／张倩红主编；张礼刚，艾仁贵，马丹静副主编 . --北京：社会科学文献出版社，2025.7. --（以色列蓝皮书）. --ISBN 978-7-5228-5438-0

Ⅰ . D738.2

中国国家版本馆 CIP 数据核字第 2025MH5761 号

以色列蓝皮书
以色列发展报告（2024）

主　　编／张倩红
副 主 编／张礼刚　艾仁贵　马丹静

出 版 人／冀祥德
责任编辑／郭白歌
责任印制／岳　阳

出　　版／社会科学文献出版社·区域国别学分社（010）59367078
　　　　　地址：北京市北三环中路甲 29 号院华龙大厦　邮编：100029
　　　　　网址：www.ssap.com.cn
发　　行／社会科学文献出版社（010）59367028
印　　装／天津千鹤文化传播有限公司

规　　格／开本：787mm×1092mm　1/16
　　　　　印张：29　字数：438千字
版　　次／2025 年 7 月第 1 版　2025 年 7 月第 1 次印刷
书　　号／ISBN 978-7-5228-5438-0
定　　价／198.00 元

读者服务电话：4008918866

本报告得到郑州大学精品学术出版计划、
河南大学以色列研究中心科研专项资助

本报告为国家社科基金中国历史研究院重大历史问题
研究专项重大招标项目"阿拉伯人与犹太人关系全史"
（24VLS025）的阶段性成果

谢志恒　闫　涛　杨　剑　俞志成　张德馨
张恺欣　张礼刚　张倩红　张延波　赵晨曦
赵秀赞　郑天成　周林林　朱兆一

主要编撰者简介

张倩红　教授、博士生导师，郑州大学历史学院院长，国家社会科学基金学科规划评审组委员、中国中东学会副会长、中国世界近现代史研究会副会长。主要从事犹太-以色列及中东问题研究，出版《以色列史》《犹太史研究新维度》《犹太文化》《耶路撒冷三千年》等10多部学术著作和译作，在《中国社会科学》《历史研究》《世界历史》《人民日报》《光明日报》等刊物上发表论文百余篇。

张礼刚　教授、博士生导师，河南大学副校长，区域与国别研究院执行院长，中国中东学会常务理事、中国世界近现代史研究会理事。曾赴以色列本-古里安大学和美国布兰代斯大学做访问学者。主要从事犹太史研究，在《世界历史》《世界民族》《宗教学研究》《史学月刊》《史林》等刊物上发表论文多篇。

艾仁贵　教授、博士生导师，河南大学以色列研究中心副主任、区域与国别研究院副院长，中国世界民族学会常务理事、中国亚非学会理事、中国区域国别学青年50人。主要从事以色列和中东区域国别研究，出版《马萨达神话与以色列集体记忆塑造》《犹太人与世界文明》等多部学术著作和译作，在《历史研究》《世界历史》《世界民族》《西亚非洲》《光明日报》等刊物上发表论文50多篇。

马丹静 河南大学历史文化学院、以色列研究中心副教授，以色列本-古里安大学博士后，牛津大学亚洲和中东研究系、希伯来和犹太研究中心访问学者。主要从事以色列研究，在《史学月刊》《学海》《历史教学》等刊物上发表论文多篇。

摘　要

2023 年，以色列面临前所未有的国际国内压力。政治方面，司法改革使以色列深陷政治动荡。2023 年 1 月 4 日，以色列司法部部长亚里夫·莱文提出对司法系统进行全面改革，包括改变法官遴选程序赋予执政联盟对法官任命的控制权、取消最高法院对议会立法的司法审查权、议会可简单多数推翻最高法院裁决、法院不能以"合理性"为由取消政府决定、改革政府法律顾问等五项内容。司法改革引发的席卷全国的抗议浪潮是该国在过去 40 年中经历的最深刻的内部危机。10 月 7 日，哈马斯的突然袭击导致以色列遭受了空前规模的伤亡，随后以色列宣布国家进入战争状态，这是自第四次中东战争结束以来的头一次。新一轮巴以冲突（加沙冲突）爆发，以色列在加沙的报复行动造成大量巴勒斯坦人伤亡，激起国际社会的普遍谴责。不仅如此，当加沙战场趋于稳定后，以色列展开了对哈马斯、黎巴嫩真主党、也门胡塞武装、伊拉克民兵组织以及伊朗的多重反击，战争外溢现象使中东的地缘环境更为复杂。战争所导致的人道主义危机严重损害了以色列的国际形象，国际反犹、反以势力空前高涨。

经济方面，2023 年，受到司法改革、加沙冲突等重大事件的影响，以色列经济经历了显著变化，上半年经济增长一度中断，随后逐渐回稳，10 月经济活动急剧减少。全年 GDP 增长率为 2.0%，明显低于前几年的增长水平，而人均 GDP 几乎没有增长。在加沙冲突爆发前，经济一度出现"软着陆"的迹象，通胀从年初的 5.4% 降至年末的 3%，产出缺口缩小。然而，第四季度由于受战事的影响，GDP 下降了 5.6%。以色列商业环境风险的增

加也加剧了境外高科技投资者的担忧，从而导致初创公司通过风险投资基金募集资本的速度急剧下降。加沙冲突的爆发导致以色列初创公司的产出显著下降，高科技公司通过国内外风险投资基金募集的资本量较 2022 年下降了约 70%，回落至五年前的水平。

外交方面，2023 年以色列在国际层面受到空前的批评和孤立。司法改革不仅在以色列国内引发巨大分歧，而且在外部招致广泛批评，美国、欧盟等对司法改革均表达了不满。特别是 10 月 7 日的新一轮巴以冲突，以色列在加沙的报复性军事行动造成巴勒斯坦人的大规模伤亡，引发国际社会的普遍谴责，玻利维亚、哥伦比亚、尼加拉瓜等国先后宣布与以色列断绝外交关系。西方盟友也对以色列的过激行动给予批评，抗议以色列的浪潮在欧美国家频频爆发。

中以关系方面，尽管受到中美博弈的影响，中以两国在多个领域开展了积极合作。随着疫情结束，中以双方的合作得到恢复并趋向正轨，这种合作既有国家层面，也有省区市层面，尤其在创新合作这个重点领域取得一系列进展。

基于以色列在中东地区与国际事务中的重要影响力，以及加强中以双边交流合作、推进中以创新全面伙伴关系的现实需要，以色列蓝皮书课题组联合国内外相关研究力量，邀请科技部中以创新合作战略研究中心和中以学术交流促进协会（SIGNAL）的专家学者，共同推出了《以色列蓝皮书：以色列发展报告（2024）》。

关键词： 以色列　加沙冲突　社会治理　科技创新　中以合作

目　录 ⤷

Ⅰ　总报告

Ⅱ　分报告

Ⅲ　社会治理篇

Ⅳ　科技创新篇

附录四

皮书数据库阅读**使用指南**

总 报 告

B.1

内忧外患交织中的以色列

刘丽娟　张倩红*

摘　要： 2023 年，以色列的总体形势可用"内忧外患"概之。司法改革引发的"内忧"与加沙冲突导致的"外患"，对以色列经济、政治与社会造成沉重打击。以色列经济遭受重创，特别是高科技产业面临严峻考验，但作为"创新国度"的基础犹在。司法改革引发的大规模抗议浪潮，既是政府与司法系统争夺权力的较量，也是近年来以色列国家与社会分歧的集中体现。加沙冲突重创了以色列及其民众的安全感，损害了以色列的地区威慑力和国际形象，国际反以、反犹形势更加严峻。

关键词： 以色列经济　司法改革　加沙冲突　政治动荡

对于以色列而言，2023 年是极为罕见的动荡之年。年初，被称为史上

---

* 刘丽娟，无锡职业技术学院马克思主义学院副教授；张倩红，郑州大学教授。

"最右翼"的联合政府，为抓住难得的政治、历史"机遇"发动了司法改革，试图从法律层面大举清除政府扩权的障碍，以便推行更有利于右翼立场的政策，结果在全国引发持续性、大规模的抗议浪潮。新成立的联合政府在内部要稳定各党派成员，外部更面临着司法系统的较量、反对派的批驳和普通民众"高呼下台"的声讨，整个国家陷入建国以来极为罕见的撕裂状态。10 月 7 日哈马斯的突然袭击，为这些彼此裹挟、不断升级的动荡迅速拧开"减压阀"。虽然内塔尼亚胡领导的政府面临着应对恐袭不力、支持率不断下降的风险，但是在一致对外的诉求之下，政府与反对派代表成立"战时内阁"，搁置争议，全力应对战争威胁；普通民众暂停抗议，转而关注加沙冲突。虽然冲突从外部暂时遮盖了以色列的政治、社会动荡，但随着冲突的持续及外溢、人质问题的久拖不决、内塔尼亚胡似乎无心结束冲突，使得被压制的各种矛盾再次浮现。以色列不仅四面受敌，社会严重撕裂，加沙冲突所导致的人道主义危机也严重损害了以色列的国际形象，国际反犹、反以势力空前高涨。

在此背景下，2023 年以色列经济遭遇重创，大部分经济指标增速下降。新谢克尔持续贬值，汇率动荡，大型信用评级机构纷纷下调对以色列的评级展望，外国投资减少，股市表现不佳，房地产市场降温，根据 2024 年全球创新指数（The Global Innovation Index），以色列排名第 15 位，相较于 2023 年下降 1 位。但其在企业经营稳定性（Operational Stability for Businesses）方面排第 62 位，在商业环境（Business Environment）方面排名第 49 位，在制度（Institutions）方面排名第 34 位，排名均比往年下降。但比较乐观的是，以色列在知识和技术产出（Knowledge and Technology Outputs，第 7 位）、商业成熟度（Business Sophistication，第 9 位）和市场成熟度（Market Sophistication，第 12 位）方面排名比较靠前，说明以色列作为创新型经济体的基础犹在。以色列未来既需要应对经济面临的固有问题，也需要积极降低司法改革和加沙冲突带来的不利影响，实施负责任的经济复兴政策，以提升国际社会对以色列市场的信心。

一 经济形势

（一）2023年以色列的宏观经济指标

2023 年是以色列经济面临巨大挑战的一年。年初至 10 月，司法改革引发的政治、社会危机，伴随着全球经济增长放缓，对以色列经济造成不利影响。10 月以后，随着加沙冲突爆发及进一步发酵，以色列经济再度遭遇严峻考验。受司法改革及加沙冲突的影响，2023 年以色列大多数经济指标增速下降。

2023 年，以色列 GDP 增速为 2%，相较于 2022 年 6.5%和 2021 年 9.3%的强劲增长率，增速大幅放缓。[①] 由于人口增长 2.2%，以色列人均 GDP 在 2023 年实际下降 0.3%。需特别指出的是，新冠疫情期间除外，以色列上一次出现经济萎缩是在国际金融危机爆发后的 2009 年。[②] 具体来看，对外货物贸易总额同比下降 13.4%，其中进口同比下降 14.9%，出口同比下降 11.0%。[③] 私人消费支出下降 0.7%，商品和服务出口减少 1.1%，商品和服务进口下跌 7.2%。2022 年，这三项则分别增长 7.4%、9.7%和 12.4%。[④] 人均消费支出在 2023 年下降 2.8%，公共支出则增长 8.3%。[⑤] 政府预算赤字飙升至占 GDP 的 6.7%，

[①] Steven Scheer, "Gaza War Hits Israeli Economy with 19.4% Q4 Drop," *Reuters*, February 19, 2024, https: //www. reuters. com/world/middle-east/gaza-war-hits-israeli-economy-with-194-q4-drop-2024-02-19/.

[②] Aharon Katz, "Israel's Per Capita GDP Shrank in 2023," *Globes*, February 19, 2024, https: //en. globes. co. il/en/article-israels-per-capita-gdp-shrank-in-2023-1001471528.

[③]《2023 年以色列主要经济数据》，中华人民共和国商务部网站，2024 年 2 月 28 日，http: //file. mofcom. gov. cn/article/zwjg/zwdy/zwdyxyf/202402/20240203475268. shtml; "Bank of Israel Annual Report 2023," Bank of Israel, March 2024, p. 7, https: //boi. org. il/media/cktbkdrl/full-report_2023n. pdf.

[④] "Israel Sees Sharp Decline in GDP Growth in 2023," Xinhua Net, February 20, 2024, https: //english. news. cn/20240220/d182cf287aa14c0daa48ff9ab3957671/c. html; "Bank of Israel Annual Report 2023," Bank of Israel, March 2024, p. 7, https: //boi. org. il/media/cktbkdrl/full-report_2023n. pdf.

[⑤] Aharon Katz, "Israel's Per Capita GDP Shrank in 2023," *Globes*, February 19, 2024, https: //en. globes. co. il/en/article-israels-per-capita-gdp-shrank-in-2023-1001471528.

而 2022 年仅占 GDP 的 1.6%。公共债务占 GDP 的比例从 2022 年的 60.5% 上升到 2023 年的 61.9%。①

以色列的通货膨胀率有所缓和。受紧缩货币政策、反周期财政政策以及全球经济活动和通胀放缓的影响，2023 年以色列的通胀率从 1 月的 5.4% 下降到 12 月的 3%，回归到通胀目标范围 1%~3% 的上限。这在很大程度上归因于以色列的能源独立保障了其国内能源价格相对稳定。即便如此，2023 年以色列高通胀仍然很普遍，70% 的 CPI 构成部分（食品饮料、住房、服装、交通等）增长 3% 以上。②

新谢克尔持续贬值，汇率波动加剧。根据以色列银行对汇率的分析，2023 年，新谢克尔贬值主要受以色列国内因素推动，全年汇率变动并不一致，在以色列政府推进司法改革、加沙冲突爆发时期，汇率发生重大变化。③ 2023 年上半年，自以色列政府出台司法改革计划以来，新谢克尔的价值已跌至 3 年来的最低点，④ 新谢克尔兑美元汇率已下跌逾 9%。7 月，在政府强行通过首条旨在削弱以色列最高法院权力的法案后数日，新谢克尔兑美元汇率下跌 2%。⑤ 加沙冲突爆发后，外国投资者和非以色列民众大量抛售新谢克尔，使其大幅贬值。2023 年 12 月，名义有效汇率比 9 月同比低 1.8%，新谢克尔兑美元汇率低 3.9%。⑥

① Amir Yaron, "Governor's Letter," Bank of Israel, March 28, 2024, https：//www. boi. org. il/ en/communication－and－publications/regular－publications/bank－of－israel－annual－report/bank－ of－israel－annual－report－2023/.

② "Bank of Israel Annual Report 2023," Bank of Israel, March 2024, p. 10, https：//boi. org. il/ media/ cktbkdrl/full－report_2023n. pdf.

③ "Bank of Israel Annual Report 2023," Bank of Israel, March 28, 2024, p. 11, https：// www. boi. org. il/media/2euk2zws/chapter－1－2023. pdf.

④ Melanie Lidman and Tracy Wilkinson, "The Crisis over Netanyahu's Judiciary Overhaul Is Hitting Israel's Once－flourishing Economy," *Los Angeles Times*, July 25, 2023, https：//www. latimes. com/ politics/story/2023－07－25/disputed－judiciary－overhaul－already－roiling－israels－politics－ hit－the－once－flourishing－economy.

⑤ Libby George and Marc Jones, "Israel's Judicial Reform Turmoil Threatens Economic Growth, Investment," Reuters, July 31, 2023, https：//www. reuters. com/world/middle－east/israels－ judicial－reform－turmoil－threatens－economic－growth－investment－2023－07－30/.

⑥ "Bank of Israel Annual Report 2023," Bank of Israel, March 28, 2024, pp. 21, 24, https：// www. boi. org. il/media/2euk2zws/chapter－1－2023. pdf.

股票市场表现不佳。2023 年前半年，虽然全球股市几乎都在上涨，但是司法改革打击了不少以色列国内投资者的信心，使其规避股市风险，导致以色列股市表现不佳。2023 年 1~6 月，以色列股市下跌了 10%，① MSCI 以色列指数（MSCI' Israel Index）落后于全球指数约 14%。② 此外，由于担忧以色列政府削弱司法机构的计划将阻碍经济增长并引发资本外流，以色列公众将资金从以色列国内股票和债券中撤出，转而投资海外证券的金融基金等。据统计，2023 年上半年，以色列公众从特拉维夫证券交易所将投资于以色列的债券基金撤出约 177 亿新谢克尔，约合 48 亿美元。③ 10 月以后，虽然全球股票价格呈大幅上涨趋势，但以色列受加沙冲突影响，特拉维夫证券交易所股票下挫，特别是基准指数 TA-125 指数（Tel Aviv 125 index）急剧下跌了 13.5%。④

房地产市场继续降温，但住房供应量持续增加。以色列商业日报《环球报》（Globes）表示，2023 年成为以色列房地产市场近 20 年来最糟糕的一年。⑤ 新冠疫情过后，以色列房价持续上涨到 2023 年年初，2023 年 6 月房地产需求降温。根据美国哥伦比亚广播公司（CBS）数据，2023 年以色列住宅交易总数较 2022 年同期下降 34.2%，现有住宅销售量下降 36.7%，新房销售量同

① Melanie Lidman and Tracy Wilkinson, "The Crisis over Netanyahu's Judiciary Overhaul Is Hitting Israel's Once-flourishing Economy," *Los Angeles Times*, July 25, 2023, https://www.latimes.com/politics/story/2023-07-25/disputed-judiciary-overhaul-already-roiling-israels-politics-hit-the-once-flourishing-economy.

② Sharon Wrobel, "Negative Sentiment over Judicial Impact Drives Market Underperformance, TASE Warns," *The Times of Israel*, August 9, 2023, https://www.timesofisrael.com/negative-sentiment-over-judicial-impact-drives-market-underperformance-tase-warns/.

③ Sharon Wrobel, "Negative Sentiment over Judicial Impact Drives Market Underperformance, TASE Warns," *The Times of Israel*, August 9, 2023, https://www.timesofisrael.com/negative-sentiment-over-judicial-impact-drives-market-underperformance-tase-warns/.

④ "Bank of Israel Annual Report 2023," Bank of Israel, March 28, 2024, p. 21, https://www.boi.org.il/media/2euk2zws/chapter-1-2023.pdf.

⑤ Arik Mirovsky, "Israel's Housing Market Ends 2023 in Deep Recession," *Globes*, January 4, 2024, https://en.globes.co.il/en/article-israels-housing-market-ends-2023-in-deep-recession-1001466923.

比下降 30.3%，① 全年房价下降 0.6%。虽然需求下降，但是前两年上市土地的建设准备，以及利率上升导致长期持有土地却不开发的成本更高，因而住房供应量仍在继续增长，2023 年以色列住宅竣工量较 2022 年同期增长 12.4%。②

大型信用评级机构纷纷下调以色列的信用评级，以色列债务违约保险成本接近 12 年来最高水平。国际三大信用评级机构标准普尔（S&P Global）、穆迪（Moody's）和惠誉（Fitch）均对以色列的政策方向表示担忧。2023 年 4 月，穆迪将以色列的主权信用评级从"正面"（positive）下调至"稳定"（stable）。③ 5 月，标准普尔警告，若地区或以色列国内政治风险急剧升级，其可能会将以色列的主权信用评级从 AA-下调至 A+。与此同时，惠誉已经将以色列的评级从 AA-下调至 A+。④ 下调以色列的主权信用评级，打击了以色列国内外投资者的信心，加剧了对以色列经济的不利影响。虽然以色列国际债券的核心买家不太可能在短期内抛售资产，但投资者基础已经缩小。⑤

外国投资者数量、投资额下降幅度较大。外国投资对经济增长与发展至关重要，但 2023 年以色列外国投资与 2022 年相比降幅高达 28.7%，从 230 亿美元降至 164 亿美元，甚至略低于 2017 年的 168 亿美元。如果从国际对比来看，这一数字更能体现以色列经济下滑。根据联合国贸易和发展会议

---

① Lalaine C. Delmendo, "Israel Residential Real Estate Market Analysis 2024," Global Property Guide, August 15, 2024, https：//www. globalpropertyguide. com/middle－east/israel/price－history.

② "Bank of Israel Annual Report 2023," Bank of Israel, March 28, 2024, p. 12, https：//www. boi. org. il/media/2euk2zws/chapter-1-2023. pdf; Lalaine C. Delmendo, "Israel Residential Real Estate Market Analysis 2024," Global Property Guide, August 15, 2024, https：//www. globalpropertyguide. com/middle-east/israel/price-history.

③ "Bank of Israel Annual Report 2023," Bank of Israel, March 28, 2024, p. 4, https：//www. boi. org. il/media/2euk2zws/chapter-1-2023. pdf.

④ Libby George and Marc Jones, "Israel's Judicial Reform Turmoil Threatens Economic Growth, Investment," Reuters, July 31, 2023, https：//www. reuters. com/world/middle－east/israels－judicial-reform-turmoil-threatens-economic-growth-investment-2023－07－30/.

⑤ Libby George, Karin Strohecker and Steven Scheer, "Year of War Creates Cracks in Israel's Borrowing Strength," Reuters, October 7, 2024, https：//www. reuters. com/world/middle-east/year-war-creates-cracks-israels-borrowing-strength-2024-10－06/.

（UNCTAD）的报告，2023 年全球外国投资增长了 3%，经济合作与发展组织（简称经合组织，OECD）国家的增长率则为 28%。①

高科技公司融资持续下降，大批初创公司倒闭。自 2022 年中期以来，以色列科技公司融资几乎每个季度都在下降，受司法改革影响，2023 年第一季度、第二季度同比分别骤降 70%、65%。② 具体来看，在私募融资（Private Funding）方面，农业和食品科技行业下降 66.7%，气候科技行业下降 59.9%，金融科技行业、IT 行业和数据行业均下降 57%，健康科技行业下降 53.3%，网络安全领域下降 45.7%。③ 更令人担忧的是，随着时间推移，不断下降的投资愈加集中于少数"明星企业"，大批初创公司倒闭。2024 年第二季度 64% 的融资仅投资于 6 家科技公司，扭曲了以色列科技生态系统好转或复苏的图景。④

（二）以色列经济面临的主要问题

2023 年，以色列经济除了面临近年来固有的不利影响外，⑤ 社会动荡与加沙冲突也对经济造成巨大冲击。

第一，作为以色列经济增长关键引擎的高科技行业遭受严峻考验，从根

---

① Adrian Filut, "Economic Concerns Mount as Israel Faces Drop in Foreign Investments and Services Export," *Calcalist*, March 18, 2024, https: //www.calcalistech.com/ctechnews/article/ldor8dzx5.

② Melanie Lidman and Tracy Wilkinson, "The Crisis over Netanyahu's Judiciary Overhaul Is Hitting Israel's Once-flourishing Economy," *Los Angeles Times*, July 25, 2023, https: //www.latimes.com/ politics/story/2023-07-25/disputed-judiciary-overhaul-already-roiling-israels-politics-hit-the-once-flourishing-economy.

③ "2023 Israeli Tech Annual Report," Startup Nation Central, January 25, 2024, https: //startupnationcentral.org/blog/finder/2023-israeli-tech-annual-report/.

④ Sharon Wrobel, "Decline in Investors, Negative Sentiment over Gaza War 'Extremely Concerning'-Study," *The Times of Israel*, July 2, 2024, https: //www.timesofisrael.com/decline-in-investors-negative-sentiment-over-gaza-war-extremely-concerning-study/.

⑤ 劳动生产率低于发达经济体的平均水平；工人基本技能水平低，不同技能人群之间的技术水平差距较大；阿拉伯女性和极端正统派男性就业率低下；贫困率是经合组织国家平均水平的两倍等。参见 "Bank of Israel Annual Report 2023," Bank of Israel, March 28, 2024, p. 30, https: //www.boi.org.il/media/2euk2zws/chapter-1-2023.pdf。

本上影响以色列经济的增长。以色列高科技行业创造了约16%的GDP，占以色列出口的50%以上，并贡献了政府税收的25%以上，是以色列经济增长的关键引擎。[1] 然而，以色列高科技行业严重依赖国外直接投资，以色列国内动荡和加沙冲突持续导致大批外国投资继续转移，也导致造就了以色列高科技产业奇迹的高技能人才、企业及企业家流失。[2]

第二，以色列经济增长潜力遭遇挑战。根据特拉维夫大学经济学教授伊泰·阿特尔（Itai Ater）的研究，司法改革导致行政约束下降，从长期来看，将会使以色列人生活水平相较于经济增长潜力下降23%~45%，若这一损失在未来25年内稳步累积，将导致以色列经济年均增长率下降0.83%。[3] 加沙冲突的持续，也使以色列经济疲软，通货膨胀率开始上升。以色列财政部部长贝扎莱尔·斯莫特里奇表示："以色列经济承受着该国历史上最长、最昂贵的战争负担。"[4] 经合组织国家报告显示，在经合组织国家所有38个成员国中，2024年4~6月以色列经济增速放缓最为明显。[5]

第三，大型信用评级机构下调对以色列的主权信用评级，对以色列经济带来重大打击。由于以色列商业环境风险上升，金融市场情绪消极，市场对以色列经济衰退的预期不断增加。随着以色列主权信用评级的下降，国际投资者对以色列潜在经济增长和偿还债务能力产生担忧，未来可能导致以色列政府举债成本增高，加重债务负担，并逐步导致以色列政府支出缩减、政府

---

[1] Sharon Wrobel, "Bank of Israel Sees Increased Risk to Economy Due to Judicial Overhaul Uncertainty," *The Times of Israel*, August 2, 2023, https：//www.timesofisrael.com/bank-of-israel-sees-increased-risk-to-economy-due-to-judicial-overhaul-uncertainty/.

[2] Itai Ater, Itzchak Tzachi Raz, and Yannay Spitzer, "The Economic Consequences of Democratic Backsliding Israel's Judicial Overhaul," *Israel Economic Review*, Vol. 21, No. 2 (2023), p. 81.

[3] Itai Ater, Itzchak Tzachi Raz, and Yannay Spitzer, "The Economic Consequences of Democratic Backsliding Israel's Judicial Overhaul," *Israel Economic Review*, Vol. 21, No. 2 (2023), p. 108.

[4] Hanna Ziady, "Israel's Economy Is Paying a High Price for Its Widening War," CNN, October 4, 2024, https：//www.cnn.com/2024/10/04/economy/israel-economy-war-impact/index.html.

[5] Julia Frankel, "Israel's Economy Is Struggling. Economists Say Ending the War Would Help," AP News, August 26, 2024, https：//apnews.com/article/israel-war-economy-hamas-gaza-deficit-smotrich-f647a0436bae20dca2129e02814068a6.

服务受损、税收增加、国民收入和福利下降。①

第四，加沙冲突使以色列财政支出及资源分配面临考验。受加沙冲突影响，以色列银行估计，到 2025 年，以色列的战争成本将达到 670 亿美元；而拥有数十年为以色列总理和政府部门提供咨询经验的以色列经济学家亚科夫·谢宁（Yacov Sheinin）则预估，以色列的战争总成本可能高达 1200 亿美元，占 GDP 的 20%。② 即便美国给予 145 亿美元军事援助，以色列的财政可能仍旧无法承担这一庞大开支。这意味着以色列将面临如何分配财政资源的艰难抉择。

二 司法改革

2022 年 12 月 29 日，以色列新政府宣誓就职，并在联盟协议中明确指出，司法改革将成为新政府优先于任何其他事项的首要任务。2023 年 1 月 4 日，新任司法部部长亚里夫·莱文（Yariv Levin）宣布了一揽子司法改革，并表示这是一系列计划中的司法改革举措中的第一项。③ 自此以后，一直到哈马斯发动对以色列的袭击为止，以色列全国上下掀起了持续性、大规模的反对政府司法改革的抗议浪潮，并在国内引发剧烈动荡。

（一）司法改革的主要内容

第一，废除"合理性原则"。2023 年 7 月，经过数十个小时的激烈辩论，以色列执政联盟中的反对派议员以集体离席的方式表示抗议，最终执政联盟依靠在议会中占据多数席位的优势，以 64∶0 的投票结果通过了一项极

---

① Itai Ater, Itzchak Tzachi Raz, and Yannay Spitzer, "The Economic Consequences of Democratic Backsliding Israel's Judicial Overhaul," *Israel Economic Review*, Vol. 21, No. 2 (2023), p. 110.

② All Israel News Staff, "Senior Israeli Economists Warn Ongoing Gaza War Threatens Long-term Stability of Country's Economy," All Israel News, August 28, 2024, https://allisrael.com/senior-israeli-economists-warn-ongoing-gaza-war-threatens-long-term-stability-of-countrys-economy.

③ Yaniv Roznai and Amichai Cohen, "Populist Constitutionalism and the Judicial Overhaul in Israel," *Israel Law Review*, Vol. 56, No. 3 (2023), p. 504.

具争议的立法，即《合理性标准法》（Reasonableness Standard Law），并使其成为基本法的一部分。该法宣布废除以色列最高法院用来评估政府政策的"合理性原则"，这是以色列现任政府上台后通过的首项、同时也是最重要的一项司法改革法案。

第二，限制以色列法院的司法审查权。过去，以色列各个法院均可对行政和立法行为进行司法审查。而此次司法改革则提议，将司法审查权集中在以色列最高法院，同时只有当全体 15 名最高法院法官集体作出决定且必须获得 12 名法官的绝对多数票后，最高法院才可裁定法律无效。① 但从以色列建国到 2023 年 9 月，以色列 15 名最高法院法官集体出席的听证会仅有 1 次，还是为了推翻现任政府司法改革有关"合理性原则"的法案。因而，司法改革的这一提案，不仅进一步压缩以色列司法机构的审查权力，也将严重破坏以色列最高法院进行司法审查的实效性，令最高法院废除违反《基本法》的司法决定变得极为困难。

第三，禁止对基本法进行司法审查。长久以来，以色列基本法必须接受司法审查，根据法院的判例，基本法不得违反以色列作为一个犹太民主国家的核心价值，也不能毫无理由地将其滥用于个人或临时性事务。② 此次司法改革提议给予所有基本法免于司法审查的豁免权，却不规定任何特殊程序来审查法律是否有效。由于以色列基本法的立法程序与所有普通法一样，唯一区别仅在于法律冠名不同，这一改革将允许议会用简单多数的方式通过任何法律，仅需将其冠名"基本法"，便可免于司法审查。③

第四，制定"推翻条款"（Override Clause）。先前，以色列若某项法律违反基本法，法院可宣布废除该法律。在过去 30 多年里，以色列最高法院

---

① Yaniv Roznai, Rosalind Dixon and David E. Landau, "Judicial Reform or Abusive Constitutionalismin Israel," *Israel Law Review*, Vol. 56, No. 3 (2023), p. 295.

② Yaniv Roznai, Rosalind Dixon and David E. Landau, "Judicial Reform or Abusive Constitutionalismin Israel," *Israel Law Review*, Vol. 56, No. 3 (2023), p. 295.

③ Suzie Navot, "An Overview of Israel's 'Judicial Overhaul': Small Parts of a Big Populist Picture," *Israel Law Review*, Vol. 56, No. 3 (2023), p. 485.

共计废除了 22 项议会制定的法律。① 为了削弱最高法院审查或废除法律的权力，以色列现任政府推出了"推翻条款"——使议会通过简单多数（120 名议员中 61 名议员赞成）即可推翻最高法院裁定某项法律违反基本法的决定，并授权议会重新制定该法。由于在以色列议会制度下，任何政府都在议会拥有至少 61 个席位，议会以简单多数（61 票）推翻司法裁定易如反掌，相当于赋予议会在制定法律上拥有不受限制的绝对权力。②

第五，修改以色列法官的选任程序，增强政府的控制力和决定权。以色列法院体系分为三级，由低到高分别是治安法院（the Magistrate Court）、地区法院（the District Court）和最高法院。一直以来，以色列所有法官的选任都由 9 人组成的司法遴选委员会（Judicial Selection Committee）决定，9 名委员包括 3 名最高法院法官、2 名部长（司法部部长担任主席）、2 名由议会秘密投票选出的议员（通常 1 名来自执政联盟，1 名来自反对党）和 2 名由以色列律师协会理事会秘密投票选出的律师代表。这一结构旨在确保法律专业人士在委员会中占多数，使政府或政党无法左右司法判断。除最高法院法官外，以色列所有法院的法官选任仅需司法遴选委员会简单多数票即可；最高法院法官的选任则需绝对多数票，即需要 9 名委员中的 7 票通过。③ 这一规定实际上赋予了立法机关和司法部门有效的否决权，需要充分平衡司法机关和政府部门的意见，并围绕候选人达成一致意见。

但司法改革则要求对这一制度进行修改，使由政府控制的议会联盟决定法官的任命。根据改革方案，遴选委员会成员人数将增加 2 名，达到 11 名，成员分别为：由司法部部长担任的委员会主席，政府指定的 2 名部长，议会宪法、法律和司法委员会主席，议会国家控制委员会主席，议会委员会主席，最高法院院长，2 名最高法院法官，由司法部部长选出的 2

① AJC Staff, "What to Know About Israel's Judicial Reforms," *American Jewish Committee*, June 13, 2023, https://www.ajc.org/news/what-to-know-about-israels-judicial-reforms.
② Yaniv Roznai, Rosalind Dixon and David E. Landau, "Judicial Reform or Abusive Constitutionalism in Israel," *Israel Law Review*, Vol. 56, No. 3 (2023), p. 296.
③ Yaniv Roznai and Amichai Cohen, "Populist Constitutionalism and the Judicial Overhaul in Israel," *Israel Law Review*, Vol. 56, No. 3 (2023), p. 517.

名公众代表（其中 1 名为律师）。上述各议会委员会主席通常从执政联盟中选出，这将导致司法遴选委员会中 8 人受政府直接控制，这不仅会极大地削弱司法遴选委员会在法律上的专业性、增强政府的政治控制，而且几乎意味着政府可以直接控制以色列所有法官的任命与解雇，使司法系统丧失对政府的制衡能力。以色列民主研究所高级研究员阿米凯·寇恩（Amichai Cohen）直接指出："有关司法任命制度的改革，在所有司法改革提议中最具危险性。"①

第六，将政府法律顾问改为政治任命，并将其意见降级为不具有约束力的建议。以色列每个政府部门的法律顾问都充当着"看门人"的角色，由独立委员会任命，仅受法律约束，并被委托维护公共利益，以保持其不受政治影响的独立性，法律顾问的建议对各政府部门具有约束力。② 但司法改革提案试图将政府和部长的法律顾问改为政治任命，同时规定法律顾问提供的法律建议不应对政府或部长具有约束力，政府或部长有权拒绝法律建议并采取行动，政府可以以其名义确定在法庭上的法律立场，政府和部长应能够寻求私人法律代表，而不是由总检察长代表。③ 反对这一司法改革的人表示，政府法律顾问在发表建议时应具有独立性，在专业性上应服从于司法，而非服从于部长。以政治任命者取代政府法律顾问，意味着对法律的解释不可避免地更加政治化。④

（二）司法改革的原因及影响

以色列司法改革及其引发的大规模抗议浪潮，既是政府与司法系统争夺

---

① Amichai Cohen and Yuval Shany, "The Fight over Judicial Appointments in Israel," Lawfare, February 16, 2023, https：//www. lawfaremedia. org/article/the – fight – over – judicial – appointments – in – israel.

② Yaniv Roznai, Amichai Cohen, "Populist Constitutionalism and the Judicial Overhaul in Israel," *Israel Law Review*, Vol. 56, No. 3 (2023), p. 517.

③ Suzie Navot, "An Overview of Israel's 'Judicial Overhaul'：Small Parts of a Big Populist Picture," *Israel Law Review*, Vol. 56, No. 3 (2023), p. 487.

④ Tom Ginsburg, "The Long Hand of Anti – Corruption：Israeli Judicial Reform in Comparative Perspective," *Israel Law Review*, Vol. 56, No. 3 (2023), p. 395.

权力的较量，也是近年来以色列国家与社会分歧的集中体现。以色列政治制度的独特性导致政府权力过大，而司法系统是对政府权力有效的制衡机构。以色列没有成文宪法，司法系统在解释充当宪法角色的基本法上权力较大，为司法系统扩权提供了便利。司法系统在以色列民众心中声誉较高，是民众维护司法系统、抗议政府的一大原因。右翼、极右翼势力上升，其理念、政策与最高法院之间的冲突不可调和，这成为其裹挟政府极力推动司法改革的直接动因。

以色列政治制度的独特性，导致政府若想扩权就必须与司法机构争夺权力，这是以色列现任政府大力推动司法改革的主要原因。以色列"强政府、弱议会、强司法"的独特政治架构，使得传统意义上的三权分立变为政府与司法系统的权力之争。在以色列的政治制度中，一院制议会拥有立法权，但政府由议会中占多数的政党联盟所组建，政府实际控制着议会多数，同时由于缺乏拥有否决权的总统制，政府几乎同时行使行政权与立法权，权力高度集中。在此情况下，最高法院作为全国最高司法机关，在制约政府滥用权力、约束议会避免制定损害公民权利的立法层面，具有至关重要的作用，也是唯一能够对以色列立法、行政起到制约作用的机构。

司法改革导致以色列自建国以来最为严重的内部撕裂。以色列警察局局长（Israel Police Chief）科比·沙卜泰（Kobi Shabtai）于2023年9月5日指出，自2023年1月以来，以色列人每周六都会举行反对司法改革的抗议活动，迄今已经持续35周，共计有600万~700万人在以色列4400个地点参加抗议活动。[①] 抗议者将反对司法改革视为"挽救"以色列民主的斗争，其认为司法改革的目标便是打击能够保护法治、维护平等、捍卫自由、制衡政府的司法系统。改革内容不仅过度侵犯司法权力，还使政府直接控制司法系统，这将严重威胁以色列的民主，从根本上改变以色列民主国家的性质。同

---

① Yael Freidson, "Seven Million Israelis Have Participated in Protests Against Netanyahu's Judicial Coup, Police Chief Says," *Haaretz*, September 4, 2023, https：//www. haaretz. com/israel-news/2023-09-04/ty-article/. premium/police-chief-around-7-million-israelis-participated-in-anti-judicial-coup-protests/0000018a-5f41-d845-adfe-ff61a2940000.

时，抗议者也抨击现任政府不维护全体公民的利益，将整个国家的利益置于右翼、极右翼党派的偏好之上。抗议者呼吁取消所有计划中的改革，并要求总理内塔尼亚胡辞职。这一群体主要包括内塔尼亚胡的政治对手、前高级官员、前首席大法官、商业和金融部门领袖、高科技从业者、医生、科学家、律师、高校校长及教师、安全部门负责人、国防军高级军官[1]，以及数百名预备役军人，对以色列国防至关重要的空军飞行员也威胁将拒绝服役。[2]

司法改革对以色列影响重大且深远。从内部来看，司法改革加剧了联合政府内部以及中左翼与右翼、极右翼党派的纷争，点燃了以色列社会内部急剧发酵的抗议浪潮，将整个国家拉入辩论政治与司法博弈、公民自由、平等权利、正当程序、民主法治、阿犹关系、兵役改革等高风险对话，进一步破坏了以色列社会内部的凝聚力和团结性，在以色列社会不同群体，甚至家庭内部引发了严重分歧，对以色列经济、社会与安全产生了多重负面影响。从外部来看，司法改革加剧了美以紧张关系，也引发了美国及世界其他地区犹太人对以色列的批评与担忧，欧洲议会围绕"以色列民主的恶化及其对被占领土的影响"展开讨论，影响国际社会对以色列营商环境、经济发展的信心。虽然加沙冲突爆发后，以色列公众的注意力聚焦于加沙冲突，司法改革及其引发的社会撕裂暂时被搁置。但这种紧张局面并未消失，当冲突结束、外部环境稳定后，紧张局面可能再度出现。

三　加沙冲突及其外溢

（一）加沙冲突基本情况

2023 年 10 月 7 日，哈马斯对以色列发动代号为"阿克萨洪水"（Al-

---

[1] Suzie Navot, "An Overview of Israel's 'Judicial Overhaul': Small Parts of a Big Populist Picture," *Israel Law Review*, Vol. 56, No. 3 (2023), p. 486.

[2] Raffi Berg, "Israel Judicial Reform Explained: What Is the Crisis About?" BBC, September 11, 2023, https://www.bbc.com/news/world-middle-east-65086871.

Aqsa Flood）的军事行动。这次袭击不同以往，哈马斯不仅向以色列发射数千枚火箭弹，同时约3000名巴勒斯坦武装人员进入以色列境内，对以色列南部约22个军事基地和平民社区发动袭击，并袭击了正在举办户外音乐节的人群。这是以色列建国75年以来在境内遭受的最严重的袭击，共造成1200多名以色列人和外国人丧生，200多人被哈马斯劫持为人质。① 据报道，截至2024年7月31日，约116名人质从加沙返回以色列，另有111名人质仍被扣留在加沙，据推测其中至少有39名人质死亡。自以色列在加沙地带开展地面行动以来，至少有329名以色列士兵在战斗中丧生。②

以色列随即空袭加沙，宣布发动"铁剑行动"。10月8日，以色列总理内塔尼亚胡宣布以色列自2023年10月7日早上6点已开始进入战争状态。9日，30万名预备役人员被征召入伍，这是以色列历史上规模最大、速度最快的一次征召预备役人员；居住在靠近加沙地带的以色列居民被下令疏散；以色列国防军全面封锁约旦河西岸，切断对该地区的食物、水和电力供应；美国国防部部长劳埃德·奥斯汀（Lloyd Austin）下令将航母战斗群部署到地中海东部。③ 12日，以色列空军表示，在开战的头六天内，以色列共向加沙投掷大约6000枚炸弹，已接近2019年美国全年向阿富汗投掷炸弹的总数（7423枚）。④ 10月27日，以军开始对加沙发动地面进攻。

---

① Eric A. Heinze, "International Law, Self-Defense, and the Israel-Hamas Conflict," *The US Army War College Quarterly: Parameters*, Vol. 54, No. 1 (2024), p. 72.

② Jim Zanotti, Jeremy M. Sharp, "Israel and Hamas Conflict in Brief: Overview, U. S. Policy, and Options for Congress," Congressional Research Service, R47828, August 1, 2024, p. 5, https://crsreports. congress. gov/product/pdf/download/R/R47828/R47828. pdf/.

③ Ruth Levush, "Israel: Government Declares War and Special Situation on Home Front Following October 7 Hamas Attacks," Library of Congress, December 12, 2023, https://www. loc. gov/item/global-legal-monitor/2023-12-11/israel-government-declares-war-and-special-situation-on-home-front-following-october-7-hamas-attacks/.

④ Kwan Wei Kevin Tan, "Israel Says It Dropped 6, 000 Bombs on Gaza in One Week. That's Almost as Many as What the US Dropped in Afghanistan in One Year," Business Insider, November 6, 2023, https://www. businessinsider. com/israel-dropped-as-many-bombs-in-gaza-us-afghanistan-2019-2023-11.

截至 2024 年 8 月 5 日，哈马斯 24 个营中的 22 个营已经不复存在。① 哈马斯损失惨重，不可否认，加沙无辜民众则为战争付出了沉痛的代价。根据加沙地带卫生部门 2024 年 8 月 18 日的数据统计，以色列在加沙地带的军事行动已经导致 4 万多名巴勒斯坦人死亡、9 万多人受伤。此外，加沙约 210 万名居民中约有 190 万人流离失所，大多数人缺乏基本生活物资。②

（二）加沙冲突对以色列的重大影响

除了人员伤亡和经济损失外，2023 年 10 月 7 日的突袭及随后冲突的扩大，也给以色列带来了诸多影响。

首先，重创了以色列及其民众的安全感，损害了以色列在中东的威慑力。以色列建国后通过历次中东战争树立的军事威慑力，在某种意义上成为多年来护卫以色列国家安全、震慑对手的一种隐形战略资产。但这次哈马斯在以色列境内发动的大规模袭击，对以色列安全造成严峻挑战，导致以色列先前闻名于世的威慑、情报、预警、防御甚至初期应对策略一度全部失效，以色列作为中东地区最强大的军事力量这一叙事在众目睽睽之下被撕开了一道裂口。对此，以色列国家安全战略专家谢·沙巴泰（Shay Shabtai）表示，哈马斯的袭击"标志着以色列国家安全理论基本原则的彻底崩溃"。③

其次，以色列面临多线作战的复杂局面。伊朗、黎巴嫩真主党、叙利亚、伊拉克的伊斯兰抵抗组织也被卷入其中，以色列历史上更是首次面临来自也门胡塞武装的攻击。虽然战争初期黎巴嫩真主党不断在北方战线向以色

---

① Tamara Qiblawi, Allegra Goodwin, Gianluca Mezzofiore, Eugenia Yosef and Ibrahim Dahman, "Netanyahu Says 'Victory' over Hamas Is in Sight. The Data Tells a Different Story," CNN, August 5, 2024, https://www.cnn.com/interactive/2024/08/middleeast/gaza-israel-hamas-battalions-invs-intl/.

② Jim Zanotti, Jeremy M. Sharp, "Israel and Hamas Conflict in Brief: Overview, U. S. Policy, and Options for Congress," Congressional Research Service, R47828, August 1, 2024, https://crsreports.congress.gov/product/pdf/download/R/R47828/R47828.pdf.

③ Shay Shabtai, "How Will the Swords of Iron War Change Israel's National Security Strategy and Doctrine?" *BESA Center Perspectives Paper*, No. 2252, January 9, 2024, https://besacenter.org/how-will-the-swords-of-iron-war-change-israels-national-security-strategy-and-doctrine/.

列开火，甚至迫使以色列疏散了北部边界附近大约 16.4 万名以色列居民，[①]但在加沙战场未取得明朗形势前，以色列一直审慎避免将与黎巴嫩的冲突升级为全面对抗。也门胡塞武装也对以色列进行了打击。

最后，以色列的国际形象恶化，国际反以、反犹形势更加严峻。针对哈马斯的袭击，以色列对加沙地带发动史无前例的空袭和地面军事行动，这在世界各地引发大规模反以色列、支持巴勒斯坦的示威、抗议活动，国际反以、反犹形势更加严峻。不少享誉全球的高校成为反以前沿阵地，全球反犹事件激增，联合国、国际刑事法院、国际法院等重要国际机构对以色列展开批评和审查，多国政府、非政府组织谴责、抵制以色列，BDS 运动号召力愈加强大。埃坦·沙米尔称："哈马斯的袭击，成功动员了广泛而多样的国际反以色列阵线，实际是公开的反犹主义阵线。"[②]

以色列对加沙进行反击后，80% 的加沙房屋被毁，大量加沙学校、医院、难民营遭遇轰炸，大批无辜平民伤亡，且形势仍在恶化。这也招致包括联合国、国际法院、国际刑事法院在内的重要机构对以色列的批评和审查。在联合国方面，面对加沙地带严峻的人道主义危机，联合国多次批评以色列限制人道主义援助进入加沙，联合国秘书长办公室（The Office of the United Nations Secretary General）更于 2024 年 6 月 7 日通知以色列，基于 2023 年发生的大量杀戮、致残以及袭击学校和医院事件，秘书长古特雷斯决定将以色列国防军列入"耻辱名单"。[③] 在国际法院层面，其受理了南非对以色列的诉讼，并分别于 2024 年 1 月、3 月两次敦促以色列采取"一切措施防止实施种族灭绝行为"。巴西、玻利维亚、智利、阿尔及利亚、沙特、荷兰、孟

---

① Zvi Hauser, "Swords of Iron War-Principles for Victory," *Middle East Forum*, April 25, 2024, https：//www. meforum. org/65824/swords-of-iron-war-principles-for-victory.

② Eitan Shamir, "The Iron Swords War：The Strategic Balance So Far, and What Comes Next?" JNS, July 15, 2024, https：//www. jns. org/the-iron-swords-war-the-strategic-balance-so-far/.

③ "Fact Sheet：the UN Secretary General's Decision to 'Blacklist' the IDF," Ministry of Foreign Affairs of Israel, June 11, 2024, https：//www. gov. il/en/pages/fact-sheet-the-un-secretary-general-s-decision-to-blacklist-the-idf-11-jun-2024.

加拉国、土耳其、埃及也加入南非的抗议，[1] 法国、比利时、澳大利亚、斯洛文尼亚对国际法院表示支持。在国际刑事法院方面，2024 年 5 月 20 日，检察官卡里姆·汗（Karim Khan）宣布对哈马斯领导人及以色列总理内塔尼亚胡和国防部部长加兰特发布逮捕令，罪名为"涉嫌战争罪和反人类罪"。对此，《卫报》编辑朱利安·伯格尔（Julian Borger）表示，这成为国际刑事法院自 2002 年成立以来，首次追究西方（特别是美国）亲密盟友的责任。[2] 虽然国际法院和国际刑事法院没有执法权力，但这些裁决极大地增强了国际社会对以色列的负面看法和外交压力，恶化了以色列的国际地位和以色列人的全球声誉。

（三）加沙冲突的外溢

以色列高度重视自身在中东地区的威慑力，并历来奉行先发制人、"以血还血、以牙还牙"的强硬政策。这次面对哈马斯、黎巴嫩真主党、也门胡塞武装、伊拉克民兵组织以及伊朗的攻击，以色列不仅遭遇历史上极为罕见的重大人员伤亡，甚至将加沙地带、黎巴嫩边境大量以色列居民撤离，这是以色列建国以来从未发生过的事情。以色列在战争初期为专注加沙战场、避免多线作战而未对黎巴嫩真主党等做出强硬回击，这也在一定程度上降低了以色列的区域威慑力。

在伊朗战线，长久以来伊朗利用代理人对以色列进行非对称性打击的模式，被迫开始转变为以色列和伊朗的直接冲突，双方进入"报复—反报复"的危险对抗中，虽均有意缓和冲突，但都不愿被理解为主动示弱，这无疑加大了地区动荡的风险。加沙冲突爆发后，伊朗最初并不愿意与以色列爆发直接冲突，但随着以色列重创哈马斯、黎巴嫩真主党等伊朗代理人，并在伊朗"抵抗之弧"地域范围内对哈马斯、黎巴嫩真主党和伊朗伊斯兰革命卫队多

---

[1] Rina Bassist, "ICJ to Host Hearing on Israel's Rafah Operation," Al-Monitor, May 14, 2024, https：//www.al-monitor.com/originals/2024/05/icj-host-hearing-israels-rafah-operation.

[2] Julian Borger, "Will the ICC Approve Arrest Warrants for Israel and Hamas Leaders?" *The Guardian*, May 20, 2024, https：//www.theguardian.com/law/article/2024/may/20/will-the-icc-approve-arrest-warrants-for-israel-and-hamas-leaders.

名高级领导人进行暗杀——包括但不限于在伊朗首都暗杀哈马斯政治领袖伊斯梅尔·哈尼亚，袭击伊朗驻叙利亚大马士革领事馆杀死伊朗伊斯兰革命卫队最高指挥官少将穆罕默德·雷扎·扎赫迪（Mohammad Reza Zahedi）及其副手——最终导致伊朗亲自下场对以色列进行袭击，既安抚代理人，又向以色列传递强硬信号。为回应以色列杀死扎赫迪，2024年4月13日，伊朗伊斯兰革命卫队在霍尔木兹海峡附近扣押了与以色列有关的船只，并向以色列发射导弹，空袭持续约5小时，这也是伊朗首次向以色列领土直接发射导弹。以色列军方表示，在美国、英国和法国的协助下，大多数导弹在以色列境外被拦截，约旦也协助其击落了一些穿越其领空的导弹。① 2024年10月1日，为了报复以色列杀死哈尼亚等，伊朗向以色列发射了大约180枚弹道导弹，首次对以色列使用高超音速导弹。② 以色列也对伊朗的军事基地进行袭击，虽然在美国极力斡旋下，暂未袭击伊朗的核设施和石油设施，但以色列领导人表示如若伊朗再次报复，以色列仍保留打击伊朗核设施和其他高价值目标的权利。

在黎巴嫩战线，黎巴嫩真主党从最初的协同袭击方，变为冲突外溢后以色列的重点打击对象，损失惨重。黎巴嫩真主党成立的宗旨便是对抗以色列，它多年来一直是伊朗"抵抗之弧"中的先锋主力。加沙冲突爆发后，黎巴嫩真主党原本仅为声援加沙而迅速对以色列发动小规模袭击，并未打算与以色列爆发全面冲突。然而，随着双方陷入冲突循环后，特别是当以色列在加沙冲突中取得有利形势的背景下，黎巴嫩真主党开始成为以色列重塑区域威慑力的重点打击对象。以色列对黎巴嫩的作战步骤可以大致分为空袭真主党据点——寻呼机、对讲机爆炸案重创真主党成员——精准暗杀真主党高层领导人——地面入侵黎巴嫩，对黎巴嫩真主党的军事基

---

① Mersiha Gadzo, "Timeline: The Key Moments That Led to Israel's Attacks on Iran," Al Jazeera, October 2, 2024, https://www.aljazeera.com/news/2024/10/2/timeline-the-key-moments-that-led-to-irans-missile-attacks-on-israel.

② Mersiha Gadzo, "Timeline: The Key Moments that Led to Israel's Attacks on Iran," Al Jazeera, October 2, 2024, https://www.aljazeera.com/news/2024/10/2/timeline-the-key-moments-that-led-to-irans-missile-attacks-on-israel.

础设施、武器库、通信网络发动猛烈攻击，真主党遭受自成立以来最严重的打击。

在也门战线，胡塞武装作为曾经边缘化的伊朗代理人，此次利用加沙冲突袭击红海航运、非对称性地多次打击以色列，极大地提高了其在地区及国际范围内的影响力，并迫使以色列开辟了也门战线。自加沙冲突爆发以来，也门胡塞武装通过袭击红海航运来报复以色列对加沙的军事行动，并通过发射无人机和导弹向以色列发动了 200 多次袭击。特别是 2024 年 7 月 19 日，一架胡塞武装无人机首次突破以色列防空系统在特拉维夫造成人员伤亡。随后作为回应，以色列空军袭击被视为伊朗向胡塞武装提供武器的重要入口也门荷台达港，造成至少 6 人死亡、数十人受伤，这也是自胡塞武装袭击以色列 9 个月以来，以色列首次进行回击。

在伊拉克战线，为报复以色列袭击加沙，作为伊朗"抵抗之弧"的组成部分，伊拉克伊斯兰抵抗运动（Islamic Resistance in Iraq）的各民兵组织在战争爆发后，从最初袭击驻扎在伊拉克、叙利亚的美军，开始转变为利用无人机、火箭弹、巡航导弹等多次袭击以色列，并威胁进行能源战争。自 2023 年 11 月至 2024 年 9 月 25 日，伊拉克伊斯兰抵抗运动声称共向以色列发动 167 次袭击，其中 75% 的袭击为无人机袭击，虽然绝大多数袭击未到达以色列领土，但仍有 2 次袭击分别击中埃拉特一所学校和以色列的国防军基地。[①] 特别是在真主党遭遇重创时，伊拉克伊斯兰抵抗运动显著增加了袭击以色列的频率和强度。

在叙利亚战线，自加沙冲突爆发以来，叙利亚成为本轮冲突中"最不活跃的"伊朗代理人，避免与以色列发生直接军事对抗，但由于叙利亚是伊朗"抵抗之弧"的左膀右臂，且继续充当伊朗向真主党输送武器和物资

---

① Dana Polak, "The Islamic Resistance in Iraq - September 2024," Alma Research and Education Center, September 26, 2024, https：//israel-alma. org/2024/09/26/the-islamic-resistance-in-iraq-september-2024/.

的稳定渠道,① 叙利亚领土多次遭遇以色列袭击。以色列对叙利亚的打击,旨在破坏其与黎巴嫩真主党、伊朗伊斯兰革命卫队的军事、情报设施与基地,暗杀重要人员。自加沙冲突爆发至 2024 年 10 月 6 日,以色列国防军对叙利亚发动了 255 次袭击,其中 95 次为了袭击叙利亚的真主党目标,23 次为了袭击在叙利亚的伊朗伊斯兰革命卫队,至少 365 人死亡。② 最严重的袭击发生在 2024 年 4 月,以色列空袭叙利亚首都的伊朗领事馆,造成伊朗伊斯兰革命卫队 2 名将军、5 名成员身亡。叙利亚谴责以色列,并向以色列发射多枚火箭弹。然而随着以色列对黎巴嫩发动地面入侵后,叙利亚战场基本保持了平静。③

　　总之,以色列在中东面临多线作战,对自身也是重大消耗。以色列在加沙战场虽取得重大进展,但伊朗正竭尽所能在约旦河西岸重建巴勒斯坦民兵组织。④ 此外,哈马斯的思想无法根除,冲突在加沙民众心中种下的仇恨,已经使许多原本并不支持哈马斯的巴勒斯坦人转而接受哈马斯思想,未来任何支持哈马斯思想的加沙适龄青年都有可能接受哈马斯的招募而成为新的哈马斯分子。若战后缺乏加沙治理的有效措施,不能排除加沙人道主义危机继续恶化。黎巴嫩真主党虽遭遇重创,但其武器基础、军事力量、斗争意志不容小觑,不会改变打击以色列的根本立场。胡塞武装在此次加沙冲突中极大地提高了影响力和自信心,趁机发展壮大的企图和意愿高涨,在哈马斯和真主党遭遇重创的前提下,伊朗也需要一个强大的胡塞武装来稳固"抵抗之

---

① Ameneh Mehvar, Sherwan Hindreen Ali, Mohannad Shamy, and Abdel Rahman Taha, "Expanding Israeli Operations in Lebanon and the Escalation of the Middle East Crisis," ACLED, October 4, 2024, https://acleddata. com/2024/10/04/middle-east-september-2024-special-issue-middle-east-crisis/#keytrends2.

② Ameneh Mehvar, "Key Figures on Attacks by and Against Israel Since 7 October 2023," ACLED, October 10, 2024, https://acleddata. com/2024/10/10/israels-gaza-middle-east-a-year-in-numbers/.

③ Justin Salhani, "Israel's Attacks on Syria Explained," Al Jazeera, October 12, 2024, https://www.aljazeera. com/news/2024/10/12/how-can-israel-attack-syria.

④ Daniel Byman, Seth G. Jones, and Alexander Palmer, "Escalating to War between Israel, Hezbollah, and Iran," Center for Strategic & International Studies, October 4, 2024, https://www.csis. org/analysis/escalating-war-between-israel-hezbollah-and-iran.

弧"。伊拉克伊斯兰抵抗运动虽为松散的民兵联盟，但其坚定反以，袭击频率、力度和能力不断上升，当前仍在不断发展。叙利亚虽在此次加沙冲突中较为沉默，但其仍旧是伊朗向黎巴嫩真主党输送武器的重要渠道，仍是"抵抗之弧"的重要力量。

结　语

当前，以色列政府面临着内忧外患的严峻考验：对内，遭到政府内部反对派、普通民众的反对，考验着其执政能力；对外，多线作战的复杂局面考验着其作战能力。但内塔尼亚胡及其联合政府执政基础仍基本稳固。在联盟内部，右翼、极右翼政党虽然并非能在所有问题上达成一致，但都深知此次联合组阁机遇难得，除非遇到不可调和的矛盾，否则不愿轻易令政府倒台。从反对派来看，中间派、左翼和阿拉伯政党四分五裂，缺乏将民众情绪转化为政治力量的能力，具有号召力的政党领袖也未有明晰的凝聚各反对派政党与民众的政治目标与策略。在民众支持上，虽然司法改革和加沙冲突削弱了以色列民众对联合政府的信任度、支持率，但抗议者主要来自中左翼阵营，联合政府并未丧失其核心选民的支持，仍拥有相当大的群众基础。从内塔尼亚胡自身来看，他多年来纵横政坛，经验、能力毋庸置疑，在国际局势紧张状态下暂无人能够对其构成严峻挑战。

对于内塔尼亚胡而言，其将在战场上取得决定性胜利视为维护以色列安全的重要手段，不会轻易在取得阶段性目标时就鸣金收兵。个人动机方面，让战争持续是内塔尼亚胡维持统治的重要法宝，不仅能够推迟对其个人腐败丑闻的刑事审判，也是当前最能令其免于入狱的一张王牌。此外，战争一旦结束，先前掩盖于战争之下的抗议浪潮将可能再度袭来，且2026年的大选也将如期而至，其中的任何一个因素均有可能成为导致内塔尼亚胡下台的导火索。除了内塔尼亚胡，联合政府中的宗教犹太复国主义党也希望推进战争，甚至威胁若内塔尼亚胡与哈马斯达成任何形式的长期停火协议，该党将退出联合政府。①

　　然而，加沙冲突久拖不决并持续外溢，在国内外对以色列造成重大压力。加沙冲突已对以色列经济造成重创，庞大的军事开支已令财政不堪重负；呼吁政府尽快结束战争、促成人质获释的声音和情绪高涨，再度引发街头抗议，且得到不少反对派政治人物的支持，以色列社会和政治都面临着更加撕裂的危险。从国际上来看，加沙冲突不仅重创了以色列的声誉，也随之恶化了以色列人、犹太人的整体形象，以色列和犹太人已在国际舞台面临严峻孤立与批评，未来将因声誉、信誉受损而付出沉重的经济与外交代价。

① Zack Beauchamp, "The Real Reason Netanyahu Won't End the Gaza War," Vox, September 5, 2024, https：//www. vox. com/politics/369934/israel－gaza－protests－hostages－netanyahu－war－september.

分 报 告

B.2
调整与挑战：以色列经济形势报告

朱兆一　葛芊妤*

摘　要：　受司法改革引发的社会危机和加沙冲突的影响，以色列经济在2023年经历了显著波动。尽管年初经济数据显示充分就业和高于目标的通胀率，但经济走向调整已经在加沙冲突爆发前出现端倪，突如其来的加沙冲突导致国民经济呈现断崖式下跌，政府采取了一系列紧急政策才重新企稳。以色列政府采取的紧急政策主要包括加息和外汇市场干预，大幅增加国防开支并推出支持受影响企业和家庭的措施等。加沙冲突对以色列经济的长期影响包括劳动力短缺、生产能力下降、需求减少、金融市场波动以及主权信用评级下降、高科技企业和人才流失等。此外，以色列还面临国际形象受损和高科技产业外流的双重压力。尽管面临诸多挑战，以色列经济的基础依然坚实，但是国民经济的恢复可能需要数年的努力。

关键词：　以色列经济　加沙冲突　经济政策　经济挑战

---

* 朱兆一，北京大学汇丰商学院中东研究所执行所长；葛芊妤，浙江财经大学会计学院本科生。

由于受到司法改革、加沙冲突等重大事件的影响，以色列经济在 2023 年经历了显著变化，从上半年的经济增长一度中断到逐渐回稳，再到 10 月加沙冲突爆发，经济走向彻底改变，最终全年 GDP 为 58270 亿美元，增长率为 2.0%，明显低于前几年的增长率，而人均 GDP 几乎没有增长。加沙冲突对财政和货币政策产生了重大影响，政府和以色列央行采取了一系列措施以提供流动性和支持受加沙冲突影响的小企业和家庭。随着加沙冲突的持续，以色列国民经济发展面临更为复杂的局面，国内外地缘政治与经济环境的变化使该国的经济面临较大的不确定性。

一　加沙冲突前以色列经济的调整

2023 年，以色列发生了两件对国民经济带来重大影响的事件。1 月，政府推动的司法改革引发了大规模抗议和深刻的社会危机。10 月，加沙冲突爆发，导致地区局势紧张。年初强劲且稳定的经济发展为应对这些突发事件提供了重要的安全缓冲，使得国民经济没有出现过大波动。劳动力市场在战争前保持充分就业，名义工资加速上涨，失业率低，职位空缺率高。以色列银行自 2022 年 4 月开始的加息进程在 2023 年上半年继续，利率上调至 4.75%。加息提高了融资成本，抑制了需求，个人储蓄增加，企业和消费信贷减少，住房市场增长放缓，房价下降。

（一）经济增长开始放缓

回看 2023 年初，以色列经济表现强劲，处于充分就业状态，GDP 增长超过以色列央行预期，债务占 GDP 的比重降低了 3.3%。经常账户盈余约占 GDP 的 3.5%，外汇储备约占 GDP 的 40%。[1] 尽管新谢克尔在 2022 年有所贬值，但从长期来看依然坚挺。金融系统整体，特别是银行系统的稳定性，

---

[1] "Israel: Inflation Comes in at Highest Level Since December 2023 in June," Focus Economics, July 15, 2024, https://www.focus-economics.com/countries/israel/news/inflation/israel-consumer-prices-15-07-2024-inflation-comes-in-at-highest-level-since-december-2023-in-june/.

反映了经济的稳健。这种稳健使得以色列银行能够减轻加沙冲突对民众的金融影响。年初健康的经济表现得益于新冠疫情的结束和以色列本土产能的迅速恢复。2021年和2022年的年化GDP增长率显著高于疫情前的增长率，需求快速恢复。全球供应链因疫情中断，尤其是在物资和原材料的供应上出现了严重问题。这种中断带来了对以色列制造业和创新型企业更大的需求。因此，以色列企业在一些领域（如半导体、医疗设备等）加大了产量，刺激了GDP增长。俄乌冲突加剧了全球食品、能源和原材料的供应紧张。全球经济更多地依赖以色列在一些科技产品和资源上的供应，推动了以色列的出口增长和国内产业的扩张，尤其是在高科技和防务领域。在疫情期间，以色列和其他国家采取的宽松货币和财政政策，导致通货膨胀率大幅上升，超出了通胀目标。2022年，包括以色列在内的各国中央银行和政府开始实施较为宽松的政策，以应对过高的通货膨胀率。[①]

2023年初，内塔尼亚胡政府推行的司法改革很快波及金融市场，并造成巨大负面影响。以色列资本市场的国内外投资者认为司法改革正在带来该国经济的结构性变化，法治将被削弱进而影响经济发展的独立性，从而带来中长期风险。国际货币基金组织和经济合作与发展组织（简称经合组织，OECD）等国际机构警告以色列，司法改革可能带来长期负面影响，从而拉低经济增长率。主要信用评级机构也指出，如果计划中的司法改革损害了现有的制衡机制，以色列的主权信用评级将面临下调风险。随之在2023年4月，穆迪将以色列的评级展望从"正面"下调为"稳定"。[②] 但是与之对应，评级机构和国际机构仍强调以色列经济的韧性和国内金融系统的强劲，信贷利差、信贷额度和问题债务的规模没有实质性变化。此外，家庭和企业在新冠疫情期间获得的补贴所积累的安全缓冲也增强了主要经济单位

---

① "Israel: Staff Concluding Statement of the 2023 Article IV Mission," International Monetary Fund, May 10, 2023, https://www.imf.org/en/News/Articles/2023/05/10/israel-staff-concluding-statement-of-the-2023-article-iv-mission.

② ILH Staff, "Moody's Downgrades Israel's Credit Outlook to Stable over Judicial Reform Concerns," Israel Hayom, April 15, 2023, https://www.israelhayom.com/2023/04/15/moodys-downgrades-israels-credit-outlook-to-stable-over-judicial-reform-concerns/.

面对潜在冲击的韧性。① 以色列风险投资统计数据显示，在司法改革推进后，该国初创企业的募资表现不佳，募资额度开始减少。② 汇率发展分析显示，新谢克尔出现了10%~15%的过度贬值，推迟了通胀目标的实现，国内投资和私人消费需求下降。这些影响的潜在范围预计在未来三年内每年减少0.8%~2.8%的国内生产总值。③

加沙冲突前，以色列政府的经济政策以保高科技产业持续增长、稳定其他行业为主线。其中，2023年前三季度财政政策的总体取向是反周期性的，结构性赤字保持不变，法定税率也未发生显著变化。如果没有战争的爆发，预计赤字将占GDP的约2%，而债务与GDP的比重预计会下降到60%以下。④ 新冠疫情危机结束后，税收收入的下降，尤其是房地产税和高科技行业税收的异常减少，导致2023年赤字的增加，使得结构性赤字维持在与2022年相似的水平。2023年签署的公共部门工资协议是政府审慎财政政策的重要组成部分。尽管和私营部门比较，公共部门的工资缩水，但协议规定了16%的名义工资增长，且为公共部门特定群体预留了额外增幅。尽管这一工资协议的结构在一定程度上减轻了财政对通胀的压力，并缩小了工资不平等，但从长期来看，公共部门在吸引和留住人才方面与私营部门相比仍然竞争不足。从2023~2024年的预算来看，并未包括必要的中长期宏观经济改革措施，例如教育改革、基础设施项目的规划和预算、公共部门的精简费

---

① "Moody's Downgrades Israel's Credit Outlook," Al-Monitor, April 14, 2023, https://www.al-monitor.com/originals/2023/04/moodys-downgrades-israels-credit-outlook.

② 以色列风险投资集团年度报告显示，司法改革推动后，风险投资额度已经有所下降；在加沙冲突之后，下降更为明显，全年最终下降额度和2022年全年总额相比减少了74%。参见"Most Active Investors Report 2023, Sponsored by IVC, Gornitzky and KPMG, and in Association with the Israeli Innovation Authority," Gornitzky & Co., March 19, 2024, https://www.gornitzky.com/2023-ivc-gny-kpmg-investors-report/。

③ "2024 Annual Report: The State of High-Tech," Israel Innovation Authority, March 2024, https://innovationisrael.org.il/en/wp-content/uploads/sites/3/2024/06/2024-Annual-Report-The-State-of-High-Tech-1.pdf.

④ Steven Scheer, "War with Hamas Doubles Israel's Debt Raising in 2023," Reuters, April 15, 2024, https://www.reuters.com/world/middle-east/war-with-hamas-doubles-israels-debt-raising-2024-04-15/.

用，以及燃油税替代方案等，导致加沙冲突前的财政政策总体较为保守。

2023 年 10 月 7 日加沙冲突爆发以前以色列的货币政策相对而言更为全面和激进。在过去两年，以色列银行等全球各大央行面临的主要挑战是如何在应对高通胀率的同时避免过度抑制经济活动，实现所谓的"软着陆"，各国央行普遍由疫情期间极度宽松的货币政策转向了较为紧缩的货币政策。以色列央行采取了相对坚定的货币政策，自 2022 年 3 月起，将基准利率从 0.1%大幅上调，至 2023 年 5 月底上调至 4.75%。[①] 这一加息举措通过提高消费和商业活动的融资成本来抑制需求，同时通过吸引资本流入以色列经济，减少了对本币新谢克尔的贬值压力，从而缓解了可交易商品价格的上涨。

较高的利率环境增加了企业和家庭的债务负担。尽管企业信贷增长了 5.6%，但这一增速仅为 2021 年和 2022 年增速的一半，且小微企业的信贷有所减少，消费信贷也有所下降。因为货币政策，特别是利率变动对需求的影响存在滞后性，并且通过需求影响通胀，所以以色列国内通胀率的上升可归因于 2023 年以前的货币政策调整在该年得以逐渐显现。总体来看，以色列央行的货币政策在 2023 年加沙冲突前基本有效地将通胀引导至目标区间，同时未对经济活动造成剧烈冲击，从而实现了预期的"软着陆"目标。

（二）稳健的财政政策和货币政策

以色列政府依靠较为稳健的财政政策和货币政策基本实现了加沙冲突前平稳过渡的经济目标，政策效果集中体现在高科技产业、房地产市场和金融市场。

近年来，以色列的高科技产业已成为 GDP 和就业增长的关键引擎，其中服务业的贡献显著超越了制造业。2017~2022 年，该产业对经济产出增长的贡献率达到了 32%，其占 GDP 的比重从 14%上升至 17%。同时，高科技服务业的就业人数从 20 万人激增至近 30 万人。对技术专业劳动力

---

① "Bank of Israel Holds Key Interest Rate Steady," *The Jerusalem Post*, November 27, 2023, https：//www.jpost.com/business-and-innovation/article-775400.

需求的显著增加，导致了职位空缺率的上升和 2022 年工资水平的显著增长。[①] 2023 年，在加沙冲突爆发前以色列高科技产业的全球增长势头已显示出放缓迹象：年初至第三季度，该产业的就业人数、雇员数量和总劳动投入均未见增长，职位空缺率降至新冠疫情前水平以下。高科技出口总额（包括商品和服务）虽然维持在近年的高位，但增长停滞，而产业收入（按固定价格计算）在 2022 年年底的水平上下波动，直至加沙冲突爆发后出现下降。此外，该产业的名义工资增长率近 7%，较前一年有所加快，是因为 2023 年该产业的发展在一定程度上受到了劳动力短缺的影响，而非单纯的需求不足。

高科技产业增速放缓可归因于多重因素：随着疫情消退，全球对技术服务和创新的需求增长放缓；全球货币紧缩政策导致对初创企业投资的全球性减少，叠加纳斯达克指数的下降，进而导致高科技产业全球活动和资本募集的减少。在以色列，资本募集的减少更为显著，其在全球资本募集中的占比从 2022 年峰值的约 1.7% 下降到 2023 年上半年的约 1.2%。这也说明了全球资本对于以色列高科技的关注度有所下降。[②] 以色列商业环境风险的增加加剧了境外高科技投资者的担忧，从而导致初创公司通过风险投资基金募集资本的速度急剧下降。加沙冲突的爆发导致以色列初创公司的产出显著下降，高科技公司通过国内外风险投资基金募集的资本量较 2022 年下降了约 70%，回落至 5 年前的水平。2023 年，高科技产业在股票市场（主要是美国的纳斯达克股票交易市场）上的表现也较为逊色，以色列公司在纳斯达克的股票价格仅上涨了约 0.5%，而纳斯达克综合指数则上涨了 43%。这与前两年

---

① "Israeli High-Tech Human Capital Report 2022-2023 Snapshot," Israel Innovation Authority, March 2023, https://www.storydoc.com/ee95ba65ce2b62c1/3fbce0eb-6ceb-4640-9cfa-fbb280d8d6e1/6462ae0835c92a000b622322? utm_source=storydoc&utm_medium=hp&utm_campaign=website_eng&utm_content=00u4ki8gr0bzRo4zC5d7.

② "2024 Annual Report: The State of High-Tech," Israel Innovation Authority, March 2024, https://innovationisrael.org.il/en/wp-content/uploads/sites/3/2024/06/2024-Annual-Report-The-State-of-High-Tech-1.pdf.

以色列公司股票的强劲表现形成鲜明对比。①

除高科技行业以外，房地产和金融市场同样值得关注。2023 年，以色列的房地产市场经历了自 2022 年年初以来的持续降温现象。2023 年，以色列房价在经历了新冠疫情后期的上涨之后，于年初达到顶峰，并开始引发市场需求向租赁领域转移，导致租金价格至 6 月份呈现加速上升趋势。在加沙冲突以前，购房交易同比降低了约 1/3，尤其在特拉维夫及国内中部地区表现明显，并导致全年房价轻微下调了 0.6%。此外，新抵押贷款的借贷活动也遭受重创，同比下降约 25%。② 尽管需求端出现缩减，但房屋供应量却持续上升，这主要归因于过去两年土地市场新增的地块进入开发期，以及利率上升导致持有未开发土地成本增加，从而加大了土地供应量。

在金融市场领域，以色列的股票市场表现与全球股市的显著上涨形成了鲜明对比。2023 年，以色列国内股价仅实现了微弱的增长。此外，首次公开募股（IPO）活动的数量急剧下降，整个年度仅有一家企业完成了上市。以色列股票市场在 2023 年延续了 2022 年相对于全球市场的下跌趋势。特别是在年初的 4 个月里，司法改革导致市场反应不确定，以色列的股价出现下跌，与此同时全球股市却呈现上涨趋势。以色列股价的下跌同时伴随着市场要求的风险溢价的增加，反映出国际投资者对于投资该国资本市场日趋谨慎。

二　加沙冲突重创以色列经济

2023 年 10 月 7 日，加沙哈马斯武装分子对以色列的突袭拉开了"阿克萨洪水行动"的序幕，以色列国防军随即宣布进入战争状态，发起"铁剑

---

① "Why Are Israeli Tech Stocks Lagging Behind Nasdaq?" Calcalist, March 18, 2024, https：//www. calcalistech. com/ctechnews/article/bkttyorap.

② Shoshanna Solomon, "Despite Concerns, Buyers Return to Israel Housing Market, Fearing Further Price Rises," *The Times of Israel*, May 24, 2024, https：//www. timesofisrael. com/despite-concerns-buyers-return-to-israel-housing-market-fearing-further-price-rise/.

行动"。加沙冲突很快外溢到以色列与黎巴嫩边境地区，导致北部和南部沿线社区的居民被迫大规模疏散，对劳动力市场和整体经济需求造成巨大冲击。大量预备役人员应召入伍（总数约35万人），迫使许多工人长期离岗，中小学的关闭也使得家长无法正常工作。此外，沿线社区的疏散和非以色列籍劳动力的减少进一步减少了劳动力供给，导致非就业率急剧上升。这些因素不仅直接影响了经济的生产能力，而且很可能在其他领域产生更为持久的影响，例如边境社区居民的回迁困境、国防预算的增加、非以色列籍劳动力供给的不稳定、旅游业的持续受挫等。

（一）经济活动骤降和政府支出猛增

加沙冲突导致经济活动急剧下降和政府支出急剧增加，以色列政府债券与美国国债之间的收益差距和信用违约互换（CDS）的利差被放大，以色列投资风险上升。标普下调其对以色列的主权信用评级及展望。由于加沙冲突持续时间的不确定性，穆迪在2024年2月下调了以色列的主权信用评级及展望。这一决定反映了加沙冲突对以色列政府和议会处理核心经济和社会问题能力的影响，也反映了以色列财政状况的恶化。然而，穆迪同时强调，以色列的宏观经济和货币政策框架依然稳健。

主权信用评级的下降进一步验证了市场对以色列信用风险的担忧。随着时间的推移，主权信用评级的下降可能会限制国际金融机构持有以色列政府债券和公司债券的数量，从而对投资产生负面影响。以色列国内政府债券和外国债券之间的到期收益率差距预计将扩大，政府和国内企业的融资成本可能上升，投资机构甚至会减少对以色列经济的直接投资。

虽然加沙冲突爆发时以色列的经济基础比以往任何一次冲突时都更为稳健，但是因为本次冲突持续时间更长，所以对经济的影响仍然不可估量。2023年第四季度，加沙冲突爆发并且冲突规模达到顶峰，以色列GDP较第二季度下降了5.6%，主要原因是投资显著收缩和私人消费急剧减少。

除了对劳动力供给的巨大冲击，冲突还对需求产生了深远影响。需求的下降主要表现为私人消费的急剧减少。失业率的上升反映了需求的萎缩，迅速波及整个经济，尤其是休闲产业。旅游业，尤其是入境旅游业，受到显著冲击。加沙冲突导致保险成本急剧上升，飞往以色列和从以色列出发的航班需求急剧下降，许多国际航空公司在几个月内暂停航班。尽管部分酒店行业受益于疏散居民被安置在旅游酒店，但这些居民的消费远低于游客。随着居民返回家园，旅游业预计将在一段时间内继续受影响。

房地产市场由于加沙冲突中断了第三季度开始的轻微复苏，交易数量下降至新冠疫情期间首次封锁时的低水平。建筑行业中约 10 万名巴勒斯坦工人（占该行业劳动力的约 1/3）因加沙冲突无法进入以色列。这种劳动力供应问题在短期内难以解决，可能需要重新审视以色列政府长期雇佣巴勒斯坦工人的政策。加沙冲突初期，由于国内战线指挥部和地方当局的指示，建筑工地关闭。到 2023 年年底，约 28% 的住宅建筑工地仍处于关闭状态。高融资成本及建筑公司收入的下降增加了该行业的风险。

（二）紧急出台系列财政政策与货币政策

为应对加沙冲突的巨大消耗，以色列政府迅速推出了一套组合的财政政策和货币政策来缓解国民经济压力。政府在 10 月底修订当年的政府预算，增加了约 260 亿新谢克尔的支出，主要用于疏散和安置居民、支持高科技公司和增加国家安全部的预算。[①] 政府增加支出部分的融资主要通过提高税收、减少支出和增加少量债务来实现，这些措施可能阻碍未来的经济增长。为应对战争支出的增加，政府采取了多种融资方式，包括推迟增值税支付、动用财产赔偿基金等。尽管这些措施缓解了短期压力，但补偿结构未能充分激励企业保留员工，导致经营困难企业裁员，失业率上升。

在货币政策方面，由于加沙冲突爆发后本币新谢克尔显著贬值，以色列央行于 10 月 9 日宣布了一项计划，出售高达 300 亿美元的外汇，以缓解汇

---

① Carrie Keller-Lynn, "Knesset Advances NIS 30 Billion in New Wartime Funds, over Intra-coalition Objections," *The Times of Israel*, December 6, 2023, https：//www.timesofisrael.com/knesset-advances-nis-30-billion-in-new-wartime-funds-over-intra-coalition-objections/.

率波动，并推出高达 150 亿美元的掉期交易。整个 10 月，以色列银行出售了 82 亿美元的外汇，11 月则又出售了约 3.4 亿美元。① 此外，以色列央行还宣布了一项针对机构投资者和基金的贷款计划，以政府和公司债券作为抵押，以缓解市场波动。虽然这些贷款的实际数额较小，但这些措施有效缓和了新谢克尔的贬值，稳定了市场。然而，外汇市场的波动性依然较大，以色列的风险溢价（以美元计价的债务及其保险利差衡量）仍远高于过去。到 2023 年年底，新谢克尔相对于加沙冲突之前水平有所升值。

在确保本币币值稳定的同时，以色列央行还采取系列措施稳定股票、公司债券和政府债券等金融资产价格。在加沙冲突初期，特拉维夫证券市场股票指数大幅下跌 13.5%。但是到 10 月底，随着冲突持续和爆发北部战事的风险下降，股票指数开始反弹，甚至高于加沙冲突爆发之前的水平。② 从全球范围看，虽然 2023 年以色列股价上涨约 4%，但是低于大多数发达经济体。此外，为减轻加沙冲突对小微企业信贷的冲击，以色列银行在 11 月宣布一项总额为 100 亿新谢克尔的货币计划，该计划于 2024 年 1 月底结束。③ 该计划为银行提供补贴利率贷款，以换取银行向小微企业提供利率不超过基准利率的贷款。到 2023 年年底，预计批准的贷款总额达到 63 亿新谢克尔，其中 45% 用于南部和北部受战事影响最严重的地区。贷款赎回率略高于 50%，显示出企业对低成本信贷的需求依然强劲。④

---

① Sharon Wrobel, "Bank of Israel Sold $ 8.2 Billion Since War Started to Protect Shekel from Collapse," *The Times of Israel*, November 7, 2023, https：//www.timesofisrael.com/bank-of-israel-sold-8-2-billion-since-war-started-to-protect-shekel-from-collapse/.

② Maddie Richards, "Study：Someone Bet Against the Israeli Stock Market in the Days Before Hamas' Oct. 7 Attack," CBS News, December 5, 2023, https：//www.cbsnews.com/news/israel-hamas-attack-stocks-short-selling-october-7-study/.

③ Steven Scheer and Ari Rabinovitch, "Bank of Israel to Sell $ 30 Billion of Forex to Stabilize Shekel Amid Gaza War," Reuters, October 10, 2023, https：//www.reuters.com/markets/currencies/bank-israel-sell-30-bln-forex-moderate-shekels-volatility-2023-10-09/.

④ "Bank of Israel Activity in the Foreign Exchange Market," Bank of Israel, October 9, 2023, https：//www.boi.org.il/en/communication-and-publications/press-releases/a09-10-23/.

表 1　加沙冲突爆发后以色列央行的主要货币政策与经济建议

货币政策	银行、信贷与支付	对政府的经济建议
计划出售高达 300 亿美元的外汇,实际销售约 85 亿美元	同意延期付款和取消或延缓贷款偿还费用的计划	发布和修订因加沙冲突而进行的宏观经济预测
高达 150 亿美元的掉期交易	为小型企业提供总额高达 100 亿新谢克尔的信贷条件便利计划	分析和经济活动评估,涵盖各行业
使用于机构投资者和共同基金对政府和公司债券的回购贷款计划	放宽信贷报告	与相关政府部门持续合作,推动援助计划和项目,以应对因加沙冲突而产生的需求
在 2024 年 1 月将以色列银行利率降低 0.25 个百分点	放宽银行账户的限制	
	指导帮助实现远程银行服务和其他银行分支的过渡	
	处理与安全形势相关的信用卡滥用问题	

资料来源: 以色列央行、以色列国家统计局。

　　鉴于金融市场逐渐稳定、通胀趋向目标区间以及加沙冲突对经济活动和就业的重大影响,再加上当时对海外利率政策转变的预期尤其是美国和欧元区预计的降息信号,以色列央行货币委员会决定于 2024 年 1 月 1 日将基准利率下调至 4.5%。这是自 2020 年 3 月新冠疫情开始以来的首次降息,是以色列央行针对当时经济形势的政策反应,并预示着未来货币政策可能进一步宽松,以支持经济的恢复和增长。

　　总体来看,加沙冲突对以色列经济产生的影响是多方面的,包括劳动力供给的减少、需求的下降、金融市场的波动、主权信用评级的下降,以及对特定群体和行业的特别影响。在此情况下,以色列政府和央行采取了一系列措施缓解加沙冲突带来的冲击,支持经济的稳定和恢复。总体而言,以色列经济的基础依然坚实,为应对长期局势动荡提供了安全缓冲,政府和央行的政策反应有助于促进经济的快速恢复和增长。

三　以色列经济恢复面临多重挑战

截至 2024 年 10 月仍未结束的加沙冲突给以色列经济带来前所未有的挑战。此次冲突的影响远超过去 20 年中的其他军事冲突，甚至超过了新冠疫情对以色列经济的冲击。与疫情危机不同的是，此次冲突不仅影响了以色列的国内经济，还加剧了全球市场对以色列债务的敏感性，并且信用评级机构也对以色列的未来表现出更为悲观的态度。尽管以色列在疫情后实现快速经济复苏，但此次冲突预计将在中长期内对以色列经济产生深远的负面影响，尤其是考虑到冲突前夕以色列社会内部已经因司法改革而分裂，对国民经济的负面影响将持续数年的时间。

加沙冲突已经导致了以色列国防观念的重大调整，进而引发了国防预算的显著增加。根据 2024 年的预算协议，以色列国防部已被授权在未来 8 年内每年增加约 100 亿新谢克尔的支出。这种支出的增加不仅会影响以色列的民用和经济领域，还可能导致政府需要通过增加税收或削减其他民用支出来为此筹资。然而，以色列的民用支出在国际比较中本已处于较低水平，进一步削减可能对国家的经济潜在增长产生不利影响。例如，公共基础设施项目的停滞可能在长期内降低劳动生产率、阻碍经济的发展，特别是对于以色列境内阿拉伯部门的五年计划，任何削减都将限制该群体的经济融入，并损害国家收入的长期增长。如果国防支出的增加没有伴随相应的财政补偿措施，以色列的经济风险溢价可能上升，从而增加政府和商业部门的融资成本。这不仅会削弱商业投资，还会对劳动生产率和 GDP 的增长产生不利影响。然而，从另一个角度看，国防领域的大量投资可能在全球地缘政治紧张局势中提升以色列的国防出口能力，从而为民用经济带来中长期的技术发展收益。

加沙冲突也暴露了以色列国防军对人力资源的显著需求，导致预备役士兵的服役天数显著增加，因而国防部提出了延长义务兵役时间的建议。延长义务兵役时间将削弱民用经济产出，并对士兵配偶的就业产生负面影响。为缓解这一影响，以色列政府可能需要扩大服兵役人群，包括吸纳极端正统派

（哈雷迪）人口。延长义务兵役时间和增加预备役天数将延迟年轻人进入劳动力市场的时间，这会进一步削弱商业部门的劳动力供给。

加沙冲突并未改变以色列经济面临的长期根本性问题，反而使这些问题更加突出。从中长期看，以色列经济面临的最严重问题是本国劳动生产率长期低于发达经济体的平均水平，特别是在非贸易行业。这一问题严重制约了以色列经济的竞争力和增长潜力。虽然以色列的劳动生产率在技术密集型行业中表现尚可，但在诸如建筑、服务业等非贸易行业中显著落后。这种差异使得整体经济增长受到制约，削弱了以色列在全球市场中的竞争力。此外，以色列工人的基本技能水平相对较低，并且工人之间技能差距大。这种情况导致工人之间的不平等加剧，不仅影响了当前的经济效益，还对未来的经济增长构成威胁。技能差距的存在使得劳动力无法有效满足技术革新和产业升级的需求，从而制约了经济增长潜力的发挥。

以色列经济面临的另一个问题是就业人口结构的畸形发展，特别是阿拉伯女性和哈雷迪男性就业率过低。这一问题将在战后持续威胁以色列经济增长。这两个群体的就业率长期处于低水平，对以色列的经济增长、社会稳定和公共财政产生了深远的影响。阿拉伯女性的就业率在以色列一直显著低于全国平均水平。根据近年来的数据，该人群的就业率在40%~50%，而相比之下，犹太女性的就业率接近80%。哈雷迪男性的就业情况与阿拉伯女性不同，但同样面临严峻挑战。哈雷迪社区的男性就业率长期低于全国平均水平，近年来约为50%。导致这种低就业率的主要原因在于宗教和教育体系的影响。阿拉伯女性和哈雷迪男性的低就业率对以色列的经济发展产生了负面影响。首先，这两个群体的大量潜在劳动力未被充分利用，导致劳动力市场的整体活力不足。以色列经济虽然在技术创新和高科技产业方面表现出色，但劳动力市场的这种结构性问题可能限制经济的长期增长。其次，这两个群体的低就业率也增加了政府的财政负担。由于阿拉伯女性和哈雷迪男性的收入水平较低，他们更依赖于政府的社会福利和补贴，这种依赖性不仅对政府预算造成了压力，也对以色列的社会福利体系提出了更高的要求。此外，这两类人群的低就业率还导致了贫困和社会不平等的加剧，尤其是在哈雷迪社区，低就业率和低收入水平直接导致了贫困率的上升，不仅影响了这些家庭的生活质量，还可能引发更广泛的社会问题，如犯罪率上升和社会不稳定。战后，如何继续推进这些群体的经济参与度，将在很大程度上决定以色列经济的持续发展和社会的和谐程度。如果这些潜力能够被充分挖掘和利用，不仅能够减轻经济和社会的负担，还将有助于以色列实现更广泛的经济繁荣和社会和谐。

由于以色列国内市场狭小，以色列产品，特别是农产品和高科技产品对外依存度较高，如何在战后逐步修复以色列受损的国际形象，减少对以色列国际经济和对外贸易的影响，减少国际孤立，也将是以色列政府的重要课题。加沙冲突结束后，部分国家可能出于政治或道德立场，选择减少或停止与以色列的贸易往来，甚至可能出现消费者抵制以色列产品的情况。以色列需要多元化其出口市场，减少对特定国家或地区的依赖，并通过加强国际公关和品牌管理，提升其产品在全球市场的接受度。加沙冲突结束后以色列也可能在国际经济合作中面临更多困难，其他国家或国际组织可能重新审视与以色列的经济合作，甚至取消或搁置一些合作项目。此外，国际投资者可能因以色列的国际形象受损而对其市场的稳定性产生担忧，进而减少对以色列的投资。以色列应通过改善投资环境，提供税收优惠和法律保障，继续吸引外国投资者，同时展示其在高科技和创新领域的强大竞争力，以增强投资者的信心。更为严重的是，一旦加沙的人道主义危机处理不当，以色列可能面临经济制裁和贸易限制的风险，国际社会对以色列军事行动的批评可能导致某些国家或地区采取制裁措施，这将直接影响以色列的出口和经济增长。为此，以色列需要加强国际法律和经济应对能力，同时推动自主技术和市场的发展，以增强经济的韧性，减少对外部市场的依赖。总之，加沙冲突结束后以色列经济恢复的关键要素严重受制于国际环境，以色列必须加强外交努力，修复和巩固与关键经济伙伴的关系，同时积极参与多边合作框架，以寻找新的经济机会。

加沙冲突给以色列国民经济带来的又一影响是高科技公司的大规模撤离和科技人才的流失。由于司法改革不得民心，从 2023 年 3 月开始，就有不

少科技公司搬离以色列，加沙冲突强化了这一趋势。以色列的高科技产业长期以来是其经济增长的核心驱动力，由于投资者对安全局势的担忧、经济环境的恶化以及未来投资环境的不确定性，一些高科技公司考虑将业务搬迁至国外特别是美国，而高科技人才也因为对未来发展的担忧而选择移居他国。这种趋势已经对以色列经济的长期发展构成了严重威胁。公司搬迁不仅意味着以色列失去直接的税收和就业机会，还可能削弱以色列在全球科技市场的竞争力。与此同时，高科技人才的外流则更加剧了这一问题。以色列以其创新能力和技术人才储备著称，但如果无法留住这些关键人才，整个高科技行业的持续发展将受到严重影响。为阻止这一趋势，以色列政府需要大规模改善安全环境和公共服务，通过强化国内安全措施减少潜在的安全威胁，增强企业和人才的信心，还需要提升公共服务的质量和稳定性，以提高整体生活质量，吸引和留住高科技人才。加沙冲突结束后以色列政府需要考虑提供一系列面向科技公司的经济激励措施，通过提供税收优惠、补贴和资助，鼓励高科技公司留在以色列并扩大业务。此外，以色列政府也应通过积极的外交行动修复国际关系，改善以色列的国际形象，提振高科技产业的信心，这包括与主要贸易伙伴保持紧密联系，确保以色列公司在全球市场上的稳定地位，等等。

B.3

分歧与裂痕：以色列政治局势报告

王 晋　张恺欣*

摘　要：　分歧与裂痕造成的动荡是 2023 年以色列政坛的主要特征。2022 年 11 月由内塔尼亚胡领导的联合右翼和极右翼政党组建的政府，在 2023 年 1 月起开始推动司法改革，主张限制以色列最高法院和总检察长权威，提升以色列议会的权力。司法改革在以色列国内引起了轩然大波，尤其是左翼和中间翼政党批评激烈，激起了民众大规模抗议示威浪潮。2023 年 3 月，以色列总统赫尔佐格主持对话，希望平息国内分歧，但是谈判于 2023 年 7 月破裂，以色列国内再度掀起大规模抗议示威浪潮。2023 年 10 月 7 日新一轮巴以冲突的爆发，打断了以色列司法改革导致的社会裂痕，在短时间内促使以色列各界团结一致。但是随着冲突的延续，以色列国内各个政治团体的分歧逐渐显现，并在未来继续影响以色列政坛。

关键词：　以色列政党　司法改革　巴以冲突　政治局势

　　以色列的司法改革，造成了以色列 2023 年的政治社会动荡。受以色列司法改革的影响，以色列爆发了历史上最大规模的街头抗议运动，抗议者一度达到了 500 万人，抗议示威规模在以色列历史上实属罕见。在巨大的社会压力下，以色列政府宣布暂缓推行司法改革，但是仍然通过"多步走"的方式推动司法改革。2023 年 10 月 7 日新一轮巴以冲突的爆发，暂时掩盖了以色列司法改革造成的社会矛盾，在短时期内促使以色列各界团结一致。但

---

* 王晋，西北大学以色列研究中心主任、副教授；张恺欣，西北大学中东研究所硕士研究生。

是随着冲突的延续，以色列国内各个政治团体，在是否持续军事行动、如何进行军事行动，是否开启战争责任调查等问题上，分歧逐渐显现，并在未来继续影响以色列政坛。

一　右翼联合政府推进司法改革的政治意图

2023 年 1 月 4 日，新任命的以色列司法部部长亚里夫·莱文宣布，打算对以色列的司法系统和权力平衡做出一些重大改变，并在随后的 1 月 11 日公布了改革方案。政府提出的改革在以色列引发了激烈争议。反对派领导人、资深前公务员、经济学家、活动家、法学家等严厉批评了拟议的改革，认为这些改革将破坏司法独立并实际上赋予政府不受制约的权力。以色列的司法改革，主要涉及法官的提名方式、总检察长的权力、政府法律顾问的任免方式和以色列最高法院的权威等方面的内容。

首先，在以色列最高法院法官的提名方式方面，根据司法改革的方案，以色列政府的话语权将极大增强。在改革前，以色列最高法院法官的提名，由来自以色列政府、以色列律师协会和以色列最高法院法官等不同领域组成的专门委员会遴选。该委员会由 3 名最高法院法官、2 名以色列律师协会成员、2 名以色列议会议员和 2 名以色列政府部长组成，最高法院的法官人选，需要获得该委员会 9 名成员中至少 7 名成员的同意。这样的任免体系，使得以色列最高法院法官的人选需要得到以色列司法部门、政府部门和议会部门的共同认可，但是在新的司法改革方案下，最高法院法官的提名方式将出现重大修正，即组成一个由 11 名成员构成的专业委员会，由司法部部长直接担任委员会主席，同时增补 1 名以色列议会议员进入委员会，在旧方案中以色列律师协会推举 2 名成员，将替换为以色列司法部部长直接任命律师协会成员。以色列司法部部长来自以色列内阁，且以色列律师协会也由以色列司法部管理，因此改革后的新方案将极大地增强以色列政府在以色列最高法院中的权威，能够对最高法院法官人选产生较大的影响。

其次，总检察长的权力也将受到极大的压缩，政府机构的法律顾问只"雇"不"问"。在以色列司法体系中，总检察长主管法律执行，既能够代表司法部门对涉案对象机构和个人提起民事、刑事和行政诉讼，也能监督政府的政策制定和实施。在既有的司法体系中，总检察长对于各个政府部门的政府决策文件，可以根据《基本法》的规定，具有"一票否决权"。总检察长可以向以色列各个政府机构和地方机构，派遣法律顾问，审查政府部门出台的法规文件，并且以"违反《基本法》"为由否决相关文件。但是在新的改革方案之下，以色列政府部门的法律顾问将不再由总检察长任命，转而由以色列各个政府部门主管直接任命；政府部门的法律顾问和以色列总检察长，仍然可以对以色列政府部门的行政文件和法规进行审核，并就相关争议内容提出建议，但是无权对以色列政府部门的行政文件和法规"一票否决"。

最后，以色列最高法院的权威被压缩，政府权限大幅增加。在改革前的司法体系中，以色列最高法院可以审核议会通过的法案，同时也可以审议以色列内阁通过的政府文件和政治决策，并以"违反《基本法》"为由，叫停相关法案或者政策。但是在改革之后，以色列最高法院如果要废除以色列议会的法案，则需要最高法院全体法官出庭，且需要80%以上法官的赞成，才能通过相关判决，而以色列议会则可以通过"简单多数"的形式推翻以色列最高法院的判决。

以色列的司法改革触及以色列建国之后的政治核心问题，即以色列应当继续保持"权力平衡"的体系，还是应当成为一个"大政府"的国家？反对以色列司法改革者认为，以色列的政治制度，即司法、政府和议会相互制衡的政治体系，应当予以保留。以色列的政治体制脱胎于英国委任统治时期，以色列国内的政治制度也在很大程度上出于对英国的模仿，比如缺少成文的"宪法"，通过议会民主制组织政府等，其目的就是防止出现"大政府"威胁以色列政治传统。

20世纪90年代以色列的"宪法革命"奠定了最高法院的权力和地位，使其逐步开始迈入以色列政治舞台的核心位置。1992年，以色列议会颁布了两部有关人权的基本法：《基本法：人的尊严和自由》和《基本法：职业自由》，保护以色列公民的职业自由、财产权、自由权、尊严权和隐私权等，但缺失了争议巨大、无法达成共识的平等权、言论自由权和宗教自由权。对此，最高法院表示，这两部法律的颁布引发了一场"宪法革命"，即它们是第一批定义几项基本权利的正式法律地位，并使其具有高于普通法律规范价值的法律；① 同时，规定《基本法》修正案需要议会成员多数票通过。1995 年，在具有里程碑意义的"联合米兹拉希银行案"（United Mizrahi Bank Case）中，以色列高等法院裁定，《基本法》确实源于相关的制宪权力，具有宪法地位，普通法律不能与《基本法》相抵触，否则，法院有权废除任何与《基本法》相抵触的法律。② 这也是最高法院具备司法审查权力的来源。这场"宪法革命"赋予最高法院废除主要议会立法的权力，③ 扩大了最高法院对行政机关决定的司法审查，最高法院的地位和权力得以大幅提高，"甚至将自己置于决定宪法事务的中心地位"。④ 但是，法院的这一权力并未明确出现在任何法律中，只是法院在判例框架内使其成为具有约束力的司法先例，这也为当前以色列政府批评司法"越权"、试图"规范"司法权力埋下了伏笔。

在以色列国内，政府本身就是议会多数派政治力量组成的，如果司法机构无法发挥制衡作用，议会和政府必然会权力膨胀。在当前法院和司法机构权力较大的情况下，以色列政府的效率确实会受到一定的影响，尤其会使政府政策受到最高法院和总检察长的制衡，但是这种制衡保证了以色列不会出现政府"滥用职权"，能够保证法律的权威。2023 年 2 月，198 名以色列法

① Gideon Sapir, "Constitutional Revolutions: Israel as a Case-study," *International Journal of Law in Context*, Vol. 5, No. 4 (2009), p. 362.

② Michael Starr, "Why Doesn't Israel Have a Constitution? The Origins of the Story," *The Jerusalem Post*, February 3, 2023, https://www.jpost.com/israel-news/article-730474.

③ Gideon Sapir, "Constitutional Revolutions: Israel as a Case-study," *International Journal of Law in Context*, Vol. 5, No. 4 (2009), p. 362.

④ Elliott Abrams, "Israel and the Debate over the Role of the Judiciary in Democratic Government," Council on Foreign Relations, March 16, 2023, https://www.cfr.org/article/israel-and-debate-over-role-judiciary-democratic-government.

学学者共同发布了"联合声明"，要求政府停止实施司法改革。"联合声明"指出："强烈反对以色列政府以'法律改革'为幌子推动的政权更迭，当前的改革应包括赋予政府对司法人员任命的绝对控制权，这些改革措施必然对以色列产生深远影响；在这样的改革之下，司法审查权威将被取消；政府部长法律顾问的守门人职责也将消失；新闻自由很可能遭到破坏。总的来说，当前的改革提议扼杀了司法独立，瓦解了政府各部门之间的权力分立，并消除了法治……这些拟议的改革结合起来令人震惊和危险。"[1]

支持司法改革者认为，以色列的司法改革是必要的。一方面，以色列过于强大的最高法院和总检察长，使得以色列政府的权威受到了极大的影响，以色列司法机构可以随时以"违反'基本法'"为借口，废除或者终止以色列政府的行政决策，极大地影响了以色列政府的行政效率；另一方面，以色列司法机构权力过大，也使得以色列司法机构腐败难以被遏制，以色列法院和检察机构，也会处于"无人监管"的状态。这种观点认为，"以色列最高法院本身就是一部法律……即使没有宪法，最高法院也可以宣布立法无效并阻止其不同意的政府行动"。[2]

对以色列右翼政府而言，推动以色列司法改革，实则出于政治集团利益，以及部分右翼和极右翼领导人私人利益的考量。以色列右翼与极右翼政治团体及社会团体，默许、支持犹太定居者，借兴建非法犹太定居点，不断蚕食和兼并约旦河西岸和东耶路撒冷的土地。因约旦河西岸的大片区域处于以色列国防军占领下，未纳入以色列国内政治管辖体系，犹太定居者涌入时，以色列国防军往往无权也无意干预。因此，以色列左翼团体常联合巴勒斯坦民众，向以色列最高法院提起诉讼，与以色列犹太定居者对簿公堂，希望借以色列法院的判决，向以色列政府施压，迫使其拆除犹太定居点。因

---

[1] "Public Statement by 198 Senior Faculty Members at Law Schools in Israel," The Israeli Law Professors' Forum for Democracy, February 1, 2023, https://lawprofsforum.wixsite.com/english/post/public-statement-by-197-senior-faculty-members-at-law-faculties-in-israel.

[2] Moshe Koppel and Eugene Kontorovich, "Why All the Outrage over Israel's Nation-State Law?" Mosaic Magazine, October 8, 2018, https://mosaicmagazine.com/essay/israel-zionism/2018/10/why-all-the-outrage-over-israels-nation-state-law/.

此，如果能够约束以色列最高法院和司法系统的权威，提升以色列政府的权威，有助于在未来更加快速且有效地蚕食约旦河西岸和东耶路撒冷的巴勒斯坦土地。

在以色列右翼政治人物看来，约束以色列最高法院和总检察长的权力，有助于抬升自己的权力。在过去 20 多年中，以色列右翼团体实际上把控了以色列政坛的主导权，除了少数时间是由以色列左翼或者中间翼政党组建执政联盟，绝大多数时间内，以色列右翼政党是政坛的主导力量。因此，提升以色列政府的权威，削弱以色列司法机构的权威，有助于提升以色列右翼和极右翼政治力量的社会主导作用。以色列右翼政党内部一些主要的政治人物，正在受到或者曾经受到以色列司法机构的调查而面临政治生涯终结的威胁，以色列总理内塔尼亚胡、以色列右翼宗教政党沙斯党领导人阿里耶·德里（Aryeh Deri）和右翼政党"以色列我们的家园党"领导人阿维戈多·利伯曼等人，都曾经受到以色列司法机构的调查和起诉，比如阿里耶·德里本人曾经因"受贿""欺诈""逃税"等被判处监禁，中断政治生涯；利伯曼曾经因为殴打孩童而被起诉，最终付出赔偿金后结束官司；以色列极右翼政党领导人、国家安全部部长伊塔马尔·本-格维尔（Itamar Ben-Gvir）曾因煽动种族仇恨和支持针对巴勒斯坦人的犹太恐怖主义而被定罪。以色列总理内塔尼亚胡正在面临来自司法机构的贪腐调查和诉讼。如果能够提升以色列政府和议会的权威，将有可能促使以色列议会出台相关法案，保护政治人物不受司法调查和司法诉讼的威胁。

二　司法改革引发政治动荡

2023 年 1 月至 9 月的司法改革风波，造成了以色列政治和社会剧烈的动荡。以色列政坛内部，内塔尼亚胡的反对者，司法机构和左翼中间翼政治人物，几乎都公开反对此次司法改革。比如前国防部部长摩西·亚阿隆提出："司法改革是我们最重要的一场战争……司法改革好像一辆重型推土机，压垮了司法体系。很明显，司法改革是一场'政变'，将使得我们每一个人都陷入安全危机之中。"①

以色列军事系统、情报系统、安全系统和警察系统的高层，也公开表达了对于司法改革的不满，包括以色列前国防军副总参谋长马坦·维尔奈（Matan Vilnai）少将、摩萨德前局长塔米尔·帕尔多（Tamir Pardo）、以色列国家安全部前部长纳达夫·阿尔加曼（Nadav Argaman）和以色列警察总局前局长什洛莫·阿哈罗尼什基（Shlomo Aharonishki）等440多名以色列官员联名发表了公开信，呼吁以色列总统采取措施，阻止以色列总理和政府的司法改革，认为"所谓'改革'实际上就是一场政变……对于以色列的国家实力、国家地位、国家安全和国家经济，以及散居在海外的犹太人和以色列故土之间的联系，都构成了极大的威胁"，"在司法独立受到损失的背景下，首当其冲就是以色列国防军官兵和预备役官兵"。② 一些以色列的前国家安全顾问，包括内塔尼亚胡的前任安全顾问，也在公开信中警告当前的司法改革将威胁以色列社会的团结，认为司法改革"在没有任何先决条件的情况下进行……将极大地削弱以色列国内的社会认同感和政治认同感"③。

随着司法改革的推进，以色列军队现役高层、以色列情报机构负责人和以色列司法机构负责人，从2023年7月开始，密集表态，要求以色列政府停止司法改革。2023年7月23日，以色列摩萨德负责人大卫·巴尼亚（David Barnea）在机构内部会议上提出警告，如果"危机不断发酵至巨大的政治危机，我必然会站在正确的一边，但是现在仍然不是时候"，"如果我们未来不幸遭遇了危机，我们将根据我们部门法律顾问的建议采取行

---

① "Protesting Judicial Coup, Palmach Veteran Promises to 'Fight for the Country Again'," *Haaretz*, February 27, 2023, https://www.haaretz.com/israel-news/2023-02-27/ty-article/. premium/protesting-judicial-coup-palmach-veteran-promises-to-fight-for-the-country-again/00000186-92b1-d90e-a1a6-93bf16680000.

② Yonah Jermy Bob, "Former Israeli Security Chiefs to Herzog: Don't Sign Judicial Reform into Law," *The Jerusalem Post*, February 16, 2023, https://www.jpost.com/israel-news/article-731782.

③ "Former Mossad Chief, Ex-national Security Aides Urge Compromise on Judicial Shakeup," *The Times of Israel*, February 11, 2023, https://www.timesofisrael.com/former-mossad-chief-ex-national-security-aides-urge-compromise-on-judicial-shakeup/.

动"，显示出对于政府司法改革的反对。①

　　以色列军队高层向以色列政府施加了巨大的压力，以色列国防军总参谋长哈勒维（Herzl Halavi）在 2023 年 7 月警告政府，如果一味推行司法改革，将很可能造成国防军官兵和预备役官兵大量辞职，并影响到 2023 年 8 月的征兵活动。哈勒维甚至提出，希望同内塔尼亚胡举行私下会谈，希望将国防军和预备役官兵的愿望转述给内塔尼亚胡。以色列国防部部长加兰特也明确表示，以色列政府推行的司法改革，导致以色列军队内部士气较为低落，要求以色列政府迅速采取措施，以消除以色列国防军和预备役部队所受到的负面影响。

　　以色列军队内部，也出现了反对司法改革的强大呼声。比如 2023 年 2 月，以色列国防军和预备役数十名指挥官集体请辞，他们认为以色列的司法改革，将导致以色列"价值观剧烈变化……有可能朝着独裁的方向发展"。②以色列精锐的国防军情报机构"8200"部队的 300 多名官兵发表了公开信警告政府，如果司法改革继续推行"将对以色列的国家安全和社会稳定造成严重威胁……造成以色列社会的瓦解，对以色列经济、稳定和国家形象造成不可逆的影响"，甚至表示一旦法案获得通过，将不愿再继续担负作战义务。③

　　以色列总统赫尔佐格在 2023 年 1 月以色列国内大规模游行示威爆发之后，一直呼吁以色列政府暂停司法改革进程，担心以色列社会陷入动荡。2023 年 3 月到 6 月，为了平息以色列国内的政治纷争，以色列总统赫尔佐

---

①　"Mossad Chief: We Will Be on 'Right Side of History' in Case of Israeli Crisis," *The Jerusalem Post*, July 25, 2023, https://www.jpost.com/israel-news/defense-news/article-752293.

②　"Elite IDF Reservists Threaten to Stop Showing up for Duty over Judicial Overhaul," *The Times of Israel*, February 27, 2023, https://www.timesofisrael.com/elite-idf-reservists-threaten-to-stop-showing-up-for-duty-over-judicial-overhaul/.

③　"Protests in Israel and the Rejection of the Government's New Legal Reforms from the Perspective of the Palestinians and Hezbollah," The Meir Amit Intelligence and Terrorism Information Center, March 13, 2023, https://www.terrorism-info.org.il/en/protests-in-israel-and-the-rejection-of-the-governments-new-legal-reforms-from-the-perspective-of-the-palestinians-and-hezbollah/.

格组织执政联盟和反对党就司法改革进行对话和协调，但是由于双方立场相差太大，未能达成一致意见。

2023 年 7 月，内塔尼亚胡政府再次推动司法改革。7 月 24 日，以色列议会通过法案，修改了《基本法：司法》的部分内容，要求以色列最高法院"不能就某一项反对政府、总理或者部长的决策进行审议或者听证"，限制了以色列最高法院的权力。[1] 在表决环节，来自执政联盟的 64 个议席投下了赞成票，而其他反对党阵营的 56 个议席议员集体离席以示抗议。但是以色列最高法院随后裁定，以色列国会的相关决议可能"涉嫌违反《基本法》"，要求审查该法案的合法性。最高法院在 9 月 12 日就司法改革议题举行首次特别会议，推动相关审查，并在 2024 年 1 月 1 日宣布推翻以色列议会 2023 年 7 月 24 日通过的改革法案。

三 新一轮巴以冲突撕裂了以色列政坛

2023 年 10 月 7 日新一轮巴以冲突的爆发，打乱了以色列国内的政治风波，在较短时间内搁置了以色列内部分歧，但是随着冲突的长期化，以色列国内不同政治阵营之间的裂痕再度显现，并将持续影响未来以色列国内政治走向。

2023 年 10 月 7 日，加沙地带的巴勒斯坦哈马斯和杰哈德武装人员突袭以色列南部，造成以色列方面重大的人员伤亡。以色列国内随后进入"战时状态"，以色列军队向南部地区发动反攻，短期内将哈马斯和杰哈德的武装人员驱逐出以色列国土，随后集结军队向加沙地带发动大规模进攻，以图"消灭哈马斯"。但是以色列军事行动并未取得预想的成功。军事行动不仅造成了以色列严重的社会经济负担，导致了以色列社会群体之间的对立，还造成加沙地带严重的人道主义危机，恶化了以色列周边安全局势，以色列政

---

[1] "Reasonableness Standard Bill Approved in Final Readings in the Knesset Plenum," Knesset News, July 23, 2023, https://main.knesset.gov.il/en/news/pressreleases/pages/press24723r.aspx.

坛也因此陷入了分裂状态。

首先，新一轮巴以冲突在短期内推动了以色列国内的团结。在冲突爆发之初，以色列国内民众感到震惊，认为曾经被以色列政府描述为"坚不可摧"的南部防线竟然被巴勒斯坦哈马斯和杰哈德武装人员打穿，"以色列人难以置信，他们的军队竟然花了这么长时间才重新控制加沙边境的土地和村庄"。随后以色列社会表现出了团结一致性，要求尽快发动军事行动，严惩哈马斯和杰哈德。① 以色列政界也暂时搁置分歧。以色列总理内塔尼亚胡宣布以色列全国进入战争状态，并组建以色列战时内阁。战时内阁不仅包括以色列总理内塔尼亚胡、国防部部长加兰特等，而且包括以色列最大的在野党、中间翼政党"民族团结党"（HaMahane HaMamlakhti）领导人本尼·甘茨。甘茨曾经担任以色列国防部部长和候任总理，曾经在 2020 年至 2021 年加入内塔尼亚胡领导的内阁。内塔尼亚胡拉拢中间翼政党领导人组建"战时内阁"，显示出了战争爆发后以色列政治阵营间的团结性。

其次，随着加沙战事的延续，以色列国内社会和经济压力不断增加，社会舆论出现分裂。战争的进行，暴露了以色列军队内部的问题，尤其是受到 2023 年 1 月至 9 月司法改革的负面影响，以色列军队战斗力也出现下滑，作战官兵出现了"武器保养不足""采购标准过低"等问题，以色列国内质疑军队腐败的声音开始出现。战争的长期延续，将使得以色列兵源问题更加紧迫。为了增加以色列军队人数，以色列政府大规模征召预备役士兵入伍。尽管以色列国内民众普遍支持扩充军队，但是军队人数的大量增加带来了两个重要的问题：一是，军队人数的增加使得以色列军费开支迅速增长，以色列的医疗、社会保障等福利开支压缩，以色列民众的日常生活受到影响；二是，以色列主要征召世俗派犹太人和改革派犹太人入伍，使得以色列国内的"极端正统派犹太人特权"问题再度成为焦点。在以色列国内，犹太极端正统派享有"不参军"和"获得特殊津贴"的待遇。以色列犹太极端正统派

---

① Jeremy Bowen, "Israelis, United in Shock, Rally Behind War to Punish Hamas," BBC, October 10, 2023, https://www.bbc.com/news/world-middle-east-67056981.

的特殊待遇，始于以色列建国之初，当时犹太极端正统派的人数较少，只有数百人，因此以色列开国总理大卫·本-古里安认为，应当给予犹太极端正统派一定的特权。但是随着时间的推移，高生育率和来自他国的犹太极端正统派移民，导致以色列的犹太极端正统派人数迅速增长，在 2022 年的人口统计中，犹太极端正统派人数已经达到了 128 万人。[①] 犹太极端正统派成了以色列国内重大的社会和财政负担。更为重要的是，以色列犹太极端正统派一直保持着"不用参军"的权利，引发了以色列世俗派犹太群体和改革派犹太教群体的不满。以色列高层尤其是世俗派右翼政党和中间翼政党，多次推动以色列征兵制度改革，希望将犹太极端正统派纳入征兵名单。由于犹太极端正统派的政党在以色列内阁中占据"关键的少数派"，能够左右以色列内阁的稳定，相关针对犹太极端正统派参军的改革方案往往难以推动。随着战事的进行，以色列国内兵源紧张，犹太极端正统派参军问题也导致了以色列国内的对立。以色列左翼和中间翼政党普遍认为，应当采取措施，让犹太极端正统派参军；以色列右翼宗教政党则认为，应当保留犹太极端正统派"不用参军"的权利，反对过度讨论这一话题。[②]

最后，随着冲突的持续，以色列政坛内部就加沙地带战事的分歧显现。在加沙冲突爆发初期，各方都主张通过强硬的军事方式来打击哈马斯和杰哈德，总理内塔尼亚胡提出了三个目标，即"消灭哈马斯""解救被扣押人员""清除未来安全威胁"，得到了以色列各界的认同和支持。但是政治口号的目的在于凝聚人心，并未清晰地表述具体的战争过程和战争目标，因此随着战争的进行，以色列国内出现了较大的民意分歧。

左翼和中间翼政党倾向于认为，加沙地带的军事行动无法彻底铲除哈马斯，反而将以色列拖入了无休无止的军事行动之中，因此应当停止军事行

---

① "Haredim Are Fastest-growing Population, Will Be 16% of Israelis by Decade's End," *The Times of Israel*, January 3, 2023, https：//www.timesofisrael.com/haredim-are-fastest-growing-population-will-be-16-of-israelis-by-decades-end/.

② "Will Ultra-Orthodox Jews Have to Enlist in the Israeli Army?" Aljazeera, April 11, 2024, https：//www.aljazeera.com/news/2024/4/11/why-are-there-growing-calls-for-ultra-orthodox-jews-to-enlist-in-the-army.

动，以此换取加沙地带的哈马斯和杰哈德释放被扣押的以色列人员。① 与此同时，左翼和中间翼政党还认为，在加沙地带的军事行动，极大地牵制了以色列国防力量，并且刺激了以色列北部黎巴嫩真主党、伊拉克什叶派民兵、也门胡塞武装和约旦河西岸的巴勒斯坦武装人员，对于以色列国家安全形成了巨大的威胁。

右翼和极右翼政党则认为，应当继续进行军事行动。② 一方面，以色列右翼和极右翼政党认为，对于加沙的军事行动效果不佳，是因为以色列政府顾及国际社会影响，顾及巴勒斯坦民众的人道主义危机，而让军事行动自缚手脚。在右翼和极右翼政党看来，加沙地带的民众都是哈马斯的"帮凶"，因此应当展开大规模无差别的军事打击。另一方面，在右翼和极右翼政党看来，以色列周边面临的安全威胁，是因为加沙战事拖沓，其他本应当惧怕以色列的中东军事和政治力量逐渐"看轻"以色列，所以应当通过在加沙地带军事行动"加码"来重新提振以色列的战略威慑力。

以色列在加沙地带的军事行动，撕裂了以色列政坛。随着冲突的延续，以色列总理内塔尼亚胡成为各方阵营的"众矢之的"。各派对于内塔尼亚胡的不满主要集中在两个方面：一方面，各派都对当前以色列在加沙地带的军事行动表示不满，要求总理内塔尼亚胡根据本派系的观点结束或者持续军事行动；另一方面，以色列各方都认为以色列政府、军队和情报机构未在战争爆发之初及时侦察到哈马斯和杰哈德的军事行动，给以色列民众和国家安全造成了巨大的隐患，因此要求以色列成立调查委员会，彻查以色列领导人的责任。以色列国内舆论认为，内塔尼亚胡"贪恋权力"，故意延长军事行动。③ 以色列总理内塔尼亚胡认为，在以色列的战争状态没有结束的情况下

---

① Ian Lustick, "History Tells Us How the Israel-Hamas War Will End," *Time*, January 10, 2024, https：//time. com/6549715/history-israel-hamas-war-end/.

② Ksenia Svetlova, "The Israeli Right-wing Is Determined to Prevent any Discussion of a Future Palestinian State," Atlantic Council, December 6, 2023, https：//www. atlanticcouncil. org/blogs/ menasource/israel-right-wing-netanyahu-palestinian-authority/.

③ David Rosenberg, "Netanyahu's Deal with the Devil," *Politico*, February 1, 2024, https：//www. politico. eu/article/israel-likud-party-benjamin-netanyahu-deal-devil-gaza-hamas-war/.

贸然开启调查将很可能导致以色列国内政治动荡，因此提出，等待军事行动结束之后再讨论责任调查的事宜。

结　语

　　2023 年的以色列，经历了司法改革和新一轮巴以冲突两个重大事件，暴露了以色列政坛的巨大裂痕。以色列不同政治阵营围绕以色列国家权力的分配提出了不同的主张，而且彼此之间差异很大。以色列右翼和极右翼政治力量希望将以色列建设成为一个"大政府"国家，压缩司法机构和权威，同时通过对外军事行动来捍卫以色列国家安全；以色列中间翼和左翼政治力量则希望保留以色列司法机构的权威，限制政府权力，同时呼吁更加理性地使用军事手段，避免以色列安全形势进一步恶化。实际上，这是在以色列究竟要走哪一条路线问题上的政治分歧。未来以色列政治裂痕将持续，也很可能造成以色列政坛更大的动荡和危机。

社会治理篇

B.4
特拉维夫都市圈的城市环境治理举措[*]

孔 妍 郑天成[**]

摘 要： 特拉维夫市政府高度重视城市环境问题，在水资源治理、气候治理、固体废弃物治理等领域积极采取措施，并与当地居民和非政府组织合作，共同应对城市环境挑战，共同打造环保、绿色、可持续的大都市。总的来说，特拉维夫通过针对性的环境治理措施，实现了城市水资源的自给自足并减少了对淡水资源的依赖，控制了城市碳排放量的同时增加了城市绿化覆盖，降低了固体废弃物填埋率并提高固体废弃物的回收利用率，增强了市民的环保意识与主观能动性，但是城市环境治理成本高昂，受到了城市化发展进程加速和国家层面环境治理行动迟滞的制约。

关键词： 特拉维夫 都市圈 城市化 城市环境治理

---

* 本报告为国家社科基金青年项目"近现代埃及民族主义史学研究"（21CSS031）、郑州大学人文社会科学优秀青年科研团队资助项目"比较视野下的 20 世纪历史主义理论研究"（2023-QNTD-08）的阶段性研究成果。
** 孔妍，郑州大学历史学院副教授；郑天成，郑州大学历史学院硕士研究生。

现今全球居住在城市的人口数量已超过人口总数的一半，预计到 2050 年，世界上 2/3 的人口将居住在城市，而城市面临着两个最为紧迫的问题，即贫困和环境退化。人口密度的增加和城市化的发展加剧了水资源污染、空气污染、固体废弃物堆积。随着世界城市地区人口的膨胀，科学的城市规划对于应对这些困境至关重要。巴黎市市长安妮·伊达尔戈指出："21 世纪无疑是大都会的时代，城市必须应对严峻的环境挑战，而且也要有能力应对。"① 特拉维夫都市圈聚集了以色列 1/3 的人口，是以色列社会、经济、文化等领域的发展中枢，同样也是以色列城市化发展最为迅速的地区，因此，特拉维夫所面临的城市环境问题更为严峻。特拉维夫市政府积极采取措施，在城市水资源治理、气候治理、固体废弃物治理等领域取得了一定成效，为世界城市环境治理提供了宝贵的经验。

一　开源与节流：特拉维夫水资源治理的举措

伴随着全球气候变暖与降水量的减少，干旱问题日益严重。联合国在 2023 年水事会议开幕之际，发布了《联合国水发展报告》，该报告指出，在过去的 40 年中，全球用水量以每年约 1%的速度增长，在人口增长、社会经济发展和消费模式变化的共同推动下，全球面临缺水问题的城市人口预计从 2016 年的 9.3 亿人增长到 2050 年的 17 亿~24 亿人。② 因此，城市的水资源治理将成为一项世界性难题。自以色列建国以来，特拉维夫一直寻求水资源治理的有效方案，在污水利用、海水淡化、节水教育和河流修复等方面取得显著成效，为世界城市水资源治理提供了宝贵的经验。

---

① Anne Hidalgo, "Placing People at the Centre of Our Sustainable Urban Future," United Nations, October 2016, https：//www.un.org/en/chronicle/article/placing-people-centre-our-sustainable-urban-future.

② 《全球水危机迫在眉睫》，联合国网站，2023 年 3 月 21 日，https：//news.un.org/zh/story/2023/03/1116382.

（一）先进的污水处理技术

为了能够更好地利用城市污水，应对水资源短缺问题，特拉维夫建造了国家污水处理厂，采用最新的污水处理技术，实现了污水的收集、过滤与再利用。特拉维夫大都市区的人口约占以色列总人口的1/3，污水量超过以色列污水总量的1/3，以色列人将"古什丹①的污水"称为"沙夫丹"（Shafdan）。1973年，以"沙夫丹"命名的污水处理厂正式竣工，其作用是处理古什丹地区的污水，并向各大城市提供污水处理服务。现如今，沙夫丹污水处理厂作为中东乃至全球规模最大、技术最先进的污水处理厂，每年将大量的再生水从以色列中部都市区输送到南部的沙漠。2012年联合国将沙夫丹污水处理厂作为全球污水处理厂的典范。

沙夫丹污水处理厂拥有先进的生物污水处理技术，如利用一种名为"生物质载体"的设备给细菌提供更多的生长空间，让细菌来消耗更多的生物垃圾。处理后的再生水通过指定输水管线，导入几十个分布于南部内格夫沙漠用于农业灌溉的水库中。② 以色列每天约有250万人产生的废水进入沙夫丹污水处理厂进行预处理。③ 这些废水进入生物反应器，液态水和固体污泥被分离和处理，最终液体进入土壤含水层，并被收集在补给池中。液体一旦穿过沙子，就成为优质水，流入地下含水层储存，可回收利用。先进污水处理技术的应用使得污水再生利用率达到90%以上。④ 以色列70%的城市和工

① 以特拉维夫为中心的古什丹地区有巴特亚姆、霍隆、拉马特甘、佩塔提克瓦、里雄莱锡安、拉马特沙龙、赫兹利亚等城市。

② 《以色列污水处理与回收产业介绍及合作建议》，中华人民共和国驻以色列国大使馆经济商务处网站，2012年8月19日，http://il. mofcom. gov. cn/article/c/201208/20120808292336. shtml。

③ Molly Whalen and Kayd Bhagat, "Israel's Largest Wastewater Treatment and Water Reuse Facility," Center for Water Research, September 20, 2022, https://water. northwestern. edu/2022/09/20/get-israel-topic-5-sha fdan/.

④ 朱绛、孙岩：《全球水资源利用最为高效的国家》，节水中国网站，2022年12月20日，https://www. watercon-serving. cn/news/detail/6457。

业废水经过再循环，被输送到南部干旱地区和沙漠地区用以灌溉农田。① 大量的污水在过滤之后用于厨房、洗衣房、厕所和城市花园，因此特拉维夫的水资源短缺问题得到了极大的缓解，基本上实现了城市生活用水和农业用水的自给自足。

（二）可持续的海水淡化方式

特拉维夫作为一座沿海城市，拥有着丰富的海水资源，为海水淡化厂的建立与海水淡化技术的应用提供了良好的地理条件。特拉维夫的城市饮用水主要由国家水资源公司麦科罗特（Mekorot）通过国家供水系统（National Water Carrier）供应。国家供水系统的水源主要来自加利利湖、地下水和最近建成的海水淡化厂。② 2001 年，以色列政府在全国推行海水淡化计划，兴建海水淡化厂。2015 年，以色列共有 5 家海水淡化厂，其中规模最大、技术最先进的索里克（Sorek）海水淡化厂③位于特拉维夫以南约 15 公里处，日产淡水量超过 60 万立方米，其生产的淡水约占以色列淡水总供应量的20%。④ 目前，索里克二号（Sorek Ⅱ）海水淡化厂正在筹建，并获得了欧洲银行的投资。

索里克海水淡化厂采用最先进的海水反渗透技术。所谓海水反渗透技术，就是让海水渗透过一系列的半透膜，去除海水中的盐分和其他杂质，最终达到海水淡化的目的。该技术是目前最节能、最高效的海水淡化处理技术。三根直径达 1.8 米、长度为 1.25 千米的取水管直接延伸至海底，将地中海的海水输送到索里克海水淡化厂。淡化厂内有数十个长、宽、深各约 10 米的海水

---

① 《以色列的污水循环利用全球首屈一指》，上海水资源保护基金会网站，2013 年 8 月 13 日，https://www.swrf.o-rg.cn/news-detail.asp? nid=4565。

② Thi Hoang Duong T., A. Adin, D. Jackman, et al., "Urban Water Management Strategies Based on a Total Urban Water Cycle Model and Energy Aspects: Case Study for Tel Aviv," *Urban Water Journal*, Vol. 8, No. 2 (2011), p. 104.

③ 该海水淡化厂于 2011 年 1 月开工建设，总投资约 4 亿美元，于 2013 年 10 月投入运营，海水处理能力为每天 62.4 万立方米，是世界上最大的海水淡化厂。

④ 陈文仙、杜震：《海水淡化滋润"干渴"以色列——走进以色列海水淡化厂》，新华网，2018 年 10 月 14 日，http://www.xinhuanet.com/world/2018-10/14/c_129970902.htm。

过滤水池，用来对海水进行预处理。通过沉淀法将海水中的沙子和其他大颗粒物留在池底，再利用过滤水池进行第二道预处理，即使用凝结剂和絮凝剂等将海水中的微生物分离出来。经过层层预处理后，海水才能通过特种高压泵增压进入海水反渗透系统。通过海水反渗透系统处理的水成为淡水，但是过于纯净，还需进入矿化装置，加入各种人体所需的矿物质，最终成为进入千家万户的可饮用水。① 此外，为了尽可能减少能耗和对环境的影响，索里克海水淡化厂采取了一系列措施。首先，把水泵站建在距离海岸线约 2400 米的地方，通过重力让海水流向淡化厂，最大限度地减少进气系统的夹带和冲击效应，从而最大限度地减少电力和化学品的消耗，并减少相关温室气体的排放。其次，盐水通过专门设计的排污口系统在离岸约 2 公里处排放入海中，该系统可加速海水对盐水的稀释，并且配备了特殊的废水处理系统，用以处理所产生的废水。② 海水淡化技术的应用使得沿海城市水价大大降低。③ 索里克海水淡化厂的运行降低了特拉维夫居民的用水成本，满足了都市区居民的部分饮用水需求。

（三）增强全民节水意识

以色列定期开展增强节水意识的活动，节约用水已成为一种生活方式。污水的回收利用与海水的淡化在供给侧满足了特拉维夫城市的用水需求，而节水教育的开展与居民节水意识的提高则从需求侧减少了城市的水资源消耗，二者结合促进了特拉维夫水资源的供需平衡。人工智能在以色列人的生活中发挥着越来越大的作用，为更多消费者提供有关用水的实时信息，帮助他们节省水和钱。④ 犹太国家基金会在绿色地平线倡议下发起雨水收集计

① 陈文仙、杜震：《海水淡化滋润"干渴"以色列——走进以色列海水淡化厂》，新华网，2018 年 10 月 14 日，http：//www.xinhuanet.com/world/2018-10/14/c_129970902.htm.
② "Success Behind Advanced SWRO Desalination," Filtration+Separation, June 16, 2016, https：//www.filtsep.com/content/features/success-behind-advanced-swro-desalination-plant/.
③ 王井怀、黄江林：《淡化海水，如何用得起用得好？》，新华网，2024 年 3 月 25 日，http：//www.news.cn/mrdx/2024-03/25/c_1310768861.htm.
④ Jodie Cohen, "AI Set to Change Our Water Landscape-Opinion," The Jerusalem Post, September 30, 2023, https：//www.jpost.com/business-and-innovation/opinion/article-760936.

划，其目标是将以色列水危机的现实直接带入校园，并将解决问题的权力交到学生的手中，让学生收集落在学校建筑上的雨水，以亲身实践的方式注意节水的细节。① 以色列气候变化信息中心（Israeli Climate Change Information Centre，ICCIC）② 强调水资源安全是当前和未来面临的重要问题，并倡导在国家层面对水资源规划进行关键投资，敦促特拉维夫等城市继续开展提高公众对水问题认识的活动，解决节水和水污染管理问题并尽可能地使用灰水。③ 水务局教育、活动和信息负责人乌里·索尔（Uri Schor）提到："我们设法使缺水问题和解决方案成为话题。家庭在餐桌上谈论它，孩子们在学校和学前班听说过它。"④ 公众节水意识的提升无疑是特拉维夫水资源治理的关键一环，通过学校教育与家庭熏陶，节水意识已深入人心，节约用水成为城市居民的生活方式。

总体而言，特拉维夫的水资源治理具有能耗低、效率高、环境影响小、技术先进的特征，注重治理措施的可持续性，并不断进行技术的革新，使特拉维夫的水资源治理始终走在时代的前列。在特拉维夫的水资源治理中，污水的回收利用与海水的淡化如同"两翼"，公众节水意识则是"核心"，政府与民众的和衷共济使得特拉维夫的水资源治理取得了显著的成效。

二 智能与合作：特拉维夫气候治理的举措

气候变化日益成为全球议程的重要问题，越来越多的城市意识到气候

---

① Debra Kamin, "Saving Water, with Kids Leading the Way," *The Times of Israel*, July 11, 2013, https://www-timesofisrael-com.translate.goog/saving-water-with-kids-leading-the-way/?_x_tr_sl=en&_x_tr_tl=zh-CN&_x_tr_hl=zh-CN&_x_tr_pto=sc.

② 以色列气候变化信息中心成立于2011年，由海法大学与特拉维夫大学、以色列理工学院和塞缪尔-尼曼研究所合作成立，主要目标是建立一个国家科学知识库，以支持国家制订气候适应计划。

③ 灰水是指家庭或建筑物中产生的未被粪便污染的生活废水，即除厕所废水以外的所有废水。

④ Abigail Klein Leichman, "How to Persuade People to Cut Their Water Consumption," May 22, 2022, https://www.israel21c.org/how-to-persuade-people-to-cut-their-water-consumption/.

治理的必要性。城市是造成气候变化的主要因素，根据联合国人居署的统计数据，城市消耗了全世界78%的能源，超过60%的温室气体排放来自城市。然而，城市只占地球表面不到2%的面积。[①] 城市化造成了"城市热岛"，建筑物和道路比自然景观更多地吸收太阳热量和散发热量，加剧了气候变化，对人类健康造成严重危害。以色列气候变化信息中心指出，气温的上升将会导致以色列日益增长的人口面临更多的健康问题。需要提出国家层面的建议，以加强极端天气下的管控和协作，同时加强社会和医疗服务。对于特拉维夫而言，缓解"城市热岛"效应，通过城市规划减少未来气温升高和降水量变化的负面影响极为重要。[②] 尽管以色列气候变化信息中心指出了气候治理的重要性，但以色列在国家层面开展气候治理的态度并不积极；与之相反，特拉维夫在地方层面采取了较为积极的措施来应对气候变化的挑战。[③]

（一）促进绿色出行

大量研究表明，交通是城市碳排放的主要来源之一，特拉维夫市政当局通过加强基础设施建设、提高交通服务水平，改变人们的出行方式，实现脱碳减排的目标。以色列环境保护部部长吉拉·加姆利尔（Gila Gamliel）和特拉维夫市市长罗恩·胡尔代（Ron Huldai）已同意推广一项联合计划，即"清洁空气之城"计划。该计划旨在把特拉维夫转变为低碳排放区，显著减少城市的空气污染，并降低与污染有关的疾病导致的死亡率和发病率。该计划还将减少私家车的使用，从而为行人腾出空间，以减少噪声和车祸，并有

---

① 《城市与污染》，联合国网站，2020年10月11日，https：//www.un.org/zh/climatechange/climate-solutions/cities-pollution。

② Tarsilla Lehmann, "Tel Aviv and Climate Change: An Examination of Three Impacts and Their Implications for Resilience and Geo-political Stability," Sviva, 2019, p. 5, https：//www.sviva.net/wp-content/uploads/2019/12/TELAVIVANDCLIMATECHANGE-1.pdf.

③ Tarsilla Lehmann, "Tel Aviv and Climate Change: An Examination of Three Impacts and Their Implications for Resilience and Geo-political Stability," Sviva, 2019, p. 5, https：//www.sviva.net/wp-content/uploads/2019/12/TELAVIVANDCLIMATECHANGE-1.pdf.

助于提高居民的生活质量。① 具体措施如下。

首先，特拉维夫已将该市的 20 多个区域改造成行人区。为了使行人四处走动更容易，以色列对数百个十字路口、数百条道路进行改造，改善基础设施，清除公共场所的障碍物，将街道改造成人行道。特拉维夫还增加了多个公共交通优先车道。特拉维夫市政府正在与以色列交通部合作，以提升公共交通服务水平，包括提升铁路、地铁和轻轨等交通服务水平。

其次，特拉维夫市政府鼓励使用自行车出行。2009 年，特拉维夫市政府宣布了一项计划，该计划旨在铺设 100 公里的自行车道。另外，以色列环境保护部向特拉维夫市政府发布了若干项关于减少中央巴士站空气污染的指令，其中包括：将乘客等候区与巴士站台分开；按要求改善空调系统；张贴标示牌，为乘客提供指示；确保公交车站内的企业减少空气污染；雇用引座员，确保公交车司机在怠速时关闭发动机；定期检查空气污染监测系统；向电力部门传输有关车站入口、出口、停车场和发动机类型的数据。②

最后，特拉维夫的无线电动道路试点将实现居民主要交通工具的转型。特拉维夫开启了建造无线电动道路的试点，道路中的铜线圈系统铺设在沥青下方，用于将能量从电网传输到道路，管理与接近车辆的通信，接收器安装在车辆的底板上，在车辆行驶时将能量直接传输到发动机和电池上，所有管理单位和所有注册车辆的通信均通过云技术进行。③ 该道路可以为电动汽车供电，因此将在很大程度上为电动汽车的出行提供便利，从而促使特拉维夫

① Ministry of Environmental Protection, "Minister Gamliel and Tel Aviv Mayor Agree on Program to Make TA a 'City of Clean Air' by Reducing Vehicular Pollution," Government of Israel, January 9, 2020, https://www.gov.il/en/pages/tel_aviv_municipality_ joins_lez_project.

② "Ministry Continues to Work to Reduce Air Pollution in Tel Aviv Central Bus Station Area," Ministry of Environmental Protection, December 29, 2020, https://www.gov.il/en/pages/the_ ministry_of_environmental_protection_continues_to_work_on_reducing_air_pollution_in_the_area_of_ tel_aviv_central_station.

③ Sue Surkes, "Tel Aviv-Jaffa Aims to Be World's First City with Network of Recharging Roads," *The Times of Israel*, September 22, 2020, https://www.timesofisrael.com/tel-aviv-jaffa-aims-to-be-worlds-first-city-with-network-of-recharging-roads/.

居民主要交通工具从燃油汽车向电动汽车的转型。但是，目前特拉维夫的无线电道路仍处于试点阶段，还有许多技术以及成本方面的难题需要攻克。

（二）发展可再生能源

化石燃料的使用会增加二氧化碳的排放，进而加剧城市气候变化和空气污染。为减少化石燃料的使用，特拉维夫积极推动可再生能源的研究，寻找化石燃料的替代方案，通过对废弃物的处理以及太阳能的利用，实现能源结构的转型。特拉维夫大学可再生能源中心一直致力于寻找新的、高效的可再生能源来替代石油、天然气和煤炭等化石燃料，在能源存储、太阳能和生物质燃料领域建立先进的实验室，与巴伊兰大学合作开展一项关于电动汽车的研究，致力于提高公众对可再生能源需求的认识。[1] 此外，自 2014 年以来，特拉维夫的雅法港一直在开展名为生态波浪发电站的项目，这个项目致力于波浪能发电的研究，并在 2018 获得了国家基础设施部、能源部和水资源部的拨款用于扩建，扩建后的发电站将成为以色列历史上第一座成功并网的波浪能发电站。[2]

以色列政府在赫兹利亚建造了多个废弃物处理设施，其中最具代表性的是衍生燃料工厂。特拉维夫每天的城市废弃物由近 1000 辆垃圾车运抵衍生燃料工厂，经过一道道全自动处理工序，最终实现"变废为宝"。[3] 首先，通过粉碎机将废弃物切成小片，再由滚筒分拣机将有机物分拣出来，运至工厂生产成农业肥料。其次，将其余废弃物通过风道按照重量进行分类，传送带上的强磁会把含铁的金属吸走，铝金属则由弱磁仪器处理。最后，红外线会扫描所有处理过的废弃物，确保没有"漏网之鱼"，残余的废弃物将进一步被粉碎、干燥、压缩，成为衍生燃料，这些衍生燃料可广泛用于发电、取

---

[1] "The Center for Renewable Energy," Tel Aviv University, https：//english. tau. ac. il/renewable_energy.

[2] "Jaffa Port Israel," Eco Wave Power, https：//www. ecowavepower. com/israel/.

[3] 《打造绿色城市发展循环经济》，人民网，2023 年 4 月 26 日，http：//world. people. com. cn/n1/2023/0426/c1002-32673485. html.

暖等。

特拉维夫日照充足，非常适合为城市提供太阳能，因此，市政当局发起了"特拉维夫太阳能屋顶项目"，[①] 该项目通过屋顶太阳能装置为建筑物供应能源，从而减少了建筑物的化石能源消耗，也让特拉维夫成为一座被太阳能板覆盖的城市。2020 年特拉维夫使用了一套名为"编织夜光"（Lumiweave）的环保系统。该系统白天提供遮阳，夕阳西下时用作照明装置。该系统不需要电力基础设施，并能在没有太阳的情况下提供夜间照明。[②] 它体现了特拉维夫对于气候变化和空气污染的积极应对，也展现了特拉维夫在清洁能源技术使用方面的成果。

（三）提高城市绿化覆盖率

特拉维夫发起了多项绿色倡议，提高了城市的绿化覆盖率。特拉维夫市政官员称，该市的树木数量达到了 26 万棵，平均每平方公里大约有 5000 棵。[③] 城市中的植被可以遮阳并改善空气质量，提高城市绿化覆盖率。

公园为城市居民提供了休闲、娱乐的场所，公园植被提高了城市绿化覆盖率。据统计，特拉维夫共有十多个城市公园，其中雅孔（Yarkon）公园是特拉维夫最大的城市公园，有城市"绿肺"之称；扎姆雷特（Zameret）公园由特拉维夫的特马（TeMA）城市景观设计公司设计，在附近的建筑物之间种植了各种原生树木，形成了一条绿色"河流"；基里亚特－塞弗（Kiryat Sefer）公园曾是一个停车场，在当地居民长达 15 年坚持不懈的说服下，政府将其变为一个公园，从而成为如今特拉维夫的一片迷人的绿地；哈科夫希姆（HaKovshim）公园是特拉维夫评价最高的公园之一，公园中有大

---

① "Case Study："Tel Aviv Smart City-Environment and Energy," Neos, https：//neos. ro/en/case-study-tel-aviv-smart-city-environment-and-energy/.

② Ricky Ben-David and Sue Surkes, "Tel Aviv Pilots Shade－giving, Solar－powered Fabric That Lights up at Night," *The Times of Israel*, April 17, 2022, https：//www. timesofisrael. com/tel-aviv-pilots-shade-giving-solar-powered-fabric-that-lights-up-at-night/.

③ Einat Paz-Franke, "Urban Jungle：Tel Aviv Named World's 7th Greenest City," Nocamels, March 21, 2017, https：//nocamels. com/2017/03/tel-aviv-seventh-greenest-city/.

片的绿地。2023 年 8 月 30 日，特拉维夫揭开了最新的雷丁公园的面纱，该公园拥有 84 棵新种植的树木、色彩缤纷的凉棚和数十张长椅，为人们提供了一个新的休闲场所。[①]

（四）开展气候治理国际合作

气候变化是一项全球性挑战，任何城市都不得不应对，城市间必须开展国际合作，群策群力共同应对气候变化的挑战。特拉维夫积极加入国际组织。2017 年，特拉维夫加入 C40 城市气候领导小组，成为以色列第一个加入该组织的城市，签署《米兰城市粮食政策公约》[②]，参与《全球市长气候与能源盟约》[③]。2019 年，特拉维夫以及其他 34 个城市的市长共同签署了《清洁空气城市宣言》，市长们在宣言中提到呼吸清洁空气是一项人权，承诺共同努力，组建清洁空气全球联盟，并设定污染减排目标。宣言向所有人传达了这样的信息：我们将使用我们作为市长的所有权力来解决空气污染问题，并呼吁其他空气污染源负责人履行这一承诺。[④] 特拉维夫市通过开展国际合作与全球其他城市共同分享在气候治理方面的实践经验。

总体而言，特拉维夫的气候治理不仅体现了城市的智能化管理以及城市基础设施建设的发展，还展现了城市的国际合作能力。国际合作的开展展现了特拉维夫在气候治理方面的雄心和承诺，一系列行动也证明了特拉维夫的实力。特拉维夫市长罗恩·胡尔代称："对可持续发展、绿色能源和气候保

---

① "Introducing Reading Park, "Tel Aviv's Newest Green Oasis by the Sea," *The Time*, August 30, 2023, https：//time. news/introducing-reading-park-tel avivs-newest-green-oasis-by-the-sea/.

② 《米兰城市粮食政策公约》由米兰市政府于 2015 年推出，是一项国际性的城市协议，致力于"发展包容性、弹性、安全和多样化的可持续粮食系统，为人们提供健康且负担得起的食物"。

③ 《全球市长气候与能源盟约》是全球最大的城市气候领导力联盟，建立在 12500 多个城市和地方政府的承诺之上。这些城市涉及 6 大洲的 144 个国家，代表了超过 10 亿人。预计到 2050 年，全球二氧化碳排放量将减少 4 亿吨，相当于美国每年二氧化碳排放量的 80%。

④ 《35 个城市联合起来清洁市民呼吸的空气，保护数百万人的健康》，C40 Citys，2019 年 10 月 11 日，https：//www. c40. org/zh - CN/news/35 - cities - unite - to - clean - the - air - their - citizens-breathe-protecting-the-health-of-millions/。

护的思考是这座城市 DNA 的一部分，从规划到执行阶段，我们思考绿色、规划绿色、想象绿色，我们是世界上气候保护方面领先的城市之一，这些不仅仅是说说而已，我们致力于采取行动。"① 清洁能源的使用与绿化覆盖率的提高，加上碳排放的减少，使得特拉维夫成为一座绿色城市。

三 改造与创意：特拉维夫固体废弃物处理的举措

2023 年 3 月 30 日，联合国设立了首个"国际无废日"，提出了"无废城市"发展理念，旨在推动绿色发展方式和生活方式，持续推进废弃物减量化、资源化、无害化，将废弃物对环境的不利影响降至最低。"无废城市"并不意味着完全没有废弃物产生，而是要通过改变生产生活方式，从源头减少废弃物产生，并有效进行回收再利用。② 特拉维夫作为 2018 年发布"建立无废城市"宣言的城市之一，利用城市独特的创新力，积极采取措施，将环保与艺术美感相交融，不仅实现了赫里亚垃圾填埋场的改造，还进行了以环保为主题的时装周展示，使居民拥有更美丽的居住环境，为世界提供了处理城市固体废物的灵感与思路。

（一）赫里亚垃圾填埋场的修复与改造

为解决城市固体废弃物堆积成山的问题，特拉维夫对市内最大的垃圾填埋场进行了改造，将垃圾山改造为生态公园。特拉维夫的赫里亚山（Hiriya Mountain）积聚了该市近乎全部的固体废弃物，垃圾山达到了 1 千米长、27 米高，收纳了 160 万立方米的生活垃圾。③ 随着时间的推移，垃圾山越堆越高，引来了大量的飞鸟，从而成为飞机航班的危险地带。2004 年，特拉维

---

① Jodie Cohen, "Climate Change & Tel Aviv: How the White City Becomes the 'Green City'-Opinion," *The Jerusalem Post*, May 14, 2022, https://www.jpost.com/opinion/article-706510.

② 《打造绿色城市发展循环经济——来自一些国家的报道》，《人民日报》2023 年 4 月 26 日，http://paper.people.com.cn/rmrb/html/2023-04/26/nw.D110000renmrb_20230426_1-17.htm。

③ Tilman Latz, "Rehabilitation of the Hiriya Landfill, Tel Aviv," *Ri-Vista*, *Research for Landscape Architecture*, Vol. 16, No. 1 (2018), p. 55.

夫开启了赫里亚垃圾填埋场的修复工程项目，修复工程使用了德国著名设计师彼得·拉茨（Peter Latz）的设计，他将整个垃圾山及其周围 8 平方公里的区域设计成了一个生态公园，东部是自然生态区，现已免费向公众开放；中间是在建的蓄洪系统，将来会被用于抵御每年雨季的洪水；西部是围绕赫里亚山建造的环保示范区。[①] 修复工程中面临的如何处理大量沼气和维持山体稳定性，以及如何实现固体废弃物与水资源的回收与利用等问题，都逐一得到解决。

首先，使用循环材料和建筑废料进行加固，保持赫里亚周围山体斜坡的稳定性，使用钻井技术和封顶技术，实现沼气的合理利用。在赫里亚东部山体斜坡，为了确保大型的工作平台能够承受来自山体的压力，使用了循环建筑材料构建的传统干石墙。用天然与合成材料封住垃圾山，使用建筑废料把垃圾山的斜坡和表面覆盖起来，并对其进行加固。之后，人们对这个巨大的垃圾填埋场进行封顶处理。固体废弃物分解产生的沼气可以被回收，收集的沼气则用于为附近的纺织厂。[②] 为了减少多年垃圾堆积造成的沼气积聚，工人在山上钻了 80 口井，将沼气抽出，运往亚速尔市，将其转化为绿色能源。[③]

其次，使用"生物箭头"（ArrowBio）处理技术和先进的雨水收集技术。在沙龙生态公园的一角，竖立着一个小型的垃圾处理厂"特拉维夫生物箭头厂"（The Arrow Bio Plant of Tel-Aviv），该处理厂使用一项独特的"生物箭头"处理技术，可直接接收未分类的城市固体废弃物，对可回收材料进行分类、清洁和分离，并通过水力机械和独特的优化生物技术将其转化为沼气、

① 《外媒：垃圾处理是世界难题 发达国家多转换能源》，欧洲网，2014 年 5 月 12 日，http://www.peopledaily.eu/jj/20140512_15707.html。

② 《外媒：垃圾处理是世界难题 发达国家多转换能源》，欧洲网，2014 年 5 月 12 日，http://www.peopledaily.eu/jj/20140512_15707.html。

③ Jacob Ryan, "Turning Trash into Treasure: Massive Trash Site Hiriya Turns Into Israel's Largest Eco-Park," Nocamels, February 19, 2015, https://nocamels.com/2015/02/landfill-site-hiriya-ariel-sharon-park-recycling/.

肥料和水。① 废弃物中的水资源在"绿色沉淀池"（green sedimentation tanks）中进行处理，② 雨水通过山内建造的人造含水层进行收集，从而形成公园灌溉系统的内循环。

最后，调整地形，扩大植被覆盖率，实现美观与环保的完美交融。特拉维夫对阿亚隆和沙皮里姆河附近离山体一百多米的地方进行了调整，建筑废料用于建造环形的露天观景平台，创造一个被树木覆盖的绿色空间。景观内种植了橄榄树林和果园，这些植物只需要浇少量的水，还能够遮阳。在公园中心种植了郁郁葱葱的棕榈树和其他树木，水生植物和花朵作为地中海文化和自然的象征，形成了基于当地环境的独特农业模式。③

在这座由垃圾填埋场改造而成的生态公园中，我们可以看到各种先进的固体废弃物处理技术，每天这里都会处理大约 1000 卡车的家庭垃圾，其中 80% 的垃圾可以被再利用或回收再造。家具由再生木材制成，座椅由旧轮胎制成，装饰物则由五颜六色的易拉罐、玻璃瓶等制作而成。④ 此外，赫里亚垃圾填埋场的修复与改造已成为中东地区规模最大、最具创新性的环保项目之一，并在多家环保出版物中进行了专题报道，其在固体废弃物、沼气以及水资源的回收与利用方面的成功实践为世界各国提供了宝贵的经验。

（二）以环保作为服装时尚的追求

在消费主义靡然成风的今天，服装业的产能明显过剩，许多成衣未能出售就被当作固体废弃物填埋。据统计，每年生产的衣服中，约有 30% 在购

---

① "Arrow Ecology Ltd," Made in Israel Worldwide Products Exhibition, https：//madein-israel. com/selectedCompany. aspx？ CompanyId = 68&CompanyName = Arrow+Ecology+Ltd.

② Tilman Latz, "Rehabilitation of the Hiriya Landfill, Tel Aviv," *Ri-Vista*, *Research for Landscape Architecture*, Vol. 16, No. 1 (2018), p. 58.

③ Tilman Latz, "Rehabilitation of the Hiriya Landfill, Tel Aviv," *Ri-Vista*, *Research for Landscape Architecture*, Vol. 16, No. 1 (2018), p. 55.

④ 《外媒：垃圾处理是世界难题 发达国家多转换能源》，欧洲网，2014 年 5 月 12 日，http：// www. peopledaily. eu/jj/20140512_15707. html。

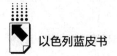

买之前就被扔进了垃圾填埋场，服装业已成为世界上仅次于石油工业的第二大污染行业，① 而许多服装品牌仍在加快产品的推陈出新，导致生态环境压力陡增。为了减少城市服装废弃物的产生，改变居民的消费习惯，让人们在追求时尚的同时更加注重环保，特拉维夫举行了以环保、多元、包容为主题的服装周活动，展示了一系列创意设计。

时装和纺织品生产通常需要半年，而此次特拉维夫时装周展出的服装仅在几周内生产完成。这次展出的服装均采用数字印花技术，相比传统的丝网印花，这种技术更加节能低碳。服装生产周期的缩短意味着资源消耗的减少，也在一定程度上避免了过度生产的问题，与此同时，一些服装生产技术的应用在原有基础上减少了服装生产的资源消耗，从而在服装的生产环节减少了固体废弃物的产生。

服装周展示的创意服装，掀起了一股新的颇具环保性的时尚风潮。以色列时装和纺织品设计师大卫·韦克斯勒（David Wexler）在接受新华社记者采访时说道："我希望我能激励人们，你已经拥有和拥有的东西，即使它有点撕裂或需要修补，即使它有污渍，它也不是衣服的终点，你仍然可以找到不同的方法来使用它，并将其提升为新的和令人兴奋的作品。"② 时装周进行的"素人"走秀还改变了年轻人的时尚观念。在特拉维夫时装周的 T 台上，走秀者穿着由边角料制成的服装，在舞台上迈着自信的步伐，向台下的观众传达着一种"时尚是为普通人而不是为模特而存在的"的观念。大卫·韦克斯勒用他独具匠心的设计向人们证明旧衣物也能焕发新生，破旧的边角料也能制成令人赏心悦目的艺术品，改变人们追求"新"与"完美"的时尚观念，形成一种更具环保性的多元审美观念，在这种观念下，人们不再将大量旧衣物丢向垃圾箱，而是更多地用于回收制成新衣物，减少了服装固体废弃物的填埋率与城市环境的压力。

---

① Nick Kolyohin, "Feature: Israeli Fashion Week Promotes More Sustainable, Innovative Clothes Production," Linkedin, April 6, 2022, https://www-linkedin-com.translate.goog/pulse/feature-israeli-fashion-week-promotes-more-innovative-nick-kolyohin? trk = articles_directory&_x_tr_sl=en&_x_tr_tl=zh-CN&_x_tr_hl=zh-CN&_x_tr_pto=sc.

② 华夏：《特写：特拉维夫时装周呼吁减少消费，提高可持续时尚》，新华社，2023 年 3 月 23 日，https://english.news.cn/20230323/f57febeefd6a42e9b39780816eaa7267/c.html。

（三）开展城市固体废弃物收集项目

夏皮拉（Shapira）社区与特拉维夫市政当局合作，发起了一项名为"夏皮拉里拉"（Shapira Lira）的城市项目。"夏皮拉里拉"项目推出一种名为"里拉"的新货币，居民可以用湿垃圾换取"里拉"。1 公斤有机废物价值 1 "里拉"，相当于 1 新谢克尔（约 0.28 美元）。[1] 整个夏皮拉社区有 12 个堆肥摊位，每个摊位上都有秤，任何人都可以在家中分离有机废物，在堆肥机上称重，然后通过"夏皮拉里拉"在线报告卡进行报告。每个月的月底他们都会得到相应的"里拉"，"里拉"可以购买当地市场、咖啡店、植物苗圃和蔬菜水果店的东西，还能够让客户享受折扣。从财务角度而言，处理和运输 1 公斤湿垃圾的成本约为 1 新谢克尔，因此值得花费相同的金额来鼓励居民垃圾分类，促进当地企业的发展。[2] 2022 年，"夏皮拉里拉"组织转变为一个由来自教育和环保活动领域的居民和商人经营的非政府组织，该组织每月发行约 3000 "里拉"，吸引了约 200 名用户。[3] 另外，"夏皮拉里拉"组织还计划推出一个数字零钱包，以便以后可以接触到其他社区并帮助他们建立自己的数字货币。同时，"夏皮拉里拉"项目的创始人之一萨姆农（Samnon）也希望为学校开发"夏皮拉里拉"教育服务，帮助学生成为当地经济的合作伙伴。[4]

总的来说，特拉维夫处理城市固体废弃物的举措兼顾了环保与美观，体

---

① Yoghev Karmel, "Trash Money: Tel Aviv Neighborhood Issues Community Currency to Encourage Waste Separation," Calalistech, October 19, 2015, https://www.calcalistech.com/ctech/articles/0, 7340, L-3771915, 00. html.

② Yoghev Karmel, "Trash Money: Tel Aviv Neighborhood Issues Community Currency to Encourage Waste Separation," Calalistech, October 19, 2015, https://www.calcalistech.com/ctech/articles/0, 7340, L-3771915, 00. html.

③ Naama Barak, "Tel Aviv Community Creates Its Own Sustainability Currency," Israel21c, August 14, 2023, https://www.israel21c.org/tel-aviv-community-creates-its-own-sustainable-currency/.

④ Naama Barak, "Tel Aviv Community Creates Its Own Sustainability Currency," Israel21c, August 14, 2023, https://www.israel21c.org/tel-aviv-community-creates-its-own-sustainable-currency/.

现了美学与自然的完美交融。经赫里亚填埋场改造而成的阿里亚·沙龙公园成为以色列其他区处理污水、污染场地和社区发展项目的典范，[①] 公园中的固体废弃物处理设施使得固体废弃物的处理变得更加方便，危害城市环境的固体废弃物成为一种资源，也为日益拥挤的特拉维夫提供了一片开阔的绿地。特拉维夫时装周的举办向世界展现了以色列独特的创新与设计能力，向民众传达了环保、多元、可持续的时尚观念，在降低资源消耗与浪费的同时保证质量与美感成为特拉维夫服装产业的发展新趋势。"夏皮拉里拉"项目的开展，增强了居民处理固体废弃物的意愿与动力，并别出心裁地设计出一种名为"里拉"的特殊货币，用以交换居民手中囤积的固体废弃物，充分彰显特拉维夫在固体废弃物处理方面的创新力。

四 特拉维夫城市环境治理的成效分析

特拉维夫为应对城市环境的挑战，开展了大规模的基础设施建设与城市环保项目，并积极地进行环保宣传教育来塑造公民的环保意识，同时，深化国际环境治理合作，与其他城市一道共同应对全球环境治理难题。特拉维夫市政府与民同心，经过长期的努力，城市环境治理取得显著成效，主要表现在以下几个方面。

第一，特拉维夫水资源治理措施的实施，为快速增长的经济与城市化的发展提供了充足可靠的水资源。特拉维夫的索里克海水淡化厂每天可生产62.4 万立方米的水，占家庭用水总量的 20%，获得 1 立方米淡水的成本仅为 10 美分，在其他一些国家和地区，淡化水的成本则高达每立方米 3 美元。[②] 特拉维夫的沙夫丹污水处理厂每天接收 47 万立方米的未经处理的污

---

① Galia Limor-Sagiv, Nurit Lissovsky, and Naomi Angel, "Israel's Largest Landfill Rehabilitation: Creative Landscape Design as a Catalyst for a Functioning Metropolis," *Planning Perspectives*, Vol. 39, No. 2 (2024), p. 38.

② Abigail Klein Leichman, "How Israel Swims Against Tide of Worldwide Water Crisis," Israel21c, November 6, 2022, https://www.israel21c.org/how-israel-swims-against-tide-of-worldwide-water-crisis/.

水，仅从这些污水中回收水，每年就为以色列农场提供 1.4 亿立方米的水。① 此外，相较于污水回收与海水淡化而言，节水是减少水资源需求的另一种成本更低以及更有效的方式。节水教育的开展使得特拉维夫居民用水量有所下降，稳定在每人每年 65 立方米左右，虽然这个数据仍略高于全国平均水平，但考虑到该市的访客和游客数量，用水量还比较合理。② 在淡水资源日益减少的前景下，除开展节水教育外，淡水资源的保护也不可偏废。雅孔河修复项目在政府与非政府组织的共同努力下取得了成功，将水量分配从 2008 年的 280 万立方米/年增加到 2016 年的 128 万立方米/年。③ 通过先进技术的运用，节水教育的开展，淡水保护工程的推进，政府、市民以及非政府组织的持续努力，特拉维夫城市水资源需求得到了基本的满足且减少了对于淡水资源的依赖，实现了城市水资源的可持续发展。

　　第二，特拉维夫应对气候变化的措施的成效在"碳排放披露项目"（Carbon Disclosure Project，CDP）④ 的排名中得到了体现，其排名显著提升，获得 A 级。⑤ 特拉维夫智能化的交通管理促进了市民出行方式的转变与温室气体排放的减少。据统计，特拉维夫市区有超 200 个共享单车站，可供租赁自行车或电单车，并且可以在全市 200 个共享单车站之一取车和还车，无须提前通知。⑥ 因此，人们可以从城市的一头租赁单车，在另外一头还车，

① Abigail Klein Leichman, "How Israel Swims Against Tide of Worldwide Water Crisis," Israel21c, November 6, 2022, https://www.israel21c.org/how-israel-swims-against-tide-of-worldwide-water-crisis/.

② Nurit Alfasi and Talia Margalit, "Toward the Sustainable Metropolis: The Challenge of Planning Regulation," *Sustainability*, Vol. 13, No. 15 (2021), p. 9.

③ Oren Shlomo and Nathan Marom, "Infrastructural Instabilities of Urban River Restoration: Towards a Metropolitan Political Ecology in the Tel Aviv Region," 2019, p. 17.

④ CDP 成立于 2000 年，作为"碳排放披露项目"（Carbon Disclosure Project），要求公司披露其对气候的影响。此后不断扩大环境信息披露的范围，将森林砍伐和水安全纳入其中，为城市、州和地区提供支持。

⑤ Karin Kloosterman, "Tel Aviv Gets an A-for Sustainable City," Greenprophet, December 12, 2023, https://www.greenprophet.com/2023/12/tel-aviv-sustainable-city/.

⑥ "Try Tel Aviv's Bike Share It's Fun, Convenient and a Cheap Way to Discover the City," Go-TelAviv, https://www.go-telaviv.com/bike-share.html.

低碳的出行方式成为人们的首选。另外，特拉维夫的第一条大都市轻轨项目于 2021 年竣工，减少了交通拥堵情况与温室气体的排放。在控制温室气体排放的基础上，特拉维夫市通过在空地上种植树木、发展城市农业以及建造城市公园，使特拉维夫的树木数量达到了 26 万棵，果园、葡萄园和农场的面积达到城市总面积的 13.5%。① 大规模的植树计划与绿地的扩张提高了特拉维夫的绿化覆盖，有助于减少大气中温室气体的含量，缓解城市热岛效应。城市环保项目的试行与废物处理设施的建造以及能源领域的研究，促进了特拉维夫城市能源结构的转型。"编织夜光"环保系统相较于传统照明设备减少了至少 50% 的标准照明基础设施安装成本，节省了 100% 的电力成本。② 未来该系统将运用在特拉维夫的各个车站以及城市公园，减少化石燃料在照明设备上的使用。赫里亚衍生燃料工厂每天可生产 500 吨衍生燃料，取代本地区 10% 的化石燃料供应。③ 特拉维夫加入 C40 城市气候领导小组后，一直致力于气候治理的国际合作并向世界宣示其气候治理的长期目标，智能化的交通管理、市民低碳的出行方式、清洁能源的广泛应用、大面积的绿化工程，无不体现特拉维夫为实现气候治理目标所付诸的行动。

第三，特拉维夫固体废弃物治理措施大大降低了固体废弃物的填埋率，并对这些固体废弃物以无害的方式进行回收与利用。特拉维夫对市内最大的垃圾填埋场进行了修复和改造，改造后的赫里亚垃圾填埋场采用"减量、再利用、再循环"的高效回收模式，每天处理大约 1000 卡车的家庭垃圾，约占特拉维夫垃圾的 50%，④ 其中 80% 的垃圾可以被再利用或回收再造。阿

---

① Max Schindler, "Tel Aviv Ranked 16th Greenest City in the World," *The Jerusalem Post*, April 25, 2018, https://www.jpost.com/jpost-tech/environment/tel-aviv-ranked-16th-greenest-city-in-the-world-552659.

② Simona Shemer, "Tel Aviv Tests Solar Energy Fabric That Shades by Day, Lights Up by Night," Nocamels, April 24, 2022, https://nocamels.com/2022/04/lumiweave-tel-aviv/.

③ 《打造绿色城市 发展循环经济》，人民网，2023 年 4 月 26 日，http://world.people.com.cn/n1/2023/0426/c1002-32673485.html。

④ Einat Paz-Frankel, "Earth Day 2017: New Recycling Plant ls Turning Tel," Nocamels, April 20, 2017, https://nocamels.com/2017/04/israel-turns-garbage-into-fuel/.

里亚·沙龙公园中所有的东西都由垃圾回收后的再生物建造,[1] 该公园占地面积是纽约市中央公园的 3 倍。另外,在特拉维夫以环保为主题的服装周活动的开展下,以色列的"全球翻新"(Re-Fresh Global)与特拉维夫大学合作,利用了臭氧化和绿色水解的尖端纳米纤维素回收技术,该技术预计能够将 38% 的废弃服装转售,将 60% 以上的废弃服装进行回收。[2] 此外,据统计,"夏皮拉里拉"项目已经收集了近 3 吨的固体废弃物,该组织还希望与餐馆和咖啡馆等企业合作,收集其固体废弃物,以堆肥的形式将其转化为有价值的东西。[3] 特拉维夫固体废弃物治理措施完美地诠释了"垃圾是放错地方的资源"这一环保理念,提高了居民处理和分类固体废弃物的意识,减少了固体废弃物的堆放与产生。

尽管特拉维夫的环境治理成效显著,为世界城市环境治理提供了宝贵经验,但是特拉维夫的环境治理也存在一些不足之处,主要表现在以下几个方面。

首先,特拉维夫环境治理的外部成本(external cost)[4] 高昂,这会降低环境治理措施的效用。以特拉维夫的海水淡化为例,由于技术的进步,海水淡化的直接成本大幅下降,但外部成本却居高不下。主要原因是能源的消耗及其对空气污染的影响。海水淡化厂每天都需要消耗大量的能源,而不间断地运作需要依赖化石能源发电,大量化石能源的使用则会加重特拉维夫的空气污染问题。目前,淡化 1 立方米水需要消耗 3.7 千瓦时到 4.5 千瓦时的电力,[5]

---

[1] 《外媒:垃圾处理是世界难题 发达国家多转换能源》,欧洲网,2014 年 5 月 12 日,http://www.peopledaily.eu/jj/20140512_15707.html。

[2] Nicole Stein and Vered Blass, "Solving the Fashion Industry's Waste Problem via Community-driven Innovation," Heinrich Boll Stiftung, https://il.boell.org/en/2022/03/21/solving-fashion-industrys-waste-problem-community-driven-innovation.

[3] Naama Barak, "Tel Aviv Community Creates Its Own Sustainability Currency," Israel21c, August 14, 2023, https://www.israel21c.org/tel-aviv-community-creates-its-own-sustainable-currency/.

[4] 在经济学中,外部成本或称外部效应、溢出效应,是作为另一方(或多方)活动的影响而产生的未参与第三方的间接成本或收益。

[5] Nir Becker, Doron Lavee, and David Katz, "Desalination and Alternative Water-shortage Mitigation Options in Israel: A Comparative Cost Analysis," *Journal of Water Resource and Protection*, Vol. 12, No. 2 (2010), p. 1051.

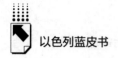
因此，海水淡化造成的空气污染治理成本预估超过每立方米 0. 13 美元。[1]
海水淡化高昂的外部成本不仅会转换为气候治理的直接成本，还会影响特拉
维夫气候治理措施的效用。

其次，以色列国家层面迟滞的环境治理行动与特拉维夫地方层面积极的
环境治理措施难以形成合力。2011 年成立的以色列气候变化信息中心，旨
在为国家气候适应计划的制订提供信息，但迄今为止还没有任何切实可行的
行动计划。[2] 另外，以色列国家审计长马坦亚胡·恩格尔曼（Matanyahu
Englman）在发布的一份综合报告中提到，"以色列发表了许多声明，主要
通过实施一系列关于气候行动承诺的决议，但它没有采取足够的行动来取得
切实的进展"，因此，以色列政府在气候治理层面行动迟滞。[3] 以色列政府
以利益为导向的政策方针不利于相关环境治理措施的落实与环境立法的制
定。达利特·德罗尔（Dalit Dror）在特拉维夫附近的巴伊兰大学举行的环
保倡导组织亚当-特瓦-维丁会议（Conference of the Environmental Advocacy
Organization Adam Teva V'Din）上发表讲话时说："近年来，法案和法规必须
得到监管机构和部长级监管委员会的批准，使这一过程复杂化，同时还必须
提交一份监管影响分析报告，以表明收益大于成本。"[4] 尽管特拉维夫在地
方层面积极努力推进城市环境治理，但在缺乏国家层面的规划与自上而下协
调的情况下，特拉维夫可谓孤掌难鸣。

最后，特拉维夫环境治理受到以色列城市化发展进程加速的制约。20

---

[1] Nir Becker, Doron Lavee, and David Katz, "Desalination and Alternative Water-shortage Mitigation Options in Israel: A Comparative Cost Analysis," *Journal of Water Resource and Protection*, Vol. 12, No. 2 (2010), p. 1052.

[2] Tarsilla Lehmann, "Tel Aviv and Climate Change: An Examination of Three Impacts and Their Implications for Resilience and Geo-political Stability," p. 5.

[3] Maayan Jaffe – Hoffman, "Functional Stagnation: Comptroller Exposes Israel's Climate Crisis Failures," *The Jerusalem Post*, March 19, 2024, https://www.jpost.com/environment-and-climate-change/article-792708.

[4] Sue Surkes, "Environment Laws Becoming Harder to Pass, Outgoing Ministry Legal Adviser Says," *The Times of Israel*, May 9, 2024, https://www.timesofisrael.com/environment-laws-becoming-harder-to-pass-outgoing-ministry-legal-adviser-says/.

世纪 90 年代特拉维夫人口的急剧膨胀产生了严重的住房危机，政府只能通过牺牲农业用地和开放空间来解决燃眉之急，而大量土地用于建造住宅又对城市农业的发展构成了新的挑战。作为特拉维夫重要淡水资源的雅孔河也是城市化发展的"苦主"。在雅孔河修复项目提出之前，大量的工业废水未经处理就被排入雅孔河。目前，雅孔河恢复项目虽取得了成功，恢复了河流往日的生态，但不断加速的人口增长与工业发展仍对河流的环境维护构成挑战。对于特拉维夫而言，环境治理与城市化发展相交织，从而使得环境问题更加复杂化，如何在高度城市化背景下确保城市环境的可持续发展，实现城市化进程与环境治理间的平衡，成为特拉维夫市政官员亟待解决的主要难题。

结　语

在麻省理工学院与世界经济论坛合作发布的一份世界上最环保城市榜单上，特拉维夫居于第 7 位。[①] 特拉维夫在城市水资源治理、气候治理、固体废弃物治理等方面取得了显著成效，走在了世界前列，提供了一套可供借鉴的模式。在水资源治理方面，特拉维夫通过污水处理和海水淡化增加水资源的供给，满足城市用水需求，形成了一整套自给自足的城市水循环系统。特拉维夫还积极开展节水教育和河流修复工程，从源头上减少了水资源的浪费，保护了城市的淡水资源。在气候治理方面，特拉维夫积极开展国际合作，加入了许多国际气候组织，与其他城市一同应对气候挑战。此外，特拉维夫通过提倡绿色出行和清洁能源使用，以及增加城市绿化覆盖率来减少城市碳排放量。在固体废弃物治理方面，特拉维夫市政府对市内最大的垃圾填埋场进行修复与改造，在妥善处理固体废弃物的同时，使它成为城市中一道靓丽的风景线；特拉维夫开展以"环保、多元、可持续"为主题

---

① Einat Paz-Frankel, "Urban Jungle: Tel Aviv Named World's 7th Greenest City," Nocamels, March 21, 2017, https://nocamels.com/2017/03/tel-aviv-seventh-greenest-city/.

的服装周活动，宣传节俭和环保的时尚理念；特拉维夫的"夏皮拉里拉"项目提高了居民处置固体废弃物的积极性。

综上所述，特拉维夫环境治理的成功经验在于依托先进的科学技术、市政府的政策支持、环境立法、民众环保意识的增强以及持续不断的城市创新力，这些措施共同发挥作用。纵观特拉维夫的环境治理，市政府毫无疑问是主导力量，而民众与非政府组织的力量也不容忽视，青年劳动者协会、以色列环保联盟等非政府组织为城市环境治理作出了卓越贡献。特拉维夫市政府与非政府组织在应对城市环境问题上的和衷共济、通力合作，成为特拉维夫城市环境治理成功的关键因素。

以色列创新会展业的发展、特点与影响

赵晨曦　吴军超*

摘　要： 以色列的会展活动早在伊休夫时期已开始，1914 年 4 月在特拉维夫举行的"制造商品推广展览会和交易会"是一次重要的会展尝试。1923 年第一届"黎凡特博览会"的成功举办为后续更大规模的博览会奠定了基础。以色列建国后会展活动持续向现代化、国际化和专业化发展。当前，以色列创新会展业已成为推动国家经济增长、提升国际声誉和促进科技成果转化的重要平台，经济效益、社会效益和政治效益显著。以色列的会展业注重会展主题和形式多元化发展，并努力打造科技创新会展的以色列品牌。同时，作为创新体系的关键环节，创新会展关注初创企业的孵化和成长，极大地推动了以色列科技创新成果的市场化，成为以色列对外宣传的一张名片。

关键词： 以色列　科技创新　会展业　特拉维夫会展中心

以色列素有"创新国度"之称，创新会展业作为其第三产业的重要组成部分，不仅推动了国家经济增长，也在塑造以色列全球创新形象方面发挥了至关重要的作用。当前，国际上广泛接受的"会展业"的定义是"MICE Industry"，涵盖 Meetings（会议）、Incentive Tour（奖励旅游）、Conventions（大型企业会议）、Exhibitions & Events（活动展览和节庆活动），范围非常广。[①] 创新会展业

＊　赵晨曦，郑州大学历史学院博士研究生；吴军超，郑州大学东盟研究院讲师。
① D. Getz, *Event Management and Event Tourism*, New York：Cognizant Communication Corporation, 1997, p. 7.

是会展业的分支,主要展示前沿科技成果和创新技术,包括各种科技产品展览、技术演示,以及行业论坛、会议等大型公共活动。近年来,以色列创新会展业不仅展现了其深厚的产业基础,还推动了国际科技交流与商业合作的蓬勃发展。以色列通过特拉维夫会展中心和耶路撒冷国际会议中心的国际化盛会,成功打造了全球知名的科技创新展示与合作网络。因此,探讨以色列创新会展业的发展历程、现状和特征,有助于揭示其在推动科技成果市场化、促进国际合作中的突出作用,进而理解以色列如何通过创新会展业提高全球竞争力和科技影响力,为全球创新实践提供经验。

一 以色列会展业的由来及发展概况

以色列的会展活动早在伊休夫时期已开始,1914年4月在特拉维夫举行的"制造商品推广展览会和交易会"是一次重要的会展尝试。[①] 此次活动吸引了巴勒斯坦和欧洲一些社会名流的关注,并促进了当地的经济交流。20世纪二三十年代,随着大批犹太移民涌入,伊休夫的经济得到了很大发展,当地的私营企业家、商人等希望在黎凡特地区举办具有地区和国际影响力的博览会,以期促进当地工业、农业发展,并向世界宣传犹太复国主义运动在这片地区的成功实践。此后,在黎凡特地区举办地区性乃至世界性博览会的想法开始流传,更多的大型会展和博览会在特拉维夫、海法等城市开展。以色列建国后,会展活动进一步发展,成为以色列对外宣传其工业化和科技创新成果的重要窗口。

1923年,由私营企业发起,在伊休夫管理者支持下,第一届"黎凡特博览会"(Levant Fair)正式举办,会展场地由位于罗斯柴尔德大道的犹太复国主义俱乐部(Zionist Club)提供,其目的是展示伊休夫的工商业活动,

---

① "Levant Fair," Gateway, April 17, 2016, https://gateway.ipfs.cybernode.ai/ipfs/QmXoypizj W3WknFiJnKLwHCnL72vedxjQkDDP1mXWo6uco/wiki/Levant_Fair.html#cite_ref-3.

推销葡萄酒、肥皂和芝麻等产品。① 这次活动最终成功举办，并为后续更大规模的博览会奠定了基础。20 世纪二三十年代，在犹太私人工贸出版和展览公司的组织下，黎凡特博览会先后在 1925 年、1926 年、1929 年和 1932 年成功举办，吸引了约 100 万名国际游客，成为中东地区的国际盛会。特别是 1932 年的黎凡特博览会有了正式的会标——"飞翔的骆驼"（Flying Camel），该会标由著名建筑师阿里耶·埃尔-哈纳尼（Aryeh Elhanani）设计，象征着东西方的联系，体现了犹太人的创新精神。这一会标沿用至今，成为以色列国际会议中心——特拉维夫会展中心（Expo Tel Aviv）的官方标识。②

　　随着黎凡特博览会影响力的增强，当地犹太复国主义代表提议建设一个专门用来进行博览活动的场馆。这一想法得到了英国驻巴勒斯坦和外约旦总司令亚瑟·格伦费尔·沃霍普（Arthur Grenfell Wauchope）的认可，他支持在特拉维夫雅孔河畔建造一座专门用来举行会展等大型活动的公共建筑。1934 年，新会展场馆落成，并随之举行了新的博览会。该次博览会吸引了来自 30 个国家和地区的约 60 万人参加。这被犹太复国主义者视为展示犹太人建设民族家园的重要机遇。他们将新会展场地作为庆祝特拉维夫建市 25 周年的活动场馆，把博览会视作展现犹太复国主义运动成果的平台。③ 这次博览会不仅达到了犹太复国主义者设想的政治宣传目的，其经济效果也十分显著。随着博览会的不断举办，犹太企业在巴勒斯坦工业企业中的占比从 1922 年的 50% 上升到 1932 年的 60%，甚至在 1933~1939 年一度高达 72%。④

---

① Saul Jay Singer, "The Levant Fair in Eretz Yisrael," *Jewish Press*, May 22, 2024, https：//www. jewishpress. com/sections/features/features－on－jewish－world/the－levant－fair－in－eretz－yisrael/2024/05/22/.

② Julia Wölfel, "'The Flying Camel'：Defending Jewish State－building in Mandatory Palestine on the Levant Fairs of Tel Aviv in the 1930s," *Jewish Culture and History*, Vol. 23, No. 2（2022）, p. 138.

③ Julia Wölfel, "'The Flying Camel'：Defending Jewish State－building in Mandatory Palestine on the Levant Fairs of Tel Aviv in the 1930s," *Jewish Culture and History*, Vol. 23, No. 2（2022）, p. 7.

④ Gudrun Krämer, *A History of Palestine：From the Ottoman Conquest to the Founding of the State of Israel*, Princeton：Princeton University Press, 2011, p. 240.

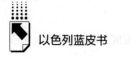

1948 年以色列建国后，随着国家建设和工业化发展，会展业迎来新发展机遇。以色列政府特别重视利用会展活动展示工业和科技领域成就，并通过这一平台促进与国际社会的交流合作。这一时期，以色列会展业的变化首先表现在场馆的增多，专门的展览中心和多功能场馆陆续开始建设。1950 年，在以色列政府的支持下，耶路撒冷国际会议中心（International Convention Center in Jerusalem）开始建设。耶路撒冷国际会议中心由犹太代办处、犹太民族基金会和耶路撒冷经济发展公司（Jerusalem Economic Development Company）联合建设。该中心象征着以色列国的主权，并成为全球犹太人的"聚集地"。在建设该中心初期，设计者打算将其作为未来犹太复国主义大会的官方所在地，甚至在施工完成前第 23 届犹太复国主义大会（1951 年）就在此召开。① 耶路撒冷国际会议中心见证了以色列历史上众多重要的国际国内会议及各类会展活动。1959 年，为纪念特拉维夫建市 50 周年，特拉维夫会展中心新馆建立，地址位于特拉维夫罗卡赫大道（Rokach Boulevard），该场馆又被称为以色列贸易展览会和会议中心（Israel Trade Fairs and Convention Center），是当时以色列规模最大、规格最高的会展中心。② 此后，其他城市也先后建立起具备博览、会展性质的交流中心，如拉马特甘以色列钻石交易中心（Israel Diamond Exchange Center, Ramat Gan, 1968 年建立），以色列国家科学、技术和太空博物馆（Israel National Museum of Science, Technology, and Space, 1983 年建立），海法国际会展中心（Haifa International Convention Center, 1996 年建立），梅纳赫姆·贝京遗产中心（Menachem Begin Heritage Center, 1998 年建立），等等。一系列与科技创新主题相关的会展活动成为这一时期的发展亮点。1953 年，耶路撒冷国际会议中心成功举办"征服沙漠博览会"（Conquest of the Desert Exhibition）。此次博览会以"沙漠地区的开垦和人口发展"为主题，其中以

① 耶路撒冷国际会议中心最终在 1959 年落成，参见"The History of ICC Jerusalem," ICC Jerusalem, September 12, 2024, https://www.iccjer.co.il/en/about-icc-jerusalem/history/。

② "Creating Experiences for over 95 Years," Expo Tel Aviv, September 12, 2024, https://expotelaviv.co.il/en/history/。

色列展出了当时培育的高科技农业产品和一系列军工产品，并向世界分享以色列的节水技术。此次博览会为期 22 天，先后吸引了来自 13 个国家的约60 万人参加，是以色列历史上首个被国际展览局认可的专业博览会①，以色列成功向世界展示了建国后工业化和经济发展成果。1958 年，为纪念以色列建国 10 周年，耶路撒冷国际会议中心举办"十周年博览会"。此次博览会有两个主题——"国家"和"经济"，旨在展示以色列建国十年的经济成就，涉及"食品、服装和健康""机械和金属""企业培养"等领域的创新理念和成果。此次博览会影响颇大，大卫·本-古里安在博览会开幕式上发言，包括美国在内的众多国家代表出席活动，并吸引了约 60 万人参加，被称为"以色列历史上最大规模的博览会"。②

自 2003 年以来，以色列会展业进入国际化发展阶段。2003 年，特拉维夫会展中心 1 号馆（Pavilion 1 of Expo Tel Aviv）竣工，场馆占地 2 万平方米，是当时以色列乃至中东地区规模最大的现代化展馆。③ 该场馆显著提升了以色列的会展承载能力，吸引了全球范围内的科技、工业和创新领域的参展商和投资者，是以色列会展业发展的标志。同年，拉马特甘以色列钻石交易中心的摩西·阿维夫塔（Moshe Aviv Tower）竣工，以色列钻石交易区（Diamond Exchange District）正式落成，标志着以色列钻石贸易发展的高潮。目前，该交易区有 110 万平方米的商业和公共空间，交易区内的另一座摩天大厦——钻石塔（Diamond Tower）拥有世界上最大的钻石交易大厅。④ 此外，耶路撒冷国际会议中心、拉马特甘以色列钻石交易中心和海法国际会展中心等也更新和扩展了会展场地，以承接人数更多、规模更大

---

① "Expo 1953 Jerusalem," Bureau International des Expositions, September 12, 2024, https：// www. bie-paris. org/site/en/1953-jerusalem.

② "The History of ICC Jerusalem," ICC Jerusalem, September 12, 2024, https：//www. iccjer. co. il/en/about-icc-jerusalem/history/.

③ "Creating Experiences for over 95 Years," Expo Tel Aviv, September 12, 2024, https：// expotelaviv. co. il/en/history/.

④ "History of the Israel Diamond Exchange," Israel Diamond Exchange, September 12, 2024, https：//www. en. isde. co. il/article. aspx？ id＝23057.

的会展活动。

以色列创新会展的主题逐渐从传统产业拓展至网络安全、绿色科技、智能交通等全球性前沿科技。2014年，以色列国家网络局（Israel National Cyber Directorate）和《以色列国防杂志》（*Israel Defense*）联合举办首届"全球网络安全技术大会"（Cybertech Global，Tel Aviv），会议云集了多国政府官员和企业代表、网络专家等，探讨了网络科技的技术发展、风险投资、网络治理和安全防护等议题。参会人数超5000人，主办方为参会的75家网络安全初创公司提供免费的展示区域和服务。以色列总理内塔尼亚胡在开幕式上致辞，并表示将要把以色列建设成全球网络安全中心。[①]这次会议取得了极大成功，此后每年在以色列举办"全球网络安全技术大会"成为网络安全领域的国际惯例。2015年，第一届特拉维夫创新峰会（TLV Sparks Innovation Summit）在特拉维夫会展中心举办，该创新峰会是以色列科技创新会展业的核心活动，此后每年举办一次，其鼓励全球商业和创新技术专业人士来到特拉维夫参会，为参展商和团队提供专业化和特色化的展览平台以及与全球各行业进行创新合作交流的平台。[②]尽管特拉维夫创新峰会规模不及美国消费类电子展览会（Consumer Electronics Show，CES）等全球性科技创新会议，但其以特色鲜明、专业化程度高和有效孵化初创企业而闻名于全球的创新行业。

二　2023~2024年以色列创新会展业的现状

以色列创新会展是指前沿科技成果和创新技术的展示、行业交流与合作的综合性活动平台，包括峰会、展览会、世博会等形式。这一平台汇聚了科技公司、创业者、研究人员、政策制定者等全球关键参与者，成为探索行业

---

① David Shamah, "PM Lauds Israeli Prowess at Cybertech 2014 Opening," *The Times of Israel*, January 27, 2014, https：//www.timesofisrael.com/pm－lauds－israeli－prowess－at－cybertech－2014－opening/.

② "About the TLV Sparks Innovation Summit," TLV Sparks Innovation Summit, September 12, 2024, https：//www.tlvsparks.com/about－sparks/.

趋势、技术转移与应用的前沿阵地。近年来，以色列的创新会展业发展势头良好，成功举办了大量国际性创新会展活动，呈现了创新会展主题和形式的多元化、会展产业的品牌化以及关注初创企业成长的发展特点。

（一）结合全球热点，注重创新会展的主题多元化和形式多样化

2023~2024 年，以色列创新会展主要活动表现出主题多元化的特点，紧跟全球科技发展最新趋势，涵盖网络安全、生物技术、人工智能和绿色科技等领域（见表 1）。

表 1　2023~2024 年以色列创新会展主要活动一览

会展名称	举办时间	主题	主要内容
以色列人工智能周(AI Week)	2023 年 2 月 13~15 日	人工智能	讨论 ChatGPT，为来自全球的 AI 专业人士提供专业化学习的机会
健康科技生态国际会议（MIXiii Health-Tech. IL）	2024 年 3 月 5~6 日	生命科学与医疗	涉及多个领域的创新，如医疗健康和智能制造等，着重探讨科技在推动社会变革中的作用
全球网络安全技术大会（Cybertech Global 2024）	2024 年 4 月 8~10 日	网络安全	庆祝大会创立 10 周年，讨论应对全球网络威胁的最新解决方案
特拉维夫创新峰会（TLV Sparks 2024）	2024 年 4 月 10~11 日	创新驱动科技发展	为全球的初创企业提供更多更专业的创新发展机会
第 22 届以色列生物医学国际会展（22nd BIOMED Israel Conference and Exhibition）	2024 年 5 月 21~23 日	生物技术与医疗科技	讨论生物医学创新,涵盖基因编辑、再生医学、精准医疗等新兴领域
第 12 届以色列生态交通会议（The 12th Annual EcoMotion）	2024 年 6 月 4 日	绿色能源与智能交通	探讨绿色能源技术的应用,智能交通和电动汽车的未来发展方向

资料来源：笔者根据以色列重要创新会展活动官方网站相关信息整理，参见 https://www.cybertechisrael.com/；https://mixiii.com/；https://en-cyber.tau.ac.il；https://www.tlvsparks.com/；https://kenes-exhibitions.com/biomed/；https://www.ecomotion.org.il/。

2023~2024 年，以色列创新会展业采用线上与线下相结合的形式。2023年，尽管不少国家早已宣布取消新冠疫情相关限制，但全球会展行业受到的冲击仍未结束。这一时期以色列创新会展业积极应对，通过线上与线下相结合的形式继续推动科技交流与合作。大量的会展活动通过虚拟平台举办，为

参会者提供了跨地域、跨时区的灵活交流机会，使全球各地的科技从业者依然能够参与其中。

2023年人工智能周（AI Week 2023）同样采取了线上与线下相结合的形式。这次会展分为两部分：一部分是在线举办的专题研讨会和技术展示，另一部分则是在允许的情况下，针对本地参展者开放的小型线下会议。^① 通过这种灵活的会展形式，参展企业和观众依然能够通过线上平台参与全球讨论，并与本地的科技界人士实现有效交流。这种模式充分体现了疫情下以色列科技会展行业的应变能力，也为后疫情时代的会展形式提供了新思路。

值得注意的是，线上与线下相结合的会展形式不仅应对了疫情的挑战，也推动了会展业的变革。许多参展者表示，虚拟会展形式的出现，提升了其参与体验。虚拟展位可为参展企业节省大量费用，在线研讨会的录播功能则让无法实时参与的观众也能方便地获取信息。这种会展形式在疫情后仍然被保留下来，充分发挥其优势。2024年第22届以色列生物医学国际会展继续采用了线上与线下相结合的形式，提升了会展的全球覆盖面，使远在不同国家的与会者能够实时参与或事后观看活动内容。这种灵活性进一步丰富了会展的形式，为全球科技行业互动提供了更广阔的平台。

（二）为初创企业的发展提供机遇

自2023年以来，以色列继续将创新会展活动与国家发展战略紧密相连，众多会展活动关注初创企业的成长，并提供国际交流、资金支持和技术对接的机会，为初创企业提供了重要的发展平台。整体而言，创新会展关注初创企业发展的表现有两个方面。

一方面，利用创新会展活动助力初创企业的孵化。创新会展作为初创企业展示技术和产品的重要舞台，成为帮助企业走向市场的重要渠道。2024年，新一届的"特拉维夫创新峰会"（TLV Sparks）成功举行。该活动旨在

---

① "AI Week 2023," Tel Aviv University, September 12, 2024, https：//en－cyber.tau.ac.il/events/AI－WEEK2023.

汇聚全球初创企业，为以色列初创企业代表提供与世界各地创意人士交流开创性想法的机会，见证创造力与技术的融合，并鼓励企业展示尖端产品与创新方案。① 该峰会由五个板块构成（见表2），每一个板块都体现出对初创企业的重视，通过设立一系列特别活动让初创企业更快更轻松地融入其中。

表 2　2024 年特拉维夫创新峰会五大板块

板块名称	主要内容
专业峰会（Professional Summit）	参与者可与来自以色列和世界各地的创意人士一起分享开创性的想法
创新博览会（Innovation Expo）	宣传最新的初创公司、组织和公司参展商，为其提供产品和解决方案的展示机会
分组会议（Breakout Sessions）	参与者可深入进行针对性的讨论，涵盖一系列科技创新主题
特别活动（Special Events）	为参与者提供合作方赞助的活动、社交聚会以及参观特拉维夫
"同行与啤酒"（"Peers & Beers"）	参与者可在咖啡馆、酒吧的聚会活动中与同行建立联系

资料来源：笔者根据特拉维夫创新峰会官方网站信息整理，参见 "About the TLV Sparks Innovation Summit," TLV Sparks Innovation Summit, September 13, 2024, https：//www.tlvsparks.com/about-sparks/。

以色列的"全球投资者峰会"（OurCrowd Global Investor Summit）同样对初创企业起到重要孵化作用。该峰会是全球创新行业的主要活动之一，是中东地区最大的投资者活动。2023 年在耶路撒冷国际会议中心举行的全球投资者峰会是其自创办以来最成功的一届，有来自 86 个国家的 76 个代表团，共计 17411 人参与，其中来自海湾国家和北非阿拉伯国家的代表团是首次参会。这场峰会连接初创企业与成功投资者、连续创业者、企业创新高管及风险投资家，助力企业获取创业融资经验，并提供专业化会议论坛等多种交流机会。② 许多初创企业通过该平台获得了宝贵的融资机遇，从而加快了其技术落地和商业拓展进程。

---

① "About the TLV Sparks Innovation Summit," TLV Sparks Innovation Summit, September 13, 2024, https：//www.tlvsparks.com/about-sparks/.

② "About Summit," OurCrowd Global, September 13, 2024, https：//summit.ourcrowd.com/about-summit/.

另一方面，实施促进初创企业发展的长效机制。以色列的创新会展不仅关注企业的"孵化"，还关注其"成长"。创新会展通过采取一系列长效机制，持续关注初创企业的成长和发展，为它们的长期发展提供资源支持。2023~2024 年，多个展会长期孵化项目落地，如"智慧提升数字孵化器"（MindUP Digital Health Incubator）、"以色列创业挑战赛"（MassChallenge Israel）和"特拉维夫科技之星加速器"（Techstars Tel Aviv）等。[①] 这些科技创新会展活动通过持续提供创新激励机制，为初创企业提供了从研发、融资到市场化的全方位支持，确保了初创企业在发展过程中的长效支持，从而有助于提升其在全球市场上的竞争力。

（三）顺应国际会展潮流，打造创新会展的以色列品牌

顺应国际会展业发展潮流，努力打造特色会展品牌是以色列创新会展业的新动向。会展产业品牌化是当前全球各国会展产业的发展方向，是发挥会展经济带动效应的着力点。[②] 近年来，以色列创新会展业的品牌化发展有三方面表现，即打造品牌会展城市、打造品牌会展公司和打造品牌会展项目。

第一，打造品牌会展城市。以色列将城市发展与创新会展活动紧密结合，逐步形成了以特拉维夫和耶路撒冷为主的、具有全球影响力的品牌会展城市。特拉维夫是以色列现代会展活动的发源地，具有百余年的会展发展史。如今，作为以色列的科技创新中心，特拉维夫结合自身城市特点，发展成为全球创新会议的重要举办地之一。特拉维夫不仅拥有发达的科技产业基础、众多的初创企业，还凭借其先进的城市基础设施和便捷的国际交通网络，吸引大量国际科技会议在此召开。特拉维夫每年举办的全球网络安全技术大会和特拉维夫创新峰会等活动，通过高质量的会议内容和来源广泛的参展商，逐渐将城市自身打造为国际品牌会展的代名词。

耶路撒冷也是以色列独具特色的品牌会展城市。耶路撒冷凭借其丰富的

---

① 参见各企业孵化项目官方网站：https：//www.mindup.co.il/about-us/；https：//cyberspark.group/；https：//masschallenge.org/；https：//www.techstars.com/。

② 曲维玺：《激发会展业内在创新动力》，《光明日报》2024 年 9 月 9 日，第 5 版。

历史文化遗产和现代化的科技创新环境，吸引了包括医疗技术、生命科学和清洁能源等领域的国际会展。同时，耶路撒冷拥有便捷的交通和物流体系，高效服务各类型的国际大会。截至 2024 年上半年，耶路撒冷国际会议中心拥有 2.6 万平方米的多功能会展空间、近 30 个会议室及约 600 间配套的酒店客房。① 此外，耶路撒冷国际会议中心完善的管理机制，使其形成职权明确、运行高效的会展组织。该会展中心近年来广受好评，是国际会议协会（ICCA）和国际会议中心协会（AIPC）两大国际组织认可的重要会员。2023~2024 年耶路撒冷国际会议中心管理团队构成见表 3。

表 3 2023~2024 年耶路撒冷国际会议中心管理团队构成

等级	职位名称			
第一级	代理首席执行官	办公室主任	副总裁(负责运营工作)	副总裁(营销与业务发展工作)
第二级	客户部门经理	客户和创业部经理	客户经理	客户关系经理	活动经理
第三级	采购经理	维护和客房部经理	营销秘书	客户协调员	安保管理员

资料来源：笔者根据耶路撒冷国际会议中心官方网站信息整理，参见"Our Team,"ICC Jerusalem-Int. Convention Center, September 13, 2024, https://www.iccjer.co.il/en/about-icc-jerusalem/our-team/。

第二，打造品牌会展公司。近年来，以色列众多会展公司通过专业化的服务和国际化的运作模式，不断增强在全球市场中的竞争力，打造出了具有国际知名度的品牌。2023 年，以色列科恩斯公司获得国际会议专业组织者协会（IAPCO）颁发的卓越创新奖（Excellence Innovation Award），成为以色列首个获得该领域殊荣的会展企业。该公司自 1965 年创立以来，长期专注于生命科学、医疗健康和技术创新等领域的会议组织，通过专业化的运作，在全球范围内运营了数百场国际科技创新会议，成为全球知名的品牌会展公司。以色列科恩斯公司品牌化历程见表 4。

---

① "ICC Jerusalem-International Convention Center," AIPC, September 13, 2024, https://aipc.org/member/icc-jerusalem-international-convention-center/.

表 4　以色列科恩斯公司品牌化历程

时间	标志性事件
1965 年	以色列科恩斯公司由全球活动行业的先驱吉迪恩·里夫林（Gideon Rivlin）在特拉维夫创立
1965 年	以色列科恩斯公司为国际牙医联合会（FDI）组织了首届国际大会
1968 年	以色列科恩斯公司先后组织第 4 届亚太心脏病学大会、第 6 届世界生育力和不育大会以及第 10 届国际外科学院联合会年会
1972 年	以色列科恩斯公司组织的国际骨科手术和创伤学会会议（SICOT）和世界美容与水疗会议（CIDESCO）成为公司发展的里程碑事件
1981 年	首席执行官吉迪恩·里夫林当选国际会议专业组织者协会主席
1985 年	荣获国际会议协会的 PCO 卓越奖
2001 年	与"德国内部计划"（INTERPLAN Germany）公司合作，在汉堡、柏林和莱比锡设办事处，建立全球影响力
2008 年	开启亚太地区业务，在新加坡和泰国开设办公室
2020 年	成功举办多次线上会展，并获得国际会议专业组织者协会颁发的大奖（Eventex Awards）
2023 年	获得国际会议专业组织者协会颁发的卓越创新奖

资料来源：笔者根据以色列科恩斯公司官方网站信息整理，参见"History-From Our First Years in Business Till Today," Kenes Group, September 13, 2024, https：//kenes-group.com/history/#：~：text=Kenes%20is%20founded%20in%20Tel%20Aviv,%20Israel,%20by。

　　此外，以色列的奥尔特拉公司（Ortra Ltd.）、通行以色列公司（Access Israel）、迪森豪斯公司（Diesenhaus Unitours）和以色列 BCD 旅行公司（BCD Travel）等[①]，通过精细化管理和专业化服务，在服务以色列科技创新会展活动过程中，不断提升自身能力，成为国际上具有品牌影响力的会展服务公司。

　　第三，打造品牌会展项目。品牌会展项目是以色列创新会展业品牌化发展的最终体现。通过持续的创新和高质量的内容输出，多个以色列科技会展项目逐渐成为全球知名的品牌活动。近年来，以色列的"全球网络安全技术大会"已发展成为仅次于美国信息安全大会（RSA）之外的行业性大会，

---

① "Israel Meetings, Incentives, Conferences and Exhibitions Market Size and Trends," Coherent Marketin Sights, September 13, 2024, https：//www.coherentmarketinsights.com/industry-reports/israel-meetings-incentives-conferences-and-exhibitions-market#：~：text=Israel%20Meetings,%20Incentives,%20Conferences%20and%20Exhibitions%20Market%20with。

是全球网络安全会展领域的知名活动。2024 年 4 月在特拉维夫举行的"全球网络安全技术大会",以庆祝大会创立 10 周年为契机,汇集了来自各行各业的领先公司、高级政府官员、世界知名演讲者、创新初创公司和投资者。活动突出最新技术,为参会者提供可观的交流机会,成为"培养不断发展和创新的全球网络社区"。[1]

以色列优势创新领域——节水技术和清洁能源领域同样有影响力较强的会展项目。"以色列国际水技术展"(WATEC Israel)以应对水资源短缺、气候变化和可持续性等紧迫挑战为目标,向世界分享以色列的节水技术、开发绿色能源等创新科技,目前已成为全球水资源和绿色能源发展领域的重要会展项目。[2] 得益于以色列在创新领域领先地位及会展内容持续更新和优化,众多会展项目逐渐成为全球科技行业的重要风向标。

三 以色列创新会展业的特点及其影响

以色列创新会展业一般具有小而精的特点,会展主题紧跟全球科技前沿,涵盖人工智能、网络安全等热点领域,是展现以色列国家形象和创新文化的重要符号。以色列创新会展业注重互动体验与技术应用的结合。同时,会展为科技企业、科研人员和投资者搭建了跨行业的合作平台,促进全球科技交流与商业合作。以色列通过会展活动推动了技术转化与经济增长,对国家的软实力建设和国际影响力提升产生了积极影响。

(一)以色列创新会展业的主要特点

一是,"小而精"。与大型国际会展相比,以色列创新会展呈现"小而精"的特点。受到人口、资源和地域等客观条件限制,以色列无法采取像美国、德国或者中国等类似的大规模、大体量的会展形式。但是,

---

① "Who We Are," Cybertech Israel, September 13, 2024, https：//www.cybertechisrael.com/about_us.

② "Shared Resilience and Innovation Globally," WATEC Israel, September 13, 2024, https：// watec-israel.com/about/.

以色列恰是通过"小而精"的会展形式，更加专注特定领域的深度展示和交流，为参与者提供更精细、更高质量的会展服务。此外，"小而精"的会展还能够灵活应对市场变化和需求，迅速调整展会内容和形式，以更好地适应科技创新的快速发展。特别是疫情期间，以色列的科技创新会展因规模较小，该行业受到的经济波动影响明显小于欧美国家，且在后疫情时代可以迅速作出适应性调整。因此，尽管规模较小，以色列的创新会展的专业性和高水平的组织安排使其在全球会展行业中别具一格。

二是，综合性、多维度。按照会展基本要素①，以色列创新会展业的构成可分为三个层级，每个层级有不同的职能，展现出综合性、多维度的特点。第一层级是创新会展业的管理者、开发者和主办单位。其职能包括整体策划、市场分析、行业调查、主题设计、活动立项、合作单位和参与者的选择等，属于产业链的"上游"。这一部分的实体有以色列科技部、创新署、农业与农村发展部、经济与产业部、能源部等部门。如"以色列国际水技术展"，该会展由以色列经济与产业部、外交部、农业与农村发展部等共同主办，是展示以色列先进节水技术，推动相关企业间合作、科研人员国际交流和创新投资合作的重要平台。② 第二层级是为会展活动提供场馆设施服务的企业组织。其职能是负责会展场地出租、管理和场馆设施更新维护等。代表性实体有特拉维夫会展中心国际会议组织有限公司（Expo Tel Aviv - International Convention & Exhibition Center LTD）③、耶路撒冷国际会议中心

---

① 会展的基本要素包括主办者、承办者、会展场馆、会展服务、参展商及参展观众。其中参展商和参展观众是展会活动的直接参与者，笔者在划分以色列创新会展业的层级时侧重于织架构与产业链，即主办方、场馆设施及相关服务，而非具体的展会参与者。参见张健康、任国岩编著《会展概论》，高等教育出版社，2004，第2页。

② "Shared Resilience and Innovation Globally," WATEC Israel, September 13, 2024, https://watec-israel.com/about/.

③ 该公司成立于1932年，并在1964年加入国际展览业协会（UFI），是以色列唯一被该协会认可的国际性会展公司。参见 "Expo Tel Aviv - International Convention & Exhibition Center LTD," UFI, September 13, 2024, https://www.ufi.org/membership/ufi-approved-events/event/UFIIAE-1250/#tabs-ufi-approved-event。

管理团队及海法经济公司（Haifa Economic Corporation）。① 这些产业链的"中游"实体有完备的管理体制和职责划分。第三层级是与创新会展相联系的物流、餐饮、住宿、休闲、购物、交通等服务，属于产业链"下游"。这类服务的实体涉及面非常广，包括外包会务公司、旅行社、星级酒店及物流公司等。以色列有数量可观的外包公司和第三方公司，如以色列科恩斯公司、通行以色列公司、迪森豪斯公司和BCD旅行公司等。②

三是，政治服务性。以色列政府特别重视通过国际性会展塑造以色列创新、绿色、和平的国家形象。一方面，国际性创新会展为以色列在全球舞台上塑造了高度创新和技术先进的国家形象。以色列作为全球科技创新的领先国家之一，通过这些会展向外界展示其科技实力，尤其是在高新技术、农业科技、清洁能源和节水技术等领域的突破。以色列领导人往往会借助国际性会展平台向世界传递这一信息。内塔尼亚胡自上任以来多次在"全球网络安全技术大会"等重要场合发言，强调以色列在全球网络安全领域的重要地位。2023年，内塔尼亚胡在"全球网络安全技术大会"开幕式上强调："以色列是全世界最大的科技中心之一。以色列正在从一个初创国家转变为一个科技创新发展的规模化国家。"③ 他的发言不仅展示了以色列作为"科技强国"的全球定位，也强化了外界对以色列作为一个创新型国家的认知。另一方面，创新会展成为以色列政府推动国际科技合作的重要手段。通过举办各种类型的科技展会，以色列不仅展示了其科技成果，也为全球科研人

---

① 海法经济公司成立于1972年，是一家由海法市政府全资拥有的民间公司。该公司的子公司马塔姆（MATAM Subsidiary）于1996年创建了海法国际会议中心。参见 "The International Convention Center," Haifa Economic Corporation, September 13, 2024, https：//www. hec. co. il/ SiteEng/The-International-Convention-Center。

② "Israel Meetings, Incentives, Conferences and Exhibitions Market Size and Trends," Coherent Market Insights, September 13, 2024, https：//www. coherentmarketinsights. com/industry - reports/israel-meetings-incentives-conferences-and-exhibitions-market#: ~ : text = Israel%20Mee tings,%20Incentives,%20Conferences%20and%20Exhibitions%20Market%20with.

③ Natalie Lisbona, "Netanyahu: Israel Is Creating an Iron Dome in Cyberspace," *The Jewish Chronicle*, February 2, 2023, https：//www. thejc. com/news/world/anti - israel - rioters - clash - with-police-in-melbourne-az5bbt80.

员、企业家、投资者和政策制定者提供了一个交流合作的平台。这些会展成为推动政府职能实现的重要工具。以色列科技部、创新署、农业与农村发展部、经济与产业部、交通与道路安全部、能源部等政府部门都积极参与各自领域的专业科技会展。这些活动不仅提升了以色列在相关领域的国际影响力，还促进了以色列企业与其他国家企业的科技合作。创新会展已成为推动以色列民间科技创新、促进知识产权输出的重要渠道。通过这些展会，以色列不仅在全球环保科技领域占据了重要席位，还实现了"设计—生产—销售—使用"全流程的产业闭环，推动了相关技术从实验室走向市场。①

四是，前沿性和创新性。首先，会展的主题选择紧跟全球科技前沿，展示了其对未来科技发展趋势的高度敏感性和前瞻性。近年来，以色列的科技创新会展紧紧围绕全球热点领域，特别是人工智能、网络安全、医疗技术等新兴行业。这些热点领域不仅是当代科技界关注的焦点，也是全球各国竞争的关键赛道。通过将这些技术前沿作为会展的重点项目，以色列向世界展示了其在相关领域的领先技术和解决方案。以人工智能为例，以色列在全球人工智能技术开发中占有重要位置，相关会展项目也大大促进了国内外技术交流与产业合作。会展活动不仅是新技术的发布平台，还是技术应用和市场推广的展示窗口，提升了以色列科技企业在全球范围内的影响力。其次，会展活动的设计方式体现了创新思维。传统的展会往往集中在静态展示产品和技术，而以色列的科技创新会展则更强调动态的互动体验和实际应用的展示。展会活动设计通常结合实际的技术应用场景，使参与者能够在互动中了解技术的真实效能和市场潜力。如在"全球网络安全技术大会"中，参展企业和观众可以通过模拟的网络攻击和防御场景，亲身体验以色列网络安全技术的强大功能。这种注重互动与体验的会展形式不仅提升了参展效果，还为参与者提供了实际案例与解决方案，推动技术合作与市场机会的深入交流。最后，会展的组织理念也体现了其创新文化。与单纯的技术展示不同，以色列

① "Shared Resilience and Innovation Globally," WATEC Israel, September 13, 2024, https：//watec-israel.com/about/.

090

的创新会展注重打造交流与合作的平台，鼓励跨学科、跨行业的合作。通过为企业、科研人员、投资者和政府代表提供广泛的对话机会，这些会展成为推动全球科技创新的桥梁。参展者不仅能够了解前沿技术，还能就技术商业化、全球市场开拓等问题进行深入探讨，这种跨领域合作大幅提升了会展的附加值。

（二）以色列创新会展业的影响

首先，创新会展业通过吸引国内外参展商和观众，为以色列经济带来了显著的直接性收益。截至 2023 年年底，以色列会议、奖励旅游、大型企业会议、活动展览和节庆活动行业（MICE）创造了 19.2 亿美元的经济收益，这一收入来源包括展会门票、参展费用以及与会人员的消费支出。此外，根据科赫尔市场调查有限公司（Coherent Market Insights Pvt. Ltd.）公布的分析数据，到 2030 年，以色列会展市场预计将创造约 30.5 亿美元的经济价值，复合年增长率预计为 6.8%[①]，未来发展潜力巨大。

其次，创新会展业为以色列带来经济拉动效应。近年来，以色列各类会展的成功举办带来了参与人员在交通、住宿、旅游等方面的需求，且会展主办方、参展商的业务外包能力不断增强，带来了可观的经济外部性收益，形成了经济拉动效应。整体而言，以色列创新会展经济拉动效应的特点是以会展活动为中心，对相关产业形成经济辐射和拉动作用（见图 1）。

最后，创新会展业创造了大量的就业机会。会展活动创造了众多就业岗位，包括会展策划师、项目经理、现场协调员、营销专员等，这些职位需要一定的专业技能和管理能力。此外，会展的成功举办还带动了诸如酒店业、餐饮业、交通运输业等服务行业的需求。[②] 因此，会展活动的蓬勃发展使这

---

① "Israel Meetings, Incentives, Conferences and Exhibitions Market Expected to Expand at a Steady 2024-2031," Coherent Market Insights, July 3, 2024, https：//www.coherentmarketinsights. com/insight/request-sample/6500.

② "Israel Meetings, Incentives, Conferences and Exhibitions Market Expected to Expand at a Steady 2024-2031," Coherent Market Insights Pvt. Ltd., July 3, 2024, https：//www.coherentmarketinsights. com/insight/request-sample/6500.

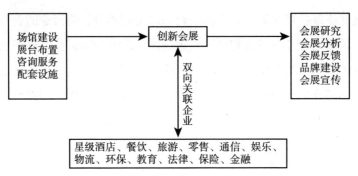

图1 以色列创新会展的经济拉动效应模型

资料来源：笔者根据以色列创新会展业主要活动及与其关联产业互动关系整理而成，参见黄玉妹《现代会展业功能系统研究》，社会科学文献出版社，2015，第113~120页。

些行业工作人员需求量大增，从而直接促进了相关行业的就业。

进一步而言，创新会展业的发展推动了行业人才流动和技术更新。由于会展规模的扩大和复杂程度的增加，相关职位对专业技术技能的要求也在不断提高。这种需求不仅带动了对高级技术人才的需求，还推动了技术人才的培训，从而提升了行业整体就业水平和行业竞争力。

结　语

创新会展业作为以色列会展产业的重要组成部分，凭借其卓越的展示平台和前沿技术推广能力，已成为当前国家创新体系的关键环节。在政府支持下，以色列创新会展业已成为一个国际化交流平台，通过整合科技、经济与社会的资源，不断提升本国创新的国际影响力并向世界分享科技创新经验。以色列创新会展业有两大侧重点。一是侧重商品交换。创新会展活动将科研成果转化为实际应用，并推动新技术进入市场，促进经济增长和技术升级。二是侧重宣传创新理念。以色列的科技创新会展业不仅为参与者提供了技术交流与合作的重要机遇，也推动了创新企业科技成果的市场化和国际化发展。通过组织各类会展活动，以色列成功地展示了其在多个科技领域的领先地位，同时打造了良好的国际形象。当然，需要看到以色列创新会展业的局限性，如整体规模较小、受地区安全局势影响，以及组织和运作成本较高等。但是，这些局限不足以制约创新会展业的继续发展。归结起来，以色列的创新会展业有以下启示。

其一，注重国家创新体系的全面发展。以色列创新会展业在国家创新体系中占据重要地位，通过展示和推广前沿技术，推动国家创新体系全面发展。这些会展不仅提供了技术交流的机会，还促进了创新资源的整合。创新会展是促进技术交流和合作的重要环节，其连接了基础研究、技术开发、市场应用及国际合作等，使科技创新发展链条更加完整。因此，需要关注创新会展在国家创新体系中的重要作用，从而更好地促进国家创新体系的发展，提高国家的全球科技竞争力。

其二，注重创新会展对国家形象建设和宣传的价值。创新会展不仅是技术展示的场所，更是国家形象建设的重要平台。要抓住举办国际创新会展的机遇，向全球展示国家科技领域的成就和实力，从而提升国际声誉。同时需要注重打造具有特色的会展品牌，宣传国家的创新理念和独特的文化价值。

其三，注重创新会展产业建设与完善。加强会展基础设施建设，如建设高水平的会议中心、展览馆及配套服务设施等。此外，需要注重提升会展的组织和管理水平，引入国际先进的技术和数字化手段，以提升会展的效率和体验。同时，政府和企业应共同推动会展产业的专业化发展，通过加强人才培养和行业标准的制定，进一步完善科技创新会展产业链。

B.6
以色列算法治理的策略路径及风险展望[*]

摘　要： 算法系统在以色列得到广泛应用，包括算法科技、智能交通、智慧农业、数字医疗等领域的市场主体都深度参与其中。因此，以色列政府意识到需要确保算法系统的透明性、公平性和可靠性，以保护公众利益及国家安全。在算法时代，以色列政府持续完善算法治理的策略路径，采取一系列措施来管理和规范算法系统的使用和运作。具体而言，其总体目标由网络安全强国迭代至算法强国，组织机制从碎片化应对升级到体系化协调，工作重点自政策引领转型为具体行动导向。然而，在算法治理的过程中，以色列仍面临相关风险，如进攻偏好影响以色列算法市场主体良性发展，情报基调导致以色列政府算法治理安全压力过载，深度伪造技术扩散反噬以色列网络空间虚拟国家形象。

关键词： 以色列　算法治理　国家形象

　　算法（Algorithm）是一系列解决问题的指令。算法治理是指国家行为体针对算法技术而制定、实施和调整相关政策工具的持续性活动和过程，其实质是行为体之间的权力较量、安全博弈和利益争斗。谁控制了数据和算法，谁就拥有了控制他人的权力。在世界范围内，美国人工智能产业相对发

---

　　[*] 本报告为中国博士后科学基金第73批面上资助项目"算法博弈背景下美国对华规锁与中国应对策略研究"（2023M733254）、河南省高校人文社会科学研究一般项目"算法博弈：美国对华规锁与中国应对研究"（2024-ZZJH-397）的阶段性研究成果。

　　[**] 赵秀赞，郑州大学政治与公共管理学院讲师、郑州大学历史学院世界史流动站博士后、郑州大学国家安全研究院当代资本主义研究中心研究员；张德馨，郑州大学政治与公共管理学院本科生。

达，欧盟《通用数据保护条例》成为世界数据立法效仿对象，因此关于美欧算法治理情况之梳理较为多见。与之对应，围绕以色列算法治理的相关研究较少。然而，以色列的算法治理亦有独特之处，其治理策略及相关动向值得关注并加以研究。

一 以色列算法治理领域的市场主体

创新是以色列经济和社会的基石，探索新领域是以色列建国以来的立国之本、生存之策。创新国家是以色列建国以来的追求目标，在人工智能时代，算法治理成为以色列创新国家建设的重点工作内容。一方面，以色列算法治理服务于其维系科技领域领先地位的战略目标。以色列的高科技产业，如网络安全、医疗技术、金融科技等，在人工智能时代高度依赖于先进的算法和数据分析技术，亟待实现算法驱动的数字化转型。另一方面，以色列完备的国家创新体系为算法治理提供了强力支撑。以色列全球创新指数常年位于世界前 20 位，活跃的科技创业氛围、完善的产学研科技成果转化机制、多元化的投融资环境为算法产业及算法衍生产业发展注入了强大动力。

总体来看，以色列算法治理领域呈现政府主导、私人参与、多方合作的特征。算法的演进对社会的改变是一个系统性过程，算法的广泛应用正悄无声息地覆盖着人类生活的方方面面，在世界各地的私营和公共部门得到越来越广泛的使用。目前，算法的应用主要集中在无人驾驶、医药影响分析、证券交易以及自动种植。伴随科技进步，其应用范围也将不断扩大，对各个社会活动领域产生深远的经济和社会影响。下文将从算法科技公司、智能交通公司、智慧农业公司以及智慧医疗公司等维度展开论述，分析以色列算法治理领域的代表性市场主体。

（一）算法科技公司

1. 海络（Hailo）

海络公司成立于 2017 年，是一家以色列人工智能技术公司，总部位于

以色列特拉维夫。公司主要产品为高性能的人工智能处理器，包括人工智能视觉处理器与人工智能加速器。其应用范围囊括了自动驾驶车辆、安全摄像头、自主移动机器人为代表的汽车、安全、工业自动化、零售四大领域。海络公司的宗旨是在"边缘设备"①运行先进的机器学习应用程序，使智能边缘技术充分发挥潜力，在数据中心领域之外大规模提供高性能人工智能。

截至2021年5月，海络公司已经历3轮融资过程，总筹集金额达到3.4亿美元，在不到7年的时间里已经迅速成长为以色列独角兽企业。其公司的核心产品Hailo-8 AI处理器被选为2021年的年度边缘AI和视觉产品，②Hailo-15视觉处理器在2024年美国消费电子展（Consumer Electronics Show）上荣获精选奖（Picks Award Winner），③并在2024年5月荣获弗若斯特沙利文2024最佳创新领导奖（Frost & Sullivan 2024 Best Innovation Leadership Award）。④海络公司走过从概念化到产品化的完整周期，实现了以人工智能处理器为代表的硬件与海络智能（Hailo AI）为代表的软件相结合，联通了完备的硬件工具与软件工具链，体现了海络公司在智能边缘技术的全球领导地位，在一定程度上缩小了人工智能技术与为这些应用提供支持所需的计算能力之间的差距，使各类物品在专用AI处理器的帮助下实现人工智能时代的跃进。

2. 奥卡姆（OrCam）

奥卡姆是一家成立于2010年的以色列人工智能创新公司，其总部位于

---

① 根据Hailo的首席技术官阿维·鲍姆（Avi Baum）的解释，边缘设备指的是不基于云端的事物，无互联网连接的事物，小到相机大到汽车。

② "2021 Edge AI and Vision Product of the Year Award Winner Showcase: Hailo（Edge AI Processors），" The Edge AI and Vision Alliance, May 25, 2021, https://www.edge-ai-vision.com/2021/05/2021-edge-ai-and-vision-product-of-the-year-award-winner-showcase-hailo-edge-ai-processors/.

③ "Residential Systems, TWICE, and TechRadar Pro Announce Picks Awards Winners for CES 2024," Residential Systems, January 12, 2024, https://www.residentialsystems.com/events/awards/residential-systems-twice-and-techradar-pro-announce-picks-awards-winners-for-ces-2024.

④ "Hailo Earns Frost & Sullivan 2024 Technology Innovation Leadership Award," Hailo AI, May 7 2024, https://hailo.ai/zh-hans/company-overview/newsroom/news-zh-hans/hailo-earns-frost-sullivan-2024-technology-innovation-leadership-award/.

耶路撒冷。公司致力于通过尖端可穿戴人工智能技术为残障人士提供帮助与支持。主要产品包括奥卡姆阅读器（OrCam Read）、奥卡姆智能眼镜（OrCam MyEye），奥卡姆学习助手（OrCam Learn）、奥卡姆听觉助手（OrCam Hear），通过"自主性""定制性""交互性"① 三大特征为残障人士（包括低视力、多动症人士以及听力损失人士）提供实时文字和物体识别并提高学习能力的便携式设备。

2018 年，奥卡姆公司融资估值已达到 10 亿美元，公司未来发展前景广阔，资金充足。② 出于其对阅读障碍人士与听力障碍人士的帮助，奥卡姆阅读器被《时代》杂志评选为 2021 年 100 项最佳发明之一，③ 并获得消费者技术协会创新奖（Consumer Technology Association Innovation Awards）和红鲱鱼欧洲百强奖（Red Herring Top 100 Europe）。④ 在基本业务外，奥卡姆公司也在教育领域不断发挥作用，通过奥卡姆学习助手与学校开展合作，提高学生的阅读速度与阅读能力，帮助教师实现引导式教学。⑤ 伴随其社会影响力不断扩大，公司通过技术创新改善视觉障碍者的生活的愿望正在逐步实现。

3. 赛特瑞（ThetaRay）

赛特瑞是一家位于以色列霍德夏沙伦和纽约的金融科技软件和大数据分析公司。该公司核心是利用算法无监督机器学习最大限度地提高发现异常的效率，识别金融犯罪，包括洗钱、欺诈和恐怖主义融资，为银行、金融科技

---

① 自主性指的是奥卡姆人工智能技术功能强大且用户友好，残障人士可独立佩戴。定制性指的是可依据用户特殊要求进行单独改造。交互性指的是奥卡姆公司提供客户支持与社区服务，用户可对公司提出要求或与社区内其他用户开展交互。参见 https://www.orcam.com/en-us/home。

② Urvashi Verma, "OrCam Raises ＄30.4 Million, Bringing Startup to ＄1 Billion Valuation," *The Times of Israel*, February 20, 2018, https://www.timesofisrael.com/orcam-raises-30-4-million-bringing-startup-to-1-billion-valuation/.

③ "The Best Inventions of 2021: Making Text Audible," *TIME*, November 10, 2021, https://time.com/collection/best-inventions-2021/6112516/orcam-read/.

④ "2019 Red Herring Top 100 Europe Winners," Red Herring, February 21, 2019, https://www.redherring.com/uncategorized/2019-red-herring-top-100-europe-winners/.

⑤ "Orcam Learn for Schools," OrCam, https://www.orcam.com/en-us/orcam-learn-schools.

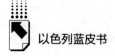

公司和政府金融情报机构提供人工智能驱动的反洗钱交易监控和制裁筛查软件，帮助金融组织、网络安全部门和关键基础设施提高弹性并抓住更多机会。[①]

在融资方面，赛特瑞分别在 2021 年的 C 轮融资和 2023 年的 D 轮融资中筹集了 3100 万美元和 5700 万美元，截至 2023 年 9 月，公司已经筹集了总计 1.5 亿美元。[②] 当前，数据安全与金融安全息息相关，当前，数据安全与金融安全息息相关。伴随着全球支付网络由利益至上向安全至上的态势转变，全球支付网络正在尽力规避风险，这一转变导致全球支付变得更加难以完成、不可预测且成本高昂。其公司的核心产品是人工智能驱动的反洗钱交易监控和筛查解决方案，拥有超过 10 亿名终端用户，每年监控超过 150 亿笔交易，使金融科技公司、银行和监管机构能够在跨境和国内支付中使用专利算法来有效检测无限数据集中的异常情况，并可靠地查明交易中的可疑洗钱案件，推动金融有序增长。[③] 公司已与微软、谷歌等公司达成战略合作并取得了丰硕成果。[④]

（二）智能交通公司

1. 跃思睿（Exelerate）

跃思睿公司成立于 2013 年，是一家位于以色列特拉维夫的智能交通及

① "Israeli Cyber Security Firm ThetaRay Seals First Emirati Contract," Reuters, February 14, 2022, https：//www. reuters. com/business/finance/uae-bank-mashreq-use-israeli-financial-crime-detection-tool-2022-02-14/.

② "ThetaRay Raises ＄31m to Fuel Cross-border Payments Expansion," Fintech Futures, May 20, 2021, https：//www. fintechfutures. com/2021/05/thetaray-raises-31m-to-fuel-cross-border-payments-expansion/; "ThetaRay Raises ＄57 Million for AI-powered Global Payments Solutions," Calcalist, September 5, 2023, https：//www. calcalistech. com/ctechnews/article/hyje4p40n.

③ "ThetaRay Receives Microsoft Cloud Solution Provider Status," The Paypers, July18, 2023, https：//thepaypers. com/digital-identity-security-online-fraud/thetaray-receives-microsoft-cloud-solution-provider-status--1263451.

④ 赛特瑞公司合作项目可见网站：https：//www. prnewswire. com/ae/news-releases/thetaray-partners-with-google-cloud-to-bring-advanced-anti-money-laundering-aml-solution-to-payments-ecosystem-301311779. html；https：//thepaypers. com/digital-identity-security-online-fraud/thetaray-receives-microsoft-cloud-solution-provider-status—1263451；https：//www. businesswire. com/news/home/20221129005168/en/ClearBank-Selects-ThetaRay-AI-Monitoring-Tech-to-Accelerate-Business-Growth。

控制系统公司。该公司利用机器学习和基于人工智能的算法，管理包括道路交叉口在内的城市交通区域以优化交通流量，进而减少交通拥堵和提高交通管理效率，并在实现智慧城市的同时减少碳排放，为应对全球气候变化贡献算法力量。

通过人工智能算法和大数据，跃思睿公司实现了对交通的实时调控与紧急调配，帮助大城市尤其是特大城市改变管理模式，减少出行时间，达成ESG（环境、社会、治理）目标。借助"Go Green"（绿行）算法，该公司已占据以色列约30%的市场份额并取得显著成效，将以色列部分区域交通负载减少近40%，减少他们每天花在路上的时间。凭借其"可视化"与"可操作化"的特点，公司已将服务范围拓展至欧洲、美洲、东亚等地区，在美国、波兰、日本等国成功部署城市、高速公路、轻轨项目。①

2. 无比视（Mobileye）

无比视是创立于1999年的以色列一家汽车科技研发公司，其总部和主要研发中心位于耶路撒冷。该公司专门开发基于视觉的高级驾驶辅助系统（Advanced Priving Assistance System，ADAS），为客户提供算法+EyeQ系列芯片的解决方案。其技术核心是运用计算机视觉算法展开实时决策，预防交通事故的发生，提供包括车道保持辅助、自适应巡航控制、交叉路口报警等功能在内的多元服务。

无比视公司发展历程与英特尔公司密不可分。2017年，英特尔以约153亿美元的价格收购了无比视，是以色列高科技公司有史以来最大的收购案。② 这使得英特尔将无比视的技术整合到其自身的创新生态系统中，加强了自身在自动驾驶技术领域的存在。2022年10月，英特尔将无比视分拆在纳斯达克再次上市。再次上市后，公司逐步实现转型目标，实现从辅助驾驶

---

① "Exelerate Smart Traffic Prepares to Tackle Different Regulatory Hurdles in USA, Europe," Calcalist, July 6, 2023, https：//www.calcalistech.com/ctechnews/article/sygoqxeyh；https：//exelerate.com/our-solutions/.

② "Intel to Buy Driverless Technology Firm Mobileye for $15.3 Billion," CNBC, March 13, 2017, https：//www.cnbc.com/2017/03/13/intel-to-buy-mobileye-for-14-billion-to-15-billion-israeli-media-report.html.

到自动驾驶的演变，并推出了一种名为责任敏感安全模型（Responsibility-Sensitive Safety，RSS）的技术框架，旨在为自动驾驶汽车提供更加合理和安全的技术支持。① 无比视与包括吉利、大众在内的多家知名车企达成技术合作，共同开展自动驾驶研发与电动汽车制造，在辅助驾驶与自动驾驶算法领域占有一定的市场份额。②

3. 道路感知（RoadSense）

道路感知是一家以色列智慧城市构建初创公司，该公司倡导在不侵害居民隐私的前提下，通过尖端人工智能技术搭建可无线聚合公共空间数据的物联网平台，为城市提供深入的见解和实时警报。

与传统传感器或摄像头网络的数据收集方法不同，道路感知公司利用基于雷达的设备开展城市地区的数据收集和分析，在注重隐私的同时实现智慧城市转型，为智慧城市建设分别提供了城市与道路两种解决方案。③ 其一，在城市层面，利用先进算法与尖端的技术对公共空间、车辆和微型移动中的个人开展数据搜集工作，并在云端开展无缝处理，为城市决策提供一手数据。其二，在道路层面，公司为传统的道路开展智能化改造，利用物联网设备来提高驾驶安全性、效率和环境可持续性，与人工智能和大数据分析支持的强大软件基础设施无缝集成。总之，道路感知公司提供的实时警报、预测分析和综合统计等功能服务，有助于减少车祸的发生率、伤亡率，为民众安全出行保驾护航。④

（三）智慧农业公司

1. 作物 X（CropX）

作物 X 是 2013 年成立于新西兰并于 2017 年迁往以色列的农业科技公

① "Responsibility-Sensitive Safety a Mathematical Model for Automated Vehicle Safety," Mobileye, https：//www. mobileye. com/technology/responsibility-sensitive-safety/.
② "Mobileye and VW to Deepen Partnership," *Globes*, March 21, 2024, https：//en. globes. co. il/en/article-mobileye-and-volkswagen-to-deepen-partnership-1001474381.
③ "Startup Showcase：RoadSense-Revolutionizing Smart Cities with Radar-Based Insights," Startup Bubble News, July 26, 2023, https：//startupbubble. news/startup-showcase-roadsense-revolutionizing-smart-cities-with-radar-based-insights/.
④ "A Road-vehicle Collaboration," Roadsense, https：//www. roadsense. tech/highways/.

司，是全球发展最快的农业企业农场管理解决方案提供商之一，业务遍及 50 多个国家和所有可耕种大陆。作物 X 旨在支持农民采用可持续的农业实践，通过硬件与软件相结合的运行方案，借助作物 X 土壤传感器、作物 X 遥测设备等硬件设备采集土壤各类数据，结合 DIY 农艺农场管理平台开展数据处理、数据分析，实现智能灌溉、施肥和作物保护。

2021 年，作物 X 被世界经济论坛评为技术先锋，更进一步彰显了其在以色列数字农业科技解决方案领域的重要领导者地位。该公司 2023 年已经取得总计超过 6000 万美元的融资，为推动智慧农业、实现可持续发展奠定了经济基础。① 在这些资金的支持下，作物 X 公司先后收购了包括美国、澳大利亚、荷兰在内的多家智慧农业公司，② 扩大了公司的全球影响力与全球市场份额，并与百事、美国航天局等企业与单位成功开展合作与试点，在维护土壤安全减少灌溉用水方面取得显著成效。③ 2021 年，作物 X 被世界经济论坛评为技术先锋，更进一步彰显了其以色列数字农业科技解决方案的重要领导者地位。④

2. 格罗维（Growee）

格罗维是以色列的一家农业科技初创公司，其宗旨是为小规模种植

---

① "CropX Closes $ 30 Million Series C for Digital Farm Management System," Calcalist, April 19, 2023, https: //www. calcalistech. com/ctechnews/article/bjirwoaf2.

② 这些公司包括 Green Brain（澳大利亚）、Regen（新西兰）、Dacom farm Intelligence（荷兰）、Tule（美国）。参见 https: //www. streetinsider. com/PRNewswire/CropX + Acquires + Green + Brain+to+Expand+in+Australia/22501456. html；https: //thespoon. tech/soil−sensor−company−cropx−acquires−irrigation−tools−provider−cropmetrics/；https: //en. globes. co. il/en/article−soil−analysis−data−co−cropx−buys−new−zealand−co−regen−1001342344；https: //www. calc alistech. com/ctech/articles/0，7340，L−3914634，00. html。

③ "PepsiCo Chooses CropX to Achieve Global Sustainability Goals," PR Newswire, August 25, 2021, https: //www. prnewswire. com/news−releases/pepsico−chooses−cropx−to−achieve−global−sustainability−goals−301362544. html；"Israel's CropX Partners with NASA Harvest for Agtech Initiatives," Calcalist, March 25, 2021, https: //www. calcalistech. com/ctech/articles/0，7340，L−3901381，00. html.

④ "CropX Awarded as Technology Pioneer by World Economic Forum," PR Newswire, June 15, 2021, https: //www. prnewswire. com/il/news−releases/cropx−awarded−as−technology−pioneer−by−world−economic−forum−301312164. html.

者提供可持续、易于使用的技术解决方案。与许多主要为大型商业种植者服务的公司不同，格罗维专门为小型耕种者提供设计独特的硬件和软件平台，其核心业务服务对象包括城市垂直水培、集装箱农场与家庭种植者。

根据英国技术研究与咨询科技新闻（Technavio）公司预测，到 2026年，垂直农业技术市场份额将达到近 90 万亿美元，成为未来城市农业的主流技术。[①] 格罗维公司依托智能算法和物联网技术搭建平台，借助云端数据与先进算法为种植者提供实时数据与独到见解。目前，公司由天使投资者、以色列创新局和以色列经济部领投，得到了以色列创新局的大力支持，并成功进军国际市场，在全球范围内培育了稳定的客源。[②]

3. 特维尔科技（Tevel Aerobotics Technologie）

特维尔科技是一家位于以色列的开创性的机器人平台，致力于开发果园种植和管理的自主解决方案。其主要产品为飞行收获机器人，凭借先进的人工智能和计算机视觉，提供实时收割数据和精确的水果采摘。该机器人通过 AI 感知算法与视觉算法，检测水果、树叶和其他物体，实现水果观察与数据融合，并通过数据收集与传输，优化农民的种植决策，帮助企业经营者实现高产、高质和科学运营，最大化地减少了农业劳动力短缺问题，实现了农业的可持续发展。

2020 年，该公司完成 C 轮 2000 万美元融资并正式投入市场，在中国、北美、欧洲、日本等地培育了稳定的客源，并在意大利、美国、智利和以色列成功运用自主采摘技术收获各种水果，预计将取得 300 亿美元的全球销售额。[③] 出于其对减少温室气体排放和可持续粮食生产的贡献，特维尔科技公司的飞行收获机器人被国际农业机器人技术论坛（The International

---

① "AgTech Startup Growee Bags Funding for North American Growth," iGrow News, June 6, 2023, https：//igrownews.com/agtech-startup-growee-bags-funding-for-north-american-growth/.

② "A Fast-track to Innovation: The R&D Preparatory Incentive Program," Calcalist, February 1, 2021, https：//www.calcalistech.com/ctech/articles/0, 7340, L-3890791, 00.html.

③ "Fruit-picking Drone Company Raising ＄20 Million to Begin Manufacturing," Calcalist, October 27, 2020, https：//www.calcalistech.com/ctech/articles/0, 7340, L-3866192, 00.html.

Forum of Agricultural Robotics）与《未来农业》杂志（*Future Farming*）授予2020年最佳田间机器人概念奖。[①]

（四）数字医疗公司

1. 阿尔法欧米茄（Alpha Omega）

阿尔法欧米茄是一家专注于神经外科和神经科学领域的医疗器械公司，由伊玛德（Imad）和雷姆·尤尼斯（Reem Younis）于1993年在以色列拿撒勒成立。该公司致力于在科技和实践层面提供增强和简化脑深部刺激（Deep Brain Stimulation, DBS）治疗和程序的解决方案，借助核心产品阿尔法欧米茄智能系统推动科学研究领域的持续增长，致力于解决现实临床需求。

阿尔法欧米茄公司在占据本国近100%的市场份额后，不断加快进入国际市场的步伐，在欧洲、美国、中国等地区和国家开展业务合作。2019年，阿尔法欧米茄获得广州中以生物技术投资基金（GIBF）700万元专项资金支持，以扩大中国市场份额。[②] 2020年阿尔法欧米茄与知名美国医疗设备公司美敦力（Medtronic）达成合作，带来数百万美元的收入，稳固了公司在脑深部刺激的世界领先地位。

2. 真视成像（RealView Imaging）

真视成像是以色列的一家高科技数字医疗初创公司，聚焦医学成像市场。该公司借助算法技术，致力于为医生提供超现实的医学图像可视化服务以及实时3D可触摸全息图的直观体验。

2021年，公司自主研制的霍显i（Holscope-i）全息医疗导航系统已获得美国食品药品监督管理局（Food and Drug Administration, FDA）认证。

该公司基于突破性机器学习算法，具体包括用于改善人们生活健康的成

[①] "Tevel Aerobotics Wins Award for Best Field Robot Concept 2020," Horti Daily, December 10, 2020, https://www.hortidaily.com/article/9276821/tevel–aerobotics–wins–award–for–best–field–robot–concept–2020/.

[②] "Israeli Medical Device co Alpha Omega in Chinese JV," *Globes*, December 11, 2018, https://en.globes.co.il/en/article–israeli–medical–device–co–alpha–omega–in–chinese–jv–1001264279.

像系统、用于购物者洞察和库存监控的零售传感器、工业机器人的安全应用以及用于分析土壤饱和度和牛奶等液体成分的农业解决方案。该系统可创建空间精确的三维交互式医疗全息，有助于提高医生手术精确度，推动实现智慧医疗。① 目前，公司已经与飞利浦医疗保健公司合作，实现了"人体首创"测试，可在介入手术期间生成实时动态医疗全息图。随着融资额达到1500万美元，真视成像不断致力于实现北美地区 Holscope-i 系统的商业化，并将其市场范围扩大到其他国家。②

3. 万蕴（Vayyar）

万蕴成立于2011年，是一家生产4D成像雷达传感器的以色列半导体公司。万蕴成立的愿景是利用射频（RF）技术检测早期乳腺癌，此后，公司不断拓展其应用范围，现已囊括汽车、智能家居、机器人、零售、射频测试、消费电子和医疗等领域。该公司的核心产品为万蕴传感器，该传感器通过生成丰富的点云数据，使设备在所有照明和天气条件下都稳定地识别并响应周围环境。

2012年5月，公司获得种子轮融资。此后共进行了五轮融资，筹集了近3亿美元的风险基金。③ 万蕴公司在多个领域均有建树，在2018年被世界经济论坛评为技术先锋，并于2020年获得欧洲汽车零部件供应商协会颁发的安全创新奖。④ 在人工智能时代，万蕴通过算法为保障国土安全、零售

---

① "Israeli Medical Holography Firm Gets FDA Clearance for 3D In-Air Hologram System," Nocamels, August 9, 2021, https://nocamels.com/2021/08/medical-holography-fda-clearance-holoscope/.

② "RealView Imaging Receives FDA for Holoscope-i Medical Holographic Imaging System," Diagnostic and Interventional Cardiology, November 15, 2021, https://www.dicardiology.com/article/realview-imaging-receives-fda-holoscope-i-medical-holographic-imaging-system.

③ "Vayyar Raises $109 Million to Bring its 4D Radar Imaging Tech to more Markets," VentureBeat, November 20, 2019, https://venturebeat.com/ai/vayyar-raises-109-million-to-bring-its-4d-radar-imaging-tech-to-more-markets/.

④ "Vayyar Imaging Awarded as Technology Pioneer by World Economic Forum," Businesswire, June 21, 2018, https://www.businesswire.com/news/home/20180621005190/en/Vayyar-Imaging-Aw arded-Technology-Pioneer-World-Economic; "Vayyar Imaging Wins Prestigious CLEPA Safety Innovation Award," Automotive World, November 26, 2020, https://www.automotiveworld.com/news-releases/vayyar-imaging-wins-prestigious-clepa-safety-innovation-award/.

安全、工业安全以及农业安全贡献治理方案。该公司基于突破性机器学习算法，提供多样化解决方案，具体包括用于改善人们生活健康的成像系统、用于购物者洞察和库存监控的零售传感器、工业机器人的安全应用以及用于分析土壤饱和度和牛奶等液体成分的农业解决方案。在全球多地开设新办事处后，万蕴公司不断扩大其在众多垂直领域的业务，并推出一系列支持机器学习的成像解决方案，增强其在美洲、欧洲、西亚、东亚和非洲地区的实体影响力。[①]

综上所述，算法系统已然在以色列得到广泛应用，包括算法科技、智能交通、智慧农业、数字医疗等领域的市场主体都深度参与其中。在此背景下，以色列政府深刻认识到，需要确保算法系统的透明性、公平性和可靠性，进而保护公众利益及国家安全。

二　以色列政府算法治理的策略路径

算法的飞速发展为世界带来了广泛的不确定性与深刻机遇，面对技术发展与监管态势的快速变化，在复杂情境下保持灵活性成为以色列算法治理的重要目标。2024 年，以色列颁布《国家人工智能计划 2024》（National AI Program 2024），尝试通过政府长期发展战略，确保以色列在人工智能方面的全球领先地位，并将算法治理作为以色列顶层战略设计而摆在国家发展的重要位置。[②] 具体而言，以色列政府从总体目标、组织机制与工作重点三方面开展顶层建制，致力于通过体系化协调与具体行动实现以色列由网络安全强国向算法强国的迭代演进。

---

①　"Vayyar Imaging Secures ＄108M in Series E Funding Led by Koch Disruptive Technologies，" PR Newswire，June 6，2022，https：//www.prnewswire.com/il/news－releases/vayyar－imaging－secures－108m－in－series－e－funding－led－by－koch－disruptive－technologies－821875765.html.

②　"National AI Program 2024，" Israel Innovation Authority，April 2024，https：//innovationisrael.org.il/ai/wp－content/uploads/sites/4/2024/04/Israel－National－AI－Program－Booklet.pdf.

（一）总体目标：从网络安全强国到算法强国

作为最早认识到网络新兴技术重要性的国家之一，以色列对网络安全议题高度重视，致力于将以色列塑造为网络安全强国并维系、增强其网络安全领域的全球领导地位。早在互联网尚未完全普及的 20 世纪末，以色列就开始着手网络安全顶层架构设计，积极主动应对互联网所带来的风险与挑战。

2002 年，面对日趋复杂的网络空间态势，以色列政府责令国家安全委员会制定应对新出现风险的战略，产生了名为"保护以色列国计算机系统的责任"的 B/84 号特别决议。该决议集中定义了以色列网络安全的目标与手段，成为世界上最早的网络安全政策之一。[1] 2010 年，以色列国家网络倡议（The National Cyber Initiative）计划正式启动，强调"维护以色列作为信息技术发展中心的世界地位，为其提供网络空间的超级大国能力"，确立了"2015 年成为网络安全领域世界五大强国之一"的目标。[2] 据此倡议，2011 年，以色列政府颁布名为《提升国家网络空间能力》（Advancing National Cyberspace Capabilities）的第 3611 号决议，并于 2012 年正式成立以色列国家网络局（Israeli National Cyber Bureau），统筹制定网络安全战略与政策。[3] 2015 年，为更加全面地维护网络安全，以色列政府又根据名为《提升国家在网络安全方面的规范和政府领导力》（Advancing National Regulation and Governmental Leadership in Cyber Security）的第 2443 号决议[4]和名为《提升国家对网络安全的准备》（Advancing the National Preparedness for Cyber Security）的第 2444 号决议，创立了国家网络安全局（National

---

[1] Dmitry（Dima）Adamsky, "The Israeli Odyssey Toward Its National Cyber Security Strategy," *The Washington Quarterly*, Vol. 40, No. 2 (2017), p. 124.

[2] Lior Tabansky and Isaac Ben Israel, *Cybersecurity in Israel*, London: Springer, 2015, p. 2.

[3] 艾仁贵：《以色列的网络完全问题及其治理》，《国际安全研究》2017 年第 2 期。

[4] "Government Resolution No. 2443 of February 15, 2015," The Government Secretary, February 2015, https://ccdcoe.org/uploads/2019/06/Government-Resolution-No-2443-Advancing-National-Regulation-and-Governmental-Leadership-in-Cyber-Security.pdf.

Cyber Security Authority) ①。之后，以色列国家网络局与国家网络安全局协作，共同构成了以色列国家网络指挥部（The National Cyber Directorate），为构建网络安全强国提供了坚实的机构支撑。2017 年，以色列成为仅次于美国的世界第二大网络产品和服务出口国。2018 年，在第八届国际网络安全会议上，以色列总理内塔尼亚胡表示"以色列已成为网络安全领域的全球五大领先国家之一"，网络安全强国战略目标自此基本实现。②

如今，伴随着人类社会数字化程度的显著提升，以计算机程序代码为载体的"算法"逐渐影响人类生活，对现实空间与网络空间产生了深远影响。面对新形势，以色列意识到算法在人工智能时代的突出作用与基础地位，其建设算法强国的迭代性目标在一系列政府文件、科技报告中均有展现。2018 年，以色列创新局指出，面对人工智能成为时代主题的关键时期，以色列将在人工智能领域进行创新，强调要加强学术界在人工智能算法中的地位与作用，培育专门研究算法的高级研究人员。例如，在医疗领域，以色列通过了国家数字医疗计划（The National Digital Health Plan），在算法与数据的基础上开发人工智能系统，推进人工智能国家战略，确保以色列在全球数字医疗领域的重要参与者地位，③ 这体现了以色列谋求算法强国地位的决心与信心。2020 年 9 月，"国家安全智能系统倡议"正式提出，回应了以色列总理内塔尼亚胡"使以色列在人工智能核心领域跻身世界前五"的战略目标，为人工智能提供有利的政策环境，并认为算法已开始渗透到我们生活的各个领域，在人工智能时代发挥着显著的作用。④

---

① "Government Resolution No. 2444 of February 15, 2015," The Government Secretary, February 2015, https：//ccdcoe. org/uploads/2019/06/. Government-Resolution-No-2444-Advancing-the-National-Preparedness-for-Cyber-Security. pdf.

② 《以色列总统称以色列网络安全领域位居世界前五》，新华网，2018 年 6 月 21 日，https：//www. xinhuanet. com/world/2018-06/21/c_129898237. htm。

③ "2018-19 Innovation in Israel Overview," Israel Innovation Authority, November 2013, https：// innovationisrael. org. il/en/report/innovation-report-2019/.

④ Isaac Ben-Israel, Eviatar Matania and Leehe Friedman, "The National Initiative for Secured Intelligent Systems to Empower the National Security and Techno-Scientific Resilience：A National Strategy for Israel, Special Report to the Prime Minister," Blavatnik Interdisciplinary Cyber Research Center, September, 2020, https：//icrc. tau. ac. il/sites/cyberstudies-english. tau. ac. il/files/media_server/cyber%20center/The%20National%20Initiative_eng%202021_digital. pdf.

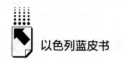

（二）组织机制：从碎片化应对到体系化协调

在算法治理领域，以色列以《国家安全智能系统倡议》（以下简称倡议）为指导方针，开展多部门协调组织工作，希望这些利益相关者能够创建一种新型生态系统，共同努力在以色列开发人工智能。然而，这种国家倡议与国家战略有别，具有碎片化与非强制性特征，且倡议组成人员的多样性使得协调工作开展十分困难。该倡议聚集了来自不同领域（工业界、学术界和公共部门）的众多专家，并将他们分为 14 个不同的工作组，每个工作组专注于人工智能治理、监管和使用的不同方面。在开展工作的过程中，各工作组之间并没有明确的分工与任务，导致各组商讨的结果并非全体成员共同达成一致的结果,① 其最终达成的结论与建议往往遭受成员内部的质疑与挑战。此外，尽管该倡议明确指出了要注重关键基础设施建设、基础设施建设以及能力建设，但在具体实施层面，各个专家代表了学术界、工业界、国防军和政府的不同观点和利益，其关于人工智能如何发展、算法治理如何发展的问题也尚未达成一致意见。

目前，以色列算法治理正向体系化转型，从国家层面集中统一领导，统筹包括从制定政策到发展核心技术再到监察督导等各方面算法治理方略。倡议中所提出的人工智能理事会（National AI Directorate）得到了以色列总理内塔尼亚胡的大力支持。② 该人工智能专职部门对总理直接负责，为算法治理的有序开展提供体系化的组织协调框架。同时，国家研究与发展基础设施论坛（TELEM Forum）也任命了一个检查委员会，"审查政府干预加

---

① Isaac Ben-Israel, Eviatar Matania and Leehe Friedman, "The National Initiative for Secured Intelligent Systems to Empower the National Security and Techno-Scientific Resilience: A National Strategy for Israel, Special Report to the Prime Minister," Blavatnik Interdisciplinary Cyber Research Center, September, 2020, https://icrc.tau.ac.il/sites/cyberstudies-english.tau.ac.il/files/media_server/cyber%20center/The%20National%20Initiative_eng%202021_digital.pdf.

② Maayan Jaffe-Hoffman, "Israel Launches National AI Program to Transform Government Services," *The Jerusalem Post*, August 15, 2023, https://www.jpost.com/business-and-innovation/tech-and-start-ups/article-754874.

速以色列人工智能和数据科学发展的必要性"。① 同时，该检查委员会建议制订为期5年的"以色列人工智能和数据科学国家计划"（National Program for AI and Data Science in Israel），为学术界、国防部门和私营部门提供最大支持。

（三）工作重点：从政策引领到具体行动导向

为确保技术弹性、技术安全实力，确保经济增长、改善社会福祉，以色列所提出的《国家安全智能系统倡议》从关键领域韧性强化、智能基建迭代升级、专业化人才梯队建设三个方面系统规划了实施路径，从物理基础设施、人力成本、数据可访问性和研发层面提供政策引领。其一，在物理基础设施层面，以色列大力发展本地云、高性能计算（HPC）、量子计算，为算法治理的开展提供基础设施。其二，在人才层面，投资于学术界的数据科学和人工智能，开展学校人工智能算法教育，通过允许新教师对知识产权有更多控制权来吸引新的教师，创建新的研究中心，为算法治理提供后备人才基础。② 其三，在制度层面，建构一个不会限制创新的最低限度的监管框架，为算法治理提供广阔空间。其四，在能力建设层面，加强大学和私营部门之间的伙伴关系。在公共部门实施人工智能计划，在医疗保健、农业、交通、安全和数字政府等领域开展具体项目，发挥基本的政策引领作用。

国家人工智能计划的开展实现了具体行动导向的转变。2022年，以色列《国家人工智能计划2022》正式启动，强调人工智能建立在数据与基础设施之上，明确以数据为基础，以算法为原则的人工智能方略，表明以色列已经将人工智能与算法治理上升到国家规划。③ 具体而言，一方面，以色列依凭专家支持和资金扶持，力求人工智能战略由蓝图向行动转变。

---

① TELEM Forum, "The AI and Data Science Committee," Israel Innovation Authority, October 2023, https：//innovationisrael. org. il/wp-content/uploads/2023/10/Bery-Report. pdf.

② Guy Paltieli, "Visions of Innovation and Politics：Israel's AI Initiatives," *Discover Artificial Intelligence*, Vol. 2, No. 8（2022）, p. 1.

③ "Artificial Intelligence（AI）and the Government Data Revolution," Government of Israel, July 19, 2022, https：//www. gov. il/en/Departments/news/ai-data.

2021~2023 年，以色列为算法治理提供两笔共计 10.17 亿新谢克尔的资金支持，围绕算法研究规模、算法人才培养、算法能力、资料来源以及自然语言处理的具体工作要求，聘请算法领域相关专家担任国家政策主任（Director of the National Policy）并牵头组建科学顾问委员会（Scientific Advisory Committee）。① 另一方面，以色列以"负责任的创新"作为工作方针，建立人工智能监管的政府框架，逐步对私营企业进行"软"监管，达成公共部门与私营部门之间的合作。②

三　以色列算法治理的风险展望

以色列凭借既有科技基础与治理机制跻身人工智能领域世界前十，在商业、发展与人才方面培育了显著优势。③ 然而，以色列狭小的国土面积和复杂的地缘政治格局使其算法治理带有天然的"技术制胜"博弈思维。以色列算法技术的发展服从于国家安全的战略需要，军民融合发展成为以色列算法治理的显著特征。然而以色列算法治理过程中过于浓重的安全底色，可能引致一系列可预见的风险。

（一）进攻偏好影响以色列算法市场主体良性发展

以色列将新兴技术与军事挂钩，通过谋求技术的发展实现所谓的军事霸权。在以色列，推进人工智能技术不仅被视为提振经济的手段，而且被视为维护国家安全的手段。④ 2023 年 5 月，以色列国防部部长埃亚勒·扎米尔

---

① "2018-19 Innovation in Israel Overview," Israel Innovation Authority, January 14, 2019, https：// innovationisrael. org. il/en/report/innovation-report-2019/.

② "Israel's AI Policy 2023," Ministry of Innovation, Science and Technology, December 2023, https：//www. gov. il/BlobFolder/policy/ai_2023/en/Israels%20AI%20Policy%202023. pdf.

③ "National AI Program 2024," Israel Innovation Authority, April 2024, https：//innovationisrael. org. il/ai/wp-content/uploads/sites/4/2024/04/Israel-National-AI-Program-Booklet. pdf.

④ Guy Paltieli, "Visions of Innovation and Politics：Israel's AI Initiatives," *Discover Artificial Intelligence*, Vol. 2, No. 8 (2022), p. 1.

（Eyal Zamir）声称："我们的使命是将以色列转变为人工智能强国，类似于以色列在网络领域的角色。我们今年将大幅增加国防部的研发预算，以实现我们的目标。"[1]

人工智能正在以前所未有的方式重塑以色列国防军。2020年，以色列国防军启动"新动量"军事改革，以完善定点技术为目的，抽调军事情报局、空军和地区司令部的人员成立工作小组，利用大数据与人工智能技术实现以色列情报作战的一体化发展。[2] 算法技术的进步深刻推动了自动化武器的发展，赋予这些武器更高的自我决策能力与杀伤能力。在新一轮巴以冲突中，以色列国防军所利用的人工智能系统，在针对哈马斯的军事行动中发挥了重要作用。[3]

此类进攻倾向严重阻碍了算法主体的良性发展。在人力资本方面，以色列的算法市场主体招聘困难。其一，在人力资本方面，以色列的算法市场主体招聘困难。声势浩大的解雇潮导致高科技员工数量下降。2023年第一季度，高科技服务业从业人员减少了2500人，4月又减少了3400人。从性别来看，女性占受薪员工的1/3。这种解雇潮在以色列的宗教环境下愈加凸显，将阿拉伯人和极端正统派融入高科技的进程非常缓慢，仅有2%的高科技员工来自阿拉伯群体，3%来自极端正统派群体。其二，在投资资本层面，以色列的高科技产业极度依赖私人资本，容易受到投资者与跨国科技公司的波动影响。伴随美联储加息，全球经济的恶化导致私人投资者对初创企业投资持有观望态度，加之自2023年10月以来的巴以冲突使得各方投资者对以色列投资环境产生担忧，不断减少对以色列的投资。无论是在智慧医疗领域、智慧农业领域还是金融数据领域，以色列各类算法科技公司的私人投资

① "Israel's Goal Is to Be AI 'Powerhouse'," Jewish News Syndicate, May 22, 2023, https：//www.jns.org/israel/artificial-intelligence/23/5/22/289859/.

② 石润峰、李景龙：《从加沙冲突看以色列国防军的情报作战一体化发展》，《情报杂志》2022年第7期。

③ Atef Safadi, "Israel's AI Can Produce 100 Bombing Targets a Day in Gaza. Is This the Future of War?" The Conversation, December 8, 2023, https：//theconversation.com/israels-ai-can-produce-100-bombing-targets-a-day-in-gaza-is-this-the-future-of-war-219302.

额均有 50% 以上的锐减，是自 2022 年起的连续第三年负增长，与 2019 年保持相同水平。① 作为高度依赖外国资本的以色列，这种进攻倾向和巴以冲突的延续，使以色列面临高科技投资放缓或暂停的风险无限放大。

（二）情报基调导致以色列算法治理安全压力过载

1948 年的独立战争诞生后的以色列，基于忧患意识以及严峻的现实地缘环境，无论是构建网络安全强国时期，抑或现在的构建算法强国阶段，国家安全的需求一直是以色列推进网络安全与算法治理的主线任务。以色列的国家战略是在中东地区生存与发展，军事战略是其实现国家战略的优先手段甚至是主导手段。

为了维护国家安全，以色列将情报置于突出显著的地位。② 从其组成来看，呈现官方与非官方并存的特点。在官方层面，以色列国内拥有着极其复杂且多样的情报机构，包括军事情报局（Aman）、摩萨德（Mossad）以及以色列安全局（Shabak），在官方的意识形态主导下开展一系列的情报监控活动，是情报监控活动的主要集体。同时，在非官方层面，网络军事情报部门退役人员组成的智库专家及领导团队，又进一步巩固了以色列网络力量的情报地位，赋予了情报监控活动浓厚的非官方色彩。退役人员的再就业保证了情报监控活动的人才质量与专业水准，有力推动了以色列成为世界上最重要的私人监控技术来源国。这种情报基调给以色列带来的好处是显而易见的。一方面，以色列通过主动掌握情报，掌握信息优势，为后续决策与军事打击提供参考与支持。另一方面，以色列也实现了"情报武器化"，通过故意披露重要数据来影响与胁迫他国，实现其国家利益。③

---

① FINDER, "2023 lsraeli High-Tech Annual Report," Startup Nation Central, January 25, 2024, https://startupnationcentral.org/blog/tech-innovation/2023-israeli-tech-annual-report/.

② "How Democracies Spy on Their Citizens," *The New Yorker*, April 25, 2022, https://www.newyorker.com/magazine/2022/04/25/how-democracies-spy-on-their-citizens.

③ Ofek Riemer and Daniel Sobelman, "Coercive Disclosure: The Weaponization of Public Intelligence Revelation in International Relations," *Contemporary Security Policy*, Vol. 44, No. 2 (2023), pp. 276-307.

在情报基调主导下，以色列将工作重心转移至人工智能与情报工作相结合。以色列国防参谋部计划为情报人员构建人工智能平台，并利用人工智能辅助指挥决策。最为突出的便是以色列军队正在使用的一种名为"Gospel"（中文译名福音）的人工智能系统实现情报收集任务。"福音"人工智能系统本质上是一个信息和知识中心，具有收集信息、处理信息、分析信息的功能。这种信息包括与地面人员的通话、移动电话和无线电以及卫星图像，涵盖了从信号情报到人类情报的不同类型。"福音"人工智能系统分担了决策者的信息处理压力，将烦琐的战术细节交给人工智能高效且稳定地处理。[①]

然而，实现人工智能辅助军事决策对算法安全带来了严峻的挑战。一方面，出于情报的多样性以及保密性，如信号情报、卫星情报、地面情报和人类情报等，特定的情报需要特定的算法加以阐释，处理信号情报信息的算法与处理卫星情报信息的算法截然不同，每一种情报都有其独有的算法，高昂的研发成本和运行成本令以色列负重前行。另一方面，情报领域的"军备竞赛"已然存在于以色列与其目标国家之中。为应对哈马斯借助伊朗经验不断提高的侦察无人机制造水平，以色列国防部推出搭载人工智能算法传感器的"奥龙"任务侦察机，为以色列国防军提供了前所未有的创新型 ISR（情报、监视和侦察）能力。[②]

（三）深度伪造技术扩散反噬以色列虚拟国家形象

深度伪造（Deepfakes）是使用深度学习技术来训练视觉操纵算法，将视频中的真人替换为另一个人的算法技术，其主要种类包括人脸替换、人脸

---

① Rabia Ali, "How Is Israel Using Artificial Intelligence in Its Deadly Attacks on Gaza?" Anadolu Agency, December 26, 2023, https：//www.aa.com.tr/en/middle－east/how－is－israel－using－artificial-intelligence-in-its-deadly-attacks-on-gaza/3088949#.

② Peter Aitken, "Israel Unveils 'Most Advanced' Surveillance Plane with AI-powered Sensors: 'Unprecedented'," Fox News, September 1, 2023, 2023, https：//www.foxnews.com/world/israel-unveils-advanced-surveillance-plane-ai-powered-sensors-unprecedented.

重现、人脸生成和语言合成。① 进入 21 世纪以来，伴随新闻传播业的快速发展与传播手段的日渐更新，人类生存在一个信息大爆炸时代，也生存在一个充满蓄意谎言的时代。② 2016 年，"Post-Truth"（后真相）一词被牛津词典评选为年度词汇，这反映了人们面对当前信息时代谎言丛生时的态度。③

伴随人工智能算法技术的迅速发展，在当前的互联网上，深度伪造应用程序已经屡见不鲜。人们只需要通过输入文字与图片，选择对应的电视新闻节目，就可以自由地编撰他们想要的新闻，甚至是选择特定的新闻主持人以伪造最大的"真实"效果。

作为世界算法领域的强国，以色列政府与企业对深度伪造技术轻车熟路。深度伪造技术在以色列有着广泛的使用人群与使用场域。但需注意的是，以深度伪造为代表的假新闻会对民主、自由、国家形象乃至社会理想造成严重的后果。④ 假新闻的肆意传播造成了民主话语的歪曲，引致民众对于新闻业乃至国家的信任感缺失，甚至危害国家安全。尤其是在战争、抗议、地震等社会敏感问题上，假新闻可能在不同社会群体之间激起旷日持久的矛盾。而深度伪造的出现更是加剧了假新闻的传播力度与烈度，对国家战略叙事、国家形象造成了重大的影响。在巴以冲突中，军队对平民的屠杀活动成为人们关注的话题。⑤ 例如，以色列利用 40 多名婴儿被哈马斯武装人员斩首的消息，⑥ 对哈马斯进行舆论攻击，并得到白宫的声援，在道德层面对哈

---

① "Words We're Watching: Deepfake," Merriam-Webster, April 2020, https://www.merriam-webster.com/words-at-play/deepfake-slang-definition-examples.

② Cailin O'Connor and James Weatherall, *The Misinformation Age: How False Beliefs Spread*, New Haven: Yale University Press, 2019.

③ B. McComiskey, *Post-Truth Rhetoric and Composition*, Colorado: University Press of Colorado, 2017.

④ Adnan Qayyum, Junaid Qadir, Muhammad Umar Janjua and Falak Sher, "Using Blockchain to Rein in the New Post-Truth World and Check the Spread of Fake News," *IT Professional*, Vol. 21, No. 4 (2019), pp. 16-24.

⑤ Bobby Chesney and Danielle Citron, "Deep Fakes: A Looming Challenge for Privacy, Democracy, and National Security," *California Criminal Law*, Vol. 107, No. 1753 (2019), pp. 1-56.

⑥ "'It Smells of Death Here': Surveying the Atrocities Committed by Hamas in Kfar Aza," i24NEWS, https://www.i24news.tv/en/news/israel-at-war/1696938010-it-smells-of-death-here-surveying-the-scenes-of-atrocities-in-kfar-aza.

马斯开展谴责攻势。然而，后续诸多违背事实的言论却令局势反转，假视频行径蒙受诸多质疑，在哈马斯官方"巴勒斯坦抵抗运动并不针对儿童"的强烈声明下，以色列遭受了前所未有的尖锐批评，严重反噬了以色列的国家形象。

同样地，在新一轮巴以冲突爆发一周年之际，2024 年 10 月 26 日，以色列发动代号"忏悔日行动"的对伊空袭行动，以回应伊朗空袭以色列。① 以色列军方称，此次袭击派出了超过 100 架使用重型弹药的飞机穿过伊朗领空，开展对伊朗导弹制造基地和防空系统的针对性袭击。此举意图通过媒体宣传展现以色列对伊朗的强大军事实力以及战场的领先地位。② 作为盟伴的美国回应称，以色列此次报复性打击摧毁了伊朗的导弹生产能力并严重消耗了伊朗的导弹库存。③ 然而，伊朗方面对此回应则略显冷淡，声称尽管有 4 名士兵遇难，但核心基础设施并未遭受重大损失。伊朗国家通讯社报道："此次袭击已被伊朗的'综合防空系统'成功拦截和反击"，对以色列媒体发布的战果存在质疑。④ 值得关注的是，尽管以色列总理内塔尼亚胡声称此次行动实现了所有目标，严重破坏了伊朗的防御能力以及其生产导弹的能力，然而并无更多细节可以披露⑤，加之此次并非以色列媒

① Michael R. Gordon, Lara Seligman, and Nancy A. Youssef, "How Biden Pushed Israel to Limit Its Iran Attack and Still Inflict a Heavy Blow," *The Wall Street Journal*, October 26, 2024, https://www.wsj.com/world/middle-east/how-biden-pushed-israel-to-limit-its-iran-attack-and-still-inflict-a-heavy-blow-10a8c00a.

② Jim Sciutto, "Some Israeli Warplanes Breached Iranian Airspace During Operation Friday, Sources Say," CNN, October 28, 2024, https://edition.cnn.com/world/live-news/israel-iran-strikes-lebanon-gaza-war-10-27-24#cm2rpp3it00053b6mskybhun8.

③ Barak Ravid, "Israel Strike Crippled Iran's Missile Production, Sources Say," Axios, October 26, 2024, https://www.axios.com/2024/10/26/israel-strike-iran-missile-production.

④ 《伊朗武装部队总参谋部通讯中心公告》，伊朗国家通讯社（IRNA），2024 年 10 月 27 日，https://zh.irna.ir/news/85640614/%E4%BC%8A%E6%9C%97%E6%AD%A6%E8%A3%85%E9%83%A8%E9%98%9F%E6%80%BB%E5%8F%82%E8%B0%8B%E9%83%A8%E9%80%9A%E8%AE%AF%E4%B8%AD%E5%BF%83%E5%85%AC%E5%91%8A。

⑤ Eugenia Yosef and Tim Lister, "Netanyahu Says Israel 'Severely Damaged' Iranian Defenses in First Comment on Strikes," CNN, October 27, 2024, https://edition.cnn.com/world/live-news/israel-iran-strikes-lebanon-gaza-war-10-27-24#cm2rfpy5t00053b6my13eq3vr.

体首次在公开报道中使用旧素材，"忏悔日行动"及其成效遭到了国际社会的普遍质疑，这对以色列的虚拟国家形象造成了消极影响。

结　语

近年来，伴随着人工智能技术的不断发展及广泛应用，算法作为人工智能的核心运行逻辑，已成为影响世界的基础规则，对人类的交往方式与生活方式产生了巨大的影响。面对新形势，以色列依托完备的国家创新体系，成熟的产学研机制，活跃的融资环境孕育出了一系列的初创公司，这些公司作为市场主体为以色列算法治理注入了蓬勃动力。此外，以色列政府通过《国家人工智能计划》《国家安全智能系统倡议》等文件开展顶层建制，以资金扶持、战略导向、体系协调维护以色列科技领域的强国地位，实现以色列由网络安全强国向算法强国的迭代演进，赋予以色列更大的发展动能。然而，鉴于进攻偏好、情报基调、深度伪造技术扩散等因素，以色列的算法治理仍然存在一定的风险，并将对其国家形象产生负面影响。创新是一个民族进步的灵魂，是一个国家兴旺发达的不竭动力，算法治理的策略路径对把握人工智能带来的机遇，进一步完善国家创新体系以赢得国际竞争具有重要意义。

科技创新篇

B.7

以色列的人工智能技术及其创新应用

艾仁贵　黎轩铭[*]

摘　要： 以色列是世界上最早涉猎人工智能的国家之一，自20世纪60年代便已开展人工智能研究。在半个多世纪的发展历程中，以色列在人工智能领域取得了一系列重要成果。以色列社会对人工智能有独特的认知，将其作为经济增长引擎、创新重要支点、国防重器以及外交亮点。自21世纪以来，随着人工智能技术的迅猛发展，以色列着手制定人工智能发展战略，并取得初步成效。有着"中东硅谷"之称的以色列，高度重视人工智能技术在创新创业领域的应用，把人工智能作为创新生态系统的关键支撑。以色列从自身国情出发，走出了一条与创新生态系统深度融合的人工智能发展道路，在一些重要领域位于世界前列，从而有力支撑了创新型国家建设，同时产生了可观的经济和社会效益。

关键词： 以色列　人工智能技术　发展战略　创新生态系统

* 艾仁贵，河南大学历史文化学院、以色列研究中心教授；黎轩铭，河南大学历史文化学院、以色列研究中心硕士研究生。

在第四次科技革命的推动下，人工智能这个拥有几十年发展历史的技术科学，迎来了新的发展浪潮，并在日常生活中得到了广泛应用，如在无人驾驶、智慧医疗以及国防安全等方面实现规模化应用并取得丰硕的成果。面临极端不利的地缘环境和匮乏的资源状况，以色列高度重视尖端技术的发展及其运用，很早就启动人工智能技术的研究和开发。鉴于人工智能在技术科学领域的前沿性和引领性作用，以色列把人工智能的发展提升到战略高度加以重视，并把它运用到创新创业领域。在以色列政府、企业、高校和私营部门的共同努力下，人工智能在以色列已经有了长足的发展，在一些关键领域取得了举世瞩目的成就。本报告拟从以色列人工智能技术的发展历程入手，剖析以色列社会对于人工智能的认知，以及发展战略和政策法规，探讨人工智能技术在创新创业领域的运用，进而揭示以色列人工智能技术的发展路径和国际启示。

一　以色列人工智能技术的发展历程

从 1956 年人工智能作为一门新的学科正式诞生算起，距今已有 60 多年的时间。在 20 世纪 60 年代，以色列已开展了相关领域的研究，是最早研究人工智能的国家之一。根据技术发展程度，可以把以色列人工智能的发展大致分为三个阶段：第一阶段是 20 世纪六七十年代，这一时期以色列的人工智能研究尚在起步阶段，以基础研究为主；第二阶段是 20 世纪八九十年代，这一时期研究持续深入，并且开启了商业化进程；第三阶段是 21 世纪以来，以色列的人工智能研究在深度和广度上都有了极大的突破，开始全面商业化，形成有自己特色的产业研发和商业模式。

在 20 世纪六七十年代，人工智能这一学科刚诞生不久，与全球其他国家的科学家一样，以色列的科学家们在人工智能研究方面以基础研究为主。这一时期，以色列几所大学建立了计算机科学和人工智能研究项目，如魏兹曼科学研究院、以色列理工学院和特拉维夫大学等，其中魏兹曼科学研究院在 1954 年研究建造了以色列第一台计算机魏兹克（WEIZAC），其范伯格研究院（Feinberg Graduate School）是以色列第一个教授计算机科学的学术机构。[1] 在科研人员努力下，以色列人工智能研究取得了一系列重要的突破，较有代表性的是雅各·齐夫（Jacob Ziv）、亚伯拉罕·伦佩尔（Abraham Lempel）所从事通信论和数据压缩的研究，二人最为著名的论文是 1977 年发表的《顺序数据压缩的通用算法》（A Universal Algorithm for Sequential Data Compression），在这篇文章中他们提出"LZ77 无损压缩算法"，即通过使用编码器或者解码器中已经出现过的相应匹配数据信息替换当前数据从而实现压缩功能，[2] 这是著名的 LZ 系列无损压缩算法的开山之作。LZ 系列无损压缩算法的出现极大地提高了计算机信息存储与计算能力，为以色列进一步研究数据压缩和人工智能相关领域奠定了基础。

进入 20 世纪八九十年代，以色列的人工智能开始了商业化进程，通过技术转移机构，把学术研究与商业应用联系在一起。这一方面促成了人工智能相关研究学术成果的应用转化，另一方面也促进了以色列人工智能初创公司的发展。人工智能研究方面的重要代表是西蒙·乌尔曼（Shimon Ullman），他专注于物体和面部识别，其较为著名的成果是提出的在哺乳动物视觉系统中建立视图调节系统的想法。[3] 西蒙·乌尔曼的工作为以色列的计算机视觉研究奠定了基础，并为图像和视频分析相关的人工智能技术的发展作出了贡献。在这一时期，将人工智能运用在实践中和进行商业化较为成功的一个案例是声科（Vocal Tec）公司。该公司 1989 年正式成立，1995 年发布了第一个互联网 VoIP 的程序——互联网电话，[4] 1996 年在纳斯达克上市。在随后的发展中，声科公司业务蒸蒸日上，成为全球诸多电信公司的合作伙伴。声

---

① 参见魏兹曼科学研究院网站，2023 年 3 月 28 日，https：//www.weizmann.ac.il/pages/about-institute/history。

② 详情参见 J. Ziv and A. Lempel，"A Universal Algorithm for Sequential Data Compression，" *IEEE Transactions on Information Theory*，Vol. 23，No. 3（1977），pp. 337-343。

③ Christof Koch and Shimon Ullman，*Shifts in Selective Visual Attention: Towards the Underlying Neural Circuitry*，Dordrecht：D. Reidel Publishing Company，1987，p. 115.

④ Fred Hapgood，"IPhone Will Telephony on the Net Bring the Telcos to Their Knees?" Wired，October 1，1995，https：//www.wired.com/1995/10/iphone/.

科的成功，证明了人工智能在解决实际问题和创造颠覆性技术方面有巨大的潜力。

进入 21 世纪后，以色列人工智能研究持续深入，取得了一系列重要成就，同时，商业化运作也日渐成熟，人工智能初创公司成为以色列的一张名片。在此方面的重要例子是希伯来大学教授阿姆农·沙舒亚（Amnon Shashua），他在机器学习和计算视觉领域发表了 160 多篇论文，推动了早期视觉处理、视觉识别和学习、动画和图形的图像合成、计算机视觉理论等领域的深入研究。此外，得益于以色列完备的创新生态系统，沙舒亚利用大学教授的身份，推动了人工智能研究的实际应用和商业化。1999 年沙舒亚联合他人创立无比视（Mobileye）公司，致力于自动驾驶研究与应用。2017 年无比视以 153 亿美元的价格被英特尔收购，成为以色列有史以来最大的一笔收购交易。①

二　以色列社会对于人工智能的认知

作为最早从事人工智能研究的国家之一，以色列在人工智能领域取得诸多举世瞩目的成绩，在多个全球人工智能排行榜中位居前列。根据英国数据分析媒体托尔托西情报公司（Tortoise Intelligence）2023 年 6 月发布的"全球人工智能指数"（The Global AI Index），以色列的人工智能指数总排名为世界第 7 位。以色列人工智能在排行榜中的某些子项目中较为亮眼，如人才排名第 7 位、开发排在第 7 位、商业化排在第 3 位、密度排在第 2 位；同时以色列的人工智能在另一些方面表现较为滞后，如基础设施排在第 28 位、运行环境排在第 23 位、政府战略排在第 47 位。②

---

① 相关资料整理自 Mobileye，https：//www. mobileye. com/amnon-shashua/。

② "The Global Artificial Intelligence Index," Tortoise Media, June 28, 2023, https：//www. tortoisemedia. com/2023/06/28/the-global-artificial-intelligence-index/.

表 1 全球人工智能指数排行榜

国家	总排名	人才	基础设施	运行环境	研究	开发	政府战略	商业化	规模	密度
美国	1	1	1	28	1	1	8	1	1	5
中国	2	20	2	3	2	2	3	2	2	21
新加坡	3	4	3	22	3	5	16	4	10	1
英国	4	5	24	40	5	8	10	5	4	10
加拿大	5	6	23	8	7	11	5	7	7	7
韩国	6	12	7	11	12	13	6	18	8	6
以色列	7	7	28	23	11	7	47	3	17	2
德国	8	3	12	13	8	9	2	11	5	15
瑞士	9	9	13	30	4	4	56	9	16	3
芬兰	10	13	8	4	9	14	15	12	13	4

资料来源："The Global Artificial Intelligence Index," Tortoise Media, June 28, 2023, https://www.tortoisemedia.com/2023/06/28/the-global-artificial-intelligence-index/。

以色列在人工智能技术领域中取得多项国际领先，这与以色列对于人工智能的高度重视分不开。除了高校和科研机构积极从事人工智能研究以外，以色列政府出台多项有力政策支持人工智能发展，民间力量也积极参与，形成发展合力，使得以色列人工智能发展蒸蒸日上。以色列从战略高度认知和重视人工智能技术发展，把人工智能视为经济增长关键引擎、创新的重要支点、国防重器以及外交的一个亮点。

首先，以色列把人工智能视为经济增长的关键引擎。以色列属于混合型经济，以知识密集型产业为主，高新技术产业占比大、研发投入高，出口份额多。目前，以色列研发投入超过 GDP 的4%,[1] 位居世界前列，同时，高新技术产业出口额约占工业总出口额的42%。[2] 以色列地处中东，国土面积狭小，资源匮乏，难以发展传统工业，而高科技产业更多的是依赖于

---

[1] Olaf J. Groth, Mark Nitzberg, Dan Zehr, et al., *Comparison of National Strategies to Promote Artificial Intelligence*, Bexbach: Druckerei Kern GmbH, 2019, p. 24.

[2] "The Digital Israel National Initiative: The National Digital Program of the Government of Israel," Israeli Government, June 8, 2017, p. 48, https://www.gov.il/en/departments/news/digital_israel_national_plan.

技术，而非自然资源。在这些因素的促使之下，高新技术产业成为以色列的经济支柱，而人工智能作为高新技术中的前端产业，也被以色列认为是促进经济增长的一个关键引擎，"发展和投资人工智能作为以色列经济的领先领域"。①

其次，以色列把人工智能视为创新创业的重要支点。人工智能这一领域本身意味着创新，给诸多领域带来了新的变化，如人工智能将提高经济增长率、找到治疗疾病的方法、改善卫生系统、提高运输效率等。② 以色列将人工智能作为其创新创业的重要支点，把人工智能融入其创新战略之中。成立于 2016 年的以色列创新局（Israel Innovation Authority）把约 4.08 亿美元的资金用于创建和加强必要的基础设施和所需的框架条件，以支持创新和技术发展，其中包括了发展人工智能所需的基础设施。另外，该局还是以色列人工智能创业公司最大的公共投资者。③

再次，以色列把人工智能作为国防之重器。自以色列建国后，先后爆发了五次中东战争，小规模的冲突更是不计其数。在这样的环境之下，国防对于以色列的重要性不言而喻，而以色列也十分重视军事力量的发展。以色列国防军把人工智能作为其技术研发的重点，开发了许多智能炸弹、智能坦克、无人机等先进武器。④ 此外，人工智能在情报领域也发挥着重要作用。

最后，以色列还把人工智能作为外交领域的一个亮点。以色列积极开展科技外交，参与国际科技会议，推广自己的科技产业，寻求国际合作，人工智能是其科技外交的一个重点内容，并且取得了佳绩。有学者指出："2013~2017 年，以色列研究人员在 5 个主要会议⑤上发表的学术成果比除

① Liran Antebi, *Artificial Intelligence and National Security in Israel*, Tel Aviv: Digiprint Zahav Ltd. , 2021, p. 94.
② Liran Antebi, *Artificial Intelligence and National Security in Israel*, p. 21.
③ Olaf J. Groth, Mark Nitzberg, Dan Zehr, et al. , *Comparison of National Strategies to Promote Artificial Intelligence*, pp. 24, 27.
④ Yoram Evron, "4IR Technologies in the Israel Defence Forces: Blurring Traditional Boundaries," *Journal of Strategic Studies*, Vol. 44, No. 4 (2021), pp. 6-7.
⑤ 即 AAAI 人工智能会议、计算机视觉和模式识别、国际机器学习会议、人工智能国际联合会议、神经信息处理系统。

新加坡以外的任何其他'可比国家'要多。"① 此外，在国家间的外交活动和投资上，以色列人工智能领域的高新技术产业是其重要卖点，也是吸引别国投资以色列的重要法宝。

三 以色列的人工智能发展战略与法规建设

根据托尔托西情报公司2023年6月发布的"全球人工智能指数"，以色列人工智能在商业化、人才、研究和开发方面表现出色，但在基础设施、运行环境尤其是政府战略方面较为滞后（见图1）。可以说，从20世纪60年代到21世纪第一个十年，以色列专注于人工智能的技术发展，没有致力于提出人工智能的总体发展战略。不制定总体发展战略是为了保持灵活度并在需要时改变其路线。在以色列，人们在实践中往往将人工智能视为一种技术，它赋予计算机执行任务的能力，而这些任务通常需要人类的思维能力或技能，② 在人们潜意识中一门技术无须长远的战略规划，只需制订短期的发展计划即可。此外，受地缘战略的影响，以色列当局往往关注于当前，避免对未来作长远的规划。③ 这些情况导致了在相当长一段时间内以色列没有出台国家层面的人工智能发展战略。

进入21世纪第二个十年，由于世界范围内人工智能技术的迅猛发展和各国对该领域的高度重视，中东地区其他国家陆续制定了人工智能国家发展战略，使得以色列感到了竞争压力，如阿联酋在2017年开始制定国家人工

① Daphne Getz, Oshrat Katz, Rinat Klein, et al. , "Artificial Intelligence, Data Science, and Smart Robotics – First Report Summary," Samuel Neaman Institute for National Policy Research, September 2018, p. 9, https：//www. neaman. org. il/Files/English – Knoledge% 20Transfer% 20AI% 20Summary. pdf.

② Leehe Friedman, "Military Artificial Intelligence and Israel's National Security：A Strategic Game Changer?" *S. Rajaratnam School of International Studies*, May 20, 2022, https：//www. rsis. edu. sg/rsis – publication/idss/military – ai – and – israels – national – security – a – strategic – game – changer/.

③ Guy Paltieli, "Visions of Innovation and Politics：Israel's AI Initiatives," *Discover Artificial Intelligence*, Vol. 2, No. 4 (2022), p. 1.

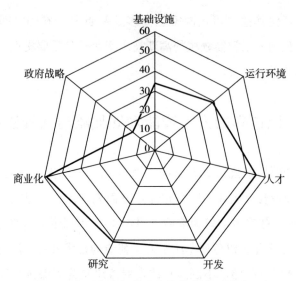

图 1 以色列人工智能发展指数得分（满分 60）

资料来源："The Global Artificial Intelligence Index," Tortoise Media, June 28, 2023, https://www.tortoisemedia.com/2023/06/28/the-global-artificial-intelligence-index/。

智能战略，是中东地区第一个采取行动的国家，随后埃及、约旦、卡塔尔等国也相继跟进。[①] 面对急剧变化的国内外环境和技术革命，以色列着手制定人工智能的战略规划。2018 年，以色列总理内塔尼亚胡发起"安全智能系统国家倡议"（National Initiative for Secured Intelligent Systems），旨在制定国家层面的人工智能战略。[②] 该倡议发起后，由以撒·本-以色列（Isaac Ben-Israel）教授和埃维塔·马塔尼亚（Eviatar Matania）教授牵头，召集了来自以色列社会各领域的专家，以开展相关工作。[③] 2020 年，他们起草了一份名

---

① Kristina Kausch, Aitor Bonsoms, Can Kasapoglu, et al., "Liberty's Doom? Artificial Intelligence in Middle Eastern Security," The European Institute of the Mediterranean, May 2022, p. 78, https://www.euromesco.net/publication/libertys-doom-artificial-intelligence-in-middle-eastern-security/.

② Guy Paltieli, "Visions of Innovation and Politics: Israel's AI Initiatives," p. 3.

③ Isaac Ben-Israel, Jorge Cerdio, Arisa Ema, et al., *Towards Regulation of AI Systems: Global Perspectives on the Development of a Legal Framework on Artificial Intelligence Systems Based on the Council of Europe's Standards on Human Rights, Democracy and the Rule of Law*, Strasbourg: Council of Europe, 2020, pp. 120-147.

为《以色列的国家战略：旨在增强国家安全和技术科学弹性的安全智能系统国家倡议》的特别报告提交给以色列总理，报告提出这份战略规划的愿景是"加强以色列作为一个技术科学大国在国家安全（国防、经济和社会）方面的韧性，同时确保以色列国作为一个安全、开放、民主和知识型社会的未来和国家韧性"，目标是"五年内使以色列成为人工智能的核心技术领域世界排名前五的国家"。[①] 这份报告是以色列人工智能发展规划从计划转向战略的标志。目前，以色列正从以下几个方面着手制定或实施人工智能国家战略。

（一）设置专门机构

在政府机构设置方面，具体而言有两个方向：一是建立新的指导机构专门负责人工智能战略的规划；二是原有机构加入人工智能规划。本-以色列等人建议在总理办公室下设立国家智能系统管理局（National Administration for Intelligent Systems），该管理局的目的是从整体上把握人工智能的发展，整合政府部门和私营部门的工作，管理项目预算，就人工智能相关问题向政府提供建议。此外，他们还建议设立五人非政府咨询委员会（5-Member Non-Governmental Advisory Committee），从外部监督人工智能战略，发现可能出现的任何问题，并向总理报告可能存在的重大风险。[②] 在该管理局的指导之下，以色列从关键基础设施建设、支持基础设施建设以及能力建设三个方面入手发展以色列人工智能，为期 5 年（2021~2025），预算为 100 亿新谢克尔（约 26.84 亿美元），所谓关键基础建设指的是计算机基础设施、人才以及数据基础设施等发展人工智能必备的基础设施；支持基础设施建设主要指对人工智能的保护和监管措施；能力建设指公共或私人部门运用人工智

①　Isaac Ben-Israel, Eviatar Matania and L. Friedman, *The National Initiative for Secured Intelligent Systems to Empower the National Security and Techno-scientific Resilience: A National Strategy for Israel. Special Report to the Prime Minister*, Tel Aviv: Tel Aviv University, 2020, p. 2.

②　Isaac Ben-Israel, Eviatar Matania and L. Friedman, *The National Initiative for Secured Intelligent Systems to Empower the National Security and Techno-scientific Resilience: A National Strategy for Israel. Special Report to the Prime Minister*, pp. 25-26.

能的能力建设。① 此外，以色列数字局（Israel National Digital Agency）、信息和通信技术管理局（Government ICT Authority）、以色列创新局也加入了人工智能发展规划。

（二）制订人工智能发展计划

人工智能发展计划主要涉及政治职能数字化、高等教育数字化和智能交通等领域的发展计划。第一，"数字以色列"计划。该计划 2013 年由以色列数字局提出，预算为 8.4 亿新谢克尔（约 2.24 亿美元），旨在引领政府进行数字化转型，以减少贫富差距，促进经济繁荣，并创建一个更智慧、更友好的政府，该项目由社会平等部（Ministry for Social Equality）领导，并与政府各部门、地方当局、商业公司和非营利部门组织合作运作，具体实施则是在各级部门建立数字化系统，提供数字服务。② 第二，高等教育委员会五年计划（The Council for Higher Education Five-Year Plan）。在最新的五年计划之中，人工智能是五个重大项目之一，人工智能项目旨在加强这一领域的卓越研究，具体包括以下六个部分：在以色列所有大学建立人工智能中心，建立一项国家倡议以协调研究和国际合作，为博士和博士后设置奖学金项目，与以色列国防军和安全机构以及以色列科学基金会共同资助研究项目，资助公共部门研究的项目，以及支持云计算教学和基础设施。③ 第三，国家智能交通计划（National Plan for Smart Mobility）。该计划由以色列交通和道路安全部（Ministry of Transport and Road Safety）发起，在 2017~2021 年实施，预算为 2 亿新谢克尔（约 5367 万美元），目的是利用人工智能促进以

---

① Isaac Ben-Israel, Eviatar Matania and L. Friedman, *The National Initiative for Secured Intelligent Systems to Empower the National Security and Techno-scientific Resilience: A National Strategy for Israel. Special Report to the Prime Minister*, pp. 27-46.

② Isaac Ben-Israel, Jorge Cerdio, Arisa Ema, et al. , *Towards Regulation of AI Systems: Global Perspectives on the Development of a Legal Framework on Artificial Intelligence Systems Based on the Council of Europe's Standards on Human Rights, Democracy and the Rule of Law*, p. 135.

③ Samuel Scheer, "The State of Artificial Intelligence in Israel," Innovation Centre Denmark, January 2019, p. 19, https: //img-cdn. tinkoffjournal. ru/-/state-of-ai-in-israel-2019-icdk-outlook. pdf.

色列智能交通领域的研究、开发和创业，并通过鼓励先进技术的整合来简化交通系统。①

（三）设置专项发展基金

以色列设置的人工智能研究相关基金多由政府部门开展，因此部分基金没有专门名称，而是作为政府的一般性预算存在。第一，以色列经济部（The Ministry of Economy）的专项资助。该资助计划旨在推动以色列国家先进工业的发展，主要内容包括支援中小企业、设立先进生产研修院、让青少年接触先进产业的教育活动等。在 2018 年，不少于 5 个财团参与了与人工智能、数据科学或智能机器人相关领域的竞争。② 第二，以色列创新科技部（The Ministry of Innovation, Science and Technology）的资助。该资助计划主要用以加强科学和工程研究，在人工智能等领域积累知识储备和人才储备，同时加强科技对外合作。③ 第三，摩萨德自由基金（Mossad Libertad Fund）。该基金旨在资助科技初创公司获取相关技术，以帮助摩萨德应对当前和未来的挑战。主要包括人工智能技术、机器人技术、小型化和加密技术，以及从文件中收集信息的自动化方法，以及更隐蔽地开展行动的新方法。④

（四）培育和引进相关人才

为了增强人工智能人才的储备，以色列在人工智能战略指导下制订了人

---

① Daphne Getz, Oshrat Katz, Rinat Klein, et al., "Artificial Intelligence, Data Science, and Smart Robotics—First Report Summary," Samuel Neaman Institute for National Policy Research, September 2018, p. 20, https：//www. neaman. org. il/Files/English - Knoledge% 20Transfer% 20AI%20Summary. pdf.

② Daphne Getz, Oshrat Katz, Rinat Klein, et al., "Artificial Intelligence, Data Science, and Smart Robotics—First Report Summary," p. 20.

③ Daphne Getz, Oshrat Katz, Rinat Klein, et al., "Artificial Intelligence, Data Science, and Smart Robotics—First Report Summary," p. 20.

④ "Mossad Launches Libertad Fund to Invest in Technological Startups," Israel Defense, June 29, 2017, https：//www. israeldefense. co. il/en/node/30169.

才发展计划,在以色列国内表现为加强人才培养,在国外则表现为吸引海外人才来以工作。以色列大学加强了对人工智能相关专业人才的培养,一方面开设人工智能相关的课程,另一方面建立人工智能研究机构。在以色列的大学中,有数十个面向本科和研究生的人工智能课程,如信息系统、数据科学、人工智能、机器学习、智能系统、分布式系统等。据以色列图书馆联盟(Israel Union List of Libraries)统计,在2007~2016年,共有694名人工智能方向的硕士毕业。[①] 总体上,以色列大学的人工智能研究人员研究领域集中在自主系统和智能机器人、计算机视觉、自然语言处理、深度学习和多智能体系统等。[②] 另外,2022年以色列创新科技部和教育部发起了"高科技课程"(HiTech Class)计划,该计划旨在让所有以色列学生享有平等学习数字和软件专业的机会,尤其是来自社会边缘的学生。此外,该计划得到了科技行业和学术界的支持,可为学生提供小组辅导、参观高科技公司、与高科技界不同职位的员工见面等机会,该计划的下一步将是提升学生的计算思维、人工智能、计算机语言等技术素养。[③]

表2 以色列高等院校人工智能研究中心简表

所属高校(公司)	中心名称	重点研究领域
希伯来大学	机器学习和人工智能知识中心	博弈论、计算机代理合作模型
以色列理工学院	智能系统中心	机器人与控制、计算机视觉、图像处理和学习
特拉维夫大学	布拉瓦尼克计算机科学学院	人脸识别、系统智能、多学科人工智能和机器学习

---

① Daphne Getz, Oshrat Katz, Rinat Klein, et al. , "Artificial Intelligence, Data Science, and Smart Robotics-First Report Summary," pp. 20–23.

② Samuel Scheer, "The State of Artificial Intelligence in Israel," Innovation Centre Denmark, January 2019, p. 10, https：//img - cdn. tinkoffjournal. ru/~/state - of - ai - in - israel - 2019 - icdk - outlook. pdf.

③ "HiTech Class：The First Sweeping Government Program to Provide Students in the Israeli Education System with High - Tech Skills," Ministry of Innovation, Science and Technology, October 23, 2022, https：//www. gov. il/en/departments/news/most-news20221023.

所属高校（公司）	中心名称	重点研究领域
以色列理工学院、希伯来大学、英特尔公司	英特尔计算智能合作研究院	模仿人脑活动模式的技术
巴伊兰大学	自然语言处理实验室和多代理人工智能小组	智能机器人技术和自然语言处理
本-古里安大学	计算机科学系人工智能交叉中心	计算机语言学、数据挖掘、进化计算
魏兹曼科学研究院	魏兹曼人工智能中心	计算机视觉、机器学习、神经生物学、机器人技术

资料来源：笔者根据相关资料绘制，参见 Samuel Scheer, "The State of Artificial Intelligence in Israel," Innovation Centre Denmark, January 2019, pp. 22 – 24, https：//img - cdn. tinkoffjournal. ru/-/ state-of-ai-in-israel-2019-icdk-outlook. pdf。

（五）加强人工智能监管

人工智能具有高度智能化、自动化等特点，以及构建数据库时涉及大量个人隐私，让人工智能面临着成为网络攻击工具、泄露个人隐私等问题，导致社会经济风险和国家安全风险上升。基于此，许多国家在大力发展人工智能的同时不得不将人工智能的监管作为整体战略的一部分。以色列在制定人工智能发展战略时，把对人工智能的监管作为重要部分。由于人工智能的发展十分迅猛，出现了现有法律不适用的问题。以个人隐私安全为例，以色列司法部下属的隐私保护局（Privacy Protection Authority）是隐私和数据安全相关事务的主要监管机构，其根据《隐私保护法》来开展工作，但该法没有关于人工智能自动决策过程中所涉及个人隐私安全的条例。[1] 在此情况下，以色列积极完善与人工智能相关的法律法规。道德法规小组在报告中提出要完善相关方面的法律，一是解释现有法律，二是制定新的法律。为此该

---

[1] "Artificial Intelligence and Democratic Values the AI Social Contract Index 2020," Boston Global Forum, December 18, 2020, pp. 125 – 26, https：//dukakis. org/publications/the - ai - social - contract-index-2020/.

小组建议加强立法和与国际相关法律接轨、制定行业规范、强化监管机构职能、加强人工智能与现有法律对接等。① 此外，2020 年，以色列加入了人工智能特设委员会（CAHAI），这是一项全球人工智能倡议，致力于调查人工智能技术开发和应用的法律框架。②

四 人工智能技术在以色列创新创业领域的应用

人工智能在以色列社会发挥了重要作用，不仅支撑了以色列在创新创业领域的优势地位，而且产生了较为可观的经济效益。自 2010 年以来，以色列成立了 1200 多家人工智能公司，其中 79% 仍在运营，6% 被收购。③ 如今，以色列成为全球人工智能的重要研发国家，特拉维夫也跻身世界人工智能的重要研发中心，与旧金山、纽约、伦敦、多伦多、上海等齐名，以色列正在从 "创业国度" （Start-up Nation） 转变为 "人工智能国度" （AI Nation）。④

人工智能技术在以色列创新创业领域得到了广泛应用，如智能医疗、智慧城市、智能防务、自动驾驶、农业食品、云计算和个性化服务等领域，其中具有代表性的是智能医疗、智慧城市、智能防务和自动驾驶四个领域。在这四个领域，以色列通过其出色的创新生态系统，将一个个人工智能研究项目转化为初创公司，同时，这些初创公司通过创新生态系统来融资、研发、生产以及销售，逐渐成长为行业内的领头羊，创造了可观的经济效益。

① Ethics and Regulations Team, "Subcommittee of the Israeli National Intelligent Systems Project on Artificial Intelligence, Ethics and Regulation," Network Gatekeeper, November 2020, p. 19, https：//ekarine. org/wp-admin/pub/AIEthicsRegulationReport-English. pdf.

② Zachy Hennessey, "Israel's Critical Role in the Future of AI," *The Jerusalem Post*, February 8, 2022, https：//www. jpost. com/business-and-innovation/article-695865.

③ Brian Blum, "Startup Nation Is Becoming the AI Nation," ISRAEL21c, December 11, 2018, https：//www. israel21c. org/startup-nation-is-becoming-the-ai-nation/.

④ Brian Blum, "Startup Nation Is Becoming the AI Nation," ISRAEL21c, December 11, 2018, https：//www. israel21c. org/startup-nation-is-becoming-the-ai-nation/.

　　首先是智能医疗领域。2022 年以色列高科技医疗公司有 1608 家，总融资达 27.5 亿美元，业务范围集中在数字治疗、决策支持、疾病诊断、远程监控、患者互动和辅助技术等方面。[①] 这些公司大多将人工智能技术应用到产品之中，使医疗软件变得更为智能，能够更加准确、快速地执行医疗任务，提高医疗服务质量和效率。[②] 总部位于卡法萨巴（Kfar Saba）的医疗早期预警公司（Medial EarlySign）是一家基于人工智能开发的医疗科技公司，该公司开发了一套工具，可以为患者提供个性化的治疗方案，以及对危及生命的情况进行早期预测，目前可用于直肠癌的预测与治疗，并且取得了较好的成效。[③]

　　其次是智慧城市领域。智慧城市背后的关键技术是云计算、数据分析、传感器、物联网和人工智能，[④] 在以色列，人工智能早已应用在智慧城市建设中，"数字以色列"计划也把智慧城市列为建设内容之一，并且取得了良好的成果。将人工智能运用在智慧城市建设中最具代表性的是特拉维夫。特拉维夫的智慧城市计划由三部分组成：一是居民个性化服务应用程序，二是为了安全、公共无线通信、危机管理和公共交通而部署的智能基础设施，三是为初创企业、私营公司和市民社会提供的创新生态系统服务。[⑤] 此外，基于人工智能开发的数字特拉维夫平台（DigiTel）向所有居民提供信息、福利和个人服务，发挥科技积极、智能的作用。正是凭借此平台，特拉维夫

---

① Iris Adler, "The Israeli Health Tech Sector Q1 2023 Report by Start-Up Nation Central," Start-Up Nation Central, 2023, https：//finder. startupnationcentral. org/reports/44LzHLkhO3VSjPO9Nx Mu64ZI9DtjvVfp5lRnbkiJTQ0bKepSUTh42c.

② DonHee Lee, Seong No Yoon, "Application of Artificial Intelligence-Based Technologies in the Healthcare Industry：Opportunities and Challenges," *International Journal of Environmental Research and Public Health*, Vol. 18, No. 1 (2021), p. 9.

③ "AI in Healthcare Startups in Israel," Tracxn, April 28, 2023, https：//tracxn. com/explore/AI-in-Healthcare-Startups-in-Israel.

④ Chai K. Toh, Julio A. Sanguesa, Juan C. Cano, et al. , "Martinez Advances in Smart Roads for Future Smart Cities," *Proceedings of the Royal Society A: Mathematical, Physical and Engineering Sciences*, Vol. 476, No. 2233 (2020), p. 2.

⑤ Arie Herscovici, Gavriel Dahan, Gil Cohen, "Smart Cities and Tourism：The Case of Tel Aviv-Yafo," *Sustainability*, Vol. 14, No. 17 (2022), p. 6.

在 2014 年巴塞罗那智慧城市博览会上被授予"世界最佳智慧城市"称号。①

再次是智能防务领域。2022 年以色列国防部批准了人工智能发展战略，② 这是以色列国防军首次针对人工智能的使用制订多分支和多司令部计划。虽然以色列国防军批准人工智能发展战略的时间较晚，但其在军事中很早便使用了人工智能技术。例如，在以色列军事情报领域，摩萨德和 8200 部队的行动中人工智能技术早已展现卓越效能。2021 年 5 月的"防护墙行动"（Operation Guardian of the Walls）被以色列国防军称为"第一次人工智能战争"，这次行动中以色列国防军依赖人工智能技术搜集哈马斯和杰哈德的目标并对其进行打击。③ 此外，以色列正在开发新型人工智能武器系统。据《卫报》报道，在新一轮巴以冲突中，以色列国防军使用了名为"福音"（The Gospel）的人工智能系统来识别轰炸目标。④

最后是自动驾驶领域。近年来，以色列汽车行业重点关注自动驾驶领域。以色列的自动驾驶汽车研究是作为"国家智能交通计划"的一部分，在具体应用层面上，以色列自动驾驶领域的初创公司通常将软件开发和硬件开发结合起来，重点在计算机视觉、激光雷达传感器、传感器融合软件、目标识别和路径预测等领域。⑤ 在以色列从事人工智能自动驾驶的著名公司除

① "How Tel Aviv Became One of the World's Smartest Cities," IOT World Today, May 30, 2017, https：//www. iotworldtoday. com/smart-cities/how-tel-aviv-became-one-of-the-world-s-smartest-cities.

② Yonah Jeremy Bob, "IDF Reveals Its Artificial Intelligence War Data 'Factory'," *The Jerusalem Post*, February 8, 2022, https：//www. jpost. com/business-and-innovation/tech-and-start ups/article-695843.

③ Anna Ahronheim, "The Road to the AI IDF," *The Jerusalem Post*, July 25, 2021, https：//www. jpost. com/israel-news/the-idf-and-the-ai-game-changer-674636.

④ Harry Davies, Bethan McKernan and Dan Sabbagh, "'The Gospel'：How Israel Uses AI to Select Bombing Targets in Gaza," *The Guardian*, December 1, 2023, https：//www. theguardian. com/world/2023/dec/01/the-gospel-how-israel-uses-ai-to-select-bombing-targets.

⑤ Wolfgang Bernhart and Christian-Simon Ernst, *Israel's Automotive and Smart Mobility Industry Electrified*, *Autonomous and Intelligent*, Munich：Roland Berger GmbH, 2018, p. 44.

了前文提到的无比视外，还有科提卡公司（Cortica）。2007 年成立的科提卡公司是一家总部位于特拉维夫的以色列人工智能公司，它以大脑研究为基础，不断开展人工智能视觉研究，并且成功将其运用到自动驾驶和智慧城市建设等项目，目前该公司已经成为人工智能视觉和自动驾驶领域的翘楚。[①]同时，值得一提的是，英伟达近年来在以色列成立了多个自动驾驶研发中心，分布在特拉维夫、耶路撒冷、赖阿南纳（Ra'anana）以及贝尔谢巴等地，这些研发中心旨在提高人工智能能力，加强基于人工智能的云计算和数据中心的新产品研发。[②]

经过多年的发展，以色列已经形成了成熟的创新生态系统，具有制度体系完备、创新主体耦合交互和要素配置有力等三个主要特征，[③] 良好的创新生态系统促进了以色列科技创新的发展，为以色列人工智能研究和人工智能生态系统的构建打下了坚实基础。以色列人工智能创新生态系统可以归纳为四大核心要素（见图 2）。一是政府部门，以色列创新局、创新科技部以及国防部下属的国防研究发展局处于核心地位。三个部门均制订人工智能发展计划、投资人工智能领域。二是产业界，是指作为开发人工智能所需的硬件设备的承包商，在以色列有诸多国内外企业从事计算机设备的设计研发与生产，如英特尔、英伟达等。三是学术界，以色列的诸多高等院校都设有人工智能研究中心，参与人工智能的研发，如魏兹曼科学研究院、特拉维夫大学、以色列理工学院等。此外，以色列的高等院校往往设有技术转移中心，这是以色列人工智能研究应用和商业化的关键部分。四是私营部门，目前在以色列专门从事人工智能业务的公司超过 1200 家，其产品集中在工业、汽车、农业、医疗和金

---

① 参见科提卡公司官网，2023 年 6 月 18 日，https：//www.cortica.com/about.html。

② Ricky Ben-David, "Nvidia Establishes Autonomous Driving Units in Israel," *The Times of Israel*, November 8, 2022, https：//www.timesofisrael.com/nvidia-said-to-establish-autonomous-driving-units-in-israel/.

③ 陈海盛、沈满洪《以色列创新生态系统的特征及其启示》，《演化与创新经济学评论》2022 年第 1 期，第 114~116 页。

融等领域,[①] 它们在以色列人工智能战略中发挥了重要作用,是人工智能应用和商业化的最后一环。

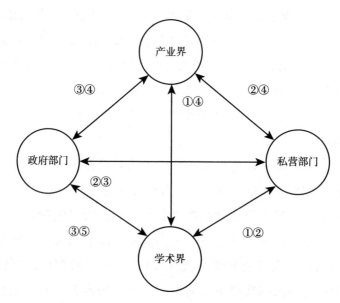

图2 以色列人工智能创新生态系统构成

说明:①学术界技术转移;②私营部门反哺;③政府部门提供
管理经费和科研项目,制订发展计划;④产业界提供计算机设备等
基础设施;⑤学术界提供前沿成果,参与政府计划制订。
资料来源:笔者根据相关资料绘制。

人工智能与以色列创新生态系统的深度融合,可以从以色列高校的人工智能研发情况中得到印证。以色列目前人工智能研究的重镇主要是特拉维夫大学、魏兹曼科学研究院等八所院校,它们有各自的研究重点领域,可以将自己最新研究成果转化为市场中的产品,同时,这些研究中心也是以色列人工智能技术创新的重要源泉。此外,以色列大学的学者还参与政

① "Artificial Intelligence Startups in Israel," Tracxn, May 7, 2023, https://tracxn.com/explore/
Artificial-Intelligence-Startups-in-Israel; Daniel Singer, "Israel's Artificial Intelligence Startups,"
Medium, September 19, 2017, https://medium.com/hackernoon/israels-artificial-intelligence-
sta rtups-a4957f92f5ed.

府关于人工智能政策的制定和公司的经营，如以撒·本-以色列、阿姆农·沙舒亚等。一般而言，以色列的人工智能技术从研究到落地流程如下。高等学院人工智能研究中心出成果，通过其技术转移公司成立初创公司，此时会得到政府政策和资金的支持。初创公司成立后，从产业界购入设备，产出产品，同时得到私营部门不等额的社会融资。随后，初创公司成长为有良好效益的公司，加强与其他各要素合作，形成良好的闭环。比较特殊的是以色列国土面积较小，且高新技术企业多集中在特拉维夫等大城市，这使得以色列的人工智能创新生态系统各要素间合作的物理距离较短，能减少运输交流成本，各要素之间的协作能够在较短的时间内完成，加强了各要素间的联系。[1]

结　语

当今世界，越来越多的国家意识到人工智能的重要性，加入了人工智能技术研究和开发的行列。截至 2022 年年初，已有 44 个国家制定人工智能发展战略，如中国、美国、英国以及新加坡等，有 160 多个国家和地区使用人工智能服务。人工智能在促进全球发展方面有重大作用，不仅给生产生活带来了诸多便利，而且创造了可观的经济效益，到 2030 年，人工智能的使用将使全球 GDP 增加 15.7 万亿美元。[2] 基于特殊的国情和创新基因，以色列对于人工智能研究给予高度重视，并在许多方面领先于世界其他国家。经过半个多世纪的人工智能研究和技术创新，以色列在人工智能研究领域取得一系列成果，同时推进人工智能技术的应用和商业化，在一些重要领域位于世界前列，从而有力支撑了创新型国家建设，在国防、经济和社会民生等领域都产生了良好的效益，成为以色列在创新创业领域引领世界的重要支撑。

---

① Liran Antebi, *Artificial Intelligence and National Security in Israel*, p. 86.

② Eray Eliaçık, "How Could AI Transform Developing Countries?" Data Conomy, August 15, 2022, https://dataconomy.com/2022/06/29/artificial-intelligence-in-developing-countries/.

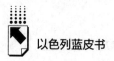

可以说，以色列走出了一条与创新生态系统深度融合的人工智能发展道路，与创新生态系统之间实现了深度融合，两者形成相互促进、互利互惠的新发展格局。在国土狭小、地缘环境不利的情况下，以色列大力发展人工智能技术，取得了举世瞩目的成就，具有以下几点启示。首先，必须从国家战略高度重视人工智能技术。以色列高度重视人工智能技术，发挥其在技术科学领域的前沿性和引领性作用，将其成果应用到经济社会中，甚至从外交和国防的战略高度加以运用。其次，人工智能的发展必须走商业化发展道路。以色列政府为人工智能技术商业化积极创造条件，推动其从技术孵化走上实际应用，使得诸多人工智能技术实现转化。最后，卓越的创新生态系统与人工智能技术发展相互促进。以色列的创新文化是其发展人工智能的关键所在，人工智能技术与以色列的创新精神高度契合。以色列从政府到个人都极其重视创新，加上强大的国防需求，这些都极大地推动了人工智能技术的研发。

以色列的智能交通建设

谢志恒 张延波*

摘 要: 以色列是全球智能交通领域的创新高地,拥有令人瞩目的智能交通技术和初创公司,是推动全球新一轮交通革命的引领者之一。由数字化、电气化和自动化引起的智能交通建设得到了以色列政府的高度支持,政府出台了多个文件和报告,旨在打造以色列在智能交通领域的领导地位。智能交通建设有助于解决困扰以色列发展的交通堵塞、交通事故以及交通污染等问题,为以色列经济发展提供新的增长点。但以色列的智能交通建设也存在与其他创新产业相类似的问题,例如严重依赖国外资金、国内市场狭小以及创新技术的吸收运用不足等。

关键词: 以色列 智能交通 初创企业 数字经济

当前,全球交通运输业正在经历电气化、数字化和自动化革命,以色列的智能交通技术是推动交通革命的主导力量之一。事实上,以色列的智能交通建设是服务国家创新经济的重要工具,人工智能和数字经济时代的到来为以色列加强智能交通建设提供了条件,以色列严峻的交通环境成为其智能交通建设的主要原因。多重背景下以色列政府颁布了多个建设智能交通的政府决议与报告,创建以色列的智能交通。数百个智能交通初创公司给以色列和全球汽车产业带来了巨大的变革,以"无比视"(Mobileye)、"位智"(Waze)和"格塔克"(Getruck)等为首的以色列智能交通初创公司研发了

---

* 谢志恒,郑州大学埃及研究中心副教授;张延波,郑州大学历史学院硕士研究生。

自动驾驶巴士、城市交通管理技术、车队管理技术、自主交通控制和监控系统等领先世界的交通创新技术。以色列在智能交通领域取得了令人瞩目的成绩，但和其他创新领域一样，对创新技术吸收运用不足。

一 政府主导下以色列智能交通的发展历程

以色列是一个人口不足千万人的创新型国家，国内自然和人力资源有限、市场狭小，无法满足自身经济的持续增长，高科技产业一直被视为经济增长的关键引擎。由传感器和数据分析引发的新一轮科技革命，包括人工智能、智能医疗和交通等，自然也被以色列政府视为推动经济发展的重要增长点。

以色列的智能交通技术起步较早，20世纪90年代，受国际人工智能和自动驾驶技术的影响，以色列专注于传动部件和空气过滤器等传统机械汽车技术的公司开始向新智能交通转型。20世纪最后十年以色列经历了智能交通初创公司数量的快速增长，其技术专长主要集中在电动交通和自主交通上。例如，以色列研发高级驾驶辅助系统（ADAS）的市场领导者"无比视"公司成立于1999年，是全球自动驾驶领域的先驱。"位智"、摩维特（Moovit）等公司则在数字化交通、新能源汽车等领域发挥着巨大作用。这一时期，以色列政府主要将智能交通建设作为国家创新经济的增长契机。进入21世纪以来，受全球气候变化与技术发展以及国内严峻的交通环境的影响，2011年以色列政府颁布了《燃料选择与智能出行倡议》（见表1），倡导利用政府、社会和国际公共合作推动以色列领导世界智能交通领域的发展。此时，以色列投资法的修订为智能交通初创企业吸引国外投资提供了便利，推动了以色列智能交通建设和初创公司数量快速增长。

2017年1月22日，以色列政府出台了名为《国家智能交通计划》的第2316号政府决议，计划在2017~2021年投资2.38亿新谢克尔促进智能交通领域的技术研发，以期将以色列打造成为全球智能交通建设的创新高地。①决议旨在鼓励整合交通领域的先进技术来简化交通系统，包括自动驾驶、电动和互联车辆、协作模型、交通信息监测和处理技术以及运营运输服务的创新概念，最大限度地发挥这些技术固有的经济和社会效益，重点是减少石油使用、减少道路拥堵和生活成本，改善道路安全、保护环境和发展科技产业。决议从政府、社会和学术界层面规定了未来五年内以色列智能交通领域的主要目标和建设方向，包括组建专门指导委员会，推动建立自动驾驶汽车和智能交通支持测试中心，促进运输系统中新技术和运营概念的实地试验和试点项目，促进智慧交通领域的专业学术合作，等等。该决议的发布标志着以色列智能交通建设进入一个新阶段，以色列智能交通初创公司经历了新一轮的增长，成为全球智能交通领域的创新领导者。2016~2022 年，以色列智能出行初创企业增长了 50%，从当时的 400 家增长到 800 多家，受到全球企业的高度追捧。② 以色列智能交通基础设施在此过程中进一步发展完善，无人充电公路等基础设施也成为以色列未来交通基础设施的重要着力点。同时，以色列政府还发布试点计划，开展交规意见征集活动，旨在应对新技术和人工智能伦理产生的新问题。

2019 年 1 月，以色列政府发布了《2020~2024 年基础设施项目和发展计划》，计划中的项目价值达数十亿美元，目的是使基础设施行业能够继续成为该国经济的主要增长引擎。③ 该计划对特拉维夫等城市的智能交通建设作出了明确的指示，使各大商业中心的交通更加便利从而实现经济增长。2019 年 9 月以色列交通部在"国家智能交通计划"的影响下，发布了名为《智能出行》的官方文件，④ 介绍创建以色列智能交通创新高地的过程中需

---

① "Decision No. 2316: National Smart Transportation Program," Prime Minister's Office, January 22, 2017, https://www.gov.il/he/departments/policies/2017_des2316.

② Staff Writer, "Next Generation Transport Innovations," Global Trailer, September 4, 2022, https://www.globaltrailermag.com/2022/09/04/next-generation-transport-innovations/.

③ Gilad Katz, Lance Blumenthal, "CDR Essential Intelligence-Belt & Road Initiative," *CDR Magazine*, October 12, 2023, https://www.cdr-news.com/cdr-essential-intelligence/1362-cdr-essential-intelligence-belt-and-road-initiative-2024/israel.

④ "Smart Transportation," Ministry of Transport and Road Safety, June 2, 2024, https://www.gov.il/he/departments/publications/reports/smart_transportation.

要实行的各项原则，并鼓励私营企业在该领域发挥作用。2021 年 4 月，以色列政府出台了《空中城市交通倡议》①，目的是在新冠疫情影响下利用智能交通和无人机技术进一步保障民众的日常生活。据统计以色列主要城市的公共交通仅占 10% 的市场份额，而西欧主要城市的这一份额约为 30%~40%，约 62% 的通勤者乘坐私家车上班，而只有 20% 的人使用公共交通工具。② 为缓解交通压力和加快以色列智能交通创新建设，2022 年 4 月以色列交通部、国家公共交通管理局等联合启动了一项 2000 万新谢克尔的《自动公交试点计划》。③ 该计划分为两个阶段，旨在研究将自动驾驶汽车整合到以色列公共智能交通系统中的可行性，并包括对各种运营模式的研究，以考察经济和运营效率。2022 年 9 月，以色列政府出台了为期 5 年的《国家道路安全计划》，该计划承诺在未来 5 年内通过改善以色列交通基础设施和加紧智能交通建设将道路交通事故的伤亡率降低 50%。④

表 1　以色列政府智能交通建设的相关文件

出台时间	名称	主要内容
2011 年 1 月	《燃料选择与智能出行倡议》	打造以色列智能出行的国际领导地位
2017 年 1 月	《国家智能交通计划》	把以色列打造成全球智能交通领域的创新高地
2019 年 1 月	《2020~2024 年基础设施项目和发展计划》	打造特拉维夫、耶路撒冷等城市的智能交通生态系统
2019 年 9 月	《智能出行》	颁布智能交通建设过程中各项原则

---

① "Naama Project," Prime Minister's Office, April 5, 2021, https：//www.gov.il/he/Departments/General/naama_pro.

② Eytan Halon, "Government Unveils National Plan to Transform Urban Mobility," *The Jerusalem Post*, December 22, 2019, https：//www.jpost.com/israel-news/government-unveils-national-plan-to-transform-urban-mobility-611747.

③ "NIS 20 Million Investment in Autonomous Transportation Pilot," Israel Innovation Authority, April 13, 2022, https：//innovationisrael.org.il/en/press_release/nis-20-million-investment-in-autonomous-transportation-pilot/.

④ "The Cabinet Approves the Principles of the National Five-Year Plan," National Road Safety Authority, September 18, 2022, https：//www.gov.il/he/Departments/news/20220918_homesh.

出台时间	名称	主要内容
2021 年 4 月	《空中城市交通倡议》	新冠疫情下保障人们的日常生活
2022 年 4 月	《自动公交试点计划》	考察公共交通中引入智驾汽车的可行性
2022 年 9 月	《国家道路安全计划》	减少交通事故发生率

资料来源：笔者根据以色列总理办公厅、以色列政府各部门网站信息整理。

除此之外，以色列政府积极与学术界和私人企业相结合，成立了以色列智能交通孵化社区（EcoMotion）和智能交通学术科研机构。智能交通孵化社区是以色列智能交通技术的重要创新基地，形成了良好的智能交通初创企业网络，旨在促进初创企业、投资者、原始设备制造商和供应商以及学术界之间的交流，几乎以色列所有智能交通和新能源的初创公司都加入其中。从 2013 年开始智能交通孵化社区每年都会在以色列的特拉维夫举办全球智能交通技术路演，展示以色列和全球各个国家最新的智能交通研发成果，从而推动以色列智能交通技术的发展。以色列创新产业的主要推动力就是学术机构，2011 年政府颁布《燃料选择与智能出行倡议》后，以色列学术界纷纷开始建设以色列智能交通研发机构，形成了以色列国家电学推进研究中心、以色列燃料电池联盟，波特环境研究学院智能交通研究所，以色列智能交通研究中心等学术机构（见表 2）。[①]

表 2　以色列从事智能交通研究的学术机构

时间	支撑机构	名称	主要研究内容
2012~2017 年	总理办公室	太阳能燃料 I-Core 项目	开发植物、氢气和分解二氧化碳的燃料
2012 年至今	巴伊兰大学、特拉维夫大学等	以色列国家电化学推进研究中心（INREP）	推进电化学技术的发展，以减少全球运输中化石燃料
2016 年至今	总理办公室	以色列燃料电池联盟（IFCC）	致力于开发燃料电池技术，以应对即将到来的氢经济革命

① "Academia and Research," The Smart Mobility Initiative in the Prime Minister's Office, February 22, 2021, https://www.gov.il/en/departments/general/academy_research.

续表

时间	支撑机构	名称	主要研究内容
2014～2020 年	特拉维夫大学	波特环境研究学院智能交通研究所	简化以色列的交通系统,以增加替代燃料的使用,减少拥堵和空气污染,并提高交通系统的安全性和可达性
2019 年至今	巴伊兰大学、以色列理工学院	以色列智能交通研究中心(ISTRC)	旨在鼓励以色列智能交通领域的研发、创业和工业发展

资料来源:笔者根据以色列总理办公室智能出行倡议网站信息整理。

二 以色列智能交通建设的主要成就

以色列智能交通初创公司摩维特产品和营销副总裁约阿夫·梅达德(Yoav Meydad)在描绘未来以色列交通的蓝图时认为未来的"城市交通栈"建设主要体现在四个领域的变化:物理基础设施——火车、桥梁、道路的智能化等;在使用新型的智能交通基础设施时防止和应对混乱局面的新交通法规和行驶规则;机动和非机动车辆的电气化、自动化;使用公共交通工具的媒介数字化,包括时刻表的查询、出行计划的制订和费用支付等。[1]在上述的诸多领域,以色列的智能交通建设都取得了快速发展。

(一)以色列智能交通技术创新

根据以色列创新局对智能交通的描述,以色列的智能交通将在极大程度上缓解以色列的交通问题。以色列通过在路口安装智能设备,动态收集和解析交通数据,利用先进的计算技术,为交通控制系统提供科学管理方法,不但可以有效预防交通拥堵,也能大幅度降低交通事故率和汽车尾气环境污染。目前,以色列的智能交通初创公司增长到800多家,这些公司可以细分

---

[1] "Smart Transportation," Ministry of Transport and Road Safety, June 2, 2024, https://www.gov.il/he/departments/publications/reports/smart_transportation.

为移动服务、自动驾驶、传统与新能源汽车和数字化交通四个领域（参见表3）。预计到2040年，全球自动驾驶汽车将占汽车销量的50%左右，汽车保有量的约30%，以及所有汽车行驶里程的约40%。[①] 自2016年以来，以色列自动驾驶领域的初创企业数量每年增长26%，[②] 这得益于高级驾驶辅助系统和乘客安全解决方案的急剧增长，这一趋势与自动驾驶技术在大规模生产车辆中的日益普及相一致。无比视是以色列自动驾驶领域的领导者，该公司设计了一种基于人工智能的系统芯片，通过专有的软件算法和芯片对视野进行详细解读，以预测与其他车辆和行人可能发生的碰撞。自动驾驶仿真系统除了可以利用数字技术来优化公共交通程序、改善服务和乘客体验以及提高安全水平来减少交通拥堵外，还可以缓解未来以色列司机短缺和人力不足等问题。移动服务（Mobility as a Service，MaaS）领域中最具代表性的是摩维特，它使用民间和官方公共交通数据向用户提供路线规划，并向交通公司、城市和交通机构提供交通数据。值得一提的是摩维特通过收集民间数据可以为没有官方数据的地区提供交通信息。

2017年成立的ITC（智能交通控制）公司是以色列数字化智能交通的新兴力量，ITC运用计算机视觉和机器学习算法来预测交通模式，并在交通堵塞发生之前进行预防。ITC研究的软件利用预先安装在多个十字路口的摄像头，以高灵敏度收集实时交通数据，准确识别99%的车辆、公共汽车、救护车、骑自行车的人和行人，并检测他们行为的各种参数。[③] 2022年，在交通孵化社区举办的全球智能交通科技展览会上，ITC展示了其通过人工智能软件从道路摄像头收集实时数据然后根据车辆流量发送指令来操纵红绿灯的技术。该公司联合创始人兼首席技术官德维尔·凯尼格（Dvir Kenig）说：

---

① S. A. Bagloee, M. Tavana, M. Asadi, et al., "Autonomous Vehicles: Challenges, Opportunities, and Future Implications for Transportation Policies," *J. Mod. Transport*, Vol. 24（2016），pp. 284-303.

② Staff Writer, "Next Generation Transport Innovations," Global Trailer, September 4, 2022, https://www.globaltrailermag.com/2022/09/04/next-generation-transport-innovations/.

③ "ITC Intelligent Traffic Control," Traffic Prediction Software, August 31, 2024, https://finder.startupnationcentral.org/company_page/itc-intelligent-traffic-control.

"ITC 成功地从数学上证明许多交通堵塞是可以避免的，并且通过使用他们的系统，两个路口的交通流量下降了30%。"①

智能交通还可以利用区域驾驶智能通信系统，让车辆、交通设施和行人实时掌握相互距离，避免发生交通事故。尤其是在新冠疫情的背景下，智能交通建设可以通过大量研发车联网系统和自动驾驶交通系统，使人们在乘坐公共交通工具的过程中保持一定的距离，从而减少感染的概率。在《巴黎协定》和全球各国气候法案相继出台的背景下，以色列气候倡议的目标是到2030年将导致气候变暖的温室气体排放量在2015年的基础上减少至少27%，到2050年再减少85%。② 而实现这一目标的主要途径就是利用电气化技术对以色列燃油汽车、公共交通和基础设施进行改造，从而实现零排放汽车的普及和减少交通污染。近年来，专注于发展新能源汽车的初创企业经历了适度增长。EVR Motors 是一家致力于开发电机新技术的公司，它增强了通用电机的配置，允许构建比使用常规技术具有相同输出的径向电机更小、更轻的径向电机，通过使用这种配置创建无数具有不同输出的电机。目前以色列的智能交通技术创新主要是按照以上四个领域交叉发展，既符合全球交通革命的基本趋势，也富有以色列作为创新国度的特点。

表3 以色列智能交通领域的代表性公司及其细分情况

一级领域	二级领域	公司名称
移动服务	乘车服务	Autofleet, Moovex, Envay
	停车与导航	Moovit, Waze, Gett
	车位管理与定位	Green Road, Timing, Movir
自动驾驶	高级驾驶辅助系统	Mobileye, BWV, Dride, Foretellix, Brodmann
	舱内接口	EyeSight, Jungo, Audioburst

---

① Jonah Mandel, "Traffic Jams Just a Math Problem, Says Israeli AI Firm," *The Times of Israel*, May 29, 2022, https://www.timesofisrael.com/traffic-jams-just-a-maths-problem-says-israeli-ai-firm/.

② "The Demands on Israel's EV Charging Infrastructure," *Innovation News Network*, December 2, 2021, https://www.innovationnewsnetwork.com/demands-israels-ev-charging-infrastructure/16276/.

一级领域	二级领域	公司名称
传统与新能源汽车	传感器与芯片	Vayya, Arbe, Rfisee, Opsys, Maradin
	硬件改善	Valens, Actasys, Rideair
	新能源汽车	StoreDot, EVR Motors, Electreon Wireless
数字化交通	网络安全	ITC, Argus, Upstream
	数据与链接	Redbend, Waycare, Mdgo
	数据可行性	Protean, Optimal, Engie
	智能交通基础设施	Mobi, SkyTtren, Axilion

资料来源：笔者根据以色列创新局网站及各公司网站信息整理，数据截至 2024 年 5 月底。

（二）以色列智能交通基础设施建设

"城市交通栈"的第一层是智慧城市基础设施建设即火车、桥梁和公路等，以色列是世界上交通技术最发达的国家之一，却被经济合作与发展组织（简称经合组织，OECD）称为"世界上交通最拥堵的国家之一"，除了以色列城市私家车辆密集外，城市交通基础设施的不平衡和落后也是重要原因。2017 年以色列政府发布《国家智能交通计划》，其中明确指出要促进运输系统中新技术和操作概念的实地试验和试点项目，通过建设以色列智能交通基础设施减少拥堵、减少道路事故、减少石油使用和鼓励向公共交通过渡。2018 年以色列能源部出台了《以色列的电动汽车充电基础设施：实施政策和技术指南》，对当时世界电动汽车基础设施进行分析并就以色列智能交通基础设施建设的问题和未来发展目标提出解决方案。① 以色列智能交通基础设施受到全球交通电气化和数字化革命影响，正朝着无线充电公路、智能交通信号灯和 5G 摄像头等方向发展。目前以色列的电动汽车正在持续增长，以色列能源部表示预估 2030

---

① "The Demands on Israel's EV Charging Infrastructure," Innovation News Network, December 2, 2021, https：//www.innovationnewsnetwork.com/demands-israels-ev-charging-infrastructure/16 2 76/.

年以色列约有130万辆汽车（占该国总量的30%）是电动汽车。① 电动汽车持续增长将会导致旧能源汽车数量的迅速减少，但面对数以百万辆的新能源汽车，以色列智能交通基础设施必须得到保障，特别是充电设施。2021年，以色列无线"智能道路"初创公司ElectReon扩大了与特拉维夫政府和Dan公交公司的合作伙伴关系，计划启动其无线充电基础设施的大规模商业部署，为特拉维夫的电动公交供电。② 该公司通过研究无线智能充电道路，利用铺设在沥青下方的铜线圈为电动汽车充电，从而将能量从电网传输到道路并管理车辆的通信。2022年1月，全球著名人工智能初创公司Rekor One与以色列智能交通基础设施公司Netivei Israel和以色列创新局发布联合智能交通基础设施项目。③ Rekor One通过整合Nexar、Moovit、AD Knight提交给Netivei Israel的数据并加以分析推动数据可及性，改善以色列主要沿海公路的交通拥堵和道路安全。传统交通基础设施主要以建设公路和铁路为主，智能交通革命影响下的基础设施除利用5G摄像头和无线充电技术改善以色列智能交通基础设施外，还利用交通信号灯为改善路况和减少交通污染提供实时数据。

（三）以色列智能交通法规

新一轮交通革命背景下，以色列的交通法规呈现与时俱进的特点。人工智能和数字化除引起人们日常生活中相关硬件的变革外，与之相对应的政策和法律规定也需要完善发展，从而适应新的问题。2017年以色列发布《国

---

① "Israel Expects 30% of Cars on Its Roads to Be Electric by 2030," Reuters, September 12, 2023, https：//www. reuters. com/business/autos-transportation/israel-expects-30-cars-its-roads-be-electric-by-2030-2023-09-12/.

② Ricky ben-David, "Israeli 'Smart Road' Startup to Deploy Charging Infrastructure in Tel Aviv," *The TimesofIsrael*, October 5, 2021, https：//www. timesofisrael. com/israeli-smart-road-startup-to-deploy-charging-infrastructure-in-tel-aviv/.

③ "Rekor Systems Platform Selected by Israel National Infrastructure Company for AI-driven Intelligent Infrastructure on Israel Highways," Rekor Systems, June 16, 2022, https：//www. rekor. ai/post/rekor-systems-platform-selected-by-israel-national-infrastructure-company-for-ai-driven-intelligent-infrastructure-on-israel-highways.

家智能交通计划》①，其中指出将制定并推动有关智能驾驶的测试、运营、服务提供、交通协同等方面的举措及其落实，并运用必要的经济补充手段推进计划目标的实现。同时，建议相关法律机构更新立法，调整自动驾驶汽车的道路法规、许可制度及车辆通信频率等。为应对自动驾驶汽车可能带来的风险和问题，2021年以色列司法部就自动驾驶汽车的监管发出公众意见征集，重点关注侵权和保险方面。② 报告征集无法人实体、责任分配、因果关系、复杂技术和程序、损害赔偿范围和乘客/行人责任分析等相关问题和建议，为司法部制定智能交通的相关法律法规提供素材。根据以色列政府立法规定，以色列将允许公司和车辆运营商从交通部获得特别许可证，并对自动驾驶汽车进行试验，包括用于运送付费乘客和使用独立驾驶系统取代驾驶员。同时对保险和不同许可证等问题进行了监管，并建立了监督机构以及由利益攸关方代表组成的咨询委员会。

目前以色列已经逐步开放了自动驾驶汽车试点，无比视与大众汽车等合作的自动驾驶出租车项目（Robotaxis）中，100辆自动驾驶出租车将在特拉维夫和耶路撒冷的道路上行驶，为公众提供运输服务。③ 除自动驾驶的相关法规外，以色列政府还对新能源汽车的替换进行了立法规定，目前以色列智能交通建设还处于试点阶段，随着试点和实验的增多，新的智能交通法规也将不断调整。

（四）智能交通建设带动经济增长

据估计，2022~2032年，全球对智能交通系统的需求将会以13.4%的

① "Decision No. 2316: National Smart Transportation Program," Prime Minister's Office, January 22, 2017, https://www.gov.il/he/departments/policies/2017_des2316.

② Odia Kagan, "Israeli Justice Ministry Lays Out Key Questions on Regulation of Autonomous Vehicles," Foxrothschild, February 22, 2021, https://www.foxrothschild.com/publications/israeli-justice-ministry-lays-out-key-questions-on-regulation-of-autonomous-vehicles.

③ "Introducing an Autonomous Vehicles Regulation Review for the Commercial Use of AVs," Israel Innovation Authority, November 11, 2020, https://innovationisrael.org.il/en/press_release/introducing-an-autonomous-vehicles-regulation-review-for-the-commercial-use-of-avs/.

复合年增长率持续增长，从 2022 年的预计 378 亿美元，到 2032 年将超过 1329.3 亿美元。① 推动智能交通市场增长的主要因素之一是随着城市化进程的迅速增长，交通拥堵解决方案的需求也随之增长。截至 2022 年，以色列智能交通初创公司在过去十年中筹集了超过 250 亿美元，占全球智能移动投资的 10%以上。② 以色列作为全球智能交通建设的领导者，除应对国内严峻的交通问题外，技术创新和转化也将给以色列的国家经济发展带来新的增长点。智能交通利用自动化技术可以有效地缓解人力资源短缺的问题，还可以利用自动驾驶技术引发公共交通领域的变革。据估计每辆自动驾驶汽车每年可减少碰撞、减少旅行时间、提高燃油效率和停车效益方面的成本 2000 美元，如果考虑到综合成本，可能减少 4000 美元。③ 自动驾驶公共汽车试点已经在以色列开展，预测以色列智能交通背景下的自动驾驶公交可以有效地带动私家车数量的减少和出行率的提高，从而推动交通污染的减少。电动汽车是向清洁、高效和零排放能源经济过渡的重要步骤之一，也是应对气候危机的重要一步。利用普及电动汽车改变以色列汽车市场和公路环境，电动汽车还将为以色列经济增长提供机会。据统计仅在 2022 年前 11 个月，以色列市场售出了约 24000 辆电动汽车。④ 以色列能源和基础设施部表示随着该国寻求减少空气污染和碳排放，预计到 2030 年，其道路上将有 130 万辆汽车为电动汽车，占汽车市场 30%的份额。⑤

---

① "Intelligent Transport System（ITS）Market Size and Trends 2032，" Future Market Insights，April 2024，https：//www.futuremarketinsights.com/reports/intelligent-transportation-system-its-market.

② Staff Writer，"Next Generation Transport Innovations，" Global Trailer，September 4，2022，https：//www.globaltrailermag.com/2022/09/04/next-generation-transport-innovations/.

③ D. J. Fagnant and K. Kockelman，"Preparing a Nation for Autonomous Vehicles：Opportunities，Barriers and Policy Recommendations，" *Transportation Research Part A: Policy and Practice*，Vol. 77（2015），pp. 167-181.

④ All Israel News Staff，"Israel Aims for 'Green' Goal of One-third of Country's Cars to be Electric by 2030，" All Israel News，September 13，2023，https：//allisrael.com/israel-aims-for-green-goal-of-one-third-of-countrys-cars-to-be-electric-by-2030.

⑤ Sharon Wrobel，"About a Third of Cars on Israeli Roads Will be Electric by 2030，Government Projects，" *The Times of Israel*，September 12，2023，https：//www.timesofisrael.com/about-a-third-of-cars-on-israeli-roads-will-be-electric-by-2030-government-projects/.

　　智能交通除了导致汽车尾气减少、替代人力资源等间接经济效益，智能交通的技术创新带来的直接经济效益就是以色列高科技出口贸易额的迅速增长。2022 年，以色列高科技行业占以色列所有出口的 48.3%，总额为 710 亿美元，比过去十年翻了一番，增长了 107%。[①] 造成这一增长的很大一部分原因就是高科技软件服务出口的增加，其中包括智能交通软件服务。高科技软件的出口额从 2012 年的 146 亿美元增加到 2022 年的 478 亿美元，增长了 2 倍多。[②] 当前全球自动驾驶汽车领域的尖端领导者之一以色列初创公司无比视，早在 2017 年的市场估值就已经超过了 75 亿美元，更是在后来被英特尔公司以超过 150 亿美元的价格收购，该收购案被誉为当时以色列科技史上最大的一笔收购交易。与之相似的还有 2020 年移动服务的倡导者以色列初创公司摩维特以 10 亿美元的价格被英特纳收购。除智能交通初创公司被收购可以给以色列带来经济效益外，国外企业投资也是其经济增长的重要组成部分。近年来，智能初创公司为以色列带来了丰富的投资额。早在 2016 年大众汽车就对以色列出租车订购应用 Gett 进行了 3 亿美元的投资。[③] 长远来看，以色列的智能交通建设将对全球智能交通领域产生重大影响，也有助于以色列交通问题的解决和以色列经济的增长。

三　以色列智能交通建设的驱动因素及风险挑战

　　数字经济与人工智能的领先发展是以色列智能交通建设取得突出成就的前提。数字经济是以使用数字化的知识和信息作为关键生产要素，以现代信息网络作为重要载体、以信息通信技术的有效使用作为效率提升和经

---

① "High-Tech's Contribution to the Economy," Israel Innovation Authority, https：//innovationisrael. org. il/en/report/high-techs-contribution-to-the-economy/.

② "High-Tech's Contribution to the Economy," Israel Innovation Authority, https：//innovationisrael. org. il/en/report/high-techs-contribution-to-the-economy/.

③ Meirav Arlosoroff, "Israel as a Lab for Smart Transportation," *Haaretz*, January 5, 2017, https：//www. haaretz. com/israel-news/business/2017-01-05/ty-article/israel-as-a-lab-for-smart-transportation/0000017f-f4b5-d487-abff-f7ff1e4f0000.

济结构优化的重要推动力的一系列经济活动。① 以色列是全球最早建设数字经济的国家之一，早在 2013 年就推出了加快数字经济建设的决议，2017 年以色列政府又出台了《数字以色列五年计划（2017～2022）》，目的是进一步推动高新科技产业向社会各个层面进一步渗透，同时将人工智能、智能交通和城市建设作为经济增长的主要目标。

（一）以色列智能交通建设的驱动因素

在以色列政府和社会的共同努力下，以软件、人工智能和互联网为代表的数字经济产业蓬勃发展，成为以色列国家智能交通建设的重要条件。近年来，以色列对人工智能产业的开发项目迅速增多，据以色列创新局对以色列的人工智能初创企业的统计，以色列人工智能的投资总额从 2011 年的 3.05 亿美元增加到 2019 年的 40 亿美元，增长了 12.1 倍，占以色列高科技投资总额的 42%。② 以色列成为继美国和中国之后，第三个在人工智能领域占据领先地位的国家。在智慧城市和智能交通建设中，人工智能技术能够为交通管理和出行提供更加高效、智能、安全的服务。通过分析交通数据、交通管制、司机行为识别、自动驾驶等能力，人工智能技术可以帮助提高交通出行的效率，解决道路安全问题。

解决严峻的交通拥堵和污染问题是以色列智能建设的重要动力。交通运输和出行是现代人日常生活的基本组成部分，但它所带来的交通污染、交通堵塞和能源紧张等负面影响也是各国亟待解决的重要问题。以色列幅员狭小，却拥有发达的公路和铁路网络以及现代化的港口和机场。发达的交通系统给以色列带来良好的经济效益的同时，也带来了严重的交通拥堵问题。据统计，截至 2022 年以色列道路上行驶的机动车超过 180 万辆，平均每 4 人拥有一辆汽车，每年净增加约 12 万辆汽车，以色列道路上平均每公里有 105 辆汽车，

---

① 中国信息通信研究院：《G20 国家数字经济发展研究报告（2018 年）》，2018 年 12 月，http：//www. caictac. cn/kxyj/qwfb/bps/201812/t20181218190857. htm。

② "2019 Innovation Report," Israel Innovation Authority, https：//innovationisrael. Org. il/en/reportchapter/innovatio nreport-2019.

而美国平均每公里约有 40 辆汽车。[①] 大量的汽车使用给以色列的公路系统带来了严重的堵塞问题。经合组织曾指出："以色列的交通基础设施状况严重落后于大多数成员国，是经合组织中道路拥堵最严重的国家之一。"[②] 尤其是在新冠大流行的背景下，大量民众对公共交通失去信心，越来越多的私家车成为人们的通勤工具。例如，阿亚隆公路是进入特拉维夫的主要入口，但该路每天的大部分时间处在拥堵之中，在高峰时段平均车速低至每小时 5 英里，使得以色列民众几乎不可能在几个小时内进入市中心。[③] 严重交通堵塞除了给民众日常生活带来不便，还产生了大量的汽车尾气和排泄物。发动机尾气中细颗粒物（PM2.5）和氮氧化物的集中排放会导致呼吸系统并发症的高发，对儿童和成人造成健康危害。据统计每年有 2000 名以色列人因空气污染而过早死亡。[④] 除了交通污染，数以百万辆的汽车出行将会给以色列的能源储备带来严重的负担，以色列的国土规模决定了它在能源开发上的局限性。2040 年预计将有 1320 万人居住在以色列（2022 年为 960 万人），汽车数量预计将增加到 640 万辆（比 2021 年的数字增长 60%），能源需求将翻一番。[⑤] 公共交通是减少道路交通拥堵和城市环境中空气污染的有效手段，但以色列的柴油公共汽车每年除了消耗大量的石油资源外，排放的氮氧化物约占以色列每年排放的总氮氧化物的 16%，排放的烟尘颗粒物约占所有车辆排放的总烟尘颗粒物的 7%。[⑥] 相比之

① "Next Generation Transport Innovations," Global Trailer, September 4, 2022, https：//www.globaltrailermag.com/2022/09/04/next-generation-transport-innovations/.

② Jonah Mandel, "Traffic Jams Just a Math Problem, Says Israeli AI Firm," The Times of Israel, May 29, 2022, https：//www.timesofisrael.com/traffic-jams-just-a-maths-problem-says-israeli-ai-firm/.

③ Adi Koplewitz, "Israeli Transport Officials Predict Large Traffic Disaster in 5 Year," The Jerusalem Post, September 6, 2022, https：//www.jpost.com/israel-news/article-716462.

④ Rena Lenchitz, "Israeli AI Gives Traffic Jams the Red Light," Ynet News, August 8, 2021, https：//www.ynetnews.com/environment/article/sjvw2tsjt.

⑤ "Israel Country Commercial Guide," International Trade Administration, October 6, 2023, https：//www.trade.gov/country-commercial-guides/israel-energy.

⑥ "Reducing Emissions from Transportation：The Ministry of Environmental Protection Has Set Targets for Purchasing Zero-emissions City Buses for Public Transportation Operators in Israel," Ministry of Environmental Protection, February 1, 2022, https：//www.gov.il/en/Departments/news/starting_2026_all_new_buses_electric_buses.

下，智能化电动公交车可减少 60%～80%的温室气体排放，减少噪声干扰，并且不会在人口中心排放任何污染。因此推动智能交通建设是现代交通系统发展的必然选择。

完善的创新生态系统是以色列智能交通产业迅速发展的重要机制保障。以色列作为创新国度，其创新生态网络在全球处于领先地位。就融资而言，以色列是全球第四大移动初创企业中心（2010～2023 年投资额超过 300 亿美元），人均投资和占 GDP 的比例也是全球最大的。[①] 一方面，以色列技术在全球创新体系中的重要地位必然造成它对全球发展趋势和融资格局的依赖。另一方面，客户群、合作伙伴关系和人才库的多样化，有助于以色列初创企业面对竞争，也使其保持更强的弹性。以色列创新生态系统发挥了强大的人才库功能，集中了一大批优秀工程师、研究人员和计算机科学家，吸引了许多跨国公司在以色列设立研发中心，为智能交通初创公司（Via Van、Foretellix 等）在以色列研发团队规模的扩大奠定了基础。以色列政府的支持成为以色列智能交通创新生态网络完善的重要杠杆，以色列政府为支持以色列智能交通建设和技术发展，颁布了多个倡议和组织建设了以色列智能交通孵化社区。智能交通领域的国家和私人企业的合作成为智能交通技术创新的重要驱动力。智能交通利用国家提供的数据进行分析处理，从而得出有效的交通治理方案。以色列交通部高级主管乌里·阿佩尔鲍（Uri Appelbau）表示："我们渴望与移动运营商和创新者合作，使以色列的交通系统更安全、更智能、更环保。"[②] 以色列智能交通创新生态系统包含了一系列参与其中的利益相关者，包括初创企业、投资者、创新中心、学者、政府实体和城市等。每个利益相关者在集成创新价值链中都扮演着重要的角色，通过融资、合作伙伴关系、客户与供应商协议、问题识别与解决方案制定等反应机

---

① "Mobility Tech as a Source of Innovation: Israel's Smart Mobility Start-up Ecosystem," McKinsey, December 5, 2023, https://www.Mckinsey.com/il/overview/mobility-tech-as-a-source-of-innovation.

② "Israel's 'Smart Commuting' Shows What Public Transport Could Be Like After COVID-19," GreenBiz, https://www.greenbiz.com/article/israels-smart-commuting-shows-what-public-transport-could-be-after-covid-19.

制来快速解决智能交通体系中面临的各种挑战。智能交通创新生态系统将有助于初创企业扩大规模，吸引投资者资金，并发现新的商业机会。

（二）以色列智能交通建设面临的挑战

如今以色列智能交通建设发展迅速，无论从科技创新还是政府支持的角度看，以色列都是全球智能交通领域的佼佼者。但是，以色列在人口和面积上都是一个典型的中东小国，以色列的智能交通必然会受国家资源不足等先天条件的限制，表现为智能交通技术成果转化不足、发展结果的复杂、严重依靠国外投资等。

首先，提高先进技术在以色列日常生活中的使用对于推动智能交通建设和繁荣经济至关重要。世界经济论坛发布的全球竞争力指数表明以色列在创造创新（即技术开发）方面表现出色，但是在创新消费（即技术吸收）方面落后于发达国家。[1] 其中一个突出部门是交通运输部门。尽管以色列在智能交通方面取得了令人印象深刻的发展——包括位智、摩维特等应用程序，以及无比视等开创性产品，但可供以色列民众使用的交通解决方案非常有限。以色列的智能交通创新开发主要是面向国际社会，且由于其基础设施建设落后和国内资源不足，以色列无法有效吸收其智能交通的最新创新成果，从而形成"鞋匠的儿子没鞋穿"的局面。

其次，智能交通建设是以解决以色列交通拥堵和污染为目的，得到国家和社会各界广泛关注的，但交通创新的吸引力可能导致以色列私家车数量不断增长，反而得到与原本减少私家车数量以缓解交通拥堵和减少污染的目的相违背的结果。正如以色列国家交通基础设施公司首席执行官尼西姆·佩雷茨（Nissim Peretz）表示："如果它只是未来提升私家车的顺畅驾驶，那将于事无补，因为这可能会进一步刺激交通需求，从而导致更多问题。"[2]

---

[1] "From a High-tech Industry—Innovation Report 2018," Israel Innovation Authority, https：//innovationisrael. org. il/en/report/ from-a-high-tech-industry/.

[2] Adi Koplewitz, "Israeli Transport Officials Predict Large Traffic Disaster in 5 Year," *The Jerusalem Post*, September 6, 2022, https：//www. jpost. com/israel-news/article-716462.

学者对 49 个国家的道路状况进行比较研究后得出的结论是以色列的道路通行速度是世界上三个最慢的国家之一，仅稍好于秘鲁和罗马尼亚。每年以色列会发生大约 17 天严重的交通堵塞，一年中大约 40% 的时间处于中度交通拥堵状态。① 与许多人口相当的西方国家相比，以色列生活成本高昂，道路交通拥堵是其中的重要原因之一。最新的研究表明，以色列比荷兰、丹麦、比利时、瑞典等国家的一揽子产品和服务的价格高出 34%，其中道路交通拥堵带来的价格增加占其中的 6%。以特拉维夫大都市区为例，昂贵的房价造成市民争相搬去市郊居住，仅 10% 的人口定居在都市核心区，但是有 25% 的人口在此工作，这导致人们不得不在道路上花费大量时间和金钱。以色列道路交通状况的改善依然任重道远。② 2023 年，以色列交通部的一份文件曾警告以色列的交通拥堵状况十分严峻并将进一步恶化。该文件指出，以色列的道路拥堵问题缺乏规律性，"每隔几天就会出现大规模拥堵，导致公共交通和私家车延误一小时或更长时间"，在这种情况下，更令人沮丧的是，以色列交通部坦诚没有任何合理的规划能力。③

再次，获得资金和寻找合适的战略合作伙伴或投资者是以色列初创企业面临的重大挑战，但该国的市场规模小，缺乏本地汽车制造企业，必然导致以色列智能初创企业不得不放眼全球。根据联合国贸易和发展会议的《2023 年世界投资报告》，2022 年以色列的投资流量增长了 29.2%，达到了 277 亿美元，外国直接投资存量为 2351 亿美元，约占该国 GDP 的 45%。④ 这些国外投资大部分流向了包括智能交通在内的高科技产业，造成了该领域对全球趋势和融资环境波动的严重依赖。

① Roi Rubinstein, "Need for Speed? Israel Third-slowest Country for Transportation," *Ynet News*, May 25, 2023, https://www.ynetnews.com/article/hjrkachrn.

② Asaf Zagrizak, "Israel's Traffic Jams Add 6% to Cost of Living-Study," *The Jerusalem Post*, July 25, 2024, https://www.jpost.com/israel-news/article-811892.

③ Oren Dori, "Transport Ministry: Israel's Traffic Jams About to Get Worse," *Globes*, August 22, 2023, https://en.globes.co.il/en/article-transport-ministry-israels-traffic-jams-about-to-get-much-worse-1001455761.

④ "Foreign Direct Investment (FDI) in Israel-International Trade Portal," Lloydsbank Trade, July 2024, https://www.lloydsbanktrade.com/en/market-potential/israel/investment.

面对以上挑战，以色列政府需要进一步积极主导并参与建设该国的智能交通项目，推动以色列经济转型和公私合作，推进智能交通技术在本国社会经济领域的全面深入应用，只有这样才能更好地激发智能交通产业创新发展，为以色列经济增长带来创新点，并解决未来以色列将面临的气候和交通危机。

结　语

以色列智能交通建设走在世界的前列，从政府支持到社会参与、从国际投资到国际合作、从创新研发到成果展示无一不体现着以色列的创新自信。自以色列开始智能交通建设之后，以色列的智能交通初创公司和以色列创新局在其中扮演了十分重要的角色。创新局向以色列智能交通初创公司提供了大量的贷款和资金，随着以色列创新生态系统的变化而不断调整政策，从而快速满足市场的动态需求。以色列初创公司充分利用国际和国内资源，在移动服务、自动驾驶、电动汽车和数字交通方面创新创造了推动世界交通领域变革的智能交通技术，同时为以色列解决国内交通拥堵、交通事故和交通污染提供了有效的解决方案。尽管以色列国内市场和资源不足以充分赋能以色列智能交通建设，但以色列作为创新国度和中东"硅谷"为以色列的经济增长带来了巨大的收益。这些创新技术也将促使以色列在未来气候治理方面成为国际范例。但以色列的智能交通建设存在的问题和挑战无法忽视，从整体上看这些智能交通领域的挑战也是以色列整个创新产业发展存在的问题。尽管以色列的创新产业为以色列的经济带来了极大的增长，但这些数据也反映了以色列经济发展的脆弱性和单一性，以色列的经济对高科技产品和国际资本的依赖也将越来越严重。

B.9
以色列半导体产业的市场格局
与创新生态系统[*]

邓燕平[**]

摘　要：　在国家政策的支持下，以色列半导体产业发展迅速，成为全球半导体行业的领先力量。以色列之所以成为半导体王国在于构建了高效率和高产出的半导体创新生态系统，其突出特征在于政府营造的创新氛围、多部门的协同协作、高素质人才的汇聚和优质教育体系的保障，为半导体产业提供了强大的支持。以色列建立了完善的风险投资生态系统，吸引了大量投资并推动了创新发展。与此同时，以色列在半导体领域注重与其他国家开展合作。但是，狭小的市场规模和长期的巴以冲突对供应链的影响限制着以色列半导体产业规模的扩大与市场的稳定。以色列在半导体产业方面的军民融合模式、创新文化的塑造、产学研协同体制可以为广大发展中国家提供借鉴。

关键词：　以色列　半导体产业　创新生态系统

受地缘环境和资源限制，以色列重点支持高科技产业突围。自1948年建国以来，以色列一直将科技作为立国之本，坚持以创新驱动发展，科技对国内生产总值的贡献率在90%以上，拥有可以与硅谷相媲美的高科技产业，在信息通信、计算机、高端装备、环保、可再生能源、生物医药、医疗器

* 本报告为河南省高校人文社会科学研究一般项目"现代化视域下以色列社会保障体系转型研究"（2025-ZZJH-194）、郑州大学人文社会科学优秀青年科研团队资助项目"比较视野下的20世纪历史主义理论研究"（2023-QNTD-08）的阶段性研究成果。
** 邓燕平，郑州大学历史学院讲师。

械、军工等高附加值领域均保持了世界领先的创新优势，是全球高新技术重要来源地之一。以色列在纳斯达克上市的公司数量位居世界第三，仅次于美国和中国。半导体产业是以色列高科技产业的重要组成部分，就其市场地位而言，以色列在全球占有重要地位，被称为"芯片王国"。本报告探讨以色列如何成为"芯片王国"，从其半导体产业的发展历程、人才优势、风险投资生态和政府支持等方面进行了分析，同时也剖析了当前巴以冲突对以色列半导体行业可能带来的影响。

一　以色列半导体产业的演变与市场格局

以色列半导体产业发展迅速，也是全世界拥有最完整半导体产业生态链的国家之一，在尖端设计和研发能力方面处于优势地位，在制造、封装、制造设备领域也拥有众多具备世界影响力的研发中心和本土企业。以色列的半导体产业最初由军工需求推动。受地缘政治影响，以色列需要自主研发高科技设备，半导体成为关键技术。以色列的半导体行业可追溯到20世纪60年代。1963年，当时美国工程师将半导体芯片产业外包至香港，不仅引领行业趋势，还促进多数美国芯片制造商纷纷将重心转移至东亚与东南亚。与此同时，全球范围内对专业研发设施的需求急剧攀升。在这股浪潮中，以色列在半导体研究领域崭露头角并迅速崛起。1964年，摩托罗拉在以色列建立半导体研发中心，标志着以色列芯片产业起步。1967年，随着中东地区局势骤然紧张，保持中立的法国政府宣布了对以色列的武器禁运。法国对以色列实施武器禁运后，以色列政府决定建立本地知识创新中心，鼓励学术研究机构进行该领域的先进科学和工程知识生产。[1] 1969年，以色列理工学院（Technion）建立了微电子研究中心，为半导体技术研究奠定了基础。1969年，以色列电子研究所和特拉维夫大学共同成立了国家半导体实验室，专注

---

[1]　Roni Lifshitz, "The Israeli Semiconductor Industry," Isra-Tech, 2024, https://www.isra-tech.net/the-israeli-semiconductor-industry/.

于半导体材料和元器件的研发工作。

20世纪70年代后以色列的半导体产业迎来发展的重要时期。以色列半导体行业的先驱是多夫·弗罗曼（Dov Frohman）。多夫·弗罗曼于20世纪70年代初在加州为英特尔工作时发明了可擦除可编程只读存储器EPROM。[1]多夫·弗罗曼后来移居以色列，并于1974年与他人共同创立了英特尔第一家美国以外的研发中心。此后，以色列不断推出半导体创新，高塔半导体公司（Tower Semiconductor）和无比视（Mobileye）等本土公司为该行业作出了重大贡献。[2]以色列政府投入大量资金在海法建立了以半导体产业为主的马塔姆（Matam）科技园区，后续吸引了包括德州仪器、高通、英伟达等一众国际一流半导体企业在以色列布局研发中心，以色列半导体开始突飞猛进。多年来，以色列已成为全球半导体创新中心，英特尔、IBM和博通等大型国际公司都在该国设立研发中心。

20世纪80年代以色列半导体行业进入市场化阶段。20世纪80年代初期，以色列政府开始停止对半导体产业的高额补贴，并逐渐推动市场化，发布了包括《鼓励产业研究与发展法》《投资促进法》等多项法规，为高新技术产业提供税收优惠以促进产业投资。在这些政策的保障下，以色列首席科学家办公室开展了一系列资助、孵化项目，例如"种子计划""孵化器计划"等，此后经济迅速腾飞，各种半导体研发初创企业迅猛发展。除了本地人才和政府支持外，以色列半导体产业还受益于外国专家的贡献。许多国际公司在以色列设立了研发中心，带来了丰富的专业知识和专有技术。[3]1985年，政府开始渐渐退居幕后，由私人资本推动风险投资发展。

① Amit Acco, "Israel's Semiconductor Industry: A History of Innovation and Growth," Ktalegal, April 9, 2023, https://ktalegal.com/israels-semiconductor-industry-a-history-of-innovation-and-growth/.

② Amit Acco, "Israel's Semiconductor Industry: A History of Innovation and Growth," Ktalegal, April 9, 2023, https://ktalegal.com/israels-semiconductor-industry-a-history-of-innovation-and-growth/.

③ Amit Acco, "Israel's Semiconductor Industry: A History of Innovation and Growth," Ktalegal, April 9, 2023, https://ktalegal.com/israels-semiconductor-industry-a-history-of-innovation-and-growth/.

20 世纪 90 年代，以色列推出了天使（Yozma）风险投资计划，利用公共资源吸引私人投资，以色列渐渐成为全球半导体研发中心。与此同时，科技初创公司蓬勃发展，给以色列赢得了全球第二大科技中心的声誉，整体生态系统不断发展。进入经济全球化时代之后，虽然美国芯片公司很早就将半导体研究外包给以色列，但韩国、中国和日本的知名半导体公司也在 2000 年后开始将研发业务转移到以色列。[1] 以上诸多条件助推以色列获得"芯片王国"的美誉。

进入 21 世纪以来，以色列半导体产业创造了一种在市场需求主导下，由政府、企业、高校、研发机构共同组建，通过财政补助和风险投资组合的模式，使以色列半导体产业迅速崛起，在全球芯片市场占据了重要地位，在一些关键的半导体技术领域取得了突破性的创新，成为半导体行业的领先力量。以色列芯片产业链的构成主要为无晶圆芯片设计公司、跨国公司研发中心、半导体设备企业和少数晶圆工厂。以色列的半导体产业是全球半导体产业不可或缺的组成部分。

其一，以色列本土和跨国公司研发中心。大多数以色列半导体公司将技术开发置于盈利之上，这使得以色列的半导体生态系统独一无二且利润丰厚。以色列的半导体行业以芯片设计为主，芯片设计是以色列半导体产业的灵魂。据统计，以色列拥有全球 8% 左右的芯片设计人才及研发公司。[2] 以色列拥有近 200 个芯片设计研发公司，从事芯片研发的工程师超过 3 万人。

以色列本土半导体研发公司主要是美纳克斯（Mellanox）、维瑞斯特（Veriest）。美纳克斯成立于 1999 年，2007 年在美国纳斯达克上市，在以色列约克农（Yokneam）和美国加州森尼韦尔市（Sunnyvale）均设立了总部。美纳克斯主业是网络芯片设计，所设计的芯片既可以支持一种名为"InfiniBand"的高速网络连接标准，也可以支持标准的以太网连接，该公司

① Divya Malhotra, "Israel's Semiconductor Revolution and China Factor," *The Times of Israel*, August 1, 2024, https：//blogs. timesofisrael. com/israels-semiconductor-revolution-and-china-factor/.

② Divya Malhotra, "Israel's Semiconductor Revolution and China Factor," *The Times of Israel*, August 1, 2024, https：//blogs. timesofisrael. com/israels-semiconductor-revolution-and-china-factor/.

还生产基于其芯片的网卡、线缆和网络交换机等产品，以及和其网络产品配套的面向各种应用的加速软件，是一家端到端的智能网络设备提供商。维瑞斯特是一家国际设计公司，提供从架构、设计和验证一直到完整的物理设计和芯片实施的前沿 ASIC 和 FPGA 服务。维瑞斯特提供广泛的定制服务，以满足客户的特定需求，达到客户寻找专业解决方案并在芯片开发中实现高价值的要求。维瑞斯特的客户组合包括全球知名的企业、国防公司以及处于开发高端芯片技术初期阶段的初创公司。维瑞斯特总部位于以色列，在英国、塞尔维亚和匈牙利设有工程基地。团队由约 150 名工程师组成，参与了一些处于芯片技术前沿的关键项目。①

以色列是创业的热土，拥有数量庞大的创新科技公司，是全球初创企业最多的地区之一，从 20 世纪 70 年代英特尔在以色列建立研发中心开始，几乎所有全球领先的芯片企业，都将以色列作为第二个研发中心。在以色列，英特尔在为个人计算机、数据中心和网络开发中央处理器；苹果在为 iPhone 和自动驾驶汽车开发 LiDAR 传感器；亚马逊的大部分全球半导体开发都在以色列进行；微软在以色列为数据中心开发网络芯片；高通、三星、索尼也都在以色列设有研发中心。除苹果、谷歌、英特尔、微软之外，IBM、惠普、雅虎、甲骨文、西门子、通用汽车、通用电气、西尔斯和易趣等企业也在以色列大展宏图。这些企业中有 80 家为世界 500 强企业。② 2002～2009 年，在以跨国企业的生产能力增长了 121%，年均增长 12%，占以色列商业领域的 15%。以色列推动了跨国企业的技术发展，跨国企业同样促进了以色列的经济发展。③ 2021 年，以色列共有 37 家跨国公司在半导体行业开展

---

① "Veriest," SemIsrael-The Israeli Semiconductor Community Site, 2021, https：//semisrael. com/simple_ partner/veriest/.

② 《跨国企业在以色列开展研发活动情况及与以加强跨国技术合作建议》，中国驻以色列大使馆经济商务处网站，2013 年 4 月，http：//il. mofcom. gov. cn/article/ztdy/201304/20130400 103895. shtml。

③ 《跨国企业在以色列开展研发活动情况及与以加强跨国技术合作建议》，中国驻以色列大使馆经济商务处网站，2013 年 4 月，http：//il. mofcom. gov. cn/article/ztdy/2013040 0103895. shtml。

业务，苹果、博通、高通、三星、华为、德州仪器等大型企业都在以色列开展研发活动。英特尔以色列中心在计算机和服务器芯片领域具有先天优势。英特尔以色列分部于 1974 年开始运营，是英特尔公司的开发和制造中心，以色列是全球最大的英特尔开发中心所在地。第 7 代和第 8 代 Intel © Core™ 处理器主要在以色列开发。以色列的工厂（FAB）是全球英特尔工厂中最先进、质量最高的工厂之一。英特尔近年来频繁收购以色列科技企业：2015 年，英特尔以 167 亿美元收购 Altera；2017 年，英特尔以 153 亿美元收购了以色列自动驾驶汽车芯片公司无比视；2021 年 5 月，英特尔宣布将在以色列再投资 6 亿美元以扩大其研发。2024 年，以色列财政部、经济部和税务局发表联合声明，宣布批准美国英特尔公司在该国投资 250 亿美元新建芯片工厂。联合声明称，这是以色列史上外国公司在该国最大的一笔投资，工厂将建在以色列南部加特镇，并雇用数千名工作人员。英特尔承诺在 2028 年前完成投资并启用该工厂，且至少运营至 2035 年。根据以色列鼓励投资相关法律，英特尔将获得投资额 12.8% 的补助，即 32 亿美元。[①] 以色列也是英伟达除美国之外的研发业务第二重镇，2020 年英伟达以 70 亿美元收购了以色列网络技术供应商迈络思。2022 年 3 月，英伟达又收购了以色列公司艾克赛勒罗（Excelero），深化企业数据存储业务。艾克赛勒罗成立于 2014 年，是一家 NVMesh 软件的开发厂商，该软件主要用于管理和保护 NVMe 闪存驱动器虚拟阵列，使其在公有云和私有云环境中用作块存储。2024 年，英伟达再次收购以色列运行人工智能（Run：ai）和优化加速（Deci）两家 AI 初创企业，全力打造一个更加高效、可扩展的 AI 生态系统。微软多年来一直在以色列开发芯片。在以色列赫茨利亚，微软研发中心雇用了 2000 多名员工。2021 年 3 月份，微软计划通过在当地建立一个新的数据中心并扩大其芯片研发活动，在以色列投资 10 亿~15 亿美元，用于网络芯片等产品的研发。

---

① 《以色列批准英特尔投资 250 亿美元建芯片工厂》，中国商务部网站，2024 年 3 月 12 日，http：//fec. mofcom. gov. cn/article/xgzx/xgzxtzhzcj/202403/20240303480392. shtml。

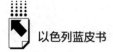

其二，半导体设备公司。以色列半导体设备公司具体包括库力索法半导体（Kulicke & Soffa）等跨国公司和奥宝（Orbotec）、SELA、约旦峡谷（Jordan Valley）等本地公司。诺尔威测量设备有限公司（Nova Measuring Instruments Ltd.）于1993年5月17日成立于以色列雷霍沃特，是一家在以色列设计、开发、生产和销售用于半导体制造的过程控制系统的公司。诺尔威测量设备的产品组合包括用于尺寸、薄膜和材料计量测量的集成和独立计量平台，用于各种半导体制造工艺步骤（包括光刻、蚀刻、化学机械平面化和沉积）的过程控制。同时诺尔威测量设备有限公司为集成电路制造行业的各个环节提供服务，包括代工厂和存储器制造商，以及全球的最终用户和过程设备制造商。奥宝是一家位于以色列雅夫内的科技企业，成立于1981年。如果没有以色列半导体公司的机器，苹果、三星、LG等公司均无法生产芯片和开发新设备。2018年3月，美国半导体公司凯莱-天科（KLA-Tencor）以34亿美元收购了奥宝科技。瓦伦斯半导体（Valens Semiconductor）是一家领先的半导体产品供应商，通过为专业视听和汽车行业提供长距离、高速视频和数据传输，突破了连接的界限。瓦伦斯半导体屡获艾美奖的HDBaseT技术是专业视听市场的领先标准，数千万个瓦伦斯半导体芯片组集成到数千种支持HDBaseT的产品中，包括交换机、矩阵、显示器、投影仪、视听接收器、扩展器。快速感知（Fast Sense）半导体与仪器是一家以色列的技术公司，专注于为半导体、消费电子和汽车行业提供高精度的传感器和测量技术。它的产品被广泛应用于传感器集成、智能设备和工业应用等领域。在能源领域将气体传感器小型化。包括分销商和输电线路在内的能源网必须准确量化管道中的氢气，以确保安全、计费和排放控制。快速感知微芯片为氢气量化仪器提供动力，用于防止泄漏、流量计校正、能量存储、重新输送和压缩。

其三，芯片制造公司。以色列在半导体领域以其研发能力和创新性闻名，但其本地的半导体制造公司相对较少，高塔半导体是一家长期专注于模拟芯片制造的代工厂，在全球晶圆代工厂中位居前列。高塔半导体是由高塔半导体和爵士（Jazz）半导体公司合并而来，该公司拥有约5500名员工，在以色列拥有两家生产工厂，在美国拥有两家生产工厂。此外，高塔半导体公司还管理着日本的两家生产工厂，作为其和新唐科技（Nuvoton）的附属公司 TPSCo 的一部分。新唐科技是位于中国台湾的一家半导体公司，该公司 2008 年 7 月自华邦电子分割逻辑产品线后成立，为华邦电子 100% 拥有的子公司。新唐科技主要产品线为消费电子 IC、电脑 IC、晶圆代工服务。新唐科技专注于开发模拟/混合信号，特别是新唐单片机在业界享有极好的性价比优势。微控制器及计算机云端相关应用 IC 产品，在工业电子、消费电子及计算机市场皆具领先地位。该公司还与法国-意大利半导体制造商 ST 在意大利北部的阿格拉塔镇（阿尔卑斯山脚下）建立了一家制造工厂，并与英特尔位于新墨西哥州里奥兰乔和美国制造工厂建立了合作伙伴关系。2023 年，该公司的销售额约为 14.2 亿美元。[1] 高塔半导体生产智能手机芯片、充电器、直交流电适配器及图像传感器。高塔半导体的客户遍及汽车、医疗、工业、消费、航空航天和国防等领域。过去几年中，高塔半导体在推动客户成功的同时，实现了创纪录业绩增长，并将继续追求卓越的技术与品质，保持强劲的增长前景。高塔半导体公司 2022 年全年收入为 16.8 亿美元，毛利润为 4.66 亿美元，营业利润为 3.12 亿美元，扣除重组收入后，净利润为 2.65 亿美元；2023 年收入为 14.2 亿美元，毛利润为 3.54 亿美元，营业利润为 5.47 亿美元，其中包括因英特尔终止合并合同而产生的 3.14 亿美元净收入和 3300 万美元重组收入。[2] 威洛城（Wilocity）成立于 2007 年，是以色列一家无晶圆厂芯片制造商，主要研发 WiGig 芯片。WiGig 是一种新型无线传输技术标准，采用 60GHz 传输技术能在 10 米到 20 米的短距离内实现最高 7Gbps 的无线传输。2014 年 7 月，高通宣布以 3 亿美元收购威洛城。安纳普尔纳实验室有限公司（Annapurna Labs）是以色列芯片制造商，

---

[1] Roni Lifshitz, "The Israeli Semiconductor Industry," Isra - Tech, 2024, https：//www. isra - tech. net/the-israeli-semiconductor-industry/.

[2] "Tower Semiconductor Reports 2023 Fourth Quarter and Full Year Financial Results," Towersemi, 2023, https：//ir. towersemi. com/news-releases/news-release-details/tower-semiconductor-reports-2023-fourth-quarter-and-full-year/.

公司主要研发微处理器，这种微处理器可以让低功率的计算服务器和存储服务器快速地运行数据。安纳普尔纳实验室有限公司是过去10年中以色列国内成长起来的优秀初创型芯片厂商之一。2015年1月，该公司被亚马逊收购。以色列的半导体制造能力由高塔半导体和英特尔以色列主导，其他小型公司则专注于特定领域，如红外传感器或3D视觉芯片。总体而言，以色列的核心优势在于研发能力和创新设计，制造方面主要通过代工和合作实现全球化。

根据以色列风险投资研究中心（IVC）数据，截至2018年1月，以色列共有163家芯片公司，35个研发中心，处于初始收入期公司67家，芯片设计公司30家，半导体器械设备公司20家，光学通信10家，晶圆厂8家。包括半导体在内的高新科技行业成为以色列增长最快的行业，也成了其经济增长的关键，占其国内生产总值的比重达到1/5，就业人数占比达到14%。如果延续其创新发展范式，以色列半导体产业的出口收入预计在2025年将达到120亿美元。在半导体行业，2020年，以色列半导体初创企业数量位居全球第二，仅次于美国。截至2023年，以色列半导体行业继续表现强劲，并在全球技术市场上保持重要地位。以下是一些最新的数据和趋势：在产业规模和就业方面，包括半导体在内的以色列高科技产业在2023年雇用了大约39.6万名员工，占全国就业总人数的约12%。半导体相关企业中，包括多国研发中心的员工约有9万人，这些中心多集中于软件及半导体领域的创新研发。[1]

由于半导体行业风险大，以色列的半导体精英们在建立半导体公司后，并不以成为或超越本地市场的巨头为目标，而是积极寻求被收购的机会。因此，大部分以色列半导体公司的通常路径是：建立一家初创公司—在某一领域取得突破—被行业巨头收购—开始下一轮创业。[2] 以色列半导

---

[1] "Israel´s High-Tech Sector Navigates Uncertainty: Annual Israel Innovation Authority Report Shows Resilience and Challenges," 2024, https://innovationisrael.org.il/en/press_release/israels-high-tech-sector-navigates-uncertainty-annual-israel-innovation-authority-report-shows-resilience-and-challenges/.

[2] "Israel, the Chip Kingdom in the Desert III," Slkoric, October 20, 2023, https://www.slkoric.com/tech-web/532263.html.

体最大的市场是数据处理，其次是通信、工业、消费电子、自动驾驶。① 与其他领域的初创公司相比，半导体初创公司并没有蓬勃发展。过去几年的数据显示，以色列的半导体初创公司最近没有太大的增长。但这并不意味着这种趋势会持续下去，因为大量数据被上传到互联网上，人工智能的突破以及智能交通技术的发展，最近都对能够处理复杂任务的新芯片和处理器产生了强烈的需求。人工智能和智能交通是相对较新的技术，尚未被业内大公司征服。智能交通最常见的例子是智能交通信号灯和联网汽车。智能交通信号灯需要半导体才能更有效地指挥交通，联网汽车需要半导体才能让汽车和交通信号灯相互通信。另一家有趣的公司是德州仪器和苹果高管创立的 Coretigo，它利用自动化无线通信解决方案实现未来的灵活制造。②

二 以色列半导体产业生态系统分析

以色列半导体企业之所以具有强大的生命力，在于其在促进半导体行业发展方面采取了多项举措，多部门的协同合作，构建了强大的创新生态体系。以色列半导体产业生态系统旨在加强技术创新、吸引投资、培养人才，并提升全球竞争力。归纳起来，以色列半导体产业生态系统主要包括以下方面。

第一，政府加强顶层规划，加大对研发和创新的支持。以色列政府为从事研发的公司提供一系列支持，包括税收减免、补助和贷款。政府还建立了许多技术中心和孵化器来支持初创企业和促进创新。以色列最著名的技术中心之一是特拉维夫的硅溪。该地区聚集了一批高科技公司和初创企业。以色

① "Israel, the Chip Kingdom in the Desert Ⅲ," Slkoric, October 20, 2023, https：//www.slkoric.com/tech-web/532263.html.
② Gonzalo Martínez De Azagra Noa Shamay, "Israel Semiconductor Landscape in 2022," Cardumen Capital, January 22, 2024, https：//www.cardumencapital.com/blog-posts/israel-semiconductor-landscape-in-2022.

列因蓬勃发展的初创生态系统而被称为"初创国家"。① 1984 年以色列政府修订了《工业研发鼓励法》（The Encouragement of Industrial Research and Development Law，5744-1984），规定企业可以用日后专利权使用费作为交换来获取政府的研发资助，政府事实上分担了初创企业技术开发的风险，也吸引了外国投资者参与工业研发，推动了企业在半导体研发领域的投资和国际资本的参与。以色列政府还一直致力于建设完善透明的投资法规，建立灵活的投资机制，使投资者可以多元化回收投资。在税收方面，以色列政府也推出了"天使法"来为年轻公司的私人投资者提供税收优惠，特别是针对那些拥有研发能力的公司，企业税率从 1985 年的 61% 降到 2022 年的 23%。根据《资本投资鼓励法》，政府鼓励投资的方案主要有拨款计划和自动税收优惠计划。企业可选择某个税收优惠计划。如符合拨款计划规定，则可被认定为获准企业或优惠企业。开发区内的获准企业可获 10%~32% 的固定资产费用支持。在半导体领域，强大的支持营造了创业氛围，塑造了年轻人的创新意识，推动了科技产业的繁荣。

第二，构建产学研一体的创业生态体系。以大学实验室为核心，企业围绕其工作，可联系学术和工程师团队，培养学术界与企业界合作。大学与企业紧密合作，基础研究与工程应用相结合。半导体领域是基础研究和工程应用交叉型领域，市场需求是半导体关键核心技术发展的重要导向。在技术研发方面，以色列政府通过联合项目，建立研究中心，并提供资金支持，促进大学和企业紧密合作，提高了基础研究的转化。据以色列中央统计局统计，近年来研究机构与以色列公司签署的许可协议数量，以及这些机构的专利数量大幅增加，2021 年比 2020 年签署的许可协议增加了 5 倍以上，专利数量增加了 25%。以色列创新局为促进知识商业化和转移，陆续推行了各种计划，如磁铁联盟计划、学术知识转移计划、知识商业化计划等。以色列完善的知识商业化与转移机制，在其半导体产业链发展中发挥着至关重要的作

---

① Amit Acco, "Israel's Semiconductor Industry: A History of Innovation and Growth," Ktalegal, April 9, 2023, https://ktalegal.com/israels-semiconductor-industry-a-history-of-innovation-and-growth/.

用，将基础研究与商业化相结合，加速了技术的商业化进程，创造了商业价值，并吸引了投资和资源。这种模式推动了以色列在半导体领域的创新和发展，促进了企业的成长和竞争力的提升。[1]

第三，构建高质量的半导体创新人才体系。以色列建国之后颁布了《回归法》，即全世界的任何一个犹太人一旦移民到以色列，都可以获得以色列公民身份。从以色列建国到 20 世纪 90 年代，来自发达国家和苏联的犹太移民给以色列带来了很多科学技术，为以色列创新发挥了很大作用。这些外来移民普遍拥有较高的学历，有非常多优秀的工程师，这些人才对以色列高科技产业的发展发挥了不可或缺的作用。在《创业的国度》一书中，塞诺和辛格认为以色列在高科技领域的成功归功于其面对逆境的坚韧不拔。[2]以色列的高等教育机构，如以色列理工学院和特拉维夫大学，提供强有力的工程和科技课程，特别是在电子工程和计算机科学领域。课程通常与行业需求紧密结合，注重实践和项目经验。以色列国防军在培养技术人才方面扮演了重要角色，特别是在高科技单位。许多年轻人通过在军队的服务获得宝贵的技术技能和经验，许多半导体公司也积极招聘退伍军人。2022 年，以色列创新局推出了"HaSadna"计划，将半导体设计与开发、人工智能等相关企业联合起来，为工程师提供专业培训，并创建适合中小型企业的新型协作培训模式，围绕半导体技术知识领域创建网络和社区，为半导体产业提供充足的人才储备。除了这些本土人口教育措施以外，以色列也在积极吸引国外高端人才。事实上，以色列建国初期，大量受教育程度高的犹太移民就组成了其科技发展的基础，为以色列科技产业发展作出了重大的贡献，而这一措施到今天仍在继续，以色列 B-1 签证计划、高科技人力资本基金计划等措施提高了以色列在半导体等科技领域的技术人才储备。

第四，构建成熟的半导体创投系统，营造创投氛围。以色列的创业生态

---

① 徐铭钰、杨湘浩、刘云：《以色列半导体产业发展战略及对中国的启示》，《世界科技研究与发展》2023 年第 4 期。

② Divya Malhotra, "Israel's Semiconductor Revolution and China Factor," *The Times of Israel*, August 2024, https: //blogs. timesofisrael. com/israels-semiconductor-revolution-and-china-factor/.

系统和风险投资环境有利于科技创业公司的成长和发展，为半导体产业的产业化提供了良好的条件。资金是企业发展的关键因素，尤其是在半导体行业。半导体行业是一个资本密集型行业，需要持续投资。这是一个高风险、高回报的领域，初创公司很难生存。这时风险投资就发挥了至关重要的作用，拥有财力的风险投资家会支持那些拥有专业技术、市场前景良好但缺乏启动资金的创业者，并承担早期投资失败的风险。硅谷作为全球科技中心成功的关键在于其成熟的风险投资生态系统，它大大提高了初创企业对失败的容忍度，并为初创企业提供了支持性环境。特拉维夫作为以色列首都和风险投资中心，科技领域交易活跃度仅次于硅谷。报告显示，全球工业4.0领域风险投资的11%投给了以色列企业。2021年，以色列的风险投资达到108亿美元，是美国人均风险投资的28倍多。虽然2022年风险投资有所下降，但仍达到81亿美元。[①] 而以色列的特拉维夫作为创投聚集地，其科技创科生态的项目流量活跃度极高，仅次于硅谷，因此也有"第二硅谷"之称。

以色列先进量子处理器开发商量子晶体管公司（Quantum Transistors）总部位于以色列特拉维夫，是一家量子芯片公司，专注于开发固态量子处理器。其目标是将量子计算从大型机转移到数据中心和企业服务器，使量子计算得到更广泛的采用，以增加其对世界的影响。2024年7月24日，以色列量子计算公司量子晶体管公司获得了欧洲创新委员会（EIC）高达1750万欧元（约合1.4亿元人民币）的资助。这些资金是通过EIC加速器的250万欧元的初始赠款以及通过EIC基金获得的1500万欧元的未来股权投资。这项投资是68家公司中获得的最大的一笔投资，将用于扩大其研发规模和扩大其团队。国际半导体产业协会（SEMICO）组织在2020年进行的一项调查显示，以色列在半导体初创公司数量方面仅次于美国，排名第二。在欧洲对半导体领域初创公司的投资中，超过50%投给了以色列的公司。[②]

---

① "Israel, the Chip Kingdom in the Desert Ⅳ," Slkoric, 2023, https://www.slkoric.com/tech-web/880266.html.

② Roni Lifshitz, "The Israeli Semiconductor Industry," Isra-Tech, 2024, https://www.isra-tech.net/the-israeli-semiconductor-industry/.

第五，注重国际合作和市场开拓。以色列在半导体领域积极开展国际合作，吸引了许多国际一流的半导体企业在以色列设立研发中心。以色列的半导体产业与全球半导体产业紧密合作，参与了许多国际合作项目和供应链。存储是以色列半导体市场的最大部分，紧随其后的是电源管理 IC 和逻辑芯片。2023 年，中国为以色列半导体最大消费市场。除了中国之外，以色列也在加强与另一个崛起的庞大新兴市场印度的合作。高塔半导体公司是一家以生产模拟和特种集成电路为主的半导体企业，其在全球范围内拥有多个生产基地。然而，随着市场的日益饱和和竞争压力的增大，其将目光转向了印度。印度一直将半导体产业视为国家经济发展的重要支柱，并制定了雄心勃勃的发展计划。为了吸引国际半导体企业在印度投资建厂，印度提供了一系列优惠和补贴，其中包括给予高塔半导体公司 40 亿美元的补贴。为了建立一个更加稳定的供应链，印度和以色列正在通过 I2U2（印度、以色列、阿联酋和美国）进行合作，目的是加强多边主义，并确保新兴和关键技术的供应链稳定。双方还正在谈判一个自由贸易协定，以加强半导体制造领域的合作。

三　制约以色列半导体产业发展的因素

经过长期努力，以色列的半导体产业在全球享有盛名，但其发展也面临诸多制约因素。这些挑战可能来自内部和外部，包括市场规模、地缘政治和行业竞争等多个方面。

其一，市场并购是以色列半导体产业的突出特点。市场并购对以色列半导体产业的规模扩大具有深远的影响，既有正面的推动作用，也带来了一些潜在挑战。由于受市场规模限制，以色列芯片企业以中小企业为主，难以成长为较大企业。以色列芯片公司被中外科技巨头并购可能导致以色列本土企业失去独立决策权。被并购后，企业的战略规划和资源分配受控于母公司，可能限制其自主创新。如部分企业被并购后，研发重点从本地需求转向国际市场，导致其与以色列本地需求脱节。许多以色列半导体企业选择快速出售，而非长期发展，这在一定程度上限制了本地企业的产业链延展。以下是市场并购的例子。

　　哈瓦那实验室（Habana Labs）是一家位于以色列特拉维夫和加州圣何塞的无晶圆厂半导体公司，成立于 2016 年，专精于使用人工智慧提升芯片处理效能，同时降低芯片成本与电力消耗。2018 年 9 月，哈瓦那实验室推出了全球性能最高的 AI 推理处理器样品，称其 AI 处理器的性能比当前数据中心部署的一般解决方案要高出一到三个数量级，能实现每秒 15000 张图片的吞吐量，延迟时间为 1.3 毫秒。哈瓦那实验室的戈雅推理处理器（Goya）目标是实现深度学习推理。2019 年 12 月 16 日，英特尔正式宣布以 20 亿美元收购哈瓦那实验室。这是继 153 亿美元收购无比视、3.5 亿美元收购神经瓦纳（Nervana）之后，英特尔第三次收购大型人工智能初创公司。光彩芯辰（Colorchip）成立于 2001 年，总部位于以色列北部城市伊利特约克纳姆，该公司主要为电信供应商和数据中心设计和制造通信组件。彩芯公司主要开发基于被称为玻璃系统集成（System On Glass）的混合集成技术，利用玻璃材料晶圆制作光器件，从而将半导体领域的制造技术带入光通信领域。彩芯公司在以色列拥有自己的晶圆制造工厂，并在此制作自己的各类器件。业务上主要包括应用于 FTTx 市场的无源 PLC 分路器产品系列和应用于高速网络的收发器产品系列。Facebook 是彩芯公司的客户之一。2018 年中国芯片设计公司三安光电以 3 亿美元收购了该通信芯片公司光彩芯辰公司，此次收购有助于三安光电强化其在集成电路尤其是通信芯片领域的研发力度。无比视是以色列一家生产协助驾驶员在驾驶过程中保障乘客安全和减少交通事故的视觉系统的公司，成立于 1999 年，公司在高级驾驶辅助系统（ADAS）的开发方面走在世界前列，提供芯片搭载系统和计算机视觉算法运行驾驶辅助系统（DAS）客户端功能，是宝马、奥迪、特斯拉、沃尔沃、福特等 27 家大牌汽车厂家高级驾驶辅助系统和自动驾驶技术的供应商。2017 年 3 月 13 日，英特尔宣布以 153 亿美元收购了无人驾驶技术公司无比视，这成为以色列高科技公司最大的一笔收购交易。楷登电子（Cadence）在 2016 年 4 月以 4000 万美元收购了以色列芯片企业罗提克（Rocketick），楷登电子的基于多核并行运算技术的并行仿真平台 Xcelium 就是罗提克带来的技术。以色列芯片开发商博雷光（BroadLight）在 2000 年成立，博雷光是高度集成的网络和嵌入式处理器的领先供应商，其处理器可为交换局和客户端设备实现光纤级品质的服务交付。博雷光主要为光纤通信网络提供半导体和软件，被收购前累计融资额达5500万美元。2012年3月，博通宣布以1.95亿美元收购博雷光。此外，博通曾在2011年4月以3.13亿美元收购另一家以色列芯片开发商普罗维金特（Provigent）。奥托通（Autotalks）成立于2008年，是一家无晶圆厂半导体公司，致力于为载人和自动驾驶汽车提供车辆的通信。奥托通是唯一一家提供与V2X技术兼容的全球V2X解决方案公司，同时坚持最严格的功能安全性和可靠性标准。2023年5月，为了加速V2X解决方案的开发和采用，高通公司宣布其子公司高通技术公司已与奥托通公司达成最终收购协议。

市场并购是以色列半导体产业规模扩大的重要驱动力，给以色列带来了资本、技术和全球市场的机会。然而，为了实现长期可持续发展，以色列需要在政策、人才和产业布局方面进行有效引导，以平衡并购的积极作用与潜在风险。这将帮助以色列巩固其在全球半导体产业中的核心地位，并继续保持创新活力。

其二，战争爆发严重影响以色列乃至全球的半导体生产。一些以色列科技公司的员工被召集参与兵役，对公司的日常运营造成一定影响。2023年第三季度，以色列科技初创公司的融资总额相较于2022年同期出现了38%的下滑。一些以色列科技公司的日常业务受到了一定干扰，导致新产品发布被取消或推迟。英伟达方面确认，原定于2023年10月15日至16日在特拉维夫举行的年度AI峰会已被取消。三星公司已启动在以色列的员工远程工作计划，以满足安全需要。新一轮巴以冲突对于人才、教育的影响不可避免。初创公司是科技创新的生力军，但它们资金和人力缺乏，在这场冲突中更为脆弱，半导体公司也将受到波及。晶圆厂的建设需要稳定的环境和大量的投资，而持续的冲突将破坏这些条件。英伟达、英特尔、三星、高塔等半导体行业龙头公司日常运营已受影响。

其三，人才资源竞争。全球对半导体人才的需求不断增加，以色列需要应对吸引和留住技术人才的挑战。以色列虽然是科技和工程教育强国，但半导体行业对高端工程师的需求远超人才供给。以色列人才总量有限。以色列人口相对较少，虽然有多所知名大学（如以色列理工学院、特拉维夫大学）培养工程人才，但仍难以满足快速增长的半导体行业需求。以色列研发人才稀缺。高端领域（如 AI 芯片、光子技术）的研发需要深厚的技术积累，合格人才培养周期较长。以色列的科技产业高度发达，许多领域（如网络安全、人工智能、软件开发等）都在争夺顶尖人才，AI、网络安全等领域提供的薪资和福利往往优于半导体行业，使得工程师转向其他高薪行业。与半导体行业较传统的制造和设计流程相比，软件领域提供的工作灵活性和更快速的职业发展吸引了更多年轻人。

四 以色列半导体产业生态系统的启示

以色列能在全球半导体市场中占有重要地位，离不开以色列政府的大力支持。更重要的是，以色列政府给出的优惠政策不是大水漫灌，而是立足实际，有针对性地制定符合本国产业发展特点的法规和方案，使得以色列半导体产业走上了长远发展的道路。作为全球半导体产业的新研发中心，以色列半导体产业的发展路径以及应对半导体产业关键"卡脖子"问题的方法具有很强的启示作用。[1]

其一，加强科技成果转移体系构建，推动创新孵化能力提升。以色列的技术转移公司模式具有其制度优越性。以色列创新署至今还在推出"孵化器激励计划"，孵化器资金来源主要为投资资金或私人团体，政府经过严格遴选和监管为孵化器颁发许可证。[2] 加强社会诚信体系建设，加大信用授权力度，推动半导体产业新型研发机构和区域创新中心等孵化器运作企业化。加强孵化中介网络建设，探索项目经理人、专职责任专家等制度，推动半导

① 徐铭钰、杨湘浩、刘云：《以色列半导体产业发展战略及对中国的启示》，《世界科技研究与发展》2023 年第 4 期。
② 徐铭钰、杨湘浩、刘云：《以色列半导体产业发展战略及对中国的启示》，《世界科技研究与发展》2023 年第 4 期。

体企业孵化向专业化、链条化方向发展，全面提升孵化功能和效率。

其二，坚持以创新思维为引导，不断加快半导体产业迭代发展。以色列半导体专家以热衷于发明和富有创业精神而闻名。他们成功创办了自己的半导体公司，充分体现了这一点。在特定行业取得突破后，企业家将自己的企业出售给大公司，然后将资本再投资于新企业。这些周期性投资确保了该国的创新指数不会停滞不前。以色列企业家因巴尔·阿列利（Inbal Arieli）解释说，"创业精神在以色列人心中根深蒂固"，他们从小就接受了一种支持创造性思维、鼓励冒险和奖励"勇气"的文化。① 其他国家可以学习以色列培育国民的创新精神，促进本国半导体产业的发展。

其三，半导体产业是军民融合发展的重要领域。以色列的创业生态系统中存在着巨大的军事资本，因为大多数新企业是由服完兵役的退伍军人创办的。以色列的高科技行业从服役期间培养的军事训练、纪律和社交网络中受益匪浅。② 建立由政府、企业等层面组成的国防工业组织体系，推动重点产业军民深度融合。一是以国防工业为立国之本，设立专门的国防科研机构，从跟踪模仿转变为强化深化自主研发能力；二是加速军民融合成果转化应用，军工企业购买一定民用企业技术成果确保技术先进性，同时通过投资初创民企，降低民营企业创业风险；三是积极推进"以军带民"促进重点领域产业深度融合。③

综合以上内容观之，以色列国土虽小，却在科技和半导体设计领域拥有重要的地位，在世界半导体产业链中掌握部分话语权。动荡的地区局势显然影响了以色列半导体产业的经营，营造和平的地区局势成为包括半导体产业在内的经济繁荣的前提条件。虽然中国与以色列在政治环境、市场规模、教育程度等多方面都存在较大差异，但以色列在半导体人才培养、产学研协同布局以及对创业创新文化的支持方面对我国有一定的借鉴价值。

---

① Divya Malhotra, "Israel's Semiconductor Revolution and China Factor," *The Times of Israel*, August 1, 2024, https：//blogs. timesofisrael. com/israels-semiconductor-revolution-and-china-factor/.

② Divya Malhotra, "Israel's Semiconductor Revolution and China Factor," *The Times of Israel*, August 1, 2024, https：//blogs. timesofisrael. com/israels-semiconductor-revolution-and-china-factor/.

③ 徐铭钰、杨湘浩、刘云：《以色列半导体产业发展战略及对中国的启示》，《世界科技研究与发展》2023 年第 4 期。

B.10
以色列生命科学产业发展状况

刘遵[*]

摘　要： 作为全球生命科学创新领导者，以色列的生命科学产业近年来发展迅速。在过去 10 年，以色列平均每年新增 150 家生命科学企业，逐渐形成以数字健康、医疗设备、生物技术以及制药为核心的产业体系。目前，生命科学产业初创公司数量多、科研实力雄厚、融资渠道畅通以及政府大力支持，将以色列推向了全球生物医药创新高地，使其跻身世界领先的医药研发中心行列。与此同时，以色列也大力推动人工智能、元宇宙等前沿技术应用到生命科学领域中，推动产业快速发展。

关键词： 以色列　生命科学产业　数字健康产业　智能医疗　生物技术

　　随着科技的发展，生命科学产业成为技术和资金最为密集的高科技领域之一。以色列的生命科学产业起步较早，在 1948 年建国前后已有所萌芽；进入 21 世纪，生命科学产业受到以色列政府的大力支持，逐渐成为该国支柱产业之一。以色列政府认为该产业是未来以色列经济增长的重要引擎，也是改善国民医疗条件，提高居民健康水平的重要保障。

一　以色列生命科学产业的发展历程

　　以色列的生命科学产业最早从制药领域开始发展。以色列的制药业起源

---
　　* 刘遵，郑州大学历史学院硕士研究生。

于 20 世纪 30 年代，大批拥有良好教育背景的欧洲高技术移民为躲避纳粹政权的迫害而来到巴勒斯坦地区，由此推动了伊休夫现代医药工业的大发展。[1] 早期以色列生命科学产业的发展与科学研究息息相关，科研机构的技术转移支撑了相关医药企业的发展。1901 年，梯瓦（Teva）制药公司的前身 S. L. E. 公司在耶路撒冷成立，该公司当时只是一个小型药品批发企业，向巴勒斯坦地区供应药物。在 20 世纪 30 年代之后，随着巴勒斯坦地区药品需求的增加，S. L. E. 公司发展迅速，与该地区其他公司合并为梯瓦制药公司。1951 年，梯瓦制药公司在特拉维夫股票交易所上市，之后逐渐成长为以色列本土制药业的龙头企业。

建国前后，以色列理工学院、魏兹曼科学研究院、兰巴姆医疗中心以及以色列生物研究所等大学和医疗中心建立，这些机构通过生物科学技术转移以及建立生物相关产业园推动生命科学公司的发展。1961 年，以色列理工学院教授苏哈米（Suhami）受到技术投资公司的鼓励，将他的科学和技术知识应用于商业，创办艾尔森（Elscint）公司，进军医疗成像设备领域。该公司开发了用于监测体内放射性同位素的伽马扫描仪 VDP1，这是世界上第一款具有数字成像功能的产品，在商业上获得了巨大成功。该公司的业务不断扩展，逐渐成为医学成像领域的全球领先者。

20 世纪七八十年代，生物技术在全球范围内快速发展，以色列抓住历史机遇，利用外来投资等方式建立大量生物技术公司，带动了生命科学产业快速发展。1978 年，欧洲最大的生物技术公司瑞士雪兰诺公司（Ares-Serono）在以色列投资建立了英特法姆（Interpharm）公司，该公司开发用于治疗病毒感染、癌症和自身免疫性疾病的重组细胞因子以及用于治疗多发性硬化症的干扰素药物（Rebif）活性成分，其研制的药品还能够提高不孕妇女的生育能力，公司很快取得巨大成功。1981 年，英特法姆公司在纳斯达克成功

---

[1] 王震主编《"一带一路"国别研究报告：以色列卷》，中国社会科学出版社，2020，第 110 页。

上市，成为当时最热门的 IPO 之一。^① 1980 年魏兹曼科学研究院的哈伊姆·阿维夫（Haim Aviv）教授与纽约生物技术通用公司合作，建立了以色列生物技术通用有限公司。该公司利用当时新兴的基因工程科学，开发和生产人类保健产品，研发出人类生长激素、重组胰岛素、乙肝疫苗等医疗保健药物。这些产品经以色列政府审批后被快速投入市场。该公司于 20 世纪 80 年代中期成功在纳斯达克上市。

20 世纪 80 年代以后，随着医疗技术的进步、科学研究的加深，以色列医疗设备公司也迎来发展的黄金期。这些公司集成电子、通信、电光、激光、导航和机器人等相关技术，为医疗问题提供创新解决方案。至 1996 年，以色列生命科学相关企业达 196 家，生命科学产业初具规模。^② 尽管在以色列科研机构的支持下，生命科学产业在七八十年代后发展较快，但是整体规模仍然较小。进入 21 世纪，在政府的大力支持下，生命科学产业迎来快速发展。

早在 1995 年，以色列科技部便启动基础设施计划，把生物技术列为最重要的高科技领域之一，旨在促进大学和机构之间的合作，开展应用研究和产业计划研究。2000 年，以色列正式出台了《以色列 2000~2010 生物技术产业计划》，将生物技术产业列入国家发展战略，目标是"将以色列生物技术产业打造为世界一流水平"。2001 年，以色列投资 3100 万美元成立国家生物技术中心，加强了国家研发基础平台建设。2002 年，以色列政府拨款 1 亿美元专项资金，由工贸部首席科学家办公室负责通过国际招标建立两个国际水准的生物技术孵化器，完善技术基础设施。^③

在以色列政府的一系列政策鼓励下，以色列生命科学产业迅速发展，相关企业数量迅速增长。2004 年，以色列已经拥有 467 家生命科学公司，此后 10 年间，公司数量逐年迅速增加（见图 1）。

---

① Shlomo Greenberg, "Don't Blame Serono," *Globes*, September 28, 2004, https：//en. globes. co. il/en/article-840959.

② Rafael Beyar, Benny Zeevi, and Gideon Rechavi, "Israel：A Start-up Life Science Nation," *The Lancet*, Vol. 389, No. 10088 (June, 2017), p. 2565.

③ 赵清华、付红波、李晓娟、安道昌：《以色列生物科技及产业现状与特点》，《中国生物工程杂志》2008 年第 7 期，第 15 页。

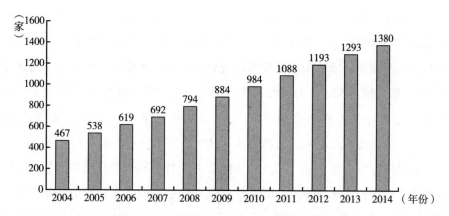

图1　2004～2014年以色列生命科学公司数量

资料来源："Israel's Life Sciences Industry-IATI 2015 Report," Israel Advanced Technology Industries, May 18, 2015, p. 17, http：//www. iati. co. il/files/files/Life% 20Sciences% 20Industry%202015. pdf。

企业数量快速增长的同时，以色列生命科学产业获得的融资规模也持续扩大。2005年，该领域共融资约2.8亿美元，2014年增长至8亿美元，增幅显著。① 此外，以色列本土涌现出一批代表性企业，包括制药公司梯瓦、凝胶成像和分析设备公司DNR、新型制剂公司波利皮德（PolyPid）、被美敦力收购的胶囊内窥镜企业给定成像（Given Imaging）等。此外，众多跨国医药公司也在以色列建立分部，如强生、通用医疗、百利高、菲利普医疗、雅培、默克雪莱、赛诺菲等。

二　2022年以来以色列生命科学产业发展状况及特征

（一）生命科学产业状况

至2023年，以色列生命科学公司达1800家，雇员超过7800名。受2023

---

① "Israel's Life Sciences Industry-IATI 2015 Report," Israel Advanced Technology Industries, May 18, 2015, p. 24, http：//www. iati. co. il/files/files/Life%20Sciences%20Industry%202015. pdf.

年下半年国内外局势影响，2023 年以色列新成立的生命科学公司只有 53 家，较 2022 年下降 53%。一般来说，公司的发展分为四个阶段，种子期、研发期、初步收入期和收入增长期。从发展阶段看，以色列生命科学公司中，种子期占 7%，研发期占 52%，初步收入期占 36%，收入增长期占 5%。从细分产业企业占比看，以色列生命科学产业可分为医疗器械（36%）、数字健康（30%）、生物技术（24%）和制药业（10%）四大产业。虽然医疗器械产业领先于其他生命科学产业，但近年来随着人工智能和信息化的快速发展，数字健康产业增长显著。例如，2021 年以色列新创立的生命科学公司中，约半数（39 家）从事数字健康领域。从地区分布看，以色列生命科学公司多数集中在中部沿海地区，尤其是特拉维夫。中部沿海地区有 1139 家，北部及海法地区有 266 家，耶路撒冷地区有 128 家，南部地区有 50 家。[①]

新冠疫情后，以色列政府对生命科学产业的支持力度加大。根据以色列创新署的数据，2022 年该产业获得以色列创新署在高科技产业投资的 35.1%，远超第二名先进制造业（11.1%）。[②] 私人投资方面，2022 年生命科学产业获得高科技产业投资总额的 12.7%，位列第三。2022 年前三季度，该产业融资总额达 17.28 亿美元，占高科技行业的 13%。尽管自 2012 年以来，生命科学产业的私人投资额不断增加，但是其在高科技产业中的占比呈下降趋势，表明其增速低于行业整体水平。[③]

从投资的来源看，以色列生命科学产业获得的投资以外资为主。2022 年前三季度，以色列本土投资额仅为 3.99 亿美元（2021 年全年本土投资额为 10.93 亿美元），外国投资额虽然有所下降，为 10.72 亿美元，但仍是以

① "IATI Israel's Life Science Annual Industry Report 2023 - 24," Israel Advanced Technology Industries, March 2024, pp. 4-6, https：//iati. co. il/activities/life-science/.

② "2023 Annual Report：The State of High - Tech," Israel Innovation Authority, May 28, 2023, p. 59, https：//innovationisrael. org. il/en/wp - content/uploads/sites/3/2023/07/2023 - The - state-of-High-Tech. pdf.

③ "IATI Israel's Life Science Annual Industry Report 2022," Israel Advanced Technology Industries, November 2022, pp. 37 - 38, https：//iati. co. il/wp - content/uploads/2023/12/IATI - Israels - Life-Science-Annual-Industry-Report-2022. pdf.

色列本土投资额的两倍多,另外还有 2.57 亿美元投资的来源尚未被披露。①

生命科学公司发展的不同阶段获得的投资额和数量也相差较大,处于研发期和收入增长期的公司往往能够获得较多的融资(见图 2),这些公司一般能够做出一些小有名气的产品,有一定的市场占有度,能够获得投资者关注。相对而言,种子期的公司获得融资较少。当然,不少投资者看中种子期或者研发期公司的巨大潜力,愿意对其进行大笔投资。1E 医疗(1E Therapeutics)成立于 2021 年 7 月,主要从事突破性药物的研发和应用,该公司的目标是研发出一流的 RNA 靶向疗法,该疗法可以精确地改变人类或者病原体细胞中的致病 RNA,从而治愈人类最难治愈的疾病。如果该疗法能够成功问世,将对医疗领域进行重大技术变革。2021 年 12 月,著名生物医学投资人马里乌斯·纳赫特(Marius Nacht)向该公司投资 1.2 亿美元,以支持该领域的科学研究,这创下了生命科学领域种子轮融资纪录。②

从细分产业的融资情况看,数字健康产业近年来发展迅速。2021 年,数字健康产业获得融资 15 亿美元,占生命科学产业总融资的 50%,取代医疗器械产业成为融资最多的产业。2022 年前三季度,数字健康产业融资 8.8 亿美元,数据虽有所回落,但在生命科学产业中占比仍最高(见图 3)。2020 年医疗器械行业的融资出现了快速增长,由 2019 年的 4 亿美元多增至 14 亿美元,主要原因在于新冠疫情的发展导致市场增加对医疗器械的需求。2021 年之后,该产业的融资逐渐回落,达到一个正常的水平。③

以色列生命科学产业在近年来的快速发展推动其产品出口的快速增长。

---

① "IATI Israel's Life Science Annual Industry Report 2022," Israel Advanced Technology Industries, November 2022, pp. 40 - 41, https://iati. co. il/wp - content/uploads/2023/12/IATI - Israels - Life-Science-Annual-Industry-Report-2022. pdf.

② "1E Therapeutics Raises $ 120 Million in Seed Funding," *BioSpace*, December 9, 2021, https://www. biospace. com/1e-therapeutics-hits-120-million-seed-funding-in-five-months.

③ "IATI Israel's Life Science Annual Industry Report 2022," Israel Advanced Technology Industries, November 2022, pp. 45 - 46, https://iati. co. il/wp - content/uploads/2023/12/IATI - Israels - Life-Science-Annual-Industry-Report-2022. pdf.

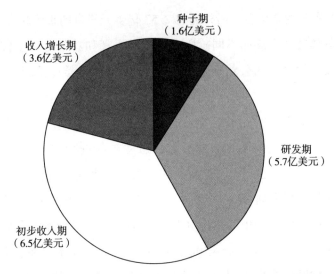

图 2　2022 年前三季度以色列各阶段生命科学公司的融资情况

资料来源："IATI Israel's Life Science Annual Industry Report 2022," Israel Advanced Technology Industries, November 2022, p. 43, https：//iati. co. il/wp－content/uploads/2023/12/IATI-Israels-Life-Science-Annual-Industry-Report-2022. pdf。

根据以色列出口与国际合作协会（IEICI）的数据，2021 年以色列的药品和医疗器械出口额达 52 亿美元，约占以色列商品和服务出口总额的 4%，约占以色列高科技产品出口总额的 7%。其中医疗器械出口额继续增长并达到 31 亿美元的峰值，增长 21%；药品出口额也在快速增长，达 21 亿美元，增长 24%。[①] 2021 年医疗器械出口和药品出口的快速增长一方面是生命科学产业自身的迅速发展，另一方面也在于 2020 年疫情期间出口疲软，2021 年逐渐恢复到正常的状态。

药品和医疗器械是以色列主要出口的生命科学产品，美国一直是以色列主要的出口地。2021 年，以色列药品出口的 54% 和医疗器械出口的 39% 流向美国。英国、中国、荷兰、德国等国家也是以色列药品和医疗器械的重要

---

① "IATI Israel's Life Science Annual Industry Report 2022," Israel Advanced Technology Industries, November 2022, p. 62, https：//iati. co. il/wp－content/uploads/2023/12/IATI－Israels－Life－Science-Annual-Industry-Report-2022. pdf.

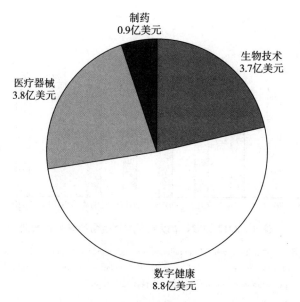

图 3 2022 年前三季度以色列生命科学产业的子产业融资金额

资料来源："IATI Israel's Life Science Annual Industry Report 2022," Israel Advanced Technology Industries, November 2022, https://iati.co.il/wp-content/uploads/2023/12/IATI-Israels-Life-Science-Annual-Industry-Report-2022.pdf。

出口地。2021 年，以色列 20% 的药品出口至英国，12% 的医疗器械出口至中国，7% 的药品出口至荷兰，6% 的医疗器械出口至德国。[①]

（二）生命科学产业发展特征

其一，初创公司数量多。截至 2023 年，活跃在以色列的生命科学公司约有 1800 家，其中在 2012~2021 年，以色列境内成立了 1600 多家生命科学公司（见图 4），但约有一半数量的公司在激烈的市场竞争下被淘汰。大量初创公司在不同的领域进行科学研究和市场开发，快速推动了生命科学产业的产品研发和产业内部格局调整，使整个产业极具创新活力。

---

① "IATI Israel's Life Science Annual Industry Report 2022," Israel Advanced Technology Industries, November 2022, pp. 63-64, https://iati.co.il/wp-content/uploads/2023/12/IATI-Israels-Life-Science-Annual-Industry-Report-2022.pdf.

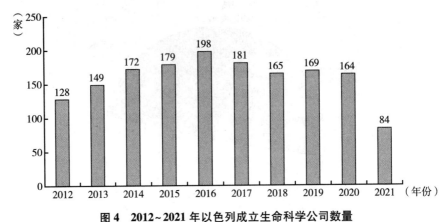

图 4　2012~2021 年以色列成立生命科学公司数量

资料来源："IATI Israel's Life Science Annual Industry Report 2022," Israel Advanced Technology Industries, November 2022, p. 6, https://iati. co. il/wp-content/uploads/2023/12/IATI-Israels-Life-Science-Annual-Industry-Report-2022. pdf。

　　虽然初创公司成立时间短，规模比较小，但这些公司在某一领域掌握先进的技术，在市场上具有一定的潜力。这些初创公司能够吸引投资者的关注，获得大量资金从事科技研发，是生命科学产业的重要变革力量。近年来以色列生命科学产业知名的初创公司见表 1。

表 1　近年来以色列生命科学产业知名的初创公司

公司名称	成立时间	研究领域	主要投资者
鲁特瑞思制药 （Lutris Pharma）	2015 年	通过减少剂量限制副作用来改善抗癌治疗	庞蒂法克斯风险投资
赛特瑞森 （CytoReason）	2016 年	以细胞为中心开发人类疾病计算模型	辉瑞（Pfizer）
比特生物 （Bit Bio）	2016 年	通过编码细胞开发新型疗法	溶风咨询（Meltwind Advisory）
昂科侯斯特 （OncoHost Ltd. ）	2017 年	通过医疗方法革新克服临床肿瘤学治疗中的耐药性	阿莱夫以色列健康科技基金 （Alive Israel HealthTech Fund）
附件医疗 （Append Medical）	2017 年	开发下一代经导管左心房附件	阿莱夫以色列健康科技基金

续表

公司名称	成立时间	研究领域	主要投资者
神经触发器械（NeuroTrigger）	2018 年	针对面瘫患者的人工眨眼系统	以色列创新署
酶（Enzymit）	2020 年	利用最先进的算法设计新型酶	未来突破风险投资（Nextleap Ventures）
因菲尼（Infiniplex）	2020 年	快速癌症筛查和监测	特拉风投合作（Terra Venture Partners）
病毒诊断（Virusight Diagnostic）	2020 年	人工智能驱动的超快速即时病原体诊断测试	极致科技挑战（Extreme Tech Challenge）
艾登提法基因（Identifai Genetics）	2021 年	非侵入性、全面的产前基因筛查	E 健康风险投资（eHealth Ventures）
VocaVibe	2023 年	使用语音生物标记物监测神经系统疾病的人工智能平台	特拉维夫索斯科医疗中心（Tel Aviv Sourasky Medical Center）

资料来源：笔者根据网络公开信息整理。

许多初创公司在市场某一领域取得成功后，被行业巨头收购或兼并，初创公司的产品和技术在更大的市场范围内传播，推动全行业的产品和技术革新。给定成像是一家以色列医疗技术公司，生产和销售用于可视化检测胃肠道疾病的产品，该产品能够提升医生诊断的正确率，减少患者的痛苦，上市之后大获成功，在全球 60 多个国家销售。2014 年该公司被医疗保健公司柯惠医疗（Covidien）收购，给定成像公司的产品也获得更广泛的销售渠道。

其二，科研实力雄厚，技术转移渠道丰富。以色列从事生命科学研究的人员与所有科研人员的比例是 1∶3。以色列 7 家大学、10 所研究机构和 5 家医学院 50% 的研究与生命科学有关，特拉维夫大学、内格夫本－古里安大学、魏兹曼科学研究院的生命科学研究团队均具有世界领先水平。世界上几乎所有的大型医疗科技公司和药品公司都在以色列设有研发中心，例如默克（Merck）、辉瑞、赛诺菲（Sanofi）等，全球约 1/4 的成功生物技术解决方

案在不同程度上有以色列研究背景。①

　　魏兹曼科学研究院是以色列生物技术的发源地，以其为核心的魏兹曼科学园也由此发展成为以色列生物技术产业中心。该研究院对人类基因组计划作出了重大贡献，其分子遗传学系生物信息研究组在阿尔茨海默病、唐氏综合征的突变研究领域处于全球领先地位。2003 年 11 月，该研究院用 DNA 链、碳纳米管和黄金等材料率先研发出了世界上第一台 DNA 计算机，引起了世界轰动。希伯来大学亚历山大·西尔伯曼生命科学研究所两位兼职教授罗杰·科恩伯格教授和迈克尔·莱维特教授荣获诺贝尔奖。罗杰·科恩伯格教授因 "对真核转录的分子基础的研究" 获得 2006 年诺贝尔化学奖，迈克尔·莱维特教授因 "开发了复杂化学系统的多尺度模型" 获得 2013 年诺贝尔化学奖。该研究所历史悠久，研究实力雄厚，其在生物技术领域的专利注册量排名世界第 12 位。

　　以色列先进的科研技术主要通过技术转移公司（办公室/中心）来实现应用。技术转移公司是医院、高校等公共机构寻求开发和营销其专有技术，以便将专利转化为商业产品的附属部门。技术转移公司（办公室/中心）在以色列生命科学界发挥着重要作用，因为该领域的许多专利、初创企业和许可协议都来自全国各地的研究型大学、研究机构和医院。从事这些活动的技术转移公司（办公室/中心）为科研机构创造了收入，推动市场的发展，也为经济增长作出了巨大贡献。表 2 列出了以色列著名的技术转移办公室。

表 2　以色列著名的技术转移公司（办公室/中心）

机构类型	机构名称	技术转移公司（办公室/中心）
大学	阿里尔大学	阿里尔科技创新公司（Ariel Scientific Innovations Ltd.）
	巴伊兰大学	比拉（Birad）
	海法大学	卡梅尔（Carmel）
	希伯来大学	伊苏姆（Yissum）

---

① 李晔梦：《以色列科研体系的演变》，社会科学文献出版社，2021，第 179 页。

续表

机构类型	机构名称	技术转移公司（办公室/中心）
大学	霍隆理工学院	A. Y. Y. T
	奥特布劳德学院（Ort Braude College）	奥菲科艾什科隆研究公司（Ofek Eshkolot Research & Development Ltd.）
	阿菲卡特拉维夫研究院（Afeka Tel AvivAcademic College）	阿菲卡伊苏姆（Afeka Yissumim ltd）
	以色列理工学院	T3
	特拉维夫大学	拉姆特（Ramot）
	魏兹曼科学研究院	耶达（Yeda）
医疗中心	阿里医院（Alyn Hospital）	阿里创新（ALYNnovation）
	阿苏塔（Assuta）	风险与创新部（Ventures and Innovation Department）
	哈达萨医疗中心（Hadassah University Medical Center）	哈达萨特（Hadasit）
	拉巴姆医疗中心（Rambam Medical Center）	医疗科技（MedTech）
	泽特科医疗中心（Shaare Zedek Medical Center）	马达特（Madait）
	特拉维夫索斯科医疗中心（Tel-Aviv Sourasky Medical Center）	科技创新转移办公室（Innovation and Tech Transfer Office）
	谢舍巴医疗中心（The Chaim Sheba Medical Center at TelHashomer）	泰尔哈苏默医疗研究中心（Tel Hashomer Medical Research, Infrastructure and Services Ltd.）
研究机构	克拉利特健康中心（Clalit Health Services）	摩尔研究应用中心（Mor Research Applications）
	米加尔健康中心（MIGAL）	加维什-加利利生物应用公司（Gavish-Galilee Bio Applications Ltd）
健康保障组织	马卡比健康服务中心（Maccabi Healthcare Services）	马卡比科技（MaccabiTech）

资料来源："IATI Israel's Life Science Annual Industry Report 2022," Israel Advanced Technology Industries, November 2022, p. 71, https://iati. co. il/wp-content/uploads/2023/12/ IATI-Israels-Life-Science-Annual-Industry-Report-2022. pdf。

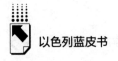

哈达萨特公司（Hadasit）是耶路撒冷哈达萨医疗中心的一家技术转移公司，旨在鉴定、保护、促进哈达萨医疗中心的新发现并使其商业化。该公司帮助医师和研究人员识别医疗需求缺口、将发明对准市场和监管期望，并为科技研发筹集资金。哈达萨特技术转移公司拥有250多个专利系列，涵盖各种新型的治疗方法、诊断方法和医疗器械。它还与世界各地的战略合作伙伴签订了数十项研究、许可和选择权协议。截至2022年11月，哈达萨特技术转移公司已经分拆出60多家公司，包括上市公司哈达萨特生物控股有限公司，其与IBM阿尔法中心（IBM Alpha Zone）共同管理医疗技术加速器，为数字健康公司服务。①

大量商业公司在生命科学技术转移中受益。梯瓦制药公司的两款重磅专利药物——固派松（Copaxone）和雷沙吉兰（Rasagiline），皆是以色列科研机构的技术转移成果。医药巨头强生公司出售用于治疗卵巢癌的药物多希尔（Doxil）正是哈达萨医疗中心的研发产品。用于多发性硬化症的干扰素治疗药物由魏兹曼科学研究院和医药公司英特法姆共同研发，并由后者向市场发行。

其三，融资渠道畅通。以色列生命科学产业有着多元化的融资渠道，包括以色列创新署、风险投资基金（以色列本地和海外）、小额基金、企业投资者、首次公开募股（包括以色列本土证券所和其他外国证券交易所）以及天使投资人等。

如前所述，2022年以色列创新署向高科技产业投资的35.1%流向了生命科学产业，创新署通过建立生物技术孵化器、扩大产业投资和制订奖励计划等方式引导生命科学产业发展，在基础设施、资金来源、市场开发等方面为其提供便利。首先，在建立生物技术孵化器方面，支持有创立生命科学公司想法的企业家，帮助其创立公司并引导其获得私人投资。以色列创新署及其建立的孵化器将提供100%的资助以及相关基础设施，资助时间最长为3年，资助额最高为810万新谢克尔。其次，扩大数字健康领域试点投资，为

---

① "IATI Israel's Life Science Annual Industry Report 2022," Israel Advanced Technology Industries, November 2022, pp. 69 - 70, https：//iati. co. il/wp - content/uploads/2023/12/IATI - Israels - Life-Science-Annual-Industry-Report-2022. pdf.

数字健康领域的科技公司提供研发经费，以色列创新署联合卫生部为产品的市场发展提供便利。再次，制订鼓励跨国公司设立研发中心的奖励计划。该计划鼓励生命科学领域跨国公司在以色列设立研发中心，并为这些研发中心提供最高可达 20%~40% 的研发资金。最后，推动生物融合的颠覆性创新。该项目主要面向生命科学领域的公司，它们可以获得以色列卫生部服务支持、一定的财政资助以及相关技术评估服务。①

　　政府投资在生命科学公司的起步阶段发挥着重要的作用，但是生命科学公司的发展壮大仍需多轮融资，私人资本在生命科学公司的发展中仍具有不可或缺的作用。风险投资仍然是以色列生命科学公司融资的主要来源。目前，以色列超过 50 家风险投资基金对以色列生命科学公司进行投资，其中趋势线基金（Trendlines Group）便投资了 18 家生命科学公司。不少风险投资基金专门投资生命科学领域，支持生命科学公司的发展，如奥比医疗（OrbiMed）、阿金控股（Arkin Holdings）等基金。2021 年，风险投资基金提供了约 32 亿美元资金，占当年以色列生命科学公司获得总投资的 84%，也是风险投资年度融资最多的一年。② 表 3 列出了以色列生命科学领域部分风险投资基金。

表 3　以色列生命科学领域部分风险投资基金

单位：家，万美元

风险投资基金名称	投资领域	投资公司数量	投资总金额
以色列健康科技基金（Israel Healthtech Fund）	医疗技术、医疗器械和远程医疗领域的成熟公司	9	7200
阿美达风险投资（Almeda Ventures）	医疗器械、数字健康和生物融合	9	1600
以色列生物技术基金联盟	生物技术和制药公司	13	4200
顶桥（PeakBridge）	食品科技	16	4500
游隼（Peregrine）	生命科学初创公司	48	24800

---

① "All Programs," Israel Innovation Authority, https：//innovationisrael. org. il/en/programs/.

② "IATI Israel's Life Science Annual Industry Report 2022," Israel Advanced Technology Industries, November 2022, p. 42, https：//iati. co. il/wp - content/uploads/2023/12/IATI - Israels - Life - Science-Annual-Industry-Report-2022. pdf.

续表

风险投资基金名称	投资领域	投资公司数量	投资总金额
皮堂风险投资（Pitango Venture Capital）	医疗保健领域	13	6900
NFX	种子期的医疗保健公司	7	2100
狮鸟（LionBird）	医疗保健领域的初创公司	12	2500
科赫创新科技（Koch Disruptive Technologies）	成熟的生命科学公司	5	25200

资料来源："IATI Israel's Life Science Annual Industry Report 2022," Israel Advanced Technology Industries, November 2022, pp. 49-53, https://iati.co.il/wp-content/uploads/2023/12/ IATI-Israels-Life-Science-Annual-Industry-Report-2022.pdf。

公开募股也是生命科学公司重要的融资手段之一，而美国股市一直是以色列生命科学公司公开融资的主要来源，生命科学公司备受美国投资者关注。在纳斯达克上市的 190 多家以色列公司中，约有 50 家是生命科学公司。2020 年和 2021 年，以色列生命科学公司在纳斯达克分别筹集了 8.6 亿美元和 10.6 亿美元，为生命科学公司发展提供强劲的资金支持。在特拉维夫证券交易所中，生命科学公司也大量融资，2020 年获得 6400 万美元，2021 年获得 2.09 亿美元。除此之外，以色列生命科学公司在伦敦、新加坡、法兰克福、悉尼等全世界各地的股市公开募股，2020 年获得 1.09 亿美元的融资，2021 年获得 2500 万美元。[①] 除此之外，一些众筹平台、天使投资对于生命科学公司都有较多的支持，为生命科学技术的研发提供了多渠道的资金支持。

其四，政府的大力支持。21 世纪初，以色列生命科学产业的快速发展离不开以色列政府的大力支持。近年来，生命科学产业已经成为以色列重要的产业之一，以色列政府在政策和资金上持续给予其大力支持，推动其进一步壮大。目前，以色列政府和创新署通过以下方面引导和支持生命科学产业

---

① "IATI Israel's Life Science Annual Industry Report 2022," Israel Advanced Technology Industries, November 2022, pp. 54-59, https://iati.co.il/wp-content/uploads/2023/12/IATI-Israels-Life-Science-Annual-Industry-Report-2022.pdf.

发展。

首先，鼓励初创企业发展。为了增强生命科学产业活力，鼓励生命科学领域的创新。以色列制订一系列鼓励初创公司发展的产业计划，引导初创公司进入市场。以色列创新署推出创意（Tnufa）激励计划，该计划旨在帮助创业者开发和验证创新的技术概念，企业家和以色列初创公司可在 12 个月内获得最高 20 万新谢克尔的补助，如果创业者的技术概念有进一步发展的潜力，该计划的支持期结束后，该项目可能获得创新署其他计划的支持。除此之外，创新署还设立了"联合投资机会"（Co-investment opportunity），该机会旨在鼓励风险投资者向初创公司投资，风险投资的初创公司可额外申请创新署的资助，最高可达 350 万新谢克尔。科技孵化器计划也是以色列政府重要的培育初创企业的项目，目前以色列有 13 个科技孵化器，其中 12 个投资生命科学产业的不同细分产业。其中，生物技术孵化器专门培育生命科学初创公司，为其提供资金和相关基础设施。

其次，制订产业计划。近年来，以色列政府大力引导数字健康产业的发展，通过医疗产业的数字化、大数据化推动产业的变革，为国家经济增长打造新的引擎。2018 年 3 月，以色列政府批准了一项价值 2.64 亿美元的全国数字医疗计划，旨在发展预防性和个人化医学。预算主要用于建设医疗研究所需的基础设施，支持以色列医疗保健系统与本地的数字医疗行业初创公司之间的合作。该计划还包括一项以色列国家基因组临床项目，由以色列创新署主导，旨在对 10 万名以色列志愿者的基因组进行测序和分析。将基因组序列数据与全面的临床信息结合起来，对大数据进行深入分析，这有助于启动新的医学研究，促进药物研发以及预防性和个人化医疗的发展。[①] 2022 年 5 月，以色列已选定 19 个项目开展新的数字健康计划。该计划将允许健康维护组织、医院和研究所等医疗机构构建匿名数据共享平台和与医疗初创企

---

① "The Government has Approved a National Program for Promoting the Digital Health Field," Israel Ministry of Health, March 25, 2018, https://www.health.gov.il/English/News_and_Events/Spokespersons_Messages/Pages/25032018_2.aspx.

业开展研发合作所需的数字基础设施。①

最后，提供财政支持。多年来，生命科学产业是以色列创新署给予最多支持的产业。在 2018~2021 年，以色列创新署在生命科学产业投资了 18.3 亿新谢克尔（约合 5.29 亿美元，占总拨款的 33%），在农业、食品和水技术产业投资了 4.7 亿新谢克尔（约合 1.36 亿美元，占总拨款的 9%）。② 在以色列创新署的项目申请中，生命科学产业的申请成功率也是较高的。在 2018 年、2019 年和 2021 年，生命科学产业递交了 1500 份资助申请，农业、食品和水技术产业递交了 518 份申请，有 49% 的生命科学产业资助申请获批，有 45% 的农业、食品和水技术产业资助申请获批。③

三　以色列生命科学产业未来发展方向

以色列的生命科学产业实力雄厚，创新力极强。除了传统的药品和医疗器械研发之外，生命科学公司也在积极推动生命科学技术与其他领域的技术结合起来，从而推动生命科学产业多元化发展，更方便快捷地提供服务。

（一）智能医疗

近年来，随着人工智能的快速发展，越来越多的行业面临颠覆性变革。在此背景下，以色列生命科学产业积极探索人工智能技术与医药行业的融合。2021 年，在以色列创新署的支持下，由辉瑞、亚马逊、阿斯利康、梯瓦、默克、以色列生物技术基金等制药企业和投资者建立风险投资公司埃安

---

① Ricky Ben-David, "Israel Approves 19 Programs for $30 Million Digital Health Initiative," *The Times of Israel*, May 30, 2022, https://www.timesofisrael.com/israel-approves-19-programs-for-30-million-digital-health-initiative/.

② "IATI Israel's Life Science Annual Industry Report 2022," Israel Advanced Technology Industries, November 2022, p. 74, https://iati.co.il/wp-content/uploads/2023/12/IATI-Israels-Life-Science-Annual-Industry-Report-2022.pdf.

③ "IATI Israel's Life Science Annual Industry Report 2022," Israel Advanced Technology Industries, November 2022, p. 75, https://iati.co.il/wp-content/uploads/2023/12/IATI-Israels-Life-Science-Annual-Industry-Report-2022.pdf.

公司（AION Labs），旨在投资利用人工智能进行药物发现和医疗技术开发的初创公司。

人工智能与医学成像的融合对医疗诊断领域产生了革命性的影响。人工智能凭借其分析和解释复杂数据的能力，正在改变医疗诊断领域，在疾病检测、诊断和治疗计划方面提供前所未有的准确性和效率。AI 道科（Aidoc）是以色列医学成像人工智能创新领域的领军企业。该公司提供先进的人工智能解决方案，可实时检测医学图像，能够在心血管、神经和放射领域快速识别、分析患者的医学图像数据，并提出准确的解决方案。

人工智能也在制药行业发挥重要的作用。利用疾病大数据模型，人工智能技术可以在细胞水平上模拟人类疾病，观察潜在治疗方法与人体的相互作用，加速药物研发进程。2024 年 7 月，人工智能医疗初创公司赛特瑞森（CytoReason）在新一轮融资中获得 8000 万美元，投资方包括英伟达（Nvidia）、辉瑞、OurCrowd 和赛默飞世尔科技（Thermo Fisher Scientific）等行业巨头。该公司计划利用这笔资金加速其用于疾病建模和药物发现的人工智能平台开发。[①] 目前，除辉瑞外，赛特瑞森声称已与全球十大制药公司中的六家建立合作关系。这些公司利用其平台在炎症、治疗学和免疫学等领域寻找潜在治疗方法，加快药物研发的进程。

（二）大健康产业（Wellness）

随着人们生活水平的提升，越来越多的人通过预防性的保健措施减少疾病，2022 年全球大健康产业规模达到 5.6 万亿美元。不同于传统的保健行业，目前大健康产业更多地依赖科技的发展，从而更好地服务于消费者。大健康产业的细分产业有以下几个。其一，远程医疗（Remote Care）。远程医疗在新冠疫情期间快速发展。研究发现，远程医疗利用家庭医疗检查设备，

---

① Sharon Wrobel, "Backed by Nvidia and Pfizer, Israeli AI Medical Startup Raises ＄80m in Fresh Capital," *The Times of Israel*, July 17, 2024, https：//www.timesofisrael.com/backed - by - nvidia - and - pfizer - israeli - ai - medical - startup - raises - 80m - in - fresh - capital/.

使患者前往拥挤的急诊室就诊的需求减少了 20%，且不影响医疗质量。① 对于患者来说，远程医疗技术可以帮助医院实时监测病人的情况，在必要时刻触发预警机制，从而大幅提升医疗效率。以色列远程护理平台 Datos Health 通过收集患者身体数据，为患者提供自我护理指导和个性化教育内容，在必要时向护理团队发送升级警报，并在需要时进行虚拟访问。其二，大健康元宇宙（Wellness Metaverse）。虚拟现实技术可以通过放松课程来增强工作场所的舒适感，也可以缓解病患的痛苦。2023 年，虚拟现实公司 XR 健康（XRHealth）向以色列医疗机构分发了数百台虚拟现实耳机，以帮助患有压力、创伤后应激障碍和焦虑症的患者。XR 健康的平台允许患者通过虚拟现实耳机接受针对心理和身体状况的推荐疗法。② 2024 年以色列大健康元宇宙和健身市场的预计价值为 3600 万美元，而全球市场价值达到 85 亿美元，未来增长的潜力巨大。③ 其三，健康科技（Fitness Technology）。新冠疫情后人们更多关注身体健康，健康科技迅速发展，可穿戴健康设备风靡市场。可穿戴健康设备能够收集生物特征数据并获得基于数据的结果以改善整体健康。以色列医疗科技公司 EarlySense 研发出可用于检测睡眠、心率、呼吸等生命体征的设备。借助该设备，用户可以在夜间跟踪自己，并获得个性化的提示，以改善睡眠和整体健康状况。除此之外，EarlySense 睡眠监测解决方案将与韩国科技巨头三星合作，开发监测技术的非医疗用途。④ 健康科技不仅在可穿戴设备领域不断发展，而且还在基于计算机的方法学

① Judy Siegel‐Itzkovich, "New Israeli/American Research Supports Benefit of Remote Medical Services to Reduce Hospital Visits," *The Jerusalem Post*, September 5, 2023, https：//www.jpost.com/israel-news/article-757676.

② Jessica Hagen, "XRHealth Distributes VR Headsets to Health Providers Across Israel," *MobiHealth News*, October 19, 2023, https：//www.mobihealthnews.com/news/xrhealth‐distributes‐vr‐headsets‐health‐providers‐across‐israel.

③ "Metaverse Health and Fitness-Israel," Statista, March 2024, https：//www.statista.com/outlook/amo/metaverse/metaverse‐health‐and‐fitness/israel.

④ David Shamah, "Israeli 'Sleepables' to Boost Performance of iFit's Fitness Tech," *The Times of Israel*, January 12, 2016, https：//www.timesofisrael.com/israeli‐sleepables‐to‐boost‐performance‐of‐ifits‐fitness‐tech/.

领域不断发展，从而使锻炼更高效、更具社交性，并帮助人们随时随地提高身体素质。

（三）生物技术创新应对气候变化

当今世界，全球变暖是各国面对的重要难题，除了太阳能和电气化等传统技术，生物技术创新能够在减少碳排放上发挥重要的作用。生物技术创新应对气候变化主要表现在以下几个方面。其一，生物能源和生物材料。生物能源正在逐渐替代石化产品，生物材料已在替代温室气体排放密集型材料。生物技术产品改变了制造过程、基础设施和建筑中的能源和原材料消耗。例如采用由真菌制成的建筑材料和由藻类制成的生物燃料。其二，农业科技和食品科技。粮食生产造成的温室气体排放量占全球排放量的比例达到了四分之一。可持续农业和低碳粮食生产的能力是缓解和适应气候变化的关键，而生物科学和生物技术创新能在此方面发挥重要的作用。细胞农业用于开发新的水稻和其他谷物品种，而尖端技术则用于生产肉制品和乳制品蛋白质。这些都将大幅减少食品消费产生的甲烷排放量。其三，分子生物学和合成生物学。基因编辑使生长中的生物不仅能适应气候变化，还能帮助对抗气候变化。农业科学家通过改造树木和植物基因图谱以增强光合作用，另外，通过培育新的植物物种，以更快更高效地实现固碳。基因重组创造了新的生物碳对抗系统，例如用于去除污染的微生物。气候科技在应对气候变化中能够发挥重要作用，因此气候科技生态系统的各个领域都见证了指数级增长，该行业产值巨大，2023 年产值达 203 亿美元，2033 年预计将达到 1825 亿美元。[①]

结　语

经历了数十年的发展，以色列生命科学产业形成了较为完备的科技创新

---

① "Climate Tech Market," Future Market Insights, 2023, https://www.futuremarketinsights.com/reports/climate-tech-market.

体系：政府支持从基础研究到产业化全过程，基础研究主要由科研机构和研究型大学承担，资助主要来源于国内外的风险投资基金；产业研发着眼于市场和产业化，由专门的技术转移公司支持科学技术的应用；由生物技术孵化器培育初创公司的发展，由国家创新署负责引导和促进产业发展。在政府、企业家、大学、私人基金等多方主体参与下，以色列生命科学产业相互贯通，技术发展迅速。21 世纪是生命科学的世纪，生命科学领域的创新给人类生活带来了巨大变革。以色列大力培育生命科学产业，在疾病治疗、数字健康等领域寻求技术创新，为以色列创新经济的发展提供强劲的动力。当然，以色列生命科学产业目前也面临不少挑战，例如，近年来产业融资额呈下降趋势，每年新成立的初创公司数量有所减少，等等。以色列仍需进一步吸引外国投资、推动产业融合发展，从而为生命科学产业的快速发展注入更强劲的动力。

对外关系篇

B.11

朔尔茨执政时期的德国与以色列关系

张礼刚　王思懿*

摘　要： 2021年12月德国总理朔尔茨上任后，德国与以色列的关系呈现新的发展局面，双边经贸关系加强、军事合作深化、民间交往增加，与此同时，德国强调历史责任担当和加大打击反犹主义力度。朔尔茨政府在积极担当历史责任的同时，拓宽与以色列的合作领域，丰富了双边交流渠道。朔尔茨政府对以色列的外交政策体现出鲜明的价值观色彩，这既是对德国在二战后历史反思的回应，也反映了朔尔茨对德以关系的独特理解。

关键词： 朔尔茨　默克尔　德国与以色列关系　价值观外交

2021年，社会民主党领袖奥拉夫·朔尔茨（Olaf Scholz）成功联合绿党和自由民主党组建了新一届德国联合政府。朔尔茨上任后，德国通过

---

* 张礼刚，河南大学历史文化学院、以色列研究中心教授；王思懿，河南大学历史文化学院、以色列研究中心硕士研究生。

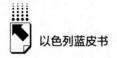

扩大双边合作范围、举办交流活动等方式，不仅加强了与以色列的官方联系，还推动了两国民众之间的深入交流。德国对以色列外交政策呈现新特点的重要原因是其更加强调价值观外交。在继承默克尔针对欧盟的团结政策以及继续深化与美国战略合作的基础上，朔尔茨对二战时期德国的历史罪行进行了深刻反思，并致力于与受害方特别是以色列建立更加紧密的关系。

一 德国和以色列关系的历史脉络

第二次世界大战后，德国被四个国家分区占领，最终分裂为联邦德国与民主德国。此时，德以两国尚未建立外交关系。1948 年以色列国的成立为德国与以色列的关系翻开了新的一页。20 世纪 50 年代初期，两国关系围绕着赔偿这一主题展开。以色列总理大卫·本-古里安以及犹太团体与联邦德国总理康拉德·阿登纳（Konrad Hermann Joseph Adenauer）就赔偿问题展开谈判。阿登纳在 1951 年的德国议会中指出，德国要以人道主义精神与以色列以及犹太人进行未来交往，同时也表明，阿登纳将与犹太人民的和解视为德国战后建立民主法制的支柱之一。① 1952 年德以双方签订了《卢森堡协定》（Luxembourg Agreement of 1952）。在此之后，一系列关于赔偿的谈判与协议为此后两国关系的和解奠定了基础。1956 年，联邦德国议会通过了纳粹受害者赔偿法，扩大了赔偿范围，加快了两国之间的和解进程。

经过一系列谈判后，以色列与联邦德国于 1965 年正式建立外交关系，两国关系自此向好发展。20 世纪 60 年代，维利·勃兰特（Willy Brandt）以著名的"华沙之跪"向二战受害者道歉，这一举动对德以关系的改善产生了积极影响。之后，双方开始政治互访，加深两国的交流。1992 年以色列领导人伊扎克·拉宾（Yitzhak Rabin）首次访问德国，德国总统罗曼·赫尔

---

① Konrad Adenauer Foundation, *The Konrad Adenauer Foundation and Its Dialogue with the Jewish World*, Sankt Augustin: Konra d-Adenauer-Stiftung e. V., 2005, p. 7, https://www.kas.de/c/document_library/get_file? uuid=cc1b2872-4ffe-545e-c2ea-e1ed3cf00b84&groupId=25 2038.

佐格（Roman Herzog）在 1994 年对以色列进行了首次访问。之后，双方不断加深政治互访，并且提高访问频率。

进入 21 世纪，安吉拉·默克尔（Angela Dorothea Merkel）担任德国总理期间，德以关系取得了显著进展。2005 年，默克尔正式以基民盟领导人的身份成功竞选为德国总理。默克尔时期对以色列政策以保障与支持其发展为主要方针，双方在多个领域都取得了显著成果。在政治交往方面，德以双方加强了政治互访，并且在 2008 年达成定期政府磋商的共识。双方之间的经贸活动同样取得了很大进展。自 2013 年起，德国已成为以色列第三大贸易伙伴。德国与以色列的科技创新交流频繁，两国共同推出德国以色列创业交流计划（GISEP），为两国的创业公司提供良好的发展环境与广阔的交流平台，促进双方经济发展，并深化两国交往。以色列国土面积有限，但大力发展创新科技并成为全球最大的创业国家，诸多国际企业都在以色列设立创新中心与风险投资办公室。以色列的创新科技与德国成熟的创业体系相结合，守护扶持新兴公司的发展。①

不仅如此，德、以两国关于国家安全的讨论也达成了一定共识。默克尔强调要将以色列国家安全问题置于德国外交政策重要位置。2018 年，默克尔与内塔尼亚胡举行会谈，默克尔在此次会谈中继续强调德国对以色列国家安全的保证。② 在默克尔和贝内特总理 2021 年的会谈中，贝内特总理赞扬了默克尔对以政策，并感谢德国在其任期内为以色列持续安全做出的努力与保障。③ 默克尔不断说明德国对以色列的历史责任。默克尔在以色列建国 60 周年之际在耶路撒冷发表演讲，深刻阐述了德国对以色列的历史责任，并提

① "Startups with Chutzpah," deutschland. de, April 1, 2019, https：//www. deutschland. de/en/topic/knowledge/gisep-puts-israeli-startups-on-the-german-market.

② "PM Netanyahu Meets with German Chancellor Merkel," Government of Israel, January 24, 2018, https：//www. gov. il/en/Departments/news/pm-netanyahu-meets-with-german-chancellor-merkel-24-january-2018.

③ "PM Bennett Meets with German Chancellor Angela Merkel," Government of Israel, October 10, 2021, https：//www. gov. il/en/Departments/news/pm-bennett-meets-with-german-chancellor-merkel-10-october-2021.

出要加大对大屠杀记忆的保存力度，并将记忆转化为文字。[①] 2021 年，默克尔参观以色列大屠杀纪念馆，表明德国犹太人的复兴是对新时代德国的信任，德国一直坚定地站在打击反犹主义、反对仇恨和暴力的立场上，努力保证犹太人的安全和正常生活。[②]

二 朔尔茨上任后德以关系的新局面

2021 年 12 月，朔尔茨上任之后，德国与以色列关系在不同领域得到了深层次发展，两国关系呈现新局面，双边经济交流规模扩大、军事合作深化、民间交流增加，与此同时德国加大打击反犹主义力度，强调历史责任与担当。

（一）双边经贸关系加强

以色列和德国是重要的贸易伙伴，朔尔茨上任后双方经贸关系加强。一方面，两国进出口贸易额增长。2020~2021 年德国对以色列出口值呈现增长态势，从约 50.7 亿美元增长到 63.2 亿美元，增长了 24.7%。德国从以色列进口值同样也有了很大程度的增长，2020 年约为 25.6 亿美元，2021 年约为 28.7 亿美元，增长了约 12.1%。另一方面，两国之间的贸易往来也有新发展。德国制造的产品在以色列享有良好的声誉，德国企业在竞标以色列基础设施项目方面也处于有利地位。德国企业与以色列企业也展开了多项合作。德国一超市集团在 2021 年与以色列新创高科技公司合作，共同测试由以色列

---

① Angela Merkel, "Speech by Federal Chancellor Angela Merkel to the Knesset in Jerusalem," The Knesset, March 18, 2008, https://m. knesset. gov. il/EN/activity/Documents/SpeechPdf/merkel. pdf.

② Rami Ayyub, "Merkel Honours Holocaust Victims, Vows German Commitment to Israel," Yahoo, October 10, 2021, https://news. yahoo. com/germanys－merkel－kicks－off－final－061851841. html? guccounter＝1.

高科技公司所开发的视觉技术，以减少超市顾客结账导致的排队现象。① 2022年德国与以色列签署了能源领域合作的联合声明。双方在联合声明中指出，德国在能源领域帮助以色列开采海上天然气，以实现以色列的能源自足。② 两国在气候友好能源方面的合作能够减少温室气体的排放量，也从侧面迎合了朔尔茨上台提到的实现碳中和、扩大清洁能源的使用、减少传统燃料碳排放的愿望，有助于实现自然能源的可持续发展。

（二）军事合作深化

朔尔茨上台后，德国政府强化了对以色列的军事合作。德国联邦议院预算委员会在 2023 年 6 月批准从以色列购买铁穹防空系统计划。③ 铁穹防空系统可能在 2025 年年底之前投入使用。这一举措有助于深化德国与以色列在军事领域的合作。在哈马斯袭击以色列之后，德国作为以色列安全的保证国，对以色列及时提供军事援助。德国国防部同意了以色列提出的使用两架在德国服役的"苍鹭"战斗无人机的要求，以便以色列训练军队。同时，朔尔茨向以色列承诺，以色列可以向德国提出任何需求，德国将会坚定地支持以色列。德国还增加了对以色列军事装备和弹药的出口价值，朔尔茨强调，未来将会继续增加对以色列的援助。④

两国的军事合作关系也因中东局势紧张程度的变化而更加深入。德国不仅在军事物资方面加大了对以色列的援助力度，还在国际社会上声援以

---

① Pierre Heumann, "Partners for Innovations," Deutschland. de, December 30, 2021, https://www. deutschland. de/en/topic/business/germany-and-israel-economic-cooperation.

② Klaus Lüber, "Coalitions to Combat the Climate Crisis," Deutschland. de, March 18, 2023, https://www. deutschland. de/en/topic/environment/germany-global-energy-partnerships-green-hydrogen.

③ Gabriel Rinaldi, Joshua Posaner, "Germany to Buy Iron Dome-style Air Defense System from Israel," politico, June 14, 2023, https://www. politico. eu/article/germany-to-buy-iron-dome-air-defense-system-from-israel/.

④ "Scholz Affirms IsraelWeapons Exports in Wide-ranging Speech," DW, October 16, 2024, https://www. dw. com/en/germanys-scholz-affirms-israel-weapons-exports-in-wide-ranging-speech/a-70514053.

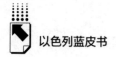

色列。德国抨击了伊朗在中东地区对哈马斯的直接或者间接支持。朔尔茨认为如果没有伊朗对哈马斯的支持，哈马斯也就不可能对以色列发动此次袭击。[①] 德国在军事方面，不仅增加了对以色列的军事物资援助，也在国际舆论方面为以色列营造了一个较为友好的国际环境，坚定其对以色列的支持。

（三）民间交流增加

从民间层面而言，德、以两国间的青年交流愈加紧密。2022 年，两国代表共同签署了关于建立旨在加强两国青年间互动与交流的德以青年组织这一意向声明，并推动成立德以青年办公室。联邦青年部部长丽莎·鲍斯（Lisa Paus）表明，在德、以两国特殊关系的基础上，更要加强当代年轻人对大屠杀记忆的传承，两国的青年多多接触学习有助于两国未来的和平发展。声明中指出，两国未来青年合作将会聚焦于大屠杀的记忆保存以及两国未来将面对的共同挑战。[②] 2023 年 9 月，德国与以色列联合举办了主题为"反对仇外心理、种族主义和不容忍现象"的德国-以色列青年交流日活动。活动致力于传承保存大屠杀记忆，为青年人提供记忆空间。[③] 增进两国青年交流，确保大屠杀记忆的传承性，这对于推动两国未来的深入协作具有积极作用。图林根州犹太社区主席莱茵哈德·施拉姆（Reinhard Schramm）表示推动两国青年交流能够在大屠杀目击者数量日益减少的情况之下，将青年人作为记

① "Germany Offers Israel Military Help and Promises to Crack down at Home on Support for Hamas," AP News, October 12, 2023, https：//apnews. com/article/germany-scholz-israel-aid-hamas-b38a3cf34895fbfc0c966bb27413886f.

② "Deutschland und Israel beschließen gemeinsames Jugendwerk," Budesministerium für Familie, Senioren, Frauen und Jugend, September 12, 2022, https：//www. bmfsfj. de/bmfsfj/aktuelles/alle-meldungen/ deutschland-und-israel-beschliessen-gemeinsames-jugendwerk-201492.

③ Stephan-Andreas Casdorff, "Deutsch-israelisches Jugendwerk——ein Werk für die Zukunft: Die Staatsräson mit Leben füllen," Tagesspiegel, September 4, 2023, https：//www. tagesspiegel. de/politik/deutsch-israelisches-jugendwerk--ein-werk-fur-die-zukunft-die-staatsrason-mit-leben-fullen-10412041. html.

忆主体，尽可能保留大屠杀的记忆。[①] 对于两国年轻一代而言，这些交流活动能够加深彼此的理解和信任，进而构建广阔的历史记忆空间，增进双方价值观的共识，最终推动两国关系稳定发展。

在文化发展方面，朔尔茨政府加强了与以色列的文化交往。朔尔茨上任后强调推动德国文化多样性发展，竭尽保障文化自由，发展非歧视性的文化与媒体政策。在这一政策的指导与推动下，德国与以色列的女性艺术家携手以自己的独特视角策划开展了一场以"寻找'家园'"为主题的展览。这一展览于2022年以线上方式成功举办，吸引了众多观众。参展艺术家用细腻而深刻的方式，表达了自己对"家"这一概念的独到见解。这一跨越国界的展览，让人们在欣赏艺术的同时，也感受到了在不同文化背景下"家园"的共性与差异。其中，一条名为《迁居异乡》（Move Me）的视频尤为引人注目。作者使用视频详细记录了该艺术家在搬家过程中的心路历程以及面对承载记忆的物件作者如何整理。[②] 这一视频不仅以女性的独特视角讲述了在两国之间移动的经历和开启新生活的美好祈愿，更为两国拥有相似经历的民众提供产生共鸣的渠道。该项目的一些合作方同样希望通过该项目创造女性艺术家的共享空间、自由交流的平台，推动性别平等。这一活动也促进了德国与以色列两国之间的文化交流深入发展，为两国关系的进一步巩固和深化奠定了坚实基础。

（四）加大打击反犹主义力度

德国，作为与犹太民族历史紧密交织的国家，其社会内部仍然存在着反犹主义的声音，德国政府则坚定地与反犹主义进行斗争。特别在当今复杂多变的国际局势之下，朔尔茨政府进一步加大了对反犹主义的打击力度。他曾

---

① "Jüdische Landesgemeinde wünscht sich deutsch-israelisches Jugendwerk," Evangelische-zeitung, Janurary 1, 2023, https：//www. evangelische-zeitung. de/juediche-landesgemeinde-dringt-auf-deutsch-israelisches-jugendwerk.

② Idit Herman, "Move Me," home. frankfurt. telaviv, February 26, 2021, https：//home-ffm-tlv. com/portfolio_ page/move-me/.

明确表示"我们将继续开展打击右翼极端主义和种族主义的工作,并为这项工作提供可持续的财政保障"。[1] 在日益数字化的时代背景之下,朔尔茨政府积极追踪网络上的反犹主义言论,同步开展打击网络仇恨和阴谋意识形态的活动。据德新社报道,在巴伐利亚州有一群反犹主义群体,因在网络上散播反犹主义言论,并使用被禁止的恐怖主义标志,被德国警方抓捕。[2] 朔尔茨政府坚决反对任何形式的种族歧视,不仅在法律层面加以控制,而且在国家机构层面持续进行反对种族主义的行动。为此,德国通过建立并完善联邦反歧视办公室,提升其工作效率,有效打击反犹主义活动。

德国对于反犹主义的打击力度也可从其对反犹主义事件的反应时间来看。在中东局势日渐紧张之时,德国柏林街头爆发了由多个组织所举行的反犹主义示威游行,警方称约有 10000 人参与此次反犹活动。总统当场明确表示,德国国内有反犹主义的声音和活动以及对犹太人和犹太机构的攻击都是德国的耻辱。[3] 德国坚定反对反犹主义的行动,一方面是出于对二战历史的深刻反思,另一方面则是对二战以来德国艰难建立起的民主秩序的维护。德国坚持打击反犹主义是对以色列的支持与保护,这一立场不仅基于对自身国家利益的考量,也是践行价值观外交的具体表现。

三　朔尔茨上任后德国对以关系的特点

2021 年,朔尔茨成功当选为德国总理。面对新的国际局势,朔尔茨对德国的外交政策进行了战略性调整,其中较为重要的变化是朔尔茨强调了价

① "Mehr Fortschritt Wagen, Bündnis für Freiheit, Gerechtigkeit und Nachhaltigkeit. Koalitionsvertrag zwischen SPD, Bündnis 90/DIE Grünen und FDP," Berlin, 2021, p. 120.

② Kirsten Grieshaber, "German Police Raid Homes of 17 People Accused of Posting Antisemitic Hate Speech on Social Media," AP News, November 21, 2023, https://apnews.com/article/germany-bavaria-antisemitism-raids-b0a8df9cb8d14c8cf19a123370d5353f.

③ "German Leaders Voice Outrage and Thousands Rally in Berlin in Reaction to Rising Antisemitism," AP News, October 22, 2023, https://apnews.com/article/germany-scholz-antisemitism-cb8ca3c6c322072acaa010cd16c2a925.

值观在其外交策略中的重要性。价值观外交的核心理念即国家在衡量国家利益的时候将价值观置于制定外交政策的决定性地位，使其成为制定外交政策的出发点。① 事实上，朔尔茨的外交策略并非仅局限于价值观外交，他同样重视对现实利益的考量。特别是在与以色列的关系中，相较于过去对历史记忆的强调，他更加重视对现实利益的深入分析。

（一）突出价值观外交

德国外交长期以来以其稳定性与协调性著称，尤其是默克尔执政期间，沉稳务实的主线贯穿了德国外交政策的全局。然而，朔尔茨上任后，德国外交格局呈现新的发展趋势。价值观外交成为朔尔茨外交格局的显著特征之一。价值观外交是指将价值观倾向与规范作为外交政策制定与出台的决定性因素，价值观便是国家利益的集中体现。② 朔尔茨接任德国总理后，在继承默克尔外交精髓的同时进行了创新，朔尔茨外交政策最显著的变化是加大了对价值观外交的关注。发生这一变化的原因：一是德国对历史罪责的反思与赎罪；二是朔尔茨的独特成长经历使他对价值观给予高度的关注。

首先，战后德国进行的民主化改革与价值观重塑为价值观外交提供了前提条件。战后，德国经历了深刻的审判与变革，重新构建了基于民主原则的国家秩序。现代德国的价值观源于战后民主化改革以及与西方国家的互动。一方面，在战后德国在实行民主化改革过程中受到了西方国家意识形态的影响，这在很大程度上塑造了德国与西方相近的价值观；另一方面，与西方诸国的外交活动为德国带来了巨大经济与政治效益，更加强化了德国的价值观倾向。对于以色列而言，德国对历史的反思使得德国在后续发展中将以色列置于重要地位，坚定地支持维护以色列的国家安全与利益，这使得亲西方的以色列能够与德国建立较为稳定的合作关系，同时拉近了德国与西方的联

---

① 熊炜、姜昊：《"价值观外交"：德国新政府的外交基轴?》，《国际问题研究》2022 年第 1 期，第 107 页。

② 熊炜、姜昊：《"价值观外交"：德国新政府的外交基轴?》，《国际问题研究》2022 年第 1 期，第 107 页。

系，对德国价值观的塑造也产生了一定的影响。在 2016 年内塔尼亚胡与默克尔的会谈中，双方以民主、自由、法治的共同价值观作为两国关系与友好合作伙伴的坚实基础。① 德以两国对民主的追求与共识，为两国关系的深入发展提供了理念基础。德国总理朔尔茨强调："我们将以价值观为基础，以更加欧洲化的方式制定我们的外交、安全和发展政策。"② 这表明德国将会优先关注与本国价值观相合的国家。面对中东局势日益紧张与国内对以色列的支持率逐渐走低，国内反犹事件频发的情况，朔尔茨一方面加大了对反犹主义的打击力度，警告了国内反犹主义群体，另一方面加大了对境内犹太机构的保护力度。③ 除此之外，德国还加大了网络监督力度，将以色列的安全等同于德国国家利益，为以色列提供了有力的安全保障与舆论支持。一系列打击反犹主义的活动不仅体现了德国对价值观的坚守，而且保护了西方在中东的民主据点。

其次，朔尔茨个人的成长经历也深深影响着他上任以后所采取的价值观外交策略。朔尔茨的政治风格和外交理念深受其个人经历和家庭成长环境的影响。作为经历了冷战与两德合并等重大事件的朔尔茨，其以联邦德国的视角观察到了价值观对于国家利益的重要性。朔尔茨在其外交策略中，将价值观赋予了举足轻重的地位。朔尔茨，1958 年出生于联邦德国奥斯纳布吕克的一个纺织工人家庭，后全家迁至汉堡。冷战期间，联邦德国被西方分区占领。战争后的联邦德国面临安全与复兴的挑战，在此情况下，联邦德国做出靠近西方、构建欧洲一体化的选择，其价值观自然也与西方趋同。在联邦德国的成长环境使得朔尔茨形成了亲近西方、认同西方民主价值观的意识。朔尔茨

---

① "Benjamin Netanyahu Administration: PM Netanyahu and Chancellor Merkel Issue Joint Statement at the Inter-Governmental Consultation," Jewish Virtual Library, February 16, 2016, https://www.jewishvirtuallibrary.org/netanyahu-merkel-2-16-2016.

② "Mehr Fortschritt Wagen, Bündnis für Freheit, Gerechtigkeit und Nachhaltigkeit. Koalitionsvertrag zwischen SPD, Bündnis 90/DIE Grünen und FDP," Berlin, 2021, p. 143.

③ Sarah Marsh, "Germany Increases Protection of Israeli, Jewish Institutions," Reuters, October 8, 2023, https://ww.reuters.com/world/germany-hikes-protection-israeli-jewish-institutions-scholz-2023-10-08/.

在青年时期便对政治产生了浓厚兴趣，并加入了社会民主党。在职业生涯的早期阶段，朔尔茨经历了多个岗位的锻炼，2007~2009 年担任联邦劳工和社会事务部部长，2011~2018 年担任汉堡市市长。2017 年的 G20 峰会期间，朔尔茨因处理反资本主义抗议者和防暴警察之间的冲突措施不当而导致一些政界人士要求朔尔茨辞职。2021 年，他成功当选德国总理。曲折的政坛经历使得朔尔茨更加深刻地认识到德国的政治和社会经济状况，锻炼了他应对危机的能力。

出身工人家庭与担任劳工和社会事务部部长这一经历使得朔尔茨在担任总理后提出了许多有利于工人的措施，例如提高工人待遇、缩短工时等。这体现了他的政策倾向和对社会公平的关注，符合其政党利益。[1] 朔尔茨与默克尔完全相反的政治出身使得两者的外交理念出现了明显差异。不同于默克尔所在的联盟党，出身于社会民主党的朔尔茨更加强调对价值观的重视，同时关注社会公平与实际利益的获取。

以价值观为核心的外交理念为德国和以色列双方共同认可。在以色列建国 75 周年之际，德国总理朔尔茨与以色列总理内塔尼亚胡出现在柏林火车站。第二次世界大战时期，在柏林火车站的 17 号站台上，大量犹太人被纳粹驱逐而死亡。为此，德国在柏林火车站的 17 号站台建立了纪念碑。正是在这个纪念碑前，内塔尼亚胡发表讲话表明德国与以色列的联盟是值得信赖的联盟，认为这一联盟不仅以共同的历史为基础，更加重要的是当今双方共同的价值观。[2] 在内塔尼亚胡司法改革引发广泛争议之时，德国虽对此表示关注，但并未动摇以色列作为"德国的民主价值伙伴和亲密朋友"的地位。[3]

---

[1] "Policy Statement by Olaf Scholz, Chancellor of the Federal Republic of Germany and Member of the German Bundestag, 27 February 2022 in Berlin," Bundesregierung, February 27, 2022, https://www.bundesregierung.de/breg-en/news/policy-statement-by-olaf-scholz-chancellor-of-the-federal-republic-of-germany-and-member-of-the-german-bundestag-27-february-2022-in-berlin-2008378.

[2] Gisela Dachs, "German-Israeli Relations on the 75th Anniversary of the State of Israel," American-German Institute, April 25, 2023, https://americangerman.institute/2023/04/german-israeli-relations-on-the-75th-anniversary-of-the-state-of-israel/.

[3] Christoph Strack, "German-Israeli Relations: 'A Permanent Responsibility'," DW, April 25, 2023, https://www.dw.com/en/german-israeli-relations-a-permanent-responsibility/a-65374537.

与此同时，德国的一些观点认为，以色列被攻击代表着中东的民主被破坏，德国有责任保护民主与以色列。① 2023 年 10 月 16 日，以色列进入战争状态之后，德国外交部部长贝尔伯克（Annalena Baerbock）前往以色列表明德国坚持与以色列同在的立场，同时宣称德国的内部团结。② 这一行动便是德国维护两国价值观的重要表现，进一步彰显了德国新政府在外交政策上的统一立场。

（二）强调历史责任与担当

除了对共同价值观的强调，朔尔茨还强调了德国对于以色列的历史责任。作为德国的新一代领导人，朔尔茨在上任之初发表的《社会民主党（SPD）与"自由、正义和可持续发展联盟"之间的联盟协议：敢于取得更大进步》中专门设有一节，详细阐述了德国对犹太人的历史责任，并表明以色列的安全是德国存在的理由。③ 该协议指出，德国不仅要继续致力于为大屠杀的幸存者与德国犹太人创造有保障的生活环境与生活条件，还将持续不断地进行赔偿和财政资助，以确保他们能够正常生活。同时，德国还高度关注大屠杀教育，力图通过教化德国民众，完成对大屠杀历史的自我救赎。④ 以色列外交官西蒙·斯坦（Shimon Stein）在其文章中直接表达了德以两国之间形成独特关系的关键因素，即两国对大屠杀的记忆，以及德国因历史而对以色列生存和安全做出的重要承诺。⑤ 这便体现了德以两国形成独特关系的基础。德国外交部长贝尔伯克在 2023 年

① Mathias Dopfner, "The Enemies of Democracy Are Testing Us," Politico, October 27, 2023, https://www.politico.eu/article/enemies-democracy-test-israel-hamas-russia-ukraine/.

② "Solidarity and Crisis Diplomacy-Foreign Minister Baerbock Travels to Israel," Auswaertiges-amt, October 16, 2023, https://www.auswaertiges-amt.de/en/aussenpolitik/laenderinformationen/israel-node/-/2622456.

③ "Mehr Fortschritt Wagen, Bündnis für Freheit, Gerechtigkeit und Nachhaltigkeit. Koalitionsvertrag zwischen SPD, Bündnis 90/DIE Grünen und FDP," Berlin, 2021, p. 155.

④ "Mehr Fortschritt Wagen, Bündnis für Freheit, Gerechtigkeit und Nachhaltigkeit. Koalitionsvertrag zwischen SPD, Bündnis 90/DIE Grünen und FDP," Berlin, 2021, p. 110.

⑤ Shimon Stein, "Germany-Israel Relations: Unique or Normal?" *INSS Insight*, No. 1030, p. 1.

会见德国犹太人中央委员会时明确提出，德国坚持抵制反犹主义，坚持从历史责任的角度出发，将以色列的安全作为德国存在的理由之一。团结犹太人与德国人，保证犹太人在德国社会中的正常生活，促进犹太人生活多元化。[①]

朔尔茨对历史责任的意识在以色列受到哈马斯的袭击时得到鲜明的体现。以色列遭受袭击后，德国政府在第一时间强烈谴责了哈马斯的恐怖行径。朔尔茨在公开讲话中明确表示，"德国要坚定地站在以色列一边"，并且重申了"以色列的安全是德国存在的理由"。[②] 这一系列举措深刻反映了德国因对于以色列所负有的历史责任而采取的国家立场。朔尔茨多次表明德国坚定地支持以色列，将此视为德国的"国家理性"（reason of state）以及国家利益之所在。[③] 即便联合国开始谴责以色列的行为时，德国依然声明将继续无条件支持以色列的行动，认为以色列未违反民主与人道主义原则，其行动性质仅是自卫反击。[④] 在德国国内对以色列支持率持续走低的情况下，德国政府高层仍然继续表达对以色列的支持。此外，为了缓和中东局面，德国外交部部长贝尔伯克前往中东展开外交斡旋以表明德国支持以色列的立场。但这一立场招致阿拉伯世界的广泛批评，德国对以色列的一系列支持行为导致当前德国在阿拉伯世界的声誉下降。[⑤] 尽管如此，德国对以色列的支持态度坚定不移。朔尔茨明确表示，在犹太国家

① Annalena Baerbock, "Speech by Foreign Minister Baerbock at the Congress of the Central Council of Jews in Germany," uswaertiges-amt, December 15, 2023, https://www.auswaertiges-amt.de/en/newsroom/news/-/2636550.

② Christina Iglhau, "Solidarity Following Terror Attack," Deutschland.de, October 20, 2023, https://www.deutschland.de/en/topic/politics/german-responses-to-hamas-attack-on-israel.

③ William Noah Glucroft, "Germany Stands by Israel as Its 'Reason of State'," DW, May 10, 2024, https://www.dw.com/en/germany-stands-by-israel-as-its-reason-of-state-with-caveats/a-68918777.

④ Kristian Alexander, "Diplomacy in a Time of Crisis: Germany's Chancellor Visits Israel and Egypt," *Manara Magazine*, November 17, 2023, https://manaramagazine.org/2023/11/diplomacy-in-a-time-of-crisis-germanys-chancellor-visits-israel-and-egypt/.

⑤ Christoph Hasselbach, "Germany's Middle East Diplomacy Reaches Limits," DW, January 13, 2024, https://www.dw.com/en/has-germanys-diplomacy-reached-its-limits-in-the-middle-east/a-67965561.

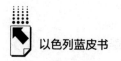

的困难时期，德国始终与其并肩作战，共同应对挑战。同时，他强调了德国与以色列在民主观念上的共识，并对哈马斯的攻击行为予以谴责。[①] 德国对以色列的一系列支持与表态，体现了其对以色列的历史责任，并延伸为对其现实安全的承诺。

（三）重视现实国家利益

朔尔茨上任后，德国的外交策略更加倾向于对现实利益的追求。这一转变不仅体现在政策制定层面，更体现在两国合作过程中对利益交换的务实态度。德国与以色列的合作日益深化，除意识形态和价值观念的驱使外，其背后的驱动力也有现实利益因素的考量。

第一，德国未来发展的需要促使德国强化与以色列的合作。长期以来，德国视以色列的安全为国家存在的理由，是检验国家民主的试金石。因此，德国二战后历届政府均重视与以色列的关系，这不仅是对历史的赎罪，同时也是德国展示自身战后民主秩序恢复成果的重要方式。在当前的国际政治环境中，德国外交界强调德国要将现实利益放在重要地位，以本国利益为导向制定外交政策。[②] 这种务实的外交策略有助于德国在国际舞台上更好地维护自身利益。朔尔茨上任后对军事发展的重视也是其强化现实利益考量的一项重要举措。例如，在俄乌战争时期，朔尔茨在向议会发表的声明中宣布将德国国防开支增加 1000 亿欧元，并表示在未来几年也将持续增加国防开支。[③] 此外，朔尔茨多次发表演讲，强调俄罗斯对欧洲与北约的威胁，呼吁抵制俄罗斯，保护民主与繁荣，进而扩充德国军备，加强德国联邦

---

① "Visiting Chancellor Scholz Says Germany's Place in Hard Times Is 'Alongside Israel'," *The Times of Israel*, October 17, 2023, https：//www.timesofisrael.com/visiting-german-leader-says-nations-only-place-in-hard-times-is-alongside-israel/.

② Eckhard Lübkemeier, "Auf Deutschland kommt es an.," Deutsche Außenpolitik im Wandel, SWP-Studie 15, September 2021, pp. 17-20.

③ "Germany to Set up 100bn Fund to Boost Its Military Strength," *The Guardian*, February 27, 2022, https：//www.theguardian.com/world/2022/feb/27/germany-set-up-fund-boost-military-strength-ukraine-putin.

国防军队。①

第二,德国的现实条件促使其采取强化现实利益的决策。随着难民涌入且本土生育率持续下降,德国的人口结构正在发生变化,德国民间对于以色列的看法逐渐转向对现实利益的考量,从而弱化了两国关系中的历史记忆因素。另外,随着德国政府的重组,选民结构及其支持方向也发生了变化。他们对历史记忆的认同感逐渐降低,更加倾向于要求德国政府看重现实利益,减少历史的禁锢。

第三,获取经济利益同样成为德国强化现实利益选择的重要原因。多年来,德国通过与以色列的合作获得了显著的经济利益,并在国际上赢得了认同感与声誉。这种合作不仅加强了两国在多个领域的交流,同时也为双方提供了共同面对国际挑战的平台。以色列与美国有着紧密联系。2022 年 7 月,美国与以色列共同发布了《耶路撒冷美以战略伙伴关系联合声明》(The Jerusalem U. S. -Israel Strategic Partnership Joint Declaration),双方声明在共同价值观、共同利益和真正友谊的基础上建立战略伙伴关系。② 德国考量美国与以色列的紧密关系,强化与以色列的合作,有助于拉近德国与美国之间的联系。德国与美国在柏林举行的七国会议中达成了气候与能源合作,③ 而德国与以色列在气候与能源领域合作潜力巨大。因此,德国强化与以色列的合作,将以色列作为德美两国之间的桥梁,促使两国在跨大西洋框架中的合作深化,进而为德国带来更多实际利益。

---

① "Policy Statement by Olaf Scholz, Chancellor of the Federal Republic of Germany and Member of the German Bundestag, 27 February 2022 in Berlin," Bundesregierung, February 27, 2022, https: // www. bundesregierung. de/breg-en/news/policy - statement - by - olaf - scholz - chancellor - of - the - federal-republic-of-germany-and-member-of-the-german-bundestag-27-february-2022-in- berlin-2008378.

② "The Jerusalem U. S. -Israel Strategic Partnership Joint Declaration," White House, July 14, 2022, https: //www. whitehouse. gov/briefing-room/statements-releases/2022/07/14/the-jerusalem-u- s-israel-strategic-partnership-joint-declaration/.

③ "Joining Forces for the Sake of the Climate," Deutschland, June 1, 2022, https: // www. deutschland. de/en/topic/environment/climate - change - germany - usa - new - cooperation - agreed.

综上，德国加强与以色列的关系实质上是出于对现实利益的追求。这种对现实利益的追求也是其价值观外交的体现。德以两国之间正因为有了共同的价值观基础，才得以建立长期稳定的合作关系，从而使德国对现实利益的追求成为可能。

四　朔尔茨政府对以政策面临的挑战

朔尔茨就任德国总理之后，德以两国合作领域得到了进一步拓展，双方在经济、军事、科技创新等领域展开了深入交流合作。通过共同研发、技术转移和人才培养等方式，两国合作取得显著成果，为双方的经济社会发展注入了新的活力。这种多元化的合作模式有助于两国共同应对全球性挑战，促进双方经济的繁荣与发展。朔尔茨上任后，德国对以色列的政策呈现新特点。具体而言，朔尔茨强调多边主义基础上的价值观外交，同时亦充分认识到现实利益对双方关系的重要性。在德国对以政策存在一定调整的背景下，两国关系在未来发展中存在着机遇，但朔尔茨政府对以政策面临的挑战同样不可忽视。

首先，德国作为欧盟中的重要国家，欧盟对其政策具有一定的限制作用。新政府沿承默克尔的对欧政策，强调欧洲内部应加强团结与协调，这一举措有助于提升欧洲在全球范围内的影响力。然而，这一政策可能会对德以关系产生一定的不确定性影响。欧盟内部在追求一致性的过程中，德国对以色列的援助可能受到一定限制。尽管德国是以色列国家安全的保障国，但是欧洲各国在中东地区的利益差异可能导致对以色列的态度出现分歧，继而影响到德国对以色列的支援。这种情况不仅不利于两国关系的深入发展，而且在一定程度上将对中东地区的和平稳定产生负面影响。

其次，长期存在的反犹主义问题始终是两国交往中的敏感话题，也将对两国关系产生一定的消极影响。德国反犹主义研究和信息部（Recherche-und Informationsstelle Antisemitismus）的数据表明，在 2023 年 10 月 7 日至 11 月 9 日期间，德国国内的反犹主义事件相比于 2022 年同期增长了 320%，平均每天发生 29 起反犹主义事件，而且有极端分子强行闯入犹太人的家中大肆破坏，在德国犹太人中造成了严重的恐慌。① 随着时代的变迁，新一代德国人对于历史事件的记忆逐渐模糊，对以色列的认知也产生了变化，加剧了德以双方的隔阂。同时，德国民众对于德国应对以色列承担特殊责任的观点也在发生转变，越来越多的人表示不再认同。德国一研究所在 2023 年进行的一项民意调查显示有 59%的德国人认为"以色列对德国是陌生的"。2023年 10 月，有 51%的民众认为"以色列只追求犹太民族利益，无视其他民族的利益"，这一比例在 12 月提高至 57%。针对德国对以色列承担特殊责任的观点，在 10 月有 44%的民众表示认同，但是在 12 月该比例降至 37%。② 德国民众对以色列支持率日益走低，无疑会对两国关系的发展产生一定的负面影响。因此，保持德国国内稳定，特别是坚决打击反犹主义，成为影响德以关系发展的重要因素。

最后，两国之间在政治方面的分歧也为两国关系的未来发展增添了不稳定因素，特别是内塔尼亚胡推行的司法改革引发了德以双方的外交争端。2023 年 1 月，以色列宣布对国内司法实施改革的决定。改革的核心是通过对司法选拔制度进行调整，以达到削弱以色列司法机构的司法权与检察权，同时增强以色列政府对国家司法权的控制力的目的。国际上对该改革褒贬不一，而向来与以色列有一致民主价值观的德国罕见地对以色列司法改革进行了批评。德国总理朔尔茨认为此次改革会导致以色列国内民主失衡。他敦促内塔尼亚胡重新考虑此次司法改革的必要性，并进一步强调了民主价值观的重要性。③ 然而在改革审查过程中，德以双方关于司法改革事件产生了外交

---

① Kirsten Grieshaber, "Antisemitic Incidents in Germany Rose by 320% After Hamas Attacked Israel, a Monitoring Group Says," AP News, November 28, 2023, https：//apnews.com/article/germany-antisemitism-attacks-jews-israel-hamas-berlin-1000dd76d3a4c4fcc75ea28e4bae0b89.

② Timo Kirez, "Nearly 60% of Germans Perceive Israel as 'Foreign'：Survey," AA, December 21, 2023, https：//www.aa.com.tr/en/europe/-nearly-60-of-germans-perceives-israel-as-foreign-survey/3088495.

③ Hans Von Der Burchard, "In Rare Rebuke, Germany's Scholz Voices 'Great Concern' over Israel's Judicial Reforms," Politico, March 16, 2023, https：//www.politico.eu/article/germanys-scholz-voices-great-concern-over-israels-juridical-reforms-german-chancellor-cautious-netanyahus-ruling-coalition-far-right/.

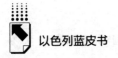

摩擦。以色列为审查司法改革的合理性与合法性进行了一场以色列法庭听证会，德以两国却因德国驻以色列大使出席以色列法庭听证会产生矛盾。主要是由于德国大使出席听证会未知会以方，尽管他并未在听证会中发表任何意见。以色列向德国政府投诉，两国罕见地出现了外交争端。德方则表明大使这一行为是工作中的一部分。[①] 作为以色列的重要合作国且同样强调民主价值观的德国，以色列坚持司法改革可能会对双方关系的发展产生一定冲击，不利于未来两国关系发展。

结　论

朔尔茨上任之后，德国对以色列的外交政策呈现新的特点，这些特征集中表现为对价值观的强调以及在此指导下的现实利益考量。这一转变既是对德国在二战后历史反思的回应，也反映了朔尔茨对德以关系的独特理解。朔尔茨政府与以色列政府进一步扩大了合作领域，两国经贸关系加强、军事合作深化、民间交流增加。与此同时，德国加大打击反犹主义力度、强调历史责任与担当。然而，在新的国际背景之下，两国关系呈现友好交往与暗流涌动的情况。一方面，当前双方在经济、军事与文化等领域积极友好合作，为未来发展奠定了良好基础；另一方面，反犹主义问题的长期存在以及欧盟内部对一致性的强调可能对德国对以色列的援助构成限制。特别是内塔尼亚胡政府推行的司法改革导致德以两国产生了罕见的外交争端，对双方关系的发展造成了一定的消极影响。未来，德国与以色列双边关系的走向既充满了积极发展的可能性，也将面临挑战与阻碍。

---

① "German Ambassador's Attendance at Israeli Court Hearing Ignites Diplomatic Spat," AP News, Stptember 19, 2023, https：//apnews. com/article/israel – germany – judicial – overhaul – scholz – netanyahu – cohen – siebert – 2bf32fdeceec70705421b5ed2e70c92e.

B.12

近年来以色列与日本关系发展态势

李晔梦 肖 涛*

摘 要: 以色列与日本具有较强的地区影响力,两国在政治、经济、科技和人文等领域保持密切交往。尽管经历了全球疫情的挑战,但两国关系发展向好。2023年新一轮巴以冲突爆发后,两国仍保持高频度政治交往,但在经济贸易和人文交往方面受到一定影响。从长远看,两国关系的基本走向不会改变,政治关系稳定发展,经贸、科技与人文交往将持续加强,但也将面临能源问题和日本民间对以负面观感强化等因素的挑战。

关键词: 以色列 日本 双边关系 发展趋势

以色列与日本同为发达国家和科技强国,具有较强的地区影响力,同时也都是美国全球战略的重要支点。正如大卫·本-古里安所言:"以色列和日本位于亚洲的两端,但这是将它们联系在一起而不是分开的事实。广阔的亚洲大陆是它们的纽带,亚洲命运意识是它们的共同思想。"① 以色列与日本的交往历史悠久,双边关系发展具有较强的历史连贯性和政治现实性。本报告重点关注近年来两国在政治、经贸、科技和人文领域的交流与合作,并简要探讨两国关系的未来发展趋势。

---

* 李晔梦,华东师范大学历史学系副教授;肖涛,华东师范大学历史学系硕士研究生。

① John de Boer, "Before Oil: Japan and the Qestion of Israel/palestine, 1917–1956," *Asia-Pacific Journal*, Volume 3, Issue 3 (March 2005), e21.

一 以色列与日本的历史交往

19 世纪前，日本对犹太人了解比较有限。伴随新航路的开辟，少数犹太人可能通过贸易接触过日本。[1] 然而德川幕府时期的"闭关锁国政策"限制了日本与外界交流，导致日本对基督教的犹太起源、犹太历史等几乎一无所知。[2] 19 世纪中叶"黑船叩关"之后，赴日的西方传教士和犹太商人逐渐增多，犹太商人雅各布·希夫（Jacob Schiff）在日俄战争期间为日本提供贷款，赢得了日本社会的高度认可。

1929~1933 年经济危机期间，为转嫁国内危机，日本侵占中国东北后建立了伪满洲国，随即面临劳动力短缺[3]和资金不足等问题。当时该地区有大约 5500 名犹太居民，大多属于富裕阶层，且同国外金融机构保持着密切的联系。[4] 日本随即提出"河豚计划"（Fugu Plan）并在 1938 年的五相会议上通过，试图利用犹太人的国际影响力建设伪满洲国，作为实现所谓"大东亚共荣"的手段。究其原因，日本一方面认为建设伪满洲国和日俄战争一样，需要犹太人的财力襄助；另一方面则看重犹太人在美国和欧洲的影响力，"美国与日本的外交关系日益紧张，日本寻求改善它在世界上的负面形象，以改变西方各国特别是美国外交政策"。[5] 但随后日本因加入"轴心国"而遭到美国犹太人抵制，"河豚计划"被束之高阁，最终在 1941 年"珍珠港事件"发生后宣告破产。

1940 年 9 月 27 日，《德意日三国同盟条约》签订，日本当局在 1942 年发布《关于无国籍难民之居住及营业之布告》，将陆续从欧洲逃难至上海的

---

① Meron Medzini, *Under the Shadow of the Rising Sun: Japan and the Jews during the Holocaust Era*, Boston: Academic Studies Press, 2016, p. 1.

② Meron Medzini, *Under the Shadow of the Rising Sun: Japan and the Jews during the Holocaust Era*, p. 1.

③ 「満洲国、労力不足に悩むニューヨークUP 二月三日」（1942 年 2 月 9 日）、『各種情報資料・外国宣伝情報』、第 255 号、JACAR（アジア歴史資料センター）、Ref. A03024778800。

④ 「満洲国内に於けるユダヤ人及白系露人」（1971 年）、『各種情報資料・陸軍省発表』、JACAR（アジア歴史資料センター）、Ref. A0302379260。

⑤ 文春美：《二战前日本救助犹太人的"河豚计划"》，《外国问题研究》2019 年第 4 期。

犹太人集中在虹口的隔离区中。但出于"将犹太人作为同美国进行对话的桥梁，屠杀俄国犹太人可能会为苏联插手提供借口"① 等因素的考量并未采纳纳粹德国"最终解决"犹太人的要求。"在日本占领上海期间，大约有两千名犹太人死亡，其中大多数死于疾病或年老，并没有证据表明犹太人被处决或折磨。"② 东北的犹太人社区也被较好地保留了下来，纳粹德国还对日本军官保护东北犹太人的行为表示过抗议。③

以色列建国后，为改善不利的地缘政治环境积极谋求与日本建交。1952年1月20日，以色列向日本外务大臣吉田茂发送电报表明建交和设立使馆的意愿。④ 当时奉行"吉田路线"⑤ 的日本选择保持与美国同样的对以态度，在回复的电报中表示承认以色列，同意建交并在东京开设以色列使馆。⑥ 1955年，日本在特拉维夫设立了公使馆。1963年两国关系提升为大使馆级，并一直保持在该级别。⑦

1973年10月，第四次中东战争爆发引发的石油危机让两国关系陷入长时间停滞。石油输出国组织为打击以色列及其支持者于当年12月宣布收回石油标价权，使油价猛然上涨了两倍多，从而触发了第二次世界大战之后最严重的全球经济危机，也给日本造成了巨大冲击。当时日本已明确以经济为绝对重心的发展路线，高度依赖海湾国家的能源，因此被迫调整中东政策，

---

① 杨曼苏：《以色列与日本关系纵论》，《西亚非洲》2001年第5期。
② Meron Medzini, *Under the Shadow of the Rising Sun: Japan and the Jews during the Holocaust Era*, p. 80.
③ 「第2次大戦中満洲に輸送されたユダヤ人をめぐる日独関係について」（1971年2月8日）、『第二次欧州大戦関係一件/帝国ノ態度』、JACAR（アジア歴史資料センター）、Ref. B02032391900）。
④ 「イスラエルとの国交樹立に関する件（外務省）」（1952年5月16日）、『閣議資料綴・昭和27年5月16日～5月20日』、第008号、JACAR（アジア歴史資料センター）、Ref. A03023320357。
⑤ "吉田路线"是二战后日本外交方针，由二战后首次出任日本首相的吉田茂提出，是以经济中心主义政策和追随美国的外交战略为主体的发展路线。
⑥ 「イスラエルとの国交樹立に関する件（外務省）」（1952年5月16日）、『閣議資料綴・昭和27年5月16日～5月20日』、第008号、JACAR（アジア歴史資料センター）、Ref. A03023320357。
⑦ Ministry of Foreign Affairs of Japan, "Japan-Israel Relations," https://www.mofa.go.jp/region/middle_e/israel/data.html.

发表声明支持联合国安理会第 242 号决议①，并在之后密集出访中东。日本向阿拉伯国家示好的举动导致日以两国关系陷入冰期。一直到 80 年代末期，双方官方层面的交流基本停滞，但并未禁止民间交流和经贸往来。

80 年代末中东和平进程不断推进，日本也开始寻求对阿拉伯国家和以色列的外交平衡。1985 年 9 月，以色列外交部部长沙米尔访问日本；1989 年 6 月，日本外务大臣宇野宗佑访问以色列。② 这是自 1952 年两国建交后的第一次高层互访。1991 年 4 月，美国总统布什与日本首相海部俊树在洛杉矶举行会谈，海部俊树随后发表对以关系声明，释放出改善双边关系的信号。③加上苏联解体、冷战结束提供了较好的国际环境，以色列与日本关系开始解冻。政治层面，20 世纪 90 年代日本官员对以色列的访问就多达 11 次，以色列官员对日本的访问达 8 次（详见表 1）。经济层面，1993 年双方经济代表团实现互访，两国给予资本合作高度重视和鼓励；1993 年 12 月两国共同签署《租税条约》。文化教育、科学技术层面，1994 年 12 月两国签署《文化教育暂定协议》，1995 年 8 月签署了《科学技术互助协定》，1998 年两国开启了学术交流。④

表 1　20 世纪 90 年代日本与以色列高层互访情况

日本官员对以色列的访问		以色列官员对日本的访问	
时间	官员	时间	官员
1991 年 5 月	外务大臣中山太郎	1990 年 11 月	总统伊萨克·赫尔佐格（Isaac Herzog）
1994 年 5 月	外务大臣柿泽弘治	1992 年 12 月	外交部部长西蒙·佩雷斯（Shimon Peres）

---

① 联合国第 242 号决议是联合国安理会关于中东问题的决议，1967 年 11 月 22 日通过。该决议的主要内容有：1. 以色列军撤出在最近战争中占领的领土；2. 终止一切交战要求或交战状态，尊重和承认该地区每个国家的主权、领土完整和政治独立及其在牢固和被认可的疆界内和平地生活而免遭威胁和武力行为的权利。

② 日本外务省「イスラエル基礎データ」、https：//www.mofa.go.jp/mofaj/area/israel/data.html。

③ Akifumi Ikeda, "Japan's Relations with Israel," in Kaoru Sugihara and J. A. Allan, eds. , *Japan in the Contemporary Middle East*, London and New York：Routledge, 1993, p. 145.

④ 日本外务省「イスラエル基礎データ」、https：//www.mofa.go.jp/mofaj/area/israel/data.html。

续表

日本官员对以色列的访问		以色列官员对日本的访问	
时间	官员	时间	官员
1995 年 9 月	首相村山富市	1994 年 12 月	总理伊扎克·拉宾（Yitzhak Rabin）
1995 年 11 月	外务大臣河野洋平	1997 年 2~3 月	副总理兼外交部长大卫·利维（David Levy）
1996 年 7 月	防卫大臣久间章生	1997 年 4 月	工商部长纳坦·夏兰斯基（Natan Sharansky）
1996 年 8 月	外务大臣池田行彦	1997 年 8 月	总理内塔尼亚胡（Benjamin Netanyahu）
1998 年 1 月	北海道·冲绳开发厅长官铃木宗男	1998 年 5 月	副总理兼农业和环境部部长拉斐尔·埃坦（Rafael Eitan）
1998 年 12 月	内阁官房副长官铃木宗男	1999 年 3 月	以色列议会会长丹·蒂琼（Dan Tichon）
1999 年 1 月	外务大臣高村正彦		
1999 年 3 月	外务省政务次官町村信孝		
1999 年 8 月	众议院外务委员长中马弘毅		

资料来源：笔者根据日本外务省网站资料整理绘制，https：//www. mofa. go. jp/mofaj//area/israel/data. html。

二 21世纪以来以色列与日本的政治交往

进入 21 世纪，伴随着两极格局的瓦解和全球化趋势的加强，日本开始更加积极地参与中东事务，以色列也推行"向东看"外交战略，双边关系逐渐超越官方政治层面，逐渐向经济、科技、文化等多个领域深入拓展。特别是 2014 年和 2015 年以色列总理内塔尼亚胡和日本首相安倍晋三的互访，更使双边关系"呈现指数型增长"。然而随后而来的全球新冠疫情和巴以冲突的陡然升级对两国关系的发展造成了不小挑战。

早在 20 世纪 80 年代，日本就确定了从经济大国走向政治大国的目标。21世纪后，日本更加积极关注和参与中东事务，安倍晋三倡导的"俯瞰地球仪外交"理念与以色列推行的外交政策高度契合，呈现显著的战略协同性。①
2014 年日以双方签署的《日以联合声明》（the Japan-Israel Joint Statement）
为经济、科技和人文合作奠定了政治基础。② 双方在 2000~2010 年频繁进行
高层互访，在级别、范围、频次上都大幅提升，且保持很强的连续性（详
见表 2）。日方对以色列的访问更加积极，特别是黎以冲突爆发的 2006 年，
日本高官多次访问以色列，体现了日本对中东事务的高度关切。日本首相小
泉纯一郎就巴以问题提出创设"和平繁荣走廊"构想得到了巴以双方的欢
迎，对于促进中东和平来说具有积极意义，也为日本在中东树立了良好的
"大国形象"。

表 2 2000~2010 年日本与以色列高层互访情况

日本官员对以色列的访问		以色列官员对日本的访问	
时间	官员	时间	官员
2000 年 3 月	政务省政务次官东祥三	2000 年 6 月	通信部部长本·埃利泽（Ben-Eliezer）
2001 年 1 月	防卫厅副长官石破茂	2000 年 8 月	地区合作部部长西蒙·佩雷斯
2001 年 7 月	外务副大臣杉浦正健	2001 年 12 月	司法部部长梅厄·谢特里特（Meir Sheetrit）
2001 年 8 月	众议院外务委首席主任铃木宗男	2002 年 1 月	环境部部长察希·哈内戈比（Tzachi Hanegbi）
2001 年 9 月	众议院宪法调查会议员团	2002 年 8 月	通信部部长鲁文·里夫林（Reuven Rivlin）
2002 年 1 月	执政党 3 位干事	2003 年 9 月	副总理兼外交部部长西尔万·沙洛姆（Silvan Shalom）

① "俯瞰地球仪外交"是日本安倍晋三政府于 2013 年提出的外交战略新主张，主要有三大支柱：强化日美同盟、深化与近邻各国间的合作关系和加强经济外交。安倍政府想要通过这三大支柱实现日本"政治大国"梦想并利用国际舞台带动国内经济发展。
② 《日以联合声明》主要内容：在政治安全领域，两国在国防部门和网络安全领域达成合作；在经济关系领域，安倍首相建议启动投资协定谈判并推进在联合产业研究开发、科学技术（包括太空领域）、饮食文化和旅游等领域的合作，内塔尼亚胡总理还强调了在创新领域开展双边合作的可能性；在人文交流领域，双方提议鼓励两国直飞航班的开设，并启动打工度假签证计划的磋商。内塔尼亚胡总理还决定取消以色列在东日本大地震后实施的进口限制。参见 Ministry of Foreign Affairs of Japan, "Japan-Israel Relations（Archives），" https：//www.mofa.go.jp/region/middle_e/israel/archives.html。

续表

日本官员对以色列的访问		以色列官员对日本的访问	
时间	官员	时间	官员
2002 年 5 月	自由民主党干事长山崎拓	2004 年 9 月	以色列-日本议会友好联盟主席拉萨比（Rassabi）
2002 年 6 月	外务大臣川口顺子	2005 年 4 月	副总理兼工业贸易部部长和财政部部长埃胡德·奥尔默特（Ehud Olmert）
2003 年 4 月	外务大臣川口顺子	2006 年 2 月	警察总局局长摩西·卡拉迪（Moses Karadi）
2003 年 6 月	外务副大臣茂木敏充	2007 年 1 月	副总理兼外交部部长齐皮·利夫尼（Tzipi Livni）
2004 年 11 月	特派大使川口顺子	2007 年 2 月	央行行长斯坦利·费希尔（Stanley Fischer）、外交事务副国务秘书罗曼·阿布拉莫维奇（Roman Abramovich）
2004 年 12 月	外务省政务次官福岛启史郎	2007 年 3 月	以色列-日本议会友好联盟主席、副总理兼地区合作部部长西蒙·佩雷斯
2005 年 1 月	巴勒斯坦选举观察团团长，外务省政务次官河井克行、日本-以色列友好议员联盟主席，众议院议员野吕田芳成、外务大臣町村信孝	2007 年 8 月	旅游部部长罗曼·阿布拉莫维奇
2005 年 4 月	民主党代表冈田克也、众议院议员中山泰秀、日本-以色列友好议员联盟一行	2008 年 2 月	总理埃胡德·奥尔默特（Ehud Olmert）
2006 年 1 月	外务省政务次官伊藤信太郎	2008 年 7 月	环境部部长以斯拉（Ezra）
2006 年 5 月	农林水产副大臣三浦一水	2008 年 10 月	内政部部长迈尔·谢特里特（Meir Sheetrit）
2006 年 7 月	首相小泉纯一郎	2010 年 4 月	副总理兼情报部部长丹·梅里多尔（Dan Meridor）
2006 年 8 月	外务省政务次官伊藤信太郎	2010 年 5 月	副总理兼外交部部长阿维格多·利伯曼（Avigdor Lieberman）
2006 年 12 月	防卫省次长木村隆秀		
2007 年 5 月	首相内阁成员小池百合子		
2007 年 8 月	外务大臣麻生太郎		

续表

日本官员对以色列的访问		以色列官员对日本的访问	
时间	官员	时间	官员
2008 年 2 月	外务省政务次官中山泰秀		
2010 年 5 月	防卫省次长长岛昭久		
2010 年 8 月	外务副大臣武正公一		

资料来源：笔者根据日本外务省网站资料整理绘制，https：//www.mofa.go.jp/mofaj//area/israel/data.html。

2015 年安倍晋三回访以色列时，双方进一步确认了加强新能源合作、加大经济投资、加强旅游交流、开通直达航班等事宜。[①] 在此情况下，双边关系迅速升温。新冠疫情发生并未对两国关系造成根本性影响，双方仍保持高频次的政府层面交流，通过电话会谈就经贸往来、国防合作、抗击新冠疫情等问题进行沟通磋商。[②] 在疫情稍微转好的 2021 年和 2022 年，两国很快重启线下访问。2021 年日本外务大臣茂木敏充前往以色列进行访问；2022 年以色列副总理兼国防部部长甘茨访问日本，与日本外务大臣林芳正进行了会晤。此次甘茨对日本的访问是以色列十年来最高级别的访问，主要讨论了加强防务合作问题。

2023 年下半年疫情基本结束，两国政府高层保持密切交流，仅 9~12 月就进行了 7 次会谈（详见表 3），会谈主要围绕新一轮巴以冲突局势交换意见或表明态度。

表 3　2023 年日本与以色列政治高层互动

时间	内容
2023 年 9 月 4 日	以色列财政部部长尼尔·巴尔巴特(Nir Barkat)在特拉维夫与日本经济产业大臣西村康稔会晤,探讨潜在的自由贸易协定

---

① 日本外務省「安倍総理大臣のイスラエル訪問」、https：//www.mofa.go.jp/mofaj/me_a/me1/il/page4_000911.html。

② Ministry of Foreign Affairs of Japan, "Japan-Israel Relations (Archives)," https://www.mofa.go.jp/region/middle_e/israel/archives.html.

时间	内容
2023 年 10 月 12 日	日本外务大臣上川洋子与以色列外长埃利·科恩电话会谈
2023 年 10 月 16 日	以色列全权大使吉拉德·科恩（Gilad Cohen）与日本外务大臣会谈
2023 年 10 月 27 日	以色列全权大使吉拉德·科恩礼节性拜访日本外务大臣
2023 年 11 月 3 日	日本外务大臣上川洋子礼节性拜访以色列总统赫尔佐格
2023 年 12 月 1 日	在阿联酋迪拜举行的《联合国气候变化框架公约》第二十八次缔约方大会上，日本首相岸田文雄与以色列总统赫尔佐格进行会谈
2023 年 12 月 6 日	日本首相岸田文雄与以色列总理内塔尼雅胡进行电话会谈

资料来源：笔者根据日本驻以使馆日以关系档案资料制作，并参考 Ministry of Foreign Affairs of Japan，"Japan-Israel Relations（Archives），" https：//www. mofa. go. jp/region/middle_e/israel/archives. html。

三 以色列与日本的经贸往来与科技合作

21 世纪以来，以色列与日本的经贸合作稳步发展。尽管受到金融危机和中东政局影响，但整体看来两国贸易规模持续扩大。日本对以色列货物贸易出口值虽然受 2008 年金融危机和 2011 年阿拉伯之春影响，曾在 2009 年和 2012 年出现两次断崖式下跌，但都在第二年强势反弹，整体稳定在 11 亿美元以上；进口值则从 2004 年的不足 8 亿美元增长至 2014 年的 17 亿美元，基本保持增长态势（见表 4）。

表 4   2004~2013 年日本对以色列货物贸易进出口值

单位：亿美元

年份	出口	进口	净出口
2004	11. 612	7. 867	3. 745
2005	12. 258	8. 42	3. 838
2006	12. 057	8. 338	3. 719
2007	18. 964	8. 995	9. 97
2008	21. 659	9. 159	12. 5
2009	11. 448	8. 16	3. 288
2010	17. 611	8. 333	9. 278

续表

年份	出口	进口	净出口
2011	21.747	10.791	10.956
2012	14.348	11.824	2.525
2013	11.073	15.353	-4.28
2014	11.131	17.44	-6.31

资料来源：笔者根据日本贸易振兴机构网证数据整理绘制，https：//www.jetro.go.jp/en/reports/statistics.html。

2014 年《日以联合声明》签署后，两国经贸合作迅猛增长。以色列从日本进口规模显著增大，2016 年猛增至 20 亿美元，之后 3 年持续保持相当水平；2017 年 10 月两国签署生效的《投资协定》为双方经济发展注入了新的活力。安倍于 2018 年第二次访问以色列时表示 2012 年年底日本在以色列的投资总额约为 2000 万美元，而到 2019 年已飙升至 60 亿美元。在以色列的日本企业数量也增加了 3 倍。① 内塔尼亚胡也表示双方关系正在以经济为中心进行飞跃式发展。② 2020 年，日本经济受新冠疫情影响有所萎缩，但两国经济合作基本保持良好态势。2019~2023 年，日本对以色列出口值保持在 13 亿美元以上，2021 年最高达 17.268 亿美元；日本从以色列进口值则一直稳定在 12 亿美元以上，2023 年第一次超过对以色列出口值，达 14.997 亿美元（见表5）。

表5　2019~2023 年日本对以色列进出口值

单位：亿美元

年份	出口	进口	净出口
2019	16.665	12.173	4.492
2020	15.122	12.313	2.809

---

① Dylan Adelman, "Shinzo Abe Boosted Japan's Ties to Jews, Israel," *The Jerusalem Post*, September 21, 2020, https：//www.jpost.com/opinion/shinzo-abe-boosted-japans-ties-to-jews-israel-643091.

② 日本外务省「日・イスラエル首脑会谈」、https：//www.mofa.go.jp/mofaj/me_a/me1/il/page1_000522.html。

年份	出口	进口	净出口
2021	17. 268	12. 984	4. 284
2022	14. 850	12. 835	2. 015
2023	13. 153	14. 997	-1. 844

资料来源：笔者根据日本贸易振兴机构网站数据整理绘制，https：//www. jetro. go. jp/en/reports/ statistics. html。

2022 年，以色列与日本正式签署自由贸易协定，双方计划降低关税和日本制造的汽车、玩具和其他商品价格，但 2023 年突然爆发的新一轮巴以冲突严重影响了两国的经济合作。巴以冲突给以色列国内经济发展造成了巨大的影响。据以色列中央统计局统计，2023 年第四季度以色列国内生产总值（GDP）比上一季度下降 21.0%。虽然 2024 年第一季度以色列经济形势有所好转，GDP 比上一季度正增长 14.4%，但仍未恢复到冲突发生之前的水平。① 出于安全考虑，部分日本公司有退出以色列市场的打算。2023 年 3 月与以色列国防公司艾尔比特（Elbit Systems）签署战略合作谅解备忘录的日本伊藤忠商事公司②于 2024 年 2 月宣布，因为巴以冲突，公司将结束与艾尔比特的战略合作。③ 以方对此非常重视并寻求美国帮助，试图"与美国一起向日本人保证以色列是一个安全的市场"，④ 但似乎并未奏效。

以日两国在科技领域具有较强的互补性，尤其是《日以联合声明》签署后双方在科技上的合作领域更加细化深入，聚焦在网络安全、信息技术、电子产品半导体和生物医药与医疗器械等方面。

---

① 在イスラエル日本国大使館「イスラエル経済月報」、https：//www. israel. emb-japan. go. jp/itpr_ja/keizai_news_letter. html。

② 伊藤忠商事株式会社，在 2023 年《财富》世界 500 强企业排行榜上排名第 96 位。

③ Reuters and Tol Staff, "Japan's Itochu to End Cooperation with Israel's Elbit amid Gaza War," *The Times of Israel*, February 5, 2024, https：//www. timesofisrael. com/japans-itochu-to-end-cooperation-with-israels-elbit-amid-gaza-war/.

④ Herb Keinon, "Japan's Rocky Road and Balancing Act with Israel During Hamas War," *The Jerusalem Post*, February 10, 2024, https：//www. jpost. com/israel-hamas-war/article-785955.

网络安全合作是两国科技合作的重心之一，以色列是仅次于美国的世界第二大网络安全产业强国，2016 年以色列网络安全产业出口额占全球 10% 的市场份额。① 日本也具备不俗的实力，2014 年《日以联合声明》中单独强调将网络安全合作作为重点，两国在 2014～2018 年就网络安全问题进行了 4 次对话。② 2017 年 5 月，两国签署的网络安全合作备忘录和 2018 年签署的网络安全合作协议使得双方网络安全技术合作更进一步，以色列还主动提出帮助日本解决举办 2020 年东京奥运会面临的网络安全问题。

半导体产业在两国科技合作当中扮演了重要角色。电子产品和半导体一直是双方进出口产品的重点，但受全球需求和产业链供应等因素影响，整体呈现较大波动。日本 2016～2022 年对以色列电子产品进口额一直位列各类产品进口额的首位，③ 出口额在 2016 年猛增 34%，之后两年稳定在 9000 万美元左右的规模，2019 年增加到 9831.7 万美元。双方自 2017 年开始在半导体领域合作，2018 年两国在该领域贸易额猛增至 9.47 亿美元，但很快又回落到 3.78 亿美元（见表 6）。

表 6　日本对以色列进出口电子产品和半导体金额

单位：万美元，%

年份	电子产品				半导体			
	出口额	增长率	进口额	增长率	出口额	增长率	进口额	增长率
2015	7013.4	—	75657.4	—	—	—	—	—
2016	9394.9	34.0	47223.7	-37.6	—	—	—	—
2017	8986.3	-4.3	27610.1	-41.5	67505.3	—	11421.3	—
2018	9120.1	1.5	32165.3	16.5	77554.5	14.9	17161.3	50.3
2019	9831.7	7.8	33167.9	3.1	30619.2	-60.5	7138.8	-90.4

资料来源：笔者根据日本财务省的贸易统计数据整理绘制，https：//www. mof. go. jp/。

---

① "Israeli Cybersecurity Industry: Looking Back at 2016," The Cyber Research Databank, http://cyberdb. co/israeli-cybersecurity-industry-looking-back-at-2016/.

② Japan-Israel Relations (Archives) | Ministry of Foreign Affairs of Japan (mofa. go. jp).

③ 日本贸易振兴機構 (JETRO)「イスラエルの貿易と投資」、https://www. jetro. go. jp/world/middle_east/il/gtir. html。

信息技术合作方面，2017 年两国政府启动了日本以色列创新网络（Japan Israel Innovation Network，JIIN）计划，目的是在创新、网络和生物技术等领域互派青年企业家、举办研讨会。同年以色列经济与产业部部长埃利·科亨（Eli Cohen）和日本经济产业大臣世耕弘成签署联合声明，呼吁加强各行各业的政府机构、经济组织和公司之间的合作。以色列经济部强调其目的是建立一个统一和促进人工智能、机器人、物联网和自动驾驶领域合作工作的机构。① 大日本印刷株式会社、村田制作所、东京电子有限公司等大公司也积极在以色列寻求技术合作，并在以色列设立研发中心。非政府层面的合作形式较为多样，包括举办各类竞赛、双方大学间合作、企业收购与企业并购等。2015 年 12 月，日本武士孵化器公司（Samurai Incubate）与村田制作所的子公司村田电子欧洲公司（Murata Electronics Europe）联合举办了一次"黑客马拉松"（IT 开发人员的应用程序开发竞赛）。② 日本还成功将以色列技术应用于商业市场。2018 年 5 月，影像企业巨头佳能完成了在以色列的首次收购，以 9000 万美元的价格收购了 BriefCam 视频摘要系统，该系统基于希伯来大学计算机科学与工程学院的成果开发，可快速对视频监控进行筛选分类。③

在医疗卫生领域，全球新冠疫情给两国技术合作提供了新的方向和机遇。2009~2020 年，两国资助了 22 项大型研究，涉及老龄化和神经病学、神经科学、干细胞和 ICT 促进弹性社会，每轮研究持续 3 年。④ 2015 年 11 月，以色列仿制药制造商梯瓦制药工业公司与日本生物制药企业武

---

① Shoshanna Solomon, "Israel, Japan Sign Cybersecurity Cooperation Accord," *The Times of Israel*, December 2, 2018, https://www.jpost.com/Israel-News/Israel-Japan-sign-economic-cyber-cooperation-agreements-489647.

② 日本貿易振興機構（JETRO）「イスラエルの貿易と投資」、https://www.jetro.go.jp/world/middle_east/il/gtir.html。

③ Eytan Halon, "Tokyo-based Fund Aims to Bring Hebrew University Technologies to Japan," *The Jerusalem Post*, November 26, 2019, https://www.jpost.com/Jpost-Tech/Tokyo-based-fund-aims-to-bring-Hebrew-University-technologies-to-Japan-609075.

④ Ministry of Innovation, "International Relations-Japan-The Ministry of Science and Technology," https://www.gov.il/en/pages/most_intl_countries_jp.

田制药（Takeda）达成了在日本成立合资企业的协议；12 月，福岛医科大学和以色列普洛斯特里姆生物技术公司（Pluristem Therapeutics Inc.）宣布联合开发治疗辐射损伤的药物。① 2023 年 11 月，以色列医疗器械公司泰托护理（Tyto Care）与日本保险巨头损保控股（Sompo Holdings）的子公司损保光涡（SOMPO Light Vortex 株式会社）签署合作协议，助推日本国内老年照护服务。② 损保控股早在 2018 年就在特拉维夫设立了创新实验室，2023 年还建立了保险和健康领域的软件开发小组。③ 此外，两国还在空气净化、远程医疗等领域进行科技合作。2020 年 5 月，日本住友化学株式会社同意向基于人工智能的气味物联网解决方案开发商纳米香氛（Nano Scent）提供资金，以开发用于诊断新型冠状病毒感染的传感器。④ 2020 年 12 月，以色列空气净化器初创公司 Aura Air 与日本组织工程有限公司签署了一项价值 3000 万美元的协议，为日本市场提供其空气净化器的先进技术。⑤

四　以色列与日本人文交流的新态势

人文交往在两国关系中一直占据重要地位。20 世纪末，日本教育部根据外国政府奖学金计划为以色列提供来日留学项目，并派遣青年赴以留学。

① 日本貿易振興機構（JETRO）「イスラエルの貿易と投資」、https：//www.jetro.go.jp/world/middle_east/il/gtir.html。
② Sharon Wrobel, "Japan's Sompo Taps Israeli Telehealth Startup for Medical Diagnosis of the Elderly," *The Times of Israel*, September 12, 2023, https：//www.timesofisrael.com/sompo-taps-israeli-telehealth-startup-for-medical-diagnosis-of-the-elderly-in-japan/.
③ Meir Orbach, "Japanese Insurance Giant Sompo Expands Footprint in Israel with Cybersecurity Center and Software Development Group," Ctech, July 20, 2023, https：//www.calcalistech.com/ctechnews/article/b1sj11tiqh.
④ 日本貿易振興機構（JETRO）「イスラエルの貿易と投資」、https：//www.jetro.go.jp/world/middle_east/il/gtir.html。
⑤ Maya Margit, "Israeli Air Purifier Could Bring Japan's Karaoke Industry Back to Life," *The Jerusalem Post*, December 24, 2020, https：//www.jpost.com/israel-news/israeli-air-purifier-could-bring-japans-karaoke-industry-back-to-life-653093.

自 1989 年以来，每年有 5~8 名以色列青年通过中东青年邀请计划到日本接受培训。以色列也在 1992 年和 1993 年举办了日本文化节。① 这些举措初步"打开了国门"，两国学术界也开始频繁接触。进入 21 世纪，两国着力推进多元化的人文交流，通过艺术巡演、文化交流、旅游合作等形式增进了解，例如以色列交响乐团 2000 年、2003 年、2007 年在日本多次巡演；日本相扑选手 2006 年在以色列巡演。2011 年东日本大地震发生之后，以色列救援队立刻抵日参与救援。此外，2014 年 10 月，日本举办了"2014 年耶路撒冷日本周"；2015 年 12 月，日本举办了"2015 年京都以色列文化周"等活动。这些活动都加深了两国人民的相互了解。2015 年安倍晋三访问以色列时肯定了振兴包括旅游在内的人文交流的重要性，并表示期待尽快完成关于引入打工度假签证计划的谈判，还敦促直飞航班的通航。② 虽然签证计划和直飞航班计划在安倍任期内都未实现，但两国一直积极磋商，人文交往显著增加。

1995~2019 年，以色列赴日游客数量除少数年份外，整体呈上升趋势，2016 年首次突破 300 万人次，2019 年峰值高达 500 万人次。③ 虽然以色列赴日游客数量在赴日游客总量中占比不高，但数量的大幅增长呈现两国旅游业发展的迅猛趋势。

2015~2023 年，日本和以色列举办了多次文化交流活动（见表 7），涉及音乐、电影电视、美食、动漫、时尚设计等领域。尤其是 2018~2019 年，双方举办了 10 场活动。2020~2022 年受疫情影响，两国文化交流频次虽然减少，但仍在短视频、写作等领域保持合作。

---

① 日本外務省「イスラエル基礎データ」、https：//www. mofa. go. jp/mofaj/area/israel/data. html。

② Ministry of Foreign Affairs of Japan, "Japan-Israel Relations (Archives)," https：//www. mofa. go. jp/region/middle_e/israel/archives. html.

③ 世界銀行「イスラエルの国際観光到着者数（インバウンド）（推移と比較グラフ）」、https：//graphtochart. com/private-sector/israel-international-tourism-number-of-arrivals. php#license1292。

表7　2015～2023年日以文化交流活动一览

举办时间	活动主题
2015 年 9 月 3 日	东京爵士音乐节与以色列红海爵士音乐节交流:以色列音乐家赴东京演出
2015 年 11 月 13 日	梅纳赫姆戈兰电影节放映以色列电影《淘金男孩》(The Go-Go Boys: The Inside Story of Cannon Films)
2015 年 12 月 24 日	2015 年京都以色列文化周
2016 年 10 月 26 日	2016 年东京国际电影展
2017 年 9 月 2 日	2017 东京爵士音乐节,来自以色列的三支乐队进行演奏
2018 年 9 月 16 日	日本博客电台"J-WAVE"播放特别节目《以色列·感受震动》
2018 年 10 月 20 日	犹太裔与以色列的阿拉伯裔女厨师在日本合作
2018 年 10 月 24 日	东京国际电影节放映电影《今日以色列电影 2018》
2018 年 11 月 5 日	日本女艺人 RITA 和日本流行舞蹈音乐男子组合 EXILE 的主唱佐藤笃志(ATSUSHI)在以色列成立 70 周年音乐会上表演
2019 年 1 月 22 日	以色列巧克力大师伊卡·科恩(Ika Cohen)首次加入东京巧克力沙龙
2019 年 3 月 10 日	东京动漫奖电影节(AAF)2019 年以色列电影专题放映
2019 年 10 月 10 日	以色列作家埃特加尔·凯雷特(Etgar Keret)和以色列导演希拉·格芬(Shira Geffen)合作的作品在日巡演
2019 年 10 月 17 日	耶路撒冷设计周
2019 年 10 月 23 日	耶路撒冷设计周(神乐坂会场)
2019 年 10 月 28 日	耶路撒冷设计周第二部分
2020 年 7 月 21 日	由以色列著名艺术家因巴尔·平托(Inbal Pinto)、作家埃特加尔·凯雷特(Etgar Keret)与日本著名艺术家森山未来、作曲家阿部海太郎合作的艺术电影《Outside》上演
2021 年 6 月 24 日	日本变装艺术家大竹正辉(大竹正辉)携手以色列传奇 DJ 奥弗·尼西姆(Offer Nissim)共创《Maim Maim》创意视频
2021 年 8 月 19 日	"欢迎收听以色列故事"是日本播客电台"J-WAVE"中"SPINEAR"节目的开头内容
2022 年 3 月 10 日	"以色列·日本-东北倡议 2021"短片项目:纪录片电影 Nowhere To Go But Everywhere 在日本与以色列同步线上特别上映
2022 年 3 月 11 日	"以色列·日本-东北倡议 2021"特别企划:以色列摇滚乐队 Boom Pam 与来自日本的音乐人联袂呈现精彩演出
2023 年 3 月 24 日	"数字图书馆:永恒五与以色列短篇小说合作"艺术合作项目启动

资料来源:笔者据以色列驻日本大使馆文化部数据资料整理绘制, https://en. israel-culture-japan. com/specialproject。

此外，在 2021 年举行的东京奥运会开幕式上，日本方面特别设置默哀环节，为 1972 年慕尼黑奥运会恐怖袭击事件中丧生的 11 名以色列遇难者默哀。这是近半个世纪以来首次在奥运会开幕式上举行哀悼活动，此举受到遇难者家属和以色列总理纳夫塔利·贝内特的充分肯定。贝内特感慨道："这是个重要和历史性的时刻。"① 2022 年两国正式建交 70 周年，日本专门设计了新的官方 Logo，以表达近年来进一步推动两国关系蓬勃发展的愿望。② 2023 年上半年，两国旅行签证的签署和特拉维夫—东京之间的直飞航班的开通事宜终于敲定，此举有望进一步促进两国人民的交往。但 2023 年 10 月加沙冲突爆发后，日本外务省便发布以色列地区危险警报，出于安全考虑不建议日本国民前往。③ 此外，以色列轰炸加沙医院的行为遭到国际社会的广泛批评和谴责，消息传到日本后更是引起舆论哗然，日本民众认为这是"违反国际法的非人道行为"，大大损害了日本民众心中对以色列的印象。而以色列本身陷于战争，也减少了对外人文交流。两国人文交往深受影响，人员往来大幅下降。

五　以色列与日本关系的未来展望

近年来，中东地区越发成为域内外国家施加影响力的"主战场"。日本在能源巨大需求和"新时代现实主义"外交新政策双重影响下，对中东外交体现出重视能源转型与高科技合作、追求中东市场的高收益、强调维护"基于规则的国际秩序"三大特点。④ 日本在巴以冲突问题上长期保持平衡，构想具有日本特色的解决方案，以此彰显其"大国影响力"。在新一轮巴以

① 《奥运史上最惨悲剧　终在东京等到"正义"》，搜狐网，2021 年 7 月 31 日，https://www.sohu.com/a/480577585_639570。
② 日本外务省「日·イスラエル外交関係樹立 70 周年(2022 年) 記念事業認定申請」、https://www.mofa.go.jp/mofaj/me_a/me1/page22_003795.html。
③ 日本外务省「海外安全ホームページ: 危険·スポット·広域情報」、https://www.anzen.mofa.go.jp/info/pcinfectionspothazardinfo_044.html#ad-image-0。
④ 束必铨：《日本岸田政府中东外交的特点》，《现代国际关系》2024 年第 7 期。

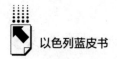

冲突爆发后，日本一如既往地采取审慎和克制言论来表达立场：一方面，日本没有一边倒向以色列，避免使用"恐怖主义"等敏感字眼；另一方面，日本支持"两国方案"，谴责和关注出现的人道主义危机，保持"呼吁和平"和中立态度。整体来看，在冲突持续的情况下，日本和以色列关系保持平稳的态势。两国政治层面的高频交流仍将延续，防务合作或将成为新的焦点，但经贸合作和人文交往将受到较大影响。

可以预见的是，加沙冲突结束后较长一段时间内以色列在中东地区的地缘政治环境将更加恶劣，其亚洲战略的重要性将得到提升，日本依然是以色列的外交重点。对日本而言，高度依赖海湾地区产油国的现实是日以关系的主要挑战，这种挑战也许会伴随能源多元化战略而有所减弱，但短期看日本"中立平衡"的中东政策基调不会改变。一方面，日本聚焦热点区域，积极协调地区事务，以此提升其地区影响力和国际地位；另一方面，日本广泛与中东各国拓展能源领域合作，协调海洋合作事宜，应对气候变化问题，援助解决非传统安全领域问题，合作应对全球性问题。① 由此可见，以色列与日本的战略需要和利益诉求互相交织。

值得关注的是，尽管当前两国官方外交关系保持稳定，但日本国内媒体对以色列的负面报道增多，主要聚焦于对以色列在加沙地带的军事行动的抗议和谴责。2024 年 8 月，长崎市市长决定不邀请以色列大使参加美国原子弹轰炸该市的年度纪念仪式，此举遭到美英等国抗议，但接到日本国内大量电话、邮件和短信，表示支持他的决定。公众对以色列的普遍负面认知将严重影响民间交流的未来走向。当然，日以两国作为美国的忠实盟友，也是美国亚洲战略和中东政策的核心支柱，美国无疑会在两国关系发展上施加影响，但美国因素的起伏强弱又往往会产生一波多折的效应，因而也有可能增加双边关系的复杂性和不确定性。

---

① 庞中鹏：《日本对东地中海地区外交：表现、原因、挑战及走向》，《日本问题研究》2023年第 3 期。

B.13
以色列与东盟国家关系新进展

庞卫东　李宇洋*

摘　要：　二战后，以色列和部分东南亚国家先后建立了外交关系。随着冷战的终结，以色列和东盟国家顺应和平与发展的时代潮流，将双边关系提升到了新的层次。近年来，以色列和东盟国家政治互动频繁、经贸往来密切、人文交流深化、创新合作稳定。当前促使以色列与东盟国家关系积极发展的因素包括双方经济的互补性、没有直接的地缘利益冲突、美国的推动。然而，以色列与东盟的关系以及与东盟个别国家的关系仍面临着难以克服的障碍，例如巴以冲突、东盟内部的反犹主义、双方文化之间巨大的差异、部分东盟国家的伊斯兰背景等。以色列和东盟国家关系的新进展表明，以色列对东南亚地区越来越重视，但该地区国家对发展与以色列关系存在分歧。

关键词：　以色列　东盟国家　新进展　巴以冲突

东南亚地区作为太平洋和印度洋之间的"十字路口"，在东南亚国家联盟（ASEAN，以下简称"东盟"）成立后，走上区域一体化的道路。在2023 年第 42 届东盟峰会上，印度尼西亚外长蕾特诺宣布，本届峰会通过了东帝汶成为该地区组织第 11 名成员的路线图。[①] 几十年来，东盟不断扩员，各国之间的交流日益频繁，在国际舞台上主张用"一个声音说话"，获得了更多的国际话语权。近年来，受新冠疫情等因素的影响，除少数国家外，大

---

* 庞卫东，郑州大学历史学院教授；李宇洋，郑州大学历史学院硕士研究生。

① 《第 42 届东盟峰会在印度尼西亚闭幕》，新华网，2023 年 5 月 11 日，http：//www. news. cn/world/2023-05/11/c_1129607798. htm。

多数国家的经济普遍增长乏力，复苏缓慢。同时，全球地缘政治对抗和大国之间的竞争博弈不断加剧。以色列也受到很大冲击。在此背景下，和中东地区许多国家一样，以色列也逐渐"向东看"，更加注重发展与东亚、东南亚国家的关系，并取得了一系列新成果。由于东盟内部的宗教差异，各国对待以色列的态度呈现明显的两极分化：印度尼西亚、马来西亚、文莱三个伊斯兰文化浓厚的国家对以色列立场较为强硬，其他国家根据自身利益在不同程度上和以色列保持着良好关系。东盟在官方层面上和以色列几乎没有实质性往来。

一　以色列与东盟国家关系的历史演变

根据历史记载，早在9世纪就曾经有零散的犹太人到达马来半岛的布央谷。[①] 新航路的开辟和地理大发现使得欧洲人逐步走上对外殖民扩张的道路，许多在欧洲的犹太人也参与其中。对热衷于商业犹太人来说，地理位置关键的东南亚无疑是一个优越的贸易中心。从16世纪开始，塞法尔迪犹太人及其后裔在东南亚众多港口城市，如万隆、雅加达、纳闽（Labuan）、望加锡（Makassar）、马尼拉、槟城、巴东（Padang）、仰光、山打根（Sandakan）、新加坡、泗水（Surabaya）、三宝颜（Zamboanga）等，建立了犹太社区。[②] 犹太社区建立后规模不断扩大，犹太人在当地的威望也随之提高。除商业领域以外，当地许多港口的犹太人还充当着西方殖民者的外交代理人，比如著名的沙逊家族。[③]

犹太社区的良好发展势头被二战打断了。1940年9月，日本出兵法属印度支那（包括今越南、柬埔寨、老挝等地），之后陆续占领了东南亚大片

---

① 参见 Stephen A. Murphy, "Revisiting the Bujang Valley: A Southeast Asian Entrepot Complex on the Maritime Trade Route," *Journal of the Royal Asiatic Society*, Vol. 28, No. 2 (2018), p. 28。

② Jonathan Goldstein, *Memory and Transnational Identity Across the Indian Ocean*, Berlin: De Gruyter Oldenbourg, 2015, p. 21.

③ 张倩红、艾仁贵：《港口犹太人贸易网络与犹太社会的现代转型》，《中国社会科学》2019年第1期，第189页。

土地。东南亚犹太人也受到了巨大冲击，有些犹太人死于战乱，有些则为躲避炮火而离开东南亚。1948 年，以色列建国。受犹太复国主义的感召，部分东南亚犹太人前往中东定居，加剧了东南亚犹太社区的衰落。20 世纪 50~80 年代，东南亚诸国掀起民族解放浪潮，先后脱离宗主国独立，东南亚犹太社区的整体情况逐渐有所好转，东南亚国家和以色列开始进行官方接触。

（一）以色列和已建交东盟国家关系的历史回顾

以色列已经同东盟多个国家建立正式的外交关系，分别是新加坡、越南、菲律宾、泰国、缅甸、老挝、柬埔寨。以色列与东盟观察员国东帝汶也建立了外交关系。除老挝、柬埔寨、东帝汶之外，以色列和其他五个国家均互相在对方境内设立了大使馆，而老挝、柬埔寨、东帝汶三国和以色列之间的领事事务则通常由区域内第三国代办。

自新加坡与马来西亚分离之后，以色列便开始同其发展官方关系。1968 年，以色列在新加坡设立了贸易办事处，并于同年升级为大使馆。①次年，两国正式建交。因两国的近邻伊斯兰文化浓厚，新以关系一直十分特殊。1986 年，哈伊姆·赫尔佐格成为第一位访问新加坡的以色列总统。2005 年，新加坡国务资政吴作栋也访问了以色列。

以色列同越南正式建交较晚，但两国领导人的交往可以追溯到以色列建国之前。1946 年，越南民主共和国领导人胡志明向本-古里安建议成立犹太流亡政府，并可以在越南民主共和国建立一个总部，本-古里安表示："出于显而易见的原因，这是不可接受的。"② 即使如此，两人之间仍保持着良好的私交。不过冷战开始后，出于政治原因，以色列并未同越南民主共和国

---

① Jacob Abadi, *Israel's Quest for Recognition and Acceptance in Asia*, London: Frank Cass, 2004, p. 171.

② "Ben - Gurion Reveals Suggestion of North Vietnam's Communist Leader," *Jewish Telegraphic Agency*, November 8, 1966, https://www.jta.org/archive/ben-gurion-reveals-suggestion-of-north-vietnams-communist-leader.

进行官方交流。直到 1993 年 7 月，两国才正式建交。1993 年 12 月，以色列在河内设立常驻大使馆。①

菲律宾前总统奎松在任期间，曾为逃离欧洲大屠杀的犹太人提供庇护。1947 年，菲律宾投票支持《联合国第 181 号决议》，赞同巴勒斯坦分治。两国于 1957 年建立全面的外交关系。1962 年，以色列外交部部长果尔达·梅厄率团访问菲律宾并与马卡帕加尔总统进行会谈，② 推动了双边关系的发展。20 世纪 70 年代，费迪南德·马科斯（现任菲律宾总统马科斯的父亲）上台后，出于同阿拉伯国家搞好关系的需要，菲律宾同以色列的关系一度降温。不过 20 世纪 90 年代之后，两国关系逐渐回暖并保持相对稳定。

以色列和泰国在 1954 年就建立了正式的外交关系。以色列驻泰国大使馆于 1958 年在曼谷设立。1996 年，泰国在以色列的特拉维夫也设立了大使馆。泰国和以色列关系密切，在许多领域都有合作。

以色列与缅甸的关系发展较为波折。1953 年，以色列外交部部长摩西·夏里特访问缅甸，两国最终建立了外交关系，大卫·哈科恩（David Hacohen）被任命为以色列驻缅甸大使。③ 1955 年，缅甸独立后的第一任总理吴努访问以色列，他是首位访问以色列的亚洲国家首脑。1961 年，本-古里安也访问了缅甸。1962 年缅甸国内发生政变，奈温推翻吴努政府，在外交上采取孤立主义，缅甸同以色列的关系急转直下。不过自 20 世纪 80 年代末以来，缅甸逐渐开始修复同以色列的关系，双方基本能保持正常往来。

以色列和老挝于 1993 年建立外交关系，但双方并没有互设使馆，以色列在老挝的领事服务通常由以色列驻越南河内的大使馆代理。以色列和柬埔寨于 1960 年建交，双方也没有互设使馆，以色列驻泰国曼谷的大使馆代为

---

① "TÀI LIỆU CƠ BẢN VỀ NHÀ NƯỚC I-XRA-EN," Vietnamese Ministry of Foreign Affairs, December 13, 2018, https：//www.mofa.gov.vn/vi/cn_vakv/nr040830134623/nr040920144424/ns150417103534.

② Carl Hoffman, "The Ties That Bind: Filipinos and Jews, the Philippines and Israel," *The Jerusalem Post*, April 11, 2007, https：//www.jpost.com/Features/The-ties-that-bind-Filipinos-and-Jews-the-Philippines-and-Israel.

③ Jacob Abadi, *Israel's Quest for Recognition and Acceptance in Asia*, p. 118.

处理与柬埔寨有关的事务。以色列于 2002 年和东帝汶建立了外交关系，以色列驻新加坡大使馆在东帝汶设有代表处。①

（二）马来西亚、印度尼西亚和文莱对以色列的态度

到目前为止，以色列还没有同马来西亚、印度尼西亚、文莱等三个国家建立正式的外交关系。以色列与上述三国之间仅存有限的民间交流，官方层面的往来基本处于停滞状态。

以色列与马来西亚的关系最初并非很差。1956 年，在马来亚独立前夕，以色列外交部部长摩西·夏里特访问了吉隆坡。1957 年，以色列投票支持马来亚加入联合国。② 在 20 世纪 60 年代，以色列虽多次试图将两国关系正式化，却无果而终。20 世纪末，马来西亚总理马哈蒂尔·穆罕默德（Mahathir Mohamad）曾考虑与以色列建立正式的外交关系，但因国内穆斯林团体反对声浪过大而未能如愿。近年来，两国冲突不断加剧。马来西亚护照上现在还有"本护照适用于世界各国，以色列除外"的马来文和英文字句。

在对待以色列方面，印度尼西亚与马来西亚的态度相近。印度尼西亚首任总统苏加诺采取了强有力的亲阿拉伯政策，对以色列的态度较为冷淡。2005 年，印度尼西亚曾经表示，只有在以色列和巴勒斯坦达成完全和解之后，才有可能与以色列建立全面外交关系。印度尼西亚禁止以色列护照持有者入境后，以色列也予以对等回应。③ 因此，两国关系一直无法得到实质性改善。

以色列同文莱一直没有官方层面的来往，以色列几乎没有对文莱投入过外交精力，文莱也未承认以色列。

---

① 参见 "List of Countries and Status of Diplomatic Relations with Israel," Israel Ministry of Foreign Affairs, February 15, 2023, https：//www. gov. il/en/Departments/General/israeli_relations。

② Moshe Yeger, "Malaysia: Anti-Semitism without Jews," *Jewish Political Studies Review*, Vol. 18 (Fall, 2006), pp. 3-4.

③ Anges Anya, "Israel Bars Indonesian Visitors in Possible Tit-for-tat," *Jakarta Post*, June 12, 2018, https：//www. thejakartapost. com/news/2018/05/30/israel-bars-indonesian-visitors-in-possible-tit-for-tat. html.

（三）以色列和东盟关系历史回顾

1961年，泰国、菲律宾、马来亚（马来西亚前身）成立了"东南亚联盟"（ASA）。1967年，新加坡、泰国、菲律宾、印度尼西亚外长和马来西亚副总理在曼谷签署《曼谷宣言》，正式将该组织更名为"东南亚国家联盟"。20世纪80年代至90年代，文莱（1984年）、越南（1995年）、老挝（1997年）、缅甸（1997年）和柬埔寨（1999年）5国先后加入该组织，使成员国扩大到10个。在冷战期间，东盟仅召开过三次首脑会议。由于东盟成员国多边交流不频繁，在一定程度上制约了东盟的国际影响力。作为地区性国际组织，东盟当时无意也无力与众多小国建立官方联系，东盟和以色列几乎没有官方往来。冷战结束后，东盟不断接纳新成员，加快了内部整合的步伐，从一个意识形态色彩浓重的政治组织向超意识形态的经贸组织转变。在对外关系上，东盟努力用一种声音来表达整个东南亚的想法，但是在对以态度上却存在着极强的撕裂性。一旦巴以局势稍有恶化，在马来西亚、印度尼西亚、文莱三国的要求下，东盟就会在联合公报等文件中强烈谴责以色列，而以色列在大多数情况下不予回应。与以色列的关系成为东盟国家之间的巨大分歧，这种分歧甚至影响到东盟的机制建设和东南亚区域一体化进程。① 尽管多数东盟成员国和以色列关系良好，在后冷战时代，以色列和东盟的官方关系仍然发展缓慢，以色列至今仍未设立与东盟相关的委员会。

二 近年来以色列与东盟国家的友好交往

2007年，东盟10国元首于东盟成立40周年之际在新加坡签署了《东南亚国家联盟宪章》，（以下简称《东盟宪章》）。随着《东盟宪章》的签

---

① 钮松：《东盟"伊斯兰化"与东盟10国对以关系的互动研究》，《南洋问题研究》2012年第4期，第2页。

署，东盟的共同体建设不断向前推进。①虽然，作为区域一体化组织的东盟仍没有与以色列建立官方联系，但部分东盟国家却在强化与以色列的关系。比如，越南公安部部长陈大光（Tran Dai Quang）大将（后为越南国家主席）于 2014 年率公安部高级代表团访问以色列，拜会以色列总统鲁文·里夫林（Reuven Rivlin）。② 2016 年，李显龙成为新加坡独立 51 年来以及两国自1969 年建交以来首位访问以色列的新加坡总理。③ 2018 年，杜特尔特成为历史上首位访问以色列的菲律宾总统。④ 一向同以色列关系紧张的印度尼西亚和马来西亚都出现了意图改变现状的积极苗头，但可惜并未能在后来产生更深远的影响。

近年来，虽然以色列国内政局风云变幻，贝内特、拉皮德、内塔尼亚胡先后担任总理，但以色列的外交政策总体上一脉相承，以色列和东盟国家的交往在政治、经贸、人文、创新等方面也稳步深入。

（一）政治互动

以色列和东盟各国政治人物对话频繁。2023 年 6 月 5 日，以色列外交部部长埃利·科恩（Eli Cohen）对菲律宾进行正式访问，这是自 1967 年以来以色列外交部长首次进行访问，外交部部长科恩还礼节性拜会了小费迪南德·R. 马科斯总统。⑤ 2023 年 7 月 26 日，越南副总理陈流光访问以色列，庆祝两国建交 30 周年，以色列总理内塔尼亚胡在会晤中表示："我相信，

---

① 宋效峰：《超越地缘政治：以色列东南亚外交述评》，《江南社会学院学报》2012 年第 2 期，第 46 页。

② "Bộ trưởng Trần Đại Quang thăm và làm việc tại Israel，" Đài Tiếng nói Việt Nam, November 10, 2014, https: //vovworld. vn/vi-VN/tin-tuc/bo-truong-tran-dai-quang-tham-va-lam-viec-tai-israel-285209. vov.

③ "ביקור ראש ממשלת סינגפור בישראל，" Israel Ministry of Foreign Affairs, April 29, 2016, https: //www. gov. il/he/Departments/news/singapore_prime_minister_visit_to_israel_180416.

④ "PM Netanyahu Meets with Philippines President Rodrigo Duterte," Israel Ministry of Foreign Affairs, September 3, 2018, https: //www. gov. il/en/Departments/news/event_philippines030918.

⑤ "Israeli Foreign Minister Eli Cohen Conducts Historic Visit to Manila," Philippine Department of Foreign Affairs, June 6, 2023, https: //dfa. gov. ph/dfa-news/dfa-releasesupdate/32572-israeli-foreign-minister-eli- cohen-conducts-historic-visit-to-manila.

我们的合作拓宽了新的视野，将使我们在未来更加成功。"① 2023 年 11 月 1
日，以色列总理内塔尼亚胡同泰国总理赛塔·他威信（Srettha Thavisin）通
电话，内塔尼亚胡对在哈马斯袭击中被杀和被绑架的泰国国民表示诚挚哀
悼，赛塔对发生的可怕事件也表示哀悼。②

  以色列和东盟各国不断强化伙伴关系。2022 年 2 月 26 日，菲律宾和以
色列双方签署了《友好条约》，庆祝双方建交 64 周年。2022 年 3 月 21 日，
新加坡宣布将在特拉维夫开设驻以色列大使馆。以色列外交部部长拉皮德在
一份声明中表示："我欢迎新加坡政府决定在以色列建交以来首次在以色列
开设大使馆。这再次证明了两国之间良好而独特的关系。"③ 2023 年 12 月
19 日，新加坡首位常驻以色列大使向以色列总统赫尔佐格递交了国书，双
方的关系迈入了新的阶段。2023 年 1 月 22 日，以色列-越南友好协会在特
拉维夫成立，越南驻以色列大使李德中对此表示："越南重视人民外交，这
对于国家发展、提高国家地位，以及维护和平稳定的环境起着至关重要的
作用。"④

  东盟一些国家对巴以问题持审慎态度。在 2023 年 10 月 7 日新一轮巴以
冲突开始后，东盟大部分国家并不像马来西亚、印度尼西亚、文莱三国一样
旗帜鲜明地反对以色列，而是站在人道主义和相对中立的立场。虽然它们希
望以色列保持理性、停止占领加沙地带的主张并不完全契合以色列的想法，
但是这些国家也对哈马斯发动的袭击进行了谴责，支持尽快结束冲突以保护

---

① "Se firmó un Acuerdo de Libre Comercio entre Israel y Vietnam," Israel Ministry of Foreign Affairs,
July 25, 2023, https：//www. gov. il/es/Departments/news/se-firmo-un-acuerdo-de-libre-
comercio-entre-israel-y-vietnam.

② "PM Netanyahu Speaks with Thai Prime Minister Srettha Thavisin and German Chancellor Olaf
Scholz," Israel Ministry of Foreign Affairs, November 1, 2023, https：//www. gov. il/en/
Departments/news/pm-netanyahu-speaks-with-thai-pm-srettha-thavisin-and-german-
chancellor-scholz-1-nov-2023.

③ "After 53 Years of Ties with Israel, Singapore to Open Embassy in Tel Aviv," *The Times of Israel*,
March 21, 2022, https：//www. timesofisrael. com/after-53-years-of-ties-with-israel-
singapore-to-open-embassy-in-tel-aviv.

④ 《以色列-越南友好协会正式成立》，越南通讯社，2023 年 1 月 23 日，https：//zh. vietna
mplus. vn/以色列越南友好协会正式成立/181658. vnp。

平民。新加坡外交部发言人说："新加坡强烈谴责加沙对以色列的火箭弹和恐怖袭击，这些袭击导致许多无辜平民伤亡。"①泰国政府在哈马斯发动袭击之后立即做出回应，其"敦促有关各方不要采取任何可能加剧紧张局势的行动，并与国际社会一起谴责暴力和袭击，并表示希望以色列政府能够迅速控制局势"②。越南呼吁："向加沙地带人民提供紧急人道主义援助，特别是水、食品、药品。有关各方需要努力为人道主义救援工作提供支持和创造条件。"③

（二）经贸往来

以色列不断与东盟多个国家强化商业关系。菲律宾贸易和工业部部长拉蒙·洛佩兹（Ramon Lopez）于 2022 年 6 月 8 日在特拉维夫卡尔顿酒店举行的菲律宾-以色列商业论坛上发表主旨演讲，强调杜特尔特政府为进一步推动经济发展而采取的经济改革和举措。④ 在 2023 年 6 月 6 日至 9 日举办的新加坡亚洲科技展（Asia Tech x Singapore）上，以色列派出 13 家高科技企业参展。⑤ 2023 年 7 月 25 日，以色列和越南签署了双边自由贸易协定，预计该协定将迅速推动双方年度贸易额增长近 50%。⑥

---

① "Singapore 'Strongly Condemns' Rocket and Terror Attacks from Gaza on Israel," Channel New Asia, October 7, 2023, https：//www.channelnewsasia.com/singapore/israel-hamas-gaza-violence-singapore-strongly-condemns-attacks-3828966.

② " ไทยประณามเหตุโจมตีอิสราเอลนายกฯทวิตย้ำดูแลคนไทยสำคัญที่สุด ," Daily News, October 7, 2023, https：//www.dailynews.co.th/news/2788480/.

③ 《哈马斯-以色列冲突：越南紧急呼吁停止暴力，避免造成平民伤亡》，越南通讯社，2023 年 10 月 28 日，https：//zh.vietnamplus.vn/哈马斯以色列冲突越南紧急呼吁停止暴力避免造成平民伤亡/203293.vnp。

④ "Philippines Showcased in Israel Business Forum," Philippine Department of Foreign Affairs, June 15, 2022, https：//dfa.gov.ph/dfa-news/news-from-our-foreign-service-postsupdate/30682-philippines-showcased-in-israel-business-forum.

⑤ 《出访机会 | 新加坡亚洲科技展 Asia Tech x Singapore》，以色列经济与产业部微信公众号，2023 年 5 月 28 日，https：//mp.weixin.qq.com/s/Tj9aLzMwz4QonBNvO8X3Yw。

⑥ Khanh Vu and Phuong Nguyen, "Vietnam and Israel Sign Free Trade Agreement," Reuters, July 25, 2023, https：//www.reuters.com/world/middle-east/vietnam-israel-sign-free-trade-agreement-2023-07-25.

以色列吸收部分东南亚劳工。同以色列建交的东盟国家中,除新加坡是发达国家需要引入大量外籍劳动力之外,其他国家均为发展中国家和劳动力输出国。以色列和新加坡相似,国内劳动力市场缺口较大,因此需要大量雇用他国工人。中国与菲律宾和泰国并列为以色列三大主要的劳务输出国。[①] 除了菲律宾和泰国之外,其他东南亚国家比如越南也有少量劳工前往以色列工作。

以色列与东盟国家保持着良好的产品贸易往来。表1展示了2021~2023年以色列与部分东盟国家的进出口贸易额数据。表1中的数据反映出,随着新冠疫情的结束,以色列与东盟国家的外贸逐渐恢复正常,虽然受2023年年末巴以冲突的影响,但以色列与大多数东盟国家贸易的基本盘仍然稳固。新加坡、泰国、越南、菲律宾是以色列在东南亚的主要贸易伙伴,以色列与印度尼西亚、马来西亚的进出口额较小主要是由于双边关系不睦,与缅甸和柬埔寨仅保持几百万美元的进出口额则是因为两国经济发展水平较低,与以色列的经贸往来较少。

表1 2021~2023年以色列与部分东盟国家进出口贸易额

国家	进口(百万美元)			出口(百万美元)		
	2023	2022	2021	2023	2022	2021
印度尼西亚	59.2	77.1	70.7	37.1	38.0	26.1
菲律宾	176.2	112.4	64.3	290.5	340.9	175.7
越南	220.9	278.2	337.5	171.5	175.0	158.9
缅甸	3.4	3.4	2.3	0.7	1.5	2.9
马来西亚	10.4	10.7	10.0	25.3	74.6	9.0
新加坡	1413.1	2166.5	1735.6	780.1	1143.0	693.7
柬埔寨	1.7	3.2	6.9	2.2	1.6	2.0
泰国	543.8	603.0	569.2	327.4	372.8	300.3

注:以色列中央统计局网站的完整版文件中仅列出了上述8个国家,未提及文莱、老挝,以及东盟观察员国东帝汶。

资料来源:参见以色列中央统计局网站,https://www.cbs.gov.il/en/mediarelease/pages/2024/israel-foreign-trade-in-goods-by-country-2023.aspx。

---

① 艾仁贵:《以色列的外籍劳工政策初探》,《世界民族》2022年第3期,第109页。

（三）军事合作

近年来，以色列和东盟国家的军事合作不断加强。受地缘环境的影响以及美国的技术支持，以色列积极研发和生产各类先进军事武器和装备。与其他军事强国相比，以色列武器制造的规模并不大，但在性能和价格方面具有突出的优势和特点，对经济实力普遍不强且难以自主生产高端军火的东盟国家来说有较强的吸引力。埃尔比特系统公司向菲律宾提供了装配先进情报系统的海上巡逻机。2014 年，越南引进了以色列武器工业公司（IWI）的突击步枪生产线，生产更先进的 Galil 31/32 ACE 突击步枪，逐步取代人民军使用的苏制 AK47 步枪。[①]新加坡与以色列在军事层面的合作主要侧重于信息情报的交换。由于两国的许多军事技术皆来源于美国，双方在预警机、教练机、直升机、战斗机、潜艇、导弹、监控技术等武器方面具有高度的相似性。

（四）人文交流

以色列和东盟国家在高等教育方面一直保持着友好的合作。全球顶尖学府新加坡国立大学下设的中东研究所（The Middle East Institute）近年来在其"洞察"（Insight）与"观点"（Perspectives）系列栏目中发表了许多涉及以色列政治、经济、外交等方面的时评文章，以色列和犹太研究也是该所的优势方向之一。2022 年，以色列特拉维夫大学派出了一个高级代表团访问新加坡，与新加坡国立大学、南洋理工大学、新加坡网络安全部门和国立研究基金会（National Research Foundation）进行了交流。[②] 2023 年 3 月 8 日，泰国朱拉隆功大学的综合创新学院（School of Integrated Innovations）与以色列驻泰国

---

① Jon Grevatt, "Israel Weapon Industries to Begin Assault Rifle Production in Vietnam," Janes, February 3, 2014, https：//web. archive. org/web/20141006073554/https：//www. janes. com/ article/33334/israel- weapon-industries-to-begin-assault-rifle-production-in-vietnam.

② "TAU Seeks Enhanced Academic Ties in Singapore," Tel Aviv University, July 14, 2022, https：//english. tau. ac. il/news/tau_singapore_2022.

大使馆联合举办了"妇女与创新：庆祝 2023 年国际妇女节"（Women & Innovation：Celebrating International Women's Day 2023）特别活动。[①]由于以色列在教育方面比大多数东盟国家有优势，其国内高校吸收了众多来自东盟国家的留学生。

新冠疫情的发生使得全球范围内人员流动大幅减少，以色列和东南亚也难以幸免。为了尽可能减小疫情对出入境的影响，以色列和东盟多个国家互相达成了便利入境协议。随着疫情防控形势的不断变化，以色列先是于 2021 年 11 月逐步放开了个人跨境旅游，后又于 2022 年 3 月取消了绝大多数入境限制措施，重新向世界"开放"。得益于此，以色列的旅游业也慢慢恢复了元气。东南亚作为以色列旅游业的客源地之一，入境以色列的游客数量不断增长。2021 年疫情严重时期，印度尼西亚、马来西亚、越南、菲律宾、新加坡、泰国 6 个东盟国家入境以色列的游客加起来还不到 3000 人次；2022 年以色列"解封"后，这一数据大幅上涨到 4.43 万人次；2023 年，尽管在年末受到了新一轮巴以冲突的影响，但是这 6 个东盟国家入境以色列的游客仍然增至 7.01 万人次。[②]总的来说，以色列与东盟多个国家正在努力克服多重不利因素的影响，增进人员交流往来。

此外，以色列积极地向东南亚地区传播本国与本民族的特色文化，受到了当地政府与群众的广泛欢迎。以色列驻越南大使馆近年来一直致力于推动以越两国的文化交流，资助以越文出版了 10 余本关于以色列科技、文学、历史的图书，举办一系列研讨会和赠书活动，还在 2022 年协助越南地方政府在河江和莱州省为当地的孩童建造了公共图书馆。纪念大屠杀遇难者是以色列强化同世界各地犹太人的联系的重要方式，每年的 1 月 27 日，也就是国际大屠杀纪念日，以色列大使馆会在菲律宾、泰国、越南等东盟国家举办纪念活动，缅怀在反法西斯战争中丧生的无辜犹太人。2022 年暑期，在新

---

① 参见 " Women & Innovation：Celebrating International Women's Day 2023," Chulalongkorn University, March 1, 2023, https：//www. chula. ac. th/en/news/106575/。

② 上述数据参见以色列中央统计局网站，https：//www. cbs. gov. il/en/subjects/Pages/Tourism- and- Hotels. aspx。

加坡犹太社区的支持下，以色列学者莫迪·米勒（Mordy Miller）联合南洋理工大学的几名教授发起了"秘库工程"（Genizah），旨在收集、寻找、编目第一代新加坡犹太人带到此地的宗教书籍、文本和物品，这一工程不仅反映了新加坡犹太社区的历史变迁，而且揭示了世界其他地方的犹太社区的历史。①

（五）创新合作

以色列土壤贫瘠，水源匮乏，却依靠科技创新，打造了世界先进的生态农业系统。以色列如今有大量致力于农业科技研发的企业和科研院所，不断向世界输出先进的农业技术。② 得益于此，以色列的几大农业培训中心吸引了众多东盟国家的学生前往学习农业新技术。比如，以色列外交部与农业部于2005年支持建立的"农业研究"（AgroStudies）国际培训中心，为来自世界各地发展中国家的实习生提供了以色列的农业教育。③ 该中心已经与越南、菲律宾、柬埔寨、老挝等东盟国家建立了正式的伙伴关系，在以色列本土培训来自这些国家的优秀实习生。2023~2024年，该中心还专门面向老挝农业技术人员开设了"收获和采摘作物""植物保护""灌溉"三门课程。又比如，著名的阿拉瓦国际农业培训中心（Arava International Center for Agricultural Training）有来自越南、柬埔寨、泰国、缅甸的留学生。越南驻以色列大使李德中在2022年参加该中心举办的留学生毕业典礼时表示："虽然自然资源有限，但凭着高新科技的发展，以色列依然可以满足国内粮食需求，并出口部分粮食。这里为越南学习借鉴经验提供了良好环境。"④ 即使在2023年年末新一轮巴以冲突爆发后，越南方面也希望能够在保证人身安全的前提下增加在阿拉瓦国际农业培训中心的学生人

---

① 参见新加坡犹太社区网站，https：//singaporejews.com/gniza-project/。
② 《综述：高科技助力以色列实现农业"逆袭"》，新华网，2019年5月11日，http：//m. xinhuanet.com/2019-05/12/c_1124482687.htm。
③ 参见农业研究（AgroStudies）网站，https：//www.agrostudies.com/about-us。
④ 《以色列越南留学生充满期待回国建功立业》，越南通讯社，2022年6月16日，https：//zh. vietnamplus.vn/以色列越南留学生充满期待回国建功立业-post167279.vnp。

数，足见以色列在农业创新方面的吸引力。除此之外，格拉诺特（Granot）农业合作社以及内格夫农业研究中心（Negev Agro Research Centre）等机构正与缅甸等东盟国家合作，通过先进的计算机控制技术种植蔬菜、水果、花卉，饲养牲畜。①

除了先进的农业外，以色列还拥有发达的工业体系。在以色列与东盟国家的共同推动下，双方在工业创新领域的合作涌现出了一批新成果。新加坡作为东南亚重要的工业创新中心，长期以来与以色列在工业领域合作密切。2022 年是新加坡-以色列工业研发基金会（Singapore-Israel Industrial R&D Foundation，SIIRD）成立 25 周年，该基金会自成立以来已资助了约 190 个项目。② 2022 年 3 月，为了庆祝该基金会成立 25 周年，双方签署了一份关于跨境合作的谅解备忘录。2023 年 1 月 12 日，总部位于以色列雷霍沃特的细胞养殖海产商 Steakholder Foods 公司与新加坡海鲜养殖技术开发商 Umami Meats 公司合作生产了 3D 打印结构的鳗鱼和石斑鱼产品。③ 该项目由 SIIRD 资助，对两国渔业以及食品加工业的发展具有重要意义。以色列极度缺乏石油和天然气，不得不通过进口和合作开采的方式获取资源。在东南亚，以色列与三个伊斯兰教氛围浓厚的产油国（印度尼西亚、文莱和马来西亚）关系紧张，缅甸虽然石油和天然气储量丰富但是国内政治局势动荡。因此，菲律宾便成了以色列油气公司的投资目的国之一。2023 年 2 月 22 日，以色列的比率（Ratio）公司的代表会见了菲律宾驻以色列大使，希望落实与菲律宾国家石油公司之前签署的油气勘探开发合作协议。双方讨论了以色列在菲律宾的石油

---

① 参见以色列驻缅甸大使馆网站，"Myanmar Israel Bilateral Relation," https：//embassies. gov. il/yangon/AboutTheEmbassy/bilateral-relations/Pages/Myanmar-Israel-Bilateral-Relation. aspx。

② "Innovation and Collaboration. 25th Anniversary of the Singapore-Israel Industrial Research and Development Foundation," National University of Singapore, June 15, 2022, https：//mei. nus. edu. sg/event/innovation-and-collaboration-25th-anniversary-of-the-singapore-israel-industrial-research-and-development/.

③ 《以色列细胞养殖海产公司与新加坡合作开发 3D 打印鳗鱼和石斑鱼产品》，中国国际渔业博览会网站，2023 年 1 月 16 日，https：//www. seafood-expo. com/seafoodnews/8011-2023-1-16-14。

和天然气勘探前景。① 2023 年是以色列与越南建交 50 周年，两国也借此契机，强化工业创新合作。越南科学与技术部部长黄成达和以色列经济和工业部部长尼尔·巴尔卡特于 8 月 16 日下午在河内共同主持越南-以色列经济科技和其他领域合作政府间委员会第三次会议。双方评估了第二次会议纪要的落实情况，商讨了今后一段时间推动两国有效合作的方向和具体措施。双方都认为，以色列初创企业正在越南寻求合作，这将有助于以色列私营企业在越南乃至整个东盟地区扩大产能。②

以色列自 1948 年建国以来，一直将科技作为立国之本，坚持以创新驱动发展，科技对 GDP 的贡献率在 90% 以上。③ 近年来，以色列通过科技创新，对传统行业进行升级，大力发展新兴产业，并同东南亚国家一道进行研发。作为东南亚科技创新中心的新加坡是以色列的重点合作对象，双方在大数据、航空航天、水净化方面开展多项科技合作。2022 年 2 月 28 日，全球著名的硬盘制造商希捷公司（以色列企业）在新加坡建立了一个名为"莱维"（Lyve）的云存储实验室。该实验室将与以色列和美国的实验室一起，把新加坡的技术人才与全球其他志同道合的创新者联系起来，寻求对整个世界产生积极的影响。④ 2023 年 7 月 30 日，以色列在印度将一颗为新加坡制造的卫星送入太空。⑤ 这

---

① "PH Embassy, Israeli Oil & Gas Firm Discuss, Energy Propects," Philippine Department of Foreign Affairs, February 22, 2023, https: //tel－avivpe. dfa. gov. ph/news－menu/745－ration－petroleum－gas－exploration－in－the－philippines.

② 《越南-以色列经济科技和其他领域合作政府间委员会举行第三次会议》，越南通讯社，2023 年 8 月 16 日，https: //zh. vietnamplus. vn/越南以色列经济科技和其他领域合作政府间委员会举行第三次会议/199835. vnp。

③ 方晓霞：《以色列的科技创新优势、经验及对我国的启示》，《中国经贸导刊》2019 年第 5 期，第 25~26 页。

④ "Seagate Launches Lyve Cloud and Lyve Labs in Singapore to Accelerate Digital Economy Growth," Singapore Economic Development Board, February 28, 2022, https: //www. edb. gov. sg/en/about－edb/media－releases－publications/seagate－launches－lyve－cloud－and－lyve－labs－in－singapore. html.

⑤ "Israeli－built Satellite Blasts into Space for Singaporean Customers," *The Time of Israel*, July 30, 2023, https: //www. timesofisrael. com/israeli－built－satellite－blasts－into－space－for－singaporean－customers/? __cf__chl__rt__tk = 0y5mmhbM2JLo9oq7OJ714hpa5iT4n7H6CnoeF4D0170－1717510706－0. 0. 1. 1-6783.

颗合成孔径雷达遥感卫星由以色列航空航天工业公司为新加坡国防科学技术局（Defence Science and Technology Agency）和 ST 电子工程集团制造，将为新加坡相关机构提供高清卫星图像。2023 年 9 月 18 日，以色列著名的水务公司麦克洛（Mekorot）宣布与新加坡国家水务局签署合作备忘录。两家单位将探索应对水资源挑战的前沿创新，交流技术知识以优化水处理、分配、资源管理，并专注于分享网络安全措施的实践经验。①

三　当前制约以色列与东盟国家关系的因素

以色列与东盟国家间的外交亲疏有别，因而双方合作交流的广度与深度上亦呈现差异。从全局视角审视，当前影响以色列与东盟国家关系的因素纷繁复杂，其中既蕴含积极的推动力，也不乏消极的阻碍力。如何有效把握机遇并化解矛盾冲突，成为双方亟须应对的重大课题。倘若以色列与东盟各国能致力于将争议与分歧暂置一旁，秉持求同存异的原则，那么双方未来的合作前景无疑将充满希望与光明；反之，若双方在处理利益冲突上难以达成共识，导致合作减少，那么双方关系或将陷入前所未有的不确定性与困境。

（一）以色列与东盟国家关系中的有利因素

以色列和东盟国家经济有互补性，合作空间大。以色列在生命科学、医学、药学、农学、微电子学、光机电学、数学、天体物理学等基础学科领域有深厚的研究基础，在生物技术、超级计算、纳米技术、电子芯片、机器人、卫星技术、数据通信和网络安全、国防科技、高科技农业等应用学科领域拥有世界领先的技术和经验，这些正是东盟国家在经济转型升级过程中所

---

① "Mekorot Signs MOU with Singapore National Water Agency to Collaborate on Water Management," *The Jerusalem Post*, September 18, 2023, https：//www.jpost.com/israel-news/article-759516#google_vignette.

需要的。① 而东南亚的橡胶、水稻、蔗糖、果蔬、原木等产量丰富，还有相比于发达国家价格更为低廉的数量充足的劳动力，这些资源也为以色列企业提供了广阔的发展空间。经济合作成为加强以色列与东盟国家关系的重要纽带。

以色列位于亚洲西部，地处地中海东岸，与多个中东国家相邻，这使得其在中东地缘政治格局中具有重要地位。而东盟国家在地理上与以色列并不直接相连，几乎没有直接的地缘安全利益冲突。然而，中东地区的地缘政治动荡往往会对全球能源市场、贸易路线等产生深远影响，可能波及东盟国家。此外，以色列与某些东盟国家（如印度尼西亚、马来西亚、菲律宾）在反恐、海上安全等领域可能存在共同利益，这有助于促进双方的合作。同时，马六甲海峡是连接太平洋和印度洋的重要国际水道，对全球贸易和航运具有至关重要的地位。以色列作为中东的重要经济体，其资源和产品需要依靠国际贸易进行流通。对以色列来说，维护好这一地区的地缘政治稳定对其国家利益有着重要意义。以色列为维护自身利益，也需要关注并适当参与地区事务，以促进海峡地区的和平与稳定。

美国希望以色列与东盟国家能进行友好合作，服务于其中东战略和"印太战略"。美国作为世界上唯一的超级大国，在几乎所有热点区域都进行直接或者间接的干涉。在巴以局势前途未卜的情况下，美国迫切希望帮助其重要盟友以色列打开外交局面。比如美国希望通过升级与印度尼西亚的双边关系，对印度尼西亚施加影响力，促使其和以色列关系正常化。② 尽管印度尼西亚和马来西亚仍没有与以色列改善关系的迹象，但在美国的协调下，两国也很难在东盟内部发起反以色列的倡议，不会影响以色列与东盟其他国家发展政治、经济和军事关系。

---

① 《"全球创新之源"以色列的创新战略解析——BFA 创新报告（摘编 4）》，澎湃新闻，2020 年 12 月 9 日，https：//www.thepaper.cn/newsDetail_forward_10333571。

② 参见苏海布·贾西姆《印度尼西亚是否在 10 月 7 日之前寻求与以色列实现关系正常化？》，卡塔尔半岛电视台，2024 年 3 月 4 日，https：//chinese.aljazeera.net/news/political/2024/3/4/印度尼西亚是否在 10 月 7 日之前寻求与以色列实现关。

（二）以色列与东盟国家关系中的不利因素

新一轮巴以冲突的加剧给以色列与东盟国家的关系蒙上了阴影。2023
年 10 月至 12 月，联合国大会通过的涉及巴以局势的决议就有 8 份。这 8 份
决议的主基调都是要求以色列停止非法占领巴勒斯坦领土以及保障巴勒斯坦
人民的合法权利，实行人道主义停火，等等。① 东盟所有的国家在针对这 8
份决议的投票中都没有投过一次反对票，以赞成票和弃权票为主，这显然无
法令以色列满意。由于以色列在此次巴以冲突中的一些暴力行为已经违背了
国际法与基本人权，东盟国家在同以色列发展外交关系时也不得不有所忌
惮，面临着来自国内外的双重压力。马来西亚前总理马哈蒂尔曾这样批评以
色列："以色列不是一个大国，它们压根不关心国际法或道德底线，原因是
有美国在背后撑腰。"② 马来西亚、印度尼西亚、文莱三个国家长期存在敌
视犹太人的现象。特别是在哈马斯突然发起"阿克萨洪水"行动之后，三
国的民间团体多次组织游行示威支持巴勒斯坦人民的抵抗运动。短期内，以
色列与三国关系正常化的希望非常渺茫。

以色列与东盟在文化方面存在显著差异，这些差异在一定程度上可能
对双边关系产生不利影响。以色列有着深厚的犹太文化基础，其文化传承
可以追溯到古老的希伯来文明。犹太文化中存在着一种深刻的自我认同感
和历史使命感，在面对其他文化和民族时，犹太人会表现出一种强烈的文
化自豪感和"天选之子"的优越感。而东盟国家的文化则具有多样性，不
同的宗教信仰影响了人们的价值观和行为方式，从而在文化上产生了分
歧。由于上述差异的存在，以色列与东盟国家在交流时可能容易出现误解
和障碍。这种误解和障碍可能影响双方的政治、经济和文化合作，限制双
边关系的深入发展。

---

① 参见联合国数字图书馆中文网站，https：//digitallibrary. un. org/？ ln=zh_CN。
② 《马哈迪：以色列对加沙暴力袭击因美国背后撑腰》，〔新加坡〕《联合早报》2023 年 10 月
26 日，https：//www. zaobao. com. sg/realtime/world/story20231026-1445859。

四　以色列与东盟国家关系的前景展望

对以色列而言，尽可能赢得全球所有国家的外交承认具有至关重要的意义，这不仅能够为其经济和外交活动开辟更广阔的空间，还有助于减轻其长期承受的国际压力。自以色列独立伊始，国际社会对以色列的合法性认可便一直是其历史进程中的核心关切。在东南亚地区，以色列已经获得了八个国家的外交承认，仅与印度尼西亚、马来西亚和文莱三国尚未建立正式外交关系。以色列紧跟时代步伐，与东盟国家携手并进，通过增进互利合作与相互信任，以色列不仅扩大了自身的国际影响力，还为未来与相对倾向于世俗主义和实用主义的印度尼西亚改善关系奠定了坚实基础。

对大部分东盟国家而言，与以色列逐步扩大交往能够满足其切实利益诉求，也有利于自身未来的发展。在政治层面，东盟国家与以色列通过互动交流，能够对各自的核心利益给予合理关注。当以色列国内安全局势骤然紧张时，东盟国家能够依托前期建立的沟通机制，为本国侨民提供实质性的援助。在经贸领域，东盟国家不仅拓宽了商品市场，还实现了军队武器装备的升级，并收到了本国劳工从以色列寄回的侨汇和信件。在人文交流方面，东盟国家与以色列增进了民间信任与友谊，使东南亚民众能够欣赏到来自其他地区的丰富文化产品。此外，在创新合作上，东盟国家的科技水平得到了显著提升，在农业、工业等多个领域取得了丰硕成果。

但是，以色列与东南亚国家的关系向好并不意味着双方可以彻底搁置利益分歧，双边的交流更多地集中于经济和国防方面。尽管东盟作为一个整体在国际上保持着基本的团结，但各国在国家利益和社会文化上存在差异，加剧了东盟内部在对以色列关系上的分歧，导致对以色列的态度截然不同。早年间，以色列领导人访问新加坡曾引发邻国马来西亚的强烈不满，甚至一度威胁要切断对新加坡的供水，导致新马关系陷入低谷。如今，以色列与哈马斯发生冲突，印度尼西亚、马来西亚、文莱这三个国家对以色列的批评，与其他东南亚国家相对克制的态度形成了鲜明对比。这三个国家频繁利用东盟

平台表达宗教诉求，这不仅不利于东盟内部的团结，也难以体现东盟作为多样文明集合体的特性。因此，未来东盟与以色列关系的走势，也受到这三个国家的国策的影响。

总而言之，以色列与东盟国家取得的一系列合作成果并非无迹可寻，受到疫情打击的以色列在内政外交上需要面对非常艰难的局面，其便主动拓展外交空间，东南亚便是一个重要的突破口。这意味着以色列在未来大概率会更坚定地执行现有的对东南亚的外交路线。具体来看，中东国家集体"向东看"背后有着深层次的逻辑，反映的是中东国家正在根据自身发展需求调整对外战略，通过"向东看""向东转"甚至"向东行"，以实现伙伴多元化、经济多元化和市场多元化的多重目标。[①] 以色列并不局限于只同某一国家或地区发展关系，而是将视野扩大到全球范围。具体到东方，除了东盟国家之外，以色列与中国、日本、印度、韩国等国都保持着较为友好的关系。所以，无论是从短期还是从长期来看，以色列积极"向东看"的外交路线不会轻易被动摇。尽管现实中挑战与阻碍重重，但近年来以色列与东盟国家间的关系却实现了新的突破，这无疑为双方的外交努力注入了新的活力，并为未来在更深层次、更广泛领域的合作奠定了稳固的基石。对以色列来说，保持与东盟国家关系的稳定，是其在当前复杂多变的外交局势中防止形势进一步紧张的关键一环。而从东盟的角度看，处理与以色列的关系无疑是一个错综复杂且至关重要的议题，其中蕴含的利弊得失，需要东盟各方进行深入细致的考量与权衡，以期达到最佳的外交效果。

结　语

自近代以来，犹太民族与东南亚地区之间的纽带便日益紧密，历经数百年的历史沧桑，关系不断深化。冷战的帷幕拉开后，犹太民族所建立的以色

---

① 《西索世鉴｜中国的"中东外交年"与中东国家集体"向东看"》，澎湃新闻，2022 年 1 月 1 日，https://www.thepaper.cn/newsDetail_forward_16092510。

列国家与东南亚新兴的民族政权，在国家层面上掀开了交流互动的新篇章。冷战结束后，尤其是近年来，尽管全球局势依然错综复杂，但伴随着以色列外交政策的灵活调整以及东南亚一体化进程的加速推进，以色列与东盟国家在政治互信、经济合作、人文交流、科技创新等多个领域存在着广泛的共同利益，双方关系取得了一系列突破性进展，对各自的发展产生了深远的影响。不可忽视的是，以色列与部分东南亚国家以及东盟之间仍存在着明显的分歧，这些分歧严重阻碍了双方的深入沟通与有效交流。展望未来，以色列在东南亚地区继续拓展合作空间的任务依旧艰巨，特别是受新一轮巴以冲突的影响，以色列如何在维持与大多数东南亚国家正常关系的同时，寻找并打开与个别国家外交关系的突破口，将成为其未来亟须解决的一大战略难题。因此，以色列需继续秉持开放包容的外交理念，深化与东盟国家在各领域的务实合作，同时积极寻求化解分歧的有效途径，以推动双方关系不断迈上新的台阶，共同为地区的和平、稳定与繁荣作出积极贡献。

B.14
南非与以色列关系新动向[*]

高文洋[**]

摘　要：　2023 年年末，南非向国际法院起诉以色列对加沙地带巴勒斯坦人实施"种族灭绝"，双边外交关系跌至冰点。作为最早承认以色列的国家之一，20 世纪七八十年代南非与以色列长期维持着密集的政治、经贸及国防交往。但 1994 年南非结束种族隔离制度后，南非对以色列的外交政策逐步转向，对巴勒斯坦问题的立场由温和转为强硬，两国关系始终处于下行趋势。近年来，南非再度调整对以色列的外交政策，主要原因在于以色列国际声誉下滑，南非外交政策内核接连转变和新一轮大选的现实需求，两国经贸联系有限，南非对美国及其盟友的情绪反弹。南非对以色列的外交政策调整给地区及全球安全形势带来深刻变化，同时也为处理国际冲突提供了全新的视角和启示。

关键词：　以色列　南非　以色列与南非关系

　　自 2023 年 10 月新一轮巴以冲突爆发后，南非政府公开称以色列在加沙的行为是"种族灭绝"。南非召回驻以色列大使，以色列随后也召回驻南非大使以表回应。2023 年 12 月 29 日，南非向国际法院起诉以色列，指控以色列在新一轮巴以冲突中犯下"种族灭绝罪、战争罪和伤害人类罪"。南非

---

*　本报告为国家社科基金青年项目"全球化背景下的近现代摩洛哥乡村社会变迁研究"（21CSS013）、郑州大学人文社会科学优秀青年科研团队资助项目"比较视野下的 20 世纪历史主义理论研究"（2023-QNTD-08）的阶段性研究成果。

**　高文洋，郑州大学历史学院、埃及研究中心讲师。

与以色列的关系因此彻底跌入谷底。南非结束种族隔离制度后，巴勒斯坦问题始终是影响南非与以色列外交关系的直接变量。近年来，南非政府在巴勒斯坦问题上立场强硬，对以色列的外交政策不断收紧，屡屡与以色列交恶，双边关系持续走低。

一　南非与以色列的历史交往

虽然在 1948 年以前，作为一个实体国家的以色列并不存在，但是犹太复国主义运动早就活跃于世界舞台。南非与犹太复国主义运动的历史交往可以追溯至一战前后。20 世纪初，扬·克里斯蒂安·斯穆茨（Jan Christiaan Smuts）[①] 就与哈伊姆·魏兹曼（Chaim Weizmann）关系密切，[②] 并在四个方面向犹太复国主义运动提供帮助：第一，为《贝尔福宣言》的诞生而四处奔走；[③] 第二，给予南非犹太社团重要支持，并且作为南非政府、南非犹太社团以及犹太复国主义运动的纽带；[④] 第三，就《帕斯菲尔德白皮书》（*Passfield White Paper*）与《1939 年白皮书》（*White Paper of 1939*）中针对犹太人的限制政策，向英国政府施加压力；[⑤] 第四，劝说魏兹曼理性对待巴勒斯坦皇家委员会（Palestine Royal Commission）的调查结果，积极促成 1947 年联合国巴以分治决议。[⑥]

1948 年 5 月 24 日，以色列宣布独立，斯穆茨政府在向以色列时任外交部长摩西·夏里特（Moshe Shertok）发送的贺电中事实上承认了以色列国

① 1919~1924 年、1943~1948 年担任南非总理。
② Leonard Stein, *The Balfour Declaration*, New York: Simon & Schuster, 1961, p. 482.
③ Joshua David Kreindler, "South Africa, Jewish Palestine and Israel: The Growing Relationship 1919-1974," *Africa Development*, Vol. 6, No. 2 (1981), p. 114.
④ Richard Stevens, *Weizmann & Smuts: A Study in Zionist - South African Cooperation*, Beirut: Institute for Palestine Studies, 1975, pp. 33-36.
⑤ Joshua David Kreindler, "South Africa, Jewish Palestine and Israel: The Growing Relationship 1919-1974," *Africa Development*, Vol. 6, No. 2 (1981), p. 112.
⑥ Joshua David Kreindler, "South Africa, Jewish Palestine and Israel: The Growing Relationship 1919-1974," *Africa Development*, Vol. 6, No. 2 (1981), pp. 113-115.

家。两天后，国民党（National Party）在南非大选中取得胜利，新任总理丹尼尔·弗朗索瓦·马兰（Daniël François Malan）立即在法律上承认以色列。1949 年，以色列在南非设领事馆。1951 年，以色列驻南非领事馆升级为公使馆，同年，摩西·夏里特访问南非。

马兰的外交思路集中体现在他倡导的《非洲宪章》中，即保护南非免受亚洲影响，确保南非发展符合西方基督教路线，等等。① 正是基于上述思路，马兰于 1953 年对以色列进行了历史性的外交访问，并在访问期间直言不讳地表示，南非对中东非常感兴趣，是因为"中东是敌人进入非洲的北方门户"。②此次访问后，双方就两国将在各个领域开展合作达成了一定程度的共识。南非政府允许南非犹太人在以色列服役，并且开放了南非犹太社团向以色列的侨汇。

然而，由于南非施行种族隔离政策，且随着非洲其他国家的独立，以色列面临着相互矛盾的压力：一方面希望在联合国等国际舞台通过投票反对种族隔离赢得非洲其他国家的友谊；另一方面又要考虑南非犹太社区的地位，以及南非政府的反应。左右权衡之下，以色列的天平暂时向非洲其他国家倾斜，支持要求制裁南非的决议，并对谴责种族隔离的决议投了赞成票。

以色列的立场引起了南非的强烈不满。1961 年 4 月 13 日，联合国大会通过了谴责南非种族隔离政策的第 1598 号决议，以色列投了赞成票。③ 之后，南非总理亨德里希·维沃尔德（Hendrich Verwoerd）指控以色列同样是一个"种族隔离国家"，并且表示考虑撤销对以色列的支持。南非外交部部长埃里克·劳（Eric Louw）告诉以色列驻联合国代表团，如果以色列再次

---

① James Barber and John Barret, *South Africa's Foreign Policy: The Search for Status and Security 1945-1988*, New York: Cambridge University Press, 1990, pp. 35-37.

② Muhammed Haron, "South Africa-Middle Eastern Relations (circa 1948-1994)," *Digest of Middle East Studies*, Vol. 6, No. 4 (1997), pp. 4-5.

③ "Question of Race Conflict in South Africa Resulting from the Policies of Apartheid of the Government of the Union of South Africa: Resolution/Adopted by the General Assembly," A/RES/1598 (XV), United Nations Digital Library, https://digitallibrary.un.org/record/667641? ln=en.

投票反对种族隔离，南非政府将禁止犹太社区在没有外汇管制的情况下向以色列汇款，否则将断绝外交关系。

1962 年 11 月 6 日，联合国大会通过了具有里程碑意义的第 1761 号决议，谴责南非的种族隔离制度违背《联合国宪章》、威胁国际秩序，呼吁各国与南非断绝外交往来，以色列投了赞成票。① 作为回应，南非政府冻结了（由南非犹太社区筹集的）给以色列的资金。1963 年，以色列召回驻南非公使，双方关系降至冰点。

1967 年第三次中东战争的爆发，将南非和以色列的关系推向了新的拐点。南非犹太社团和基督教社团对以色列进行大力援助，并发表联合声明，谴责阿拉伯国家。② 虽然时任南非外交部部长希尔加德·穆勒（Hilgard Muller）明面上宣称对中东局势保持中立，但是政府放宽了 1962 年以来针对南非犹太人向以色列汇款的限制。1969 年 5 月，大卫·本-古里安访问南非，与南非总理巴尔萨泽·约翰内斯·沃斯特（Balthazar Johannes Vorster）进行会谈。

1973 年的第四次中东战争使以色列更加孤立，以色列不得不重新审视对非洲的外交战略，进一步加强与南非的联系，因而将驻南非公使升级为大使。作为回应，南非政府允许 2000 名南非犹太复国主义者帮助以色列作战。③ 1975 年 11 月，联合国大会通过的第 3379 号决议，援引 1975 年非洲统一组织国家和政府首脑会议（Assembly of Heads of State and Government of the Organization of African Unity）在坎帕拉通过的第 3377 号决议，谴责犹太复国主义与南非种族隔离都是种族压迫的形式。④ 由此，南

---

① The Policies of Apartheid of the Government of the Republic of South Africa, A/RES/1761（XVII）, United Nations Digital Library, https：//digitallibrary. un. org/record/204274? v=pdf.

② Joshua David Kreindler, "South Africa, Jewish Palestine and Israel: The Growing Relationship 1919-1974," *Africa Development*, Vol. 6, No. 2（1981）, pp. 123-124.

③ Jake C. Miller, "African - Israeli Relations: Impact on Continental Unity," *The Middle East Journal*, Vol. 29, No. 4（1975）, pp. 403-407.

④ Elimination of All Forms of Racial Discrimination, A/RES/3379（XXX）, *Security Council Report*, https：//www. securitycouncilreport. org/atf/cf/% 7B65BFCF9B － 6D27 － 4E9C － 8CD3 － CF6E4FF96FF9%7D/IP%20A%20RES%203379. pdf.

非和以色列更加重视彼此的关系，特别是 1976 年 4 月南非总统巴尔萨泽·约翰内斯·沃斯特对以色列进行国事访问之后，双方展开了一系列经济与军事合作。[①]然而由于南非的国际声誉持续下行，1987 年以色列实施了"一系列限制与南非经济、体育和文化联系的措施"。[②] 这些措施一直持续至1994 年。

1994 年，纳尔逊·曼德拉（Nelson Mandela）当选为南非总统，两国关系进入了新阶段。曼德拉外交政策的核心是支持民主和人权，尊重国际法，维护正义，实现和平，促进全球和区域经济合作。在巴以问题上，曼德拉的核心愿景是达成一个和平且可行的两国方案。[③]此后的南非对以色列政策都受到曼德拉总统奠定的基调的影响，在多个国际平台上强调两国方案，敦促以色列政府尊重巴勒斯坦的人权，支持抵制、撤资和制裁运动（Boycott, Divestment and Sanctions，BDS）。[④]

2017 年，南非与以色列关系再度降温。2017 年 12 月，由于美国总统特朗普承认耶路撒冷为以色列首都，非洲人国民大会（African National Congress，ANC，以下简称"非国大"）通过一项决议，呼吁政府将南非驻以色列大使馆降级为联络办。[⑤] 此后很长一段时间两国关系仍没有回暖的迹象。2018 年 5 月，南非曾一度召回驻以色列大使。此外，南非旗帜鲜明地反对非洲联盟授予以色列观察员国资格。2023 年 10 月以色列与哈马斯的战争爆发以来，南非一直是国际社会谴责以色列行径的先锋。

---

① "Vorster Visit Marks New Israel-South Africa Ties," *MERIP Reports*, No. 47 (1976), pp. 21-22.

② J. Hunter, "Israel and Bantustans," *Journal of Palestine Studies*, Vol. 72, No. 5 (1986), p. 55.

③ Quraysha Sooliman, *South African Foreign Policy and Human Rights: South Africa's Foreign Policy on Israel (2008–2014) in Relation to the Palestinian Question*, Dissertation of Master Degree, University of Pretoria, 2014, pp. 26-28.

④ Michael B. Bishku, "South Africa's Anti-Israel Obsession Jerusalem's International Challenges," *Middle East Quarterly*, Vol. 30, No. 2 (2023), https：//www. meforum. org/64211/south-africa-anti-israel-obsession.

⑤ Toi Staff, "South Africa Downgrades Israel Ties: FM Says It Won't Bring Ambassador Back," *The Times of Israel*, April 5, 2019, https：//www. timesofisrael. com/south-african-fm-we-will-not-bring-ambassador-back-to-israel/.

二 南非与以色列的经贸交往与国防合作

（一）南非与以色列的经贸交往

1948 年以色列宣布建国后，南非除了给予以色列外交承认之外，总理马兰批准放宽了南非严格的货币管制，允许向以色列出口商品和外汇。两国随即开始了经贸交往。此后，受南非种族隔离政策的影响，以色列对南非的外交政策时有转折，但两国的经贸联系从未中断。至 1967 年，以色列对南非的出口额为 400 万美元，比 1961 年增加了 1 倍多，而南非对以色列的出口额为 330 万美元。[①] 20 世纪 60 年代，南非实际上已成为以色列在非洲最大的贸易伙伴。[②] 1968 年，以色列-南非友好联盟和以色列-南非贸易协会相继成立，进一步为双方经贸互动提供了便利。[③]

20 世纪 70 年代后，随着以色列外交战略转向南非，两国开始了密切的经贸合作。1976 年 4 月，以色列总理拉宾对南非进行了正式的国事访问，访问结束后，双方缔结了一项经济联盟协议，确定了未来双边贸易和投资合作的实质内容。此后两国每年至少需举行一次部长级会议以监督该协议的实施。

贸易互动是这一时期以色列与南非经济关系的首要组成部分，以南非用原材料换取以色列人力和技术为主要模式。南非向以色列出口的产品包括各种原材料和半成品，如钢铁、木材、烟草、皮革、羊毛、冷冻肉、罐头食品等，其中钢铁占南非对以色列出口贸易量的 40%。以色列拥有世界上最大的钻石切割中心，南非作为全球最大的钻石生产国，每年向以色列

① Richard P. Stevens, "Zionism, South Africa and Apartheid: The Paradoxical Triangle," *Phylon*, Vol. 32, No. 2 (1971), p. 134.

② C. L. Sulzberger, "Strange Nonalliance," *The New York Times*, April, 30, 1971, https://www.nytimes.com/1971/04/30/archives/strange-nonalliance.html.

③ Michael B. Bishku, "South Africa and the Middle East," *Middle East Policy*, Vol. 17, No. 3 (Fall, 2010), p. 168.

出口超过 1 亿美元的钻石原石。[1] 此外，南非是当时以色列的主要煤炭来源地。1979 年，双方达成的煤炭协议规定，南非每年需向以色列哈德拉发电厂供应 2300 万美元的煤炭。以色列则将大部分加工制成品出口到南非。其中包括农业机械、钻石切割工具、纺织品和电气产品等。这一阶段以色列和南非之间的贸易量较前期增长了 10 倍。双边贸易额从 1970 年的 2090 万美元跃升至 1979 年的 1.993 亿美元。其中南非对以色列的出口从 1970 年的 1020 万美元增长到 1979 年的 1.511 亿美元，增长了近 14 倍，而以色列对南非的出口从 1970 年的 1070 万美元增长到 1979 年的 4820 万美元，增长了 3.5 倍。[2] 快速但不平衡的贸易增速是这一时期双方贸易往来的关键特征。

相互投资是这一时期以色列与南非经贸交往的另一个重要组成部分。南非的外汇条例规定，该国犹太人在以色列的投资限额为 6000 万美元。在政策鼓励下，南非与以色列建立了大量合资企业，其中最著名的是艾斯科尔公司（ISCOR）。该公司负责在以色列分销南非的钢铁。南非投资者还将资金投入以色列的各类基建项目，包括投资地中海与死海间的新水力发电系统、内格夫的区域开发项目、埃拉特与特拉维夫之间的铁路建设、哈德拉煤炭装卸码头的建设、特拉维夫海洋公园等。为方便开展业务，南非的公司也陆续在以色列开设了一批子公司。相比之下，以色列在南非的投资较少，投资额仅占以色列每年对外投资总额的 1%[3]，投资领域主要涉及电子产业、建筑和农业技术等。南非对以色列的投资兴趣在很大程度上源于南非希望通过以色列进入欧洲市场。南非本地仅进行半成品加工，后续加工在以色列完成，此举可以避开欧洲对南非进口的严格控制。因此，以色列实质上是当时南非向欧洲和美国出口商品的重要"桥头堡"。

---

[1] Azim Husain, "The West, South Africa and Israel: A Strategic Triangle," *Third World Quarterly*, Vol. 4, No. 1 (January, 1982), p. 56.

[2] Naomi Chazan, "The Fallacies of Pragmatism: Israeli Foreign Policy towards South Africa," *African Affairs*, Vol. 82, No. 327 (April, 1983), p. 179.

[3] Naomi Chazan, "The Fallacies of Pragmatism: Israeli Foreign Policy towards South Africa," *African Affairs*, Vol. 82, No. 327 (April, 1983), p. 180.

这一时期，以色列和南非之间的旅游业也稳定增长。1979 年，以色列出境游客数量约为 50 万人次，其中大约有 1 万人次前往南非。以色列游客数量的增加促使南非旅游公司在特拉维夫开设了分公司，大力宣传南非旅游项目。南非旅行社协会也在以色列召开交流会。南非前往以色列的游客数量也在不断增加，1980 年约有 2.5 万名游客前往以色列。① 双向游客源源不断，带动了南非与以色列航空公司之间的广泛合作，特拉维夫—约翰内斯堡航线成为热门线路，利润可观。

两国间的高密度经贸往来持续至 1987 年。种族隔离制度严重损害了南非的国际形象。以色列是当时全球唯一一个仍与南非保持着密切经济往来的发达国家，迫于国际压力，以色列选择切断与南非的文化、外交和旅游关系，并对南非实施了十项经济和文化制裁，禁止两国间的新投资。② 由于制裁不追溯已经达成的协议，双方依然维持着有限的经贸交流。1990 年，双边贸易额为 3.17 亿美元，以色列因对南非出口的限制而产生了 1.25 亿美元的贸易逆差。同年，南非启动废除种族隔离制度的谈判，以色列对南非的制裁才宣告结束。1991 年，两国外交部长签署了谅解备忘录，以促进双方在科学、文化、工业、农业、旅游、商业和其他领域的合作。此后，以色列与南非之间的贸易额不断增加，从 1992 年的 3.878 亿美元增至 2000 年的 7.064 亿美元。③ 2010 年，两国贸易额更是达到 10.3 亿美元。④ 2004 年，以色列和南非签署了双边投资条约，其中包括最惠国待遇条款，但该条约于 2014 年失效。这一时期以色列是南非的重要进口来源国和出口目的国，南非是以色列在非洲的主要贸易伙伴。近年来，以色列与南非在巴以问题上立

① Amneh Daoud Badran, *Zionist Israel and Apartheid South Africa: Civil Society and Peace Building in Enthnic-National States*, New York: Routledge, 2010, pp. 56-57.
② Milt Freudenheim, Katherine Roberts and James F. Clarity, "Israel Loosens Ties with Pretoria," *The New York Times*, March 22, 1987, https://www.nytimes.com/1987/03/22/weekinreview/the-world-israel-loosens-ties-with-pretoria.html.
③ World Bank, "South Africa Trade Balance, Exports and Imports by Country and Region 2000," https://wits.worldbank.org/CountryProfile/en/Country/ZAF/Year/2000/TradeFlow/EXPIMP.
④ World Bank, "South Africa Trade Balance, Exports and Imports by Country and Region 2010," https://wits.worldbank.org/CountryProfile/en/Country/ZAF/Year/2010/TradeFlow/EXPIMP.

 以色列蓝皮书

场对立，严重影响了双边贸易和投资，两国经贸交往日趋减少。南非与中国、俄罗斯、印度、巴西等金砖国家的经贸关系日益密切。

（二）南非与以色列的国防合作

在 1994 年南非结束种族隔离制度前，以色列与南非长期保持着军事层面的合作。其历史可以追溯至 1967 年。第三次中东战争前法国对以色列实施禁运，南非向以色列提供了法国所制造武器的关键备件。以色列获胜后成为部分南非白人，尤其是南非军政领导人崇拜的对象。时任南非总理沃斯特直言南非理解并同情以色列的立场，南非政府允许南非平民和准军事志愿者前往以色列，并允许犹太复国主义组织在南非境内筹款。20 世纪 80 年代末，以色列被迫对南非实施制裁，双方的国防军事合作逐渐减少。

双方真正在国防领域开展战略合作始于 20 世纪 70 年代。两国的军政领导人确信双方面临着相似的困境，以色列与巴解组织作战、南非与非国大作战，以确保生存。[1] 因此，两国一拍即合，迅速结为军事盟友，以色列成为南非国防军（South African National Defence Force，SANDF）最重要的外国武器供应国。双方的国防合作主要集中在以下三个领域。

第一，武器采购与技术转让领域。南非在比利时的许可下生产乌兹冲锋枪，以色列向南非订购。[2] 以色列向南非销售大量军事硬件，包括六艘配备加布里埃尔地对地导弹的雷谢夫级战舰。其中两艘炮艇于 1976 年年初供应，其余货物在南非总理沃斯特当年访问以色列后完成交付。以色列对南非海军人员进行了专业技术培训。南非还购买了数量不详的拉玛塔巡逻艇。在军事电子领域，两国同样交往密集，以色列向南非空军提供飞机计算机和电子军用围栏生产方面的援助。1977 年，以色列承诺对 150 辆百夫长坦克进行现代化改造，交付南非以换取空军所需的南非稀有钢材。受美国对南非武器禁

---

① Sasha Polakow-Suransky, *The Unspoken Alliance: Israel's Secret Relationship with Apartheid South Africa*, Johannesburg: Jacana Media Ltd. , 2010, p. 133.

② "Vorster Visit Marks New Israel-South Africa Ties," *MERIP Reports*, No. 47, (May 1976), pp. 21-22.

运的影响，以色列无法直接向南非出售新型"幼狮"战斗机。但以色列使用"幼狮"战斗机的军事技术协助南非空军升级了"幻影Ⅲ"战斗机，由此诞生了南非空军的"猎豹"C、D、E系列战斗机。[1] 1981 年，南非国防军在与安哥拉的战斗中首次使用了以色列飞机工业公司（Israel Aircraft Industries Ltd., IAI）所生产的无人机，创造了使用无人机技术的军事历史，其使用时间甚至早于以色列国防军。[2]

第二，军事信息领域。以色列高级军事人员经常到南非讲授军事课程，对南非部队进行反叛乱战争和快速打击战术方面的培训。以色列和南非情报部门负责人则会定期举行会议，分享有关敌方武器和训练的信息。[3] 以色列国防军与南非国防军之间的交往透明度是史无前例的，两国军队将领能够不受限制地获取对方的军事战术，以色列也与南非分享有关其任务的高度机密信息，而此前以色列仅向美国提供这些信息。

第三，核领域。南非为加强核发展计划，与以色列在核领域展开了密集合作。1976 年，两国签署了科学合作协议，南非的核研究随即得到了以色列科学家的技术支持。以色列科学家参与了南非的核研究项目。例如南非聘请了以色列顾问，就瓦林达巴核电站的商业反应堆安全问题提供建议。[4] 有报道指出，以色列和南非在核武器研发上同样存在合作，但双方从未正式承认。

总体来看，以色列与南非的经贸、国防交往均经历了从试探性接触、密切合作到逐步疏远的过程。其关系演变受到全球政治环境变化、南非国内政治转型以及巴以冲突的深刻影响，最终两国立场走向对立。

---

① Ilan Pappe, ed., *Israel and South Africa: The Many Faces of Apartheid*, London: Zed Books, 2015, p. 134.

② Steven J. Zaloga, *Unmanned Aerial Vehicles: Robotic Air Warfare 1917-2007*, New York: Osprey Publishing, 2011, p. 22.

③ Sasha Polakow-Suransky, *The Unspoken Alliance: Israel's Secret Relationship with Apartheid South Africa*, p. 142.

④ Naomi Chazan, "The Fallacies of Pragmatism: Israeli Foreign Policy Towards South Africa," *African Affairs*, Vol. 82, No. 327 (April, 1983), p. 188.

三 2023年年末南非对以色列的起诉

（一）南非所提出的诉求

2023 年 12 月 29 日，南非向国际法院起诉"以色列在与哈马斯冲突期间对加沙地带的巴勒斯坦人犯下种族灭绝罪、战争罪和危害人类罪"。南非指控以色列"长期以来对加沙地带巴勒斯坦人的所作所为违反了《防止及惩治灭绝种族罪公约》（Convention on the Prevention and Punishment of the Crime of Genocide，以下简称《公约》）"。① 而南非与以色列均为该公约的签署国。

《公约》将种族灭绝定义为"蓄意全部或部分消灭某个民族、族裔、种族或宗教群体的行为"。据此，南非认为以色列的行为"具有种族灭绝性质，因为其意图是毁灭巴勒斯坦大部分民族、种族和族裔群体"，② 于是请求国际法院临时发布具有约束力的法律命令，要求以色列"立即停止在加沙地带和针对加沙地带的军事行动"。南非在起诉状中提出，"自 2023 年 10 月 7 日以来以色列对加沙地带的军事行动所造成的破坏构成了种族灭绝行为"，这些行为包括"大规模屠杀加沙的巴勒斯坦人、摧毁其家园、导致其流离失所以及封锁加沙地带"。南非指控以色列"通过破坏对孕妇及新生儿生存至关重要的基本卫生服务来阻止巴勒斯坦人生育"③。南非认为

---

① Anita Powell, "South Africa to Take Israel to Top UN Court on Genocide Claim in Gaza," VOA, January 4, 2024, https：//www. voanews. com/a/south-africa-to-take-israel-to-top-un-court-on-genocide-claim-in-gaza-/7427539. html.

② "Application Instituting Proceedings," International Court of Justice, December 28, 2023, https：//www. icj-cij. org/sites/defeault/files/case-related/192/192-20231228-app-01-00-cn. pdf, p. 1.

③ "Application Instituting Proceedings," International Court of Justice, December 28, 2023, https：//www. icj-cij. org/sites/defeault/files/case-related/192/192-20231228-app-01-00-cn. pdf, p. 1.

以色列的这些行动"旨在毁灭巴勒斯坦人这一群体"。①起诉状中还指出，以色列"杀害了 21110 余名巴勒斯坦人，其中包括 7729 名儿童，另有 7780 余人失踪，推测已死于废墟之下，并造成 55243 名巴勒斯坦人受伤"，②"以色列摧毁了加沙地带的大片地区，包括整个街区，损坏或摧毁了超过 355000 所巴勒斯坦人的房屋"。③ 起诉状中也明确谴责了哈马斯于 2023 年 10 月 7 日针对以色列平民的暴力袭击行为，但认为"无论多么严重，对一个国家领土的任何武装袭击——即使是涉及暴行罪的袭击——都不能……为违反《公约》提供任何可能的正当理由或辩护"。④虽然该起诉状主要涉及以色列自 2023 年 10 月 7 日以来的行为，但它还探讨了以色列自 1948 年建国以来的"种族隔离政策"、对巴勒斯坦领土的长期占领以及对加沙持续 16 年的封锁。除了起诉以色列正在实施"种族灭绝"外，南非还认为，以色列未能制止"直接和公开煽动实施种族灭绝的行为"同样违反了《公约》。在起诉状中，南非提出了一系列临时保护的措施，包括：要求以色列立即停止在加沙地带和针对加沙地带的军事行动；确保以色列控制下的个人不直接和公开煽动实施种族灭绝，并根据《公约》的要求追究他们的责任；采取一切措施，包括撤销相关命令，以防止以色列剥夺加沙地带巴勒斯坦人获得充足食物和水的机会；保存证据；以色列需提交关于为遵守临时保护措施而采取的措施的报告；避免以色列采取可能加剧或延长法院争端的行动。

南非提出诉讼后以色列外交部对其指控予以驳斥，称以色列遵守了国际

---

① Mike Corder, "South Africa's Genocide Case Against Israel Sets up a High-stakes Legal Battle at the UN's Top Court," ABC News, January 2, 2024, https：//abcnews. go. com/International/ wireStory/south-africas-genocide-case-israel-sets-high-stakes-106055104.

② "Application Instituting Proceedings," International Court of Justice, December 28, 2023, https：//www. icj-cij. org/sites/defeault/files/case-related/192/192-20231228-app-01-00-cn. pdf, p. 1.

③ "Application Instituting Proceedings," International Court of Justice, December 28, 2023, https：//www. icj-cij. org/sites/defeault/files/case-related/192/192-20231228-app-01-00-cn. pdf, p. 1.

④ "Application Instituting Proceedings," International Court of Justice, December 28, 2023, https：//www. icj-cij. org/sites/defeault/files/case-related/192/192-20231228-app-01-00-cn. pdf, p. 1.

法，军事行动只针对哈马斯，加沙居民并非敌人。以色列已采取措施尽量减少对平民的伤害，允许人道主义援助进入加沙地带，并指责南非"与一个呼吁摧毁以色列国的恐怖组织合作"，① 南非的行为是"血祭诽谤"②。

（二）南非与以色列的法律团队

2024年1月2日，以色列政府决定参与国际法院的诉讼程序。以色列组成了6人团队代表其出席国际法院。这6人团队成员是以色列国际事务副总检察长吉拉德·诺姆（Gilad Noam）和加里特·拉关（Galit Raguan），以色列外交部法律顾问塔尔·贝克尔（Tal Becker），英国著名律师马尔科姆·肖（Malcolm Shaw）和克里斯托弗·斯塔克（Christopher Staker），以及以色列律师欧姆里·森德（Omri Sender）。南非法律团队则由约翰·杜加德（John Dugard）、阿迪拉·哈希姆（Adila Hassim）、特姆贝卡·恩库凯托比（Tembeka Ngcukaitobi）、麦克斯·杜普莱西斯（Max du Plessis）、茨迪索·拉莫盖尔（Tshidiso Ramogale）、莎拉·普迪芬-琼斯（Sarah Pudifin-Jones）、勒拉托·齐卡拉拉（Lerato Zikalala）、沃恩·洛（Vaughan Lowe）和布琳尼·尼·格拉莱格（Blinne Ní Ghrálaigh）9位律师组成。③ 其中，领衔律师杜加德曾担任联合国巴勒斯坦被占领土人权问题特别报告员。

此外，根据国际法院章程，在本案审理过程中国际法院的15名法官将与以色列和南非选出的额外临时法官一起审理此案。以色列提名了已退休的最高法院前院长、大屠杀幸存者阿哈龙·巴拉克（Aharon Barak）。2024年7月，巴拉克因个人原因辞职，以色列宣布任命保守派法律学者罗恩·

---

① Mike Corder, "South Africa Launches Case at Top UN Court Accusing Israel of Genocide in Gaza," AP News, December 30, 2023, https：//apnews. com/article/south – africa – israel – un – court – palestinians–genocide–ffe672c4eb3e14a30128542eaa537b21.

② 中世纪的一种虚假指控，即谎称犹太人谋杀基督徒并在仪式上使用基督徒的鲜血，以此作为压迫犹太社区的借口。

③ Rorisang Kgosana, "The 'A-team' Lawyers Representing South Africa at the World Court Against Israel," TimesLIVE, January 5, 2024, https：//www. timeslive. co. za/news/south–africa/2024-01–05–the–a–team–lawyers–representing–south–africa–at–the–world–court–against–israel/.

夏皮拉（Ron Shapira）担任国际法院临时法官。① 南非则提名了前副首席大法官迪克冈·埃内斯特·莫塞内克（Dikgang Ernest Moseneke）。莫塞内克是南非前总统曼德拉的好友，支持曼德拉对巴勒斯坦问题的一贯立场。

（三）国际法院的初步裁决

2024 年 1 月 11 日至 12 日，国际法院举行了为期两天的公开听证会。在听证会上，南非方表示："种族灭绝从未被事先宣布，但本法庭掌握了过去 13 周的证据，这些证据无可辩驳地表明了以色列种族灭绝的行为模式和相关意图。"② 南非方的举证包括加沙地带的死亡人数、受伤人数、基础设施破坏情况等数据以及来自加沙地带目击者和受害者的证词。南非方还引入具有影响力的国际法和人权专家的分析，证明以色列的行为符合《公约》对"种族灭绝"的定义，"有摧毁巴勒斯坦民族、种族和族裔群体的目的和行为"。以色列方则辩称以色列在加沙地带的行动是对哈马斯于 2023 年 10 月 7 日所犯罪行的自然反应，以色列团队展示了哈马斯武装分子随身摄像机拍摄的原始视频片段和音频。当时巴勒斯坦杰哈德组织和哈马斯武装分子袭击了以色列城镇和村庄，造成约 1200 人死亡，约 5500 人受伤，劫持了约 240 名人质。③ 以色列认为哈马斯对劫持的以色列人质实施酷刑及暴力犯罪，向以色列无差别发射火箭弹，并在战斗中使用巴勒斯坦平民作为人盾，这些行为本身就可能造成"种族灭绝"。同时以色列指出其战争对象是哈马斯，而非加沙的巴勒斯坦平民。

---

① "Israel's New Judge in ICJ Case Is a Law Professor Who Blasted UN Court as Manipulative," *The Times of Israel*, July 1, 2024, https://www.timesofisrael.com/liveblog_entry/israels-new-judge-in-icj-case-is-a-law-professor-who-blasted-un-court-as-dishonest/.

② Ellen Ioanes and Nicole Narea, "South Africa's Genocide Case Against Israel, Explained," VOX, January 13, 2024, https://www.vox.com/world-politics/24019720/south-africa-israel-genocide-case-gaza-hamas-palestinians.

③ Ellen Ioanes and Nicole Narea, "South Africa's Genocide Case Against Israel, Explained," VOX, January 13, 2024, https://www.vox.com/world-politics/24019720/south-africa-israel-genocide-case-gaza-hamas-palestinians.

2024 年 1 月 26 日，国际法院下达命令，要求以色列采取一切措施防止任何违反《公约》的行为，并于 2024 年 2 月 23 日前向其报告。① 同时，除要求以色列暂停军事行动以及避免局势进一步恶化外，国际法院通过了南非所提出的其余临时保护措施。国际法院还对加沙地带人质的命运表示关切，并承认加沙的灾难性局势面临进一步恶化的风险。② 按照国际法院的命令，以色列于 2024 年 2 月 26 日提交了一份关于遵守临时裁决所采取措施的报告。2024 年 3 月 28 日，在南非第二次要求采取额外措施后，国际法院下令采取新的紧急措施，命令以色列立即确保向巴勒斯坦人提供基本粮食供应，以应对加沙面临的饥荒。③ 2024 年 5 月 24 日，国际法院以 13 票对 2 票下令立即停止以色列在拉法的进攻。以色列则对这一裁决提出抗议，并表示其对拉法的攻击不需要停止，因为它不会对平民构成非法威胁。④

在起诉过程中，南非的诉求得到了中国、西班牙、伊朗、伊拉克、埃及、阿尔及利亚等国的支持，但美国、英国、德国、法国、澳大利亚等国均表示反对，认为南非对以色列的"种族灭绝"指控"毫无根据"，加拿大与欧盟则表示中立。面对国际法院已经给出的裁决，南非国际关系与合作部（Department of International Relations and Cooperation, DIRCO）称其为"国际法治的决定性胜利，也是巴勒斯坦人民寻求正义的重要里程碑"。⑤

---

① Paul Adams, "Israel Reined in by ICJ Rulings on Gaza-But Will It Obey?" BBC, January 27, 2024, https：//www. bbc. com/news/world-middle-east-68113223.

② Paul Adams, "Israel Reined in by ICJ Rulings on Gaza-But Will It Obey?" BBC, January 27, 2024, https：//www. bbc. com/news/world-middle-east-68113223.

③ Federica Marsi, Usaid Siddiqui and Maziar Motamedi, "Israel's War on Gaza Updates：ICJ Again Orders Israel to Ensure Aid to Gaza," Al Jazeera, March 28, 2024, https：//www. aljazeera. com/news/liveblog/2024/3/28/israels-war-on-gaza-live-unarmed-palestinians-killed-buried-by-bulldozer? update=2804475.

④ Dominic Casciani, "What Does the ICJ's Ruling on Israel's Rafah Offensive Mean?" BBC, May 29, 2024, https：//www. bbc. com/news/articles/c722zv1r5yro.

⑤ Peter Fabricius, "The Complex Politics of South Africa's Genocide Case Against Israel," The Nation, February 1, 2024, https：//www. thenation. com/article/world/the-complex-politics-of-south-africas-genocide-case-against-israel/.

四　当前南非与以色列外交关系遇冷的原因

此次南非向国际法院起诉以色列，再度将两国关系降至冰点，如今南非与以色列仅保持"有限的政治和外交互动"。南非与以色列外交关系遇冷的原因可以归纳如下。

第一，新一轮巴以冲突中以色列的所作所为损害了自身的国际声誉，南非迫切与其断交。2023 年 10 月，新一轮巴以冲突爆发后，以色列给加沙地带巴勒斯坦人造成了严重的人道主义危机，沦为全球道德指责的对象。2024 年 5 月，国际刑事法院（International Criminal Court，ICC）检察官要求对以色列总理本雅明·内塔尼亚胡（Benjamin Netanyahu）和国防部部长约阿夫·加兰特（Yoav Gallant）发出逮捕令，指控其涉嫌在加沙地带犯下战争罪。国际法院及国际刑事法院对以色列的态度表明以色列如今被视作"道德洼地"。[①] 以色列的行为不仅影响自身国际形象，由于西方国家在巴以问题上持续奉行双重标准，甚至一刀切地默许以色列对加沙地带进行无差别轰炸，此举同样引发了以美国为首的西方国家的集体道德信誉危机。[②] 西方世界面对显而易见的加沙人道主义危机选择闭目塞听，这一举措不免使人质疑现行的国际规则与法律准则是否对美国及其盟友不具约束力。在新一轮巴以冲突中，西方国家对以色列的支持实质上严重损害了自身道德权威性，进一步削弱了自身在国际秩序中的影响力。

反观南非在结束种族隔离制度后早已挽回国际声誉，展现出"负责任的地区大国"形象。早在 2009 年，南非人文科学研究委员会（Human Sciences Research Council，HSRC）便公布了一项研究，认为"以色列在巴

---

① "The Era of Impunity for Israeli Decision-makers Is Over," The Israeli Information Center for Human Rights in the Occupied Territories, May 2, 2024, https：//www. btselem. org/press_releases/20240520_the_era_of_impunity_for_israeli_decision_makers_is_over.

② Andrea Dessì, "Israeli Apartheid and the West's Dwindling Moral Credibility," Istituto Affari Internazionali, February 15, 2024, https：//www. iai. it/en/pubblicazioni/israeli-apartheid-and-wests-dwindling-moral-credibility.

勒斯坦被占领土实行殖民主义和种族隔离"。该委员会组建了一支由南非、英国、以色列和巴勒斯坦学者及国际法律师共同参与的国际团队进行研究。根据国际法对殖民主义和种族隔离的定义，研究团队对以色列在巴勒斯坦被占领土上的做法进行了详尽的审查。最终的研究报告认为"以色列在巴勒斯坦被占领土的做法体现了种族隔离的三大'支柱'"。①第一支柱源于以色列的法律和政策，其在法律上确立了犹太人的身份，并赋予犹太人比非犹太人优先的法律地位和物质利益。第二支柱则体现在以色列分裂巴勒斯坦被占领土的政策意图，确保巴勒斯坦人被限制在为他们指定的保留区内，而以色列犹太人被禁止进入这些保留区，但在巴勒斯坦其余地区享有行动自由。这一政策表现为以色列大量侵占巴勒斯坦土地，持续缩小巴勒斯坦人可支配的领土空间；以色列将加沙地带与巴勒斯坦被占领土其余地区完全隔离；以色列故意将东耶路撒冷与约旦河西岸其余地区割裂；以色列的侵占和建设政策将约旦河西岸分割成一个错综复杂、服务完善的相互连通的定居点网络，供以色列犹太人居住，而巴勒斯坦人则被围困在彼此不相连的飞地中。第三支柱是以色列以"安全"为托词，合法化对巴勒斯坦人的言论、集会、结社和行动自由的全面限制，以保持对巴勒斯坦人的控制。②因此，随着新一轮巴以冲突的持续升级，为维护自身形象，南非遵循自身在巴勒斯坦问题上的一贯立场，强调支持巴勒斯坦人的权利，在外交上与以色列明确断交。南非总统西里尔·拉马福萨（Cyril Ramaphosa）多次公开谴责以色列对巴勒斯坦的政策，认为其行为类似于"种族隔离"。

南非国际关系与合作部将两国关系交恶归因为以色列对中东和平进程持敌对态度，无视有关巴勒斯坦人及其领土权利的国际法。南非的底线是以色

---

① "Report: Israel Practicing Apartheid in Palestinian Territories," Human Sciences Research Council, May 29, 2009, https://hsrc.ac.za/press-releases/dces/report-israel-practicing-apartheid-in-palestinian-territories/.

② "Report: Israel Practicing Apartheid in Palestinian Territories," Human Sciences Research Council, May 29, 2024, https://hsrc.ac.za/press-releases/dces/report-israel-practicing-apartheid-in-palestinian-territories/.

列必须暂停在加沙的军事行动，重返谈判并为和平谈判创造有利条件。① 南非如今的做法实质上提升了自身道德形象，为国际社会解决巴以问题树立了正面道德标杆。

第二，南非外交政策的内核发生了变化。自 1948 年以色列建国以来，南非与以色列的关系经历了多次转折，其根源在于两国外交政策的侧重点均在不断调整。南非对以色列态度的转向也正是源于其外交政策的内核已发生多次变化，具体表现为：从种族隔离时期的实用主义转为曼德拉时期的道德主义，最终在曼德拉之后走向非洲主义。两国建交时南非尚处于种族隔离制度的阴霾下。此时的南非政府在白人的领导下渴望融入西方世界，崇尚西方的价值观与文化，天然地对带有西方盟友属性的以色列极具好感。大量南非犹太人支持犹太复国主义，几乎半数南非犹太人是世界犹太复国主义组织的成员。② 为此南非政府一度放宽了出口法律，并且允许南非犹太人寄出大额侨汇和向以色列捐款，这一时期南非犹太人对以色列的人均贡献远高于其他国家的犹太人。③ 但南非和以色列作为西方文明的前哨，实际上对非洲黑人和阿拉伯人所实行的种族主义政策使他们慢慢沦为国际社会的"贱民国家"。④其他国家往往选择通过切断外交或经贸关系对其加以惩罚。这种惩罚性措施使以色列和南非均无法在国际社会与其他国家进行正常的有效互动。⑤这一阶段两国都处于国际社会的边缘，在外交方面均陷入困境，因此出于实用主义的考量，南非与以色列一度达成了亲密的政治、经济与军事盟友。

① Patrick Bond, "Is South Africa Vulnerable to Israel Lobby as Well?" Institute for Public Accuracy, November 27, 2023, https://accuracy.org/release/is-south-africa-vulnerable-to-israel-lobby-as-well/.

② Amneh Daoud Badran, *Zionist Israel and Apartheid South Africa: Civil Society and Peace Building in Enthnic-National States*, New York: Routledge, 2010, p. 36.

③ James Adams, *Israel and South Africa: The Unnatural Alliance*, London: Quarter Books, 1985, p. 67.

④ Naomi Chazan, "The Fallacies of Pragmatism: Israeli Foreign Policy Towards South Africa," *African Affairs*, Vol. 82, No. 327 (April, 1983), p. 175.

⑤ Makhura B. Rapanyane, "Consistency and Inconsistency in the Foreign Policy of the Republic of South Africa Towards Israel," *Journal of Public Affairs*, Vol. 22, Suppl. 1 (2022), p. 5.

　　但种族隔离制度废止后，南非急需改变自身"贱民国家"的国际形象，其外交政策内核开始向道德主义转移，与以色列的互动逐步转淡。这一时期南非的领导层与他们所取代的白人政府截然不同，他们通过一种高度道德主义的话术，对本国的民族特性进行了全面重塑，其中自由、平等和人权等术语占据了突出地位。①官方对南非身份的重新定位也体现在"新"南非的外交政策中。种族隔离时期的南非奉行扩张主义政策，与周边国家关系紧张；废除种族隔离后的南非以促进和平、维护人权为外交政策的宗旨，致力于在国际事务中发挥建设性作用。1994年，曼德拉当选南非总统，随后宣布人权、在世界范围内促进民主、尊重国际法、非暴力解决冲突、重点关注非洲以及通过跨境经济合作实现经济发展是南非未来外交政策的六大支柱。②南非向民主过渡之后调解了多起地区冲突，并向莱索托、刚果民主共和国和布隆迪派遣了维和部队。此外，南非还在一系列国际组织中担任领导职务，包括不结盟运动、南部非洲发展共同体和各种联合国机构。③曼德拉政府的外交政策影响力在很大程度上依赖于其道德权威性，这种权威来自南非向民主制度的和平过渡，来自南非是唯一一个自愿拆除核武器的国家，来自南非战胜种族主义和压迫，来自南非强大的地区地位，以及曼德拉的个人魅力。外交领域的接连成功使南非自我定义为"起桥梁作用的中等大国"。④因此，南非寻求推动中东和平进程，与巴以双方均建立了友好关系。

　　曼德拉的继任者塔博·姆贝基（Thabo Mbeki）延续了这一路线，但自

① Eduard Jordaan, "Barking at the Big Dogs: South Africa's Foreign Policy Towards the Middle East," *The Round Table: The Commonwealth Journal of International Affairs*, Vol. 97, No. 397 (2008), p. 550.

② Ilan Pappe, ed., *Israel and South Africa: The Many Faces of Apartheid*, p. 138.

③ Eduard Jordaan, "Barking at the Big Dogs: South Africa's Foreign Policy Towards the Middle East," *The Round Table: The Commonwealth Journal of International Affairs*, Vol. 97, No. 397 (2008), p. 550.

④ Eduard Jordaan, "Barking at the Big Dogs: South Africa's Foreign Policy Towards the Middle East," *The Round Table: The Commonwealth Journal of International Affairs*, Vol. 97, No. 397 (2008), p. 550.

雅各布·祖马（Jacob Zuma）上台后，南非的外交路线再度发生变化，转向更为务实的非洲主义。这一时期南非的自我定义变为"强烈认同非洲和'南方'的发展中国家"，成为"非洲和其他发展中国家的代言人"。[①] 为了保持在发展中国家集体中的突出地位，南非外交政策出现了"反西方主义"倾向，集中表现在对待巴以冲突的态度上。祖马政府全力支持在巴勒斯坦问题上反对以色列的多项联合国决议，推动采取更强硬、更稳定、更坚决的措施来解决巴勒斯坦问题。[②] 同时南非开始有意识地将种族主义叙事引入巴以问题。大部分南非人认同巴勒斯坦人的生活与种族隔离制度下南非黑人的生活有相似之处，认为巴勒斯坦人民也应享有自由。[③] 此后南非与以色列的双边关系持续下行。自2023年10月新一轮巴以冲突爆发以来，面对加沙愈演愈烈的人道主义危机，拉马福萨政府选择向国际法院起诉以色列。长期以来西方将非洲视为"落后的大陆"，认为其没有能力为有意义的变革作出贡献或引领变革。南非向国际法院起诉以色列充分展现了有担当、有实力的非洲大国形象。

第三，2024年南非大选的现实需求使得拉马福萨政府必须在外交上寻求突破。在2024年大选之前，执政党非国大正在努力应对公众支持率创历史新低的问题。非国大激进的社会主义经济政策加剧了民众的不满，增加了更倾向于自由主义经济政策的反对党的声望，其中一些反对党的外交政策偏向西方。此次选举，非国大俨然面临着失去国家议会多数席位的现实前景，并可能失去对南非九省中豪登省和夸祖鲁纳塔尔省的政治控制，而这两个省是南非的经济中心。几年前，非国大已经将西开普省输给了反对党民主联盟（Democratic Alliance，DA）。因此，非国大试图通过在巴以冲突上为巴勒斯

① Makhura B. Rapanyane, "Consistency and Inconsistency in the Foreign Policy of the Republic of South Africa Towards Israel," *Journal of Public Affairs*, Vol. 22, Suppl. 1 (2022), p. 6.

② Makhura Benjamin Rapanyane, "An Afrocentric Exploration of Jacob Zuma's Anti-Apartheid Stance: The Question of Israeli-Palestinian Struggle," *Journal of Public Affairs*, Vol. 20, No. 2 (2022), p. 7.

③ Kate Bartlett, "Why South Africa Has Taken Israel to the World Court," VOA, January 10, 2024, https://www.voanews.com/a/7434152.html.

坦发声，以吸引穆斯林选民的支持。

自 20 世纪 60 年代末，非国大与巴解组织已建立了牢固的联系，到 20 世纪 80 年代，这种联系已发展成为两者之间的战略和行动联盟。近年来，随着巴解组织的衰落，非国大已将其支持转向巴解组织昔日的对手哈马斯。南非的穆斯林选民中许多人是非国大的支持者，这进一步推动了该党的亲巴勒斯坦立场。

而反对党民主联盟深受南非犹太人支持，政治立场自然倾向于以色列。从历史上看，南非自由派或所谓的"温和派"政党及个人一直是该国最坚定的亲以色列政治力量。南非许多自由派人士认为以色列是一个民主国家。在民主联盟唯一管辖的省份西开普省，人们更愿意探索与以色列的合作。①

此次南非向国际法院起诉以色列，时机选择在选举前几个月并非巧合。尽管声援巴勒斯坦一直是非国大外交政策的重要元素，如今非国大将其作为重要的竞选纲领，利用民众对南非自身解放斗争的怀念，转移选民对非国大长期以来国家治理失败的注意。因此，当国际法院进行初步裁决后，非国大大肆宣传了裁决结果，庆祝胜利，以此鼓舞士气。拉马福萨政府也因胜诉而广受赞誉，南非对以色列的起诉也被视为种族隔离结束以来南非外交政策的最高水平。

相反地，总体上支持以色列的民主联盟一直在谨慎处理巴以问题，试图在不疏远其他群体的情况下保留其白人选民基础，同时争取穆斯林选民，穆斯林选民在全国范围内约占总选民人数的 1.6%，但在民主联盟所控制的西开普省，这一比例为 5.2%。② 民主联盟在选举前坚定地重申了对巴以问题解决方案的承诺。它还敦促以色列遵守国际法院的裁决，避免和防止种族灭

---

① Peter Fabricius, "The Complex Politics of South Africa's Genocide Case Against Israel," The Nation, February 1, 2024, https：//www. thenation. com/article/world/the-complex-politics-of-south-africas- genocide-case-against-israel/.

② Canaan Lidor, "South Africa's Shift on Israel: From Mandela-era Acceptance to 'Genocide' Allegations," *The Times of Israel*, July 30, 2024, https：//www. timesofisrael. com/south-africas-shift-on-israel-from-mandela-era-acceptance-to-genocide-allegations/.

绝，同时呼吁哈马斯解除武装并遣返以色列人质。2024 年 5 月 29 日，南非如期举行大选。最终执政的非国大依然赢得国民议会的最多席位，仍为最大党派。反对党民主联盟为国民议会第二大党。①

第四，南非与以色列的经贸联系有限，对外交政策的影响较小。经济交往与合作的多元化是以色列与南非经贸关系的突出特征。但即便是双方经贸往来最密集的 20 世纪 70~80 年代，两国贸易的经济价值依然有待商榷。事实上，从纯粹的经济角度来看，南非与以色列的经济收益实际是较为有限的。南非市场仅占以色列出口贸易的 1%，从南非的进口仅占以色列进口贸易总量的 2%。对南非而言，这个数字微乎其微，与以色列的贸易额甚至不到其年度贸易额的 1%。② 相比之下，南非与金砖国家、其他非洲国家、阿拉伯国家以及西方国家的经贸往来则密切得多。此外，以色列与南非的贸易逆差不断扩大。以色列商品必须缴纳严格的南非进口税，不具备价格优势。因此，以色列从双方经贸合作中获得的经济回报很少。贸易总量不高，使两国早已不再是对方的核心利益国，经济关系对外交关系的影响十分有限，制定外交政策时自然不会优先考虑对方利益。因此，南非对以色列的外交政策发生转向是符合其自身利益的必然结果。

第五，美国及其盟友对南非外交的干预引发南非的情绪反弹。近年来，南非外交政策的反西方主义倾向日趋明显。2022 年 2 月，俄乌战争爆发，南非对俄罗斯采取了名义上中立的立场，多名非国大的政治家公开支持俄罗斯，美国及其盟友将此解读为南非对俄罗斯的认可，这对南非与美国的关系产生了负面影响。因此，美国决定将两国共同主办的非洲增长与机会法案峰会延期举办，以此惩罚拉马福萨政府。③ 2023 年 10 月，巴以冲

---

① "2024 Elections: ENCA Projects, ANC Will Take 45% of National Vote," eNCA, May 30, 2024, https://www.enca.com/news/2024-elections-enca-projects-anc-will-take-45-national-vote.

② Naomi Chazan, "The Fallacies of Pragmatism: Israeli Foreign Policy Towards South Africa," *African Affairs*, Vol. 82, No. 327 (April, 1983), p. 180.

③ Canaan Lidor, "South Africa's Shift on Israel: From Mandela-era Acceptance to 'Genocide' Allegations," *The Times of Israel*, July 30, 2024, https://www.timesofisrael.com/south-africas-shift-on-israel-from-mandela-era-acceptance-to-genocide-allegations/.

突升级后，南非外交部部长娜莱迪·潘多尔（Naledi Pandor）出访伊朗。在访问期间，她会见了伊朗总统易卜拉欣·莱希（Ebrahim Raisi），并与哈马斯领导人伊斯梅尔·哈尼亚（Ismail Haniyeh）进行了会谈。[①]此举再度招致美方的指责，认为南非与俄罗斯、伊朗、哈马斯亲近，损害了自身道德地位。美方的横加干涉最终触发南非的情绪反弹，南非向国际法院起诉了美国的盟友以色列。

在这些因素的共同作用下，南非与以色列的外交关系遇冷，其中南非对自身外交政策内核的调整是两国关系转变的根源，2024 年南非大选则是政策转向的现实需求，二者对于南非对以政策的影响最大，促使南非成为国际社会谴责以色列的先锋力量。

五 南非对以色列政策调整的影响

南非对以色列外交政策的变化直接源于南非对巴勒斯坦问题的立场。1994 年南非结束种族隔离制度后，步入了多种族民主社会，人权以及公平正义问题成为南非制定外交方针的核心关切。受自身历史影响，南非强烈反对任何形式的种族压迫和不公正，因此南非政府及其执政的非国大在外交政策中通常优先考虑弱势群体的立场。[②] 这样的历史背景使得南非对巴勒斯坦人的支持格外坚定。近年来，南非政府多次在国际场合公开谴责以色列对巴勒斯坦领土的占领和对巴勒斯坦人民的压迫。2019 年，南非决定将其驻以色列大使馆降级为联络办事处，这一举措被视为南非对以色列政策收紧的标志。[③]随着巴以冲突的再度升级，南非对以色列的外交政策持续收紧，对地区政治及全球安全形势产生了深刻影响。

---

① Barry Shaw, "South Africa's Government Is Guilty of Hypocrisy against Israel – Opinion," *The Jerusalem Post*, February 10, 2024, https：//www. jpost. com/opinion/article-785789.

② Amneh Daoud Badran, *Zionist Israel and Apartheid South Africa: Civil Society and Peace Building in Enthnic-National States*, New York：Routledge, 2010, p. 210.

③ Makhura B. Rapanyane, "Consistency and Inconsistency in the Foreign Policy of the Republic of South Africa Towards Israel," *Journal of Public Affairs*, Vol. 22, Suppl. 1 (2022), p. 4.

第一，对地区政治形势而言，南非调整对以色列的外交政策直接影响了非洲国家及阿拉伯国家的外交政策。南非作为非洲最重要的发展中国家之一，在非洲大陆具有核心影响力。南非对以色列政策的调整，鼓励了其他非洲国家重新审视与以色列的外交关系。[①]一些非洲国家在南非的影响下，开始考虑对以色列采取更加审慎的外交政策，这对以色列在非洲的外交布局产生了一定的阻力。由于阿拉伯国家与以色列根深蒂固的矛盾，阿拉伯国家普遍大力支持南非的外交立场，并视其为全球支持巴勒斯坦事业的重要力量。2023 年年末南非对以色列的起诉，得到了阿拉伯国家联盟和伊斯兰合作组织等阿拉伯国家组织的积极响应。

第二，对全球安全形势而言，南非对以色列外交政策的调整不仅影响中东局势，还对全球外交格局产生了广泛的影响。首先，作为非洲联盟和不结盟运动的重要成员，南非在这些国际组织中积极推动支持巴勒斯坦的决议，增加了以色列在国际舞台上面临的外交压力。[②]南非对以色列的诉讼在联合国大会和人权理事会等国际平台上引发了广泛讨论，加深了国际社会对巴以冲突的关注，为巴勒斯坦争取到了更广泛的国际支持。南非向国际法院提起的诉讼有助于推进国际法律和人权进程。这一举动不仅增加了国际社会对以色列行动的法律审查力度，也能够为类似案件提供镜鉴，促使其他国家和国际组织采取更积极的法律行动。其次，南非通过自身对以色列外交政策的调整，向国际社会传递出明确的信号：在处理国际关系时，应重视人权和公正。[③]南非的行动为全球关注巴勒斯坦问题和中东和平进程提供了新的视野，树立了良好的道德标杆。

南非对以色列外交政策的调整也面临着一定的挑战。以色列及其盟友认为：南非的政策过于偏袒巴勒斯坦，忽视了以色列的安全关切和历史背景；

① Barry Shaw, "South Africa's Government Is Guilty of Hypocrisy Against Israel – Opinion," *The Jerusalem Post*, Feb., 10, 2024, https：//www.jpost.com/opinion/article-785789.

② Ilan Pappe, ed., *Israel and South Africa: The Many Faces of Apartheid*, p. 176.

③ Anthoni van Nieuwkerk, "South Africa's Foreign Policy：AUnity Government Must Be Practical in a Turbulent World," *The Conversation*, June 20, 2024, https：//theconversation.com/south – africas-foreign-policy-a-unity-government-must-be-practical-in-a-turbulent-world-232843.

南非的立场可能激化中东局势，不利于和平解决巴以冲突。此外，一些国际分析人士指出，南非对以色列政策的调整在一定程度上影响了自身与以色列及其西方盟友的关系，进而对双边经贸和外交关系产生了负面影响。[①] 美国作为以色列的重要盟友，对南非的立场表示关切，并试图通过外交手段影响南非的决策。[②] 然而，南非坚持其独立自主的外交政策，显示出其在国际事务中的自主性和坚定性。南非并非完全追随西方国家的外交步伐，而是根据自身的历史和价值观来制定外交政策。现行的对以外交政策有助于巩固南非执政党非国大的政治基础，回应国内政治团体和公众对巴勒斯坦问题的关切。[③]南非减少与以色列等国的外交和经济联系，促使其加强与中国、俄罗斯等国和欧盟等国际组织的关系。这种外交再平衡可能为南非带来新的合作机会，同时也将为全球外交关系增添活力。

南非对以色列外交政策的调整表明，一个国家的外交政策不仅是国家利益的反映，更是对全球正义和人权的承诺。通过调整对以色列的外交政策，南非在全球范围内树立起维护公平和公正的自身形象。这不仅大幅提升了南非的国际声望，也为其他国家塑造了一个值得借鉴的范例。未来，南非有望在国际事务中发挥更为积极的作用，有助于推动巴勒斯坦问题的解决和中东和平进程。

结　语

南非与以色列的外交关系始于以色列建国。作为最早承认以色列的国家

---

① Canaan Lidor, "South Africa's Shift on Israel: From Mandela-era Acceptance to 'Genocide' Allegations," *The Times of Israel*, July 30, 2024, https://www.timesofisrael.com/south-africas-shift-on-israel-from-mandela-era-acceptance-to-genocide-allegations/.

② "What You Need to Know About South Africa's Baseless Genocide Accusation Against Israel," AJC, January 11, 2024, https://www.ajc.org/news/what-you-need-to-know-about-south-africas-baseless-genocide-accusation-against-israel.

③ Crystal Orderson, "Altruism, Opportunism or Both: What Pushed South Africa to ICJ over Gaza?" Al Jazeera, January 16, 2024, https://www.aljazeera.com/features/2024/1/16/altruism-opportunism-or-both-what-pushed-south-africa-to-icj-over-gaza.

之一，南非与以色列迅速建立了外交关系。此后，两国国际声誉欠佳的现实使它们一度成为彼此最亲密的盟友。综合来看，南非与以色列的外交关系大体经历过三次转折。第一次转折发生在 20 世纪 80 年代末。随着反对南非种族隔离政策的国际运动加剧，南非国际声誉下滑，以色列被迫对南非实施经济制裁。阿拉伯国家和非洲国家对南非施加了外交压力，要求其结束与以色列的关系。两国的合作受到国际社会的强烈反对。第二次转折发生在南非结束种族隔离制度后。20 世纪 90 年代初，南非开始向民主国家转型。1994年，南非结束了种族隔离制度，建立了以曼德拉为首的多种族民主政府。南非新政府在国际上重新审视与以色列的关系，开始逐步改变以往的政策。曼德拉政府试图修复与阿拉伯国家和其他非洲国家的关系，从而减少与以色列的合作。第三次转折发生在南非总统祖马上台之后。进入 21 世纪后，南非的外交政策更显积极。特别是南非成为非洲联盟和其他国际组织的成员，其外交策略逐渐倾向于支持巴勒斯坦，推动中东和平进程。祖马上台后，南非的外交选择更为务实，试图将南非塑造为"非洲和其他发展中国家的代言人"。[1]因此为巴勒斯坦问题积极发声，符合南非当下的外交战略定位。南非在联合国及其他国际组织中，积极推动通过支持巴勒斯坦的决议。南非对巴勒斯坦的坚定支持，使得南非与以色列的双边关系屡屡受挫。2019 年，南非将其驻以色列大使馆降级为联络办事处。这一决定被视为对以色列政策收紧的重要标志。南非国内政党和社会团体对巴勒斯坦的支持呼声极高。非国大、南非共产党（South African Communist Party，SACP）等执政联盟的重要成员都呼吁政府采取更为强硬的对以政策。[2] 2023 年 10 月，新一轮巴以冲突爆发后，南非向国际法院起诉以色列对加沙地带巴勒斯坦人实施"种族灭绝"，双边关系陷入僵局。

南非与以色列的关系变化反映了南非在国际社会中的地位变化。南非从

---

[1] Makhura B. Rapanyane, "Consistency and Inconsistency in the Foreign Policy of the Republic of South Africa Towards Israel," *Journal of Public Affairs*, Vol. 22, Suppl. 1 (2022), p. 6.

[2] Kate Bartlett, "Why South Africa Has Taken Israel to the World Court," VOA, January 10, 2024, https：//www.voanews.com/a/7434152.html.

种族隔离时期的孤立状态转变为国际参与者，其外交政策也随之不断调整。南非的外交政策倾向于支持巴勒斯坦，批评以色列在巴以冲突中的所作所为。这一立场使南非在中东和平进程中扮演着积极的调解者角色，特别是本次起诉以色列的行为，为南非博得广泛的国际赞誉。由于南非在国际舞台上特别是非洲国家中极具影响力，南非对以色列的外交政策调整促使其他非洲国家重新考量对以关系，进一步加剧了以色列在非洲地区的外交孤立。南非作为一个经历过种族隔离制度并成功转型的国家，其对以色列政策的批评尤其在国际社会中具有较高的道德分量，对以色列的国际形象和全球外交战略布局造成了负面影响。尽管南非与以色列之间的贸易量相对较小，但南非是非洲大陆的重要经济体。双边外交关系的紧张必然会影响两国之间的经济合作和贸易往来，将对以色列企业在南非的投资和业务造成一定的冲击。

现阶段南非与以色列双边关系的调整对两国均造成了一定的外交和经济压力，若双边关系得不到实质性改善，其影响仍将持续一段时间。可以预见的是，未来南非与以色列双边关系的走向依然取决于以色列对待巴以冲突的态度。以色列只有真诚有效地解决巴以冲突，推进中东和平进程，才能真正与以南非为代表的非洲国家达成良性外交互动。

"粉色浪潮"下拉美国家与以色列的关系

魏　通*

摘　要：　拉丁美洲国家曾在以色列建国过程中发挥了较大作用。以色列建国后，拉美大多数国家与其保持了良好且稳定的外交关系。20 世纪末至 21 世纪初，随着"粉色浪潮"兴起，拉美国家与以色列关系逐渐呈现两极化趋势。尤其是 2023 年新一轮巴以冲突爆发以来，左翼政府主导的拉美国家不断以谴责、断交、起诉的方式抗议以军在加沙的行径，而以阿根廷新总统米莱为代表的拉美右翼领导人则力挺以色列对"国家安全"的捍卫。拉美国家在巴以冲突中的外交政策抉择是民众意见的反映，证明绝大多数爱好和平的拉美人民仍支持"两国方案"，同时也凸显了美国对拉美影响力的减弱和单极霸权的衰落。

关键词：　"粉色浪潮"　拉丁美洲　以色列　巴以冲突

　　2023 年 10 月 7 日新一轮巴以冲突爆发后，拉丁美洲多国不断做出旗帜鲜明的回应。2023 年 10 月 31 日，玻利维亚政府宣布与以色列断绝外交关系，成为新一轮巴以冲突爆发后全球首个与以色列断交的国家。同日，哥伦比亚、智利政府均宣布召回驻以色列大使，一时引发国际社会广泛关注。随着巴以冲突事态的不断发展，洪都拉斯和巴西也分别于 2023 年 11 月 3 日和 2024 年 2 月 19 日宣布撤回驻以色列大使。

　　上述拉美国家对新一轮巴以冲突的反应出乎国际社会预料。一方面，历

---

* 魏通，郑州大学历史学院博士研究生。

史上绝大多数拉美国家曾和以色列保持良好的外交关系；另一方面，与欧美、中东国家相比，拉美各国与巴以冲突双方的直接利益关联度较低，但其反应的激烈程度却远超大多数中东或西方国家，同时也颠覆了以往拉美国家较少参与国际事务的整体形象。此类反常举动说明，拉美国家正在经历对以色列关系的重要转向。从宏观角度看，这种转向属于拉美国家对外关系大调整的一部分，其根源在于近年来席卷拉美政坛的"粉色浪潮"（marea rosa/pink tide）。

一　拉美国家与以色列关系回顾

以色列在 1948 年建国前后，一度与大多数拉美国家保持密切交往，也因此受到拉美国家在联合国框架下的强有力支持。首先，拉美国家的支持是以色列得以建国的重要外部力量。1947 年，由 11 个国家代表组成的联合国巴勒斯坦特别委员会（UNSCOP）经过对巴勒斯坦局势的审计和调查，最终投票决定，建议在巴勒斯坦地区建立两个独立的民族国家，即"两国方案"。在投下赞成票的 7 个国家中，有 3 个是拉美国家，即秘鲁、危地马拉和乌拉圭，他们是"两国方案"得以通过的关键力量。1947 年 11 月 29 日，联合国大会对"巴以分治方案"进行表决，最终该方案以 33 票赞成、13 票反对、10 票弃权的结果得以通过，即联合国大会第 181 号决议，以色列遂得以建国。① 主持这次大会的主席正是巴西外交官奥斯瓦尔多·阿兰哈（Osvaldo Aranha），而投赞成票的 33 个国家中，有多达 13 个是拉美国家，拉美国家再一次推动了以色列建国。在 1948 年召开的联合国第二届特别大会上，又是大多数拉美国家投票阻止了由联合国托管巴勒斯坦的决议案，以色列最终在 5 月 14 日宣布建国。其次，以色列建国初期，拉美国家的支持使其进一步获得国际社会承认。1949 年 5 月 11 日，联合国大会对以色列申

---

① 参见联合国大会第二届会议通过的第 181 号决议 A/RES/181（Ⅱ），《巴勒斯坦的将来政府》，https：//documents. un. org/doc/resolution/gen/nr0/039/65/pdf/nr003965. pdf？ token = U5lHWo3o2SeTuovAid&fe = true。

请正式加入联合国进行表决，在联合国拥有合法席位的 20 个拉美国家中，除巴西和萨尔瓦多弃权外，其他 18 个国家全部投下赞成票，遂使该决议（即联合国大会第 273 号决议）获得超过 2/3 多数（37 票）赞成，最终以色列以正式会员国身份加入联合国。① 1949 年年底，拉丁美洲 20 个国家已全部承认以色列。

20 世纪 50 年代，苏联进一步扶持阿拉伯国家，以色列则更加倒向西方阵营，与同为西方阵营的拉美国家深化了意识形态认同。随着亚非"去殖民化"运动的发展，以色列与越来越多的第三世界国家建立了外交关系，拉美对以色列的重要性一度下降。1956 年"苏伊士运河危机"期间，大多数拉美国家一度跟随美国、苏联，对英、法和以色列进行谴责，对其与以色列关系造成了一定程度的影响。

20 世纪 60 年代，以色列重新认识到拉丁美洲对维护其在国际舞台上的形象和利益仍具有重要作用，是一个"可以减轻日益增加的孤立感的大陆"，② 于是对拉美国家开展广泛的农业援助，以求稳定多边关系。1961 年，在以色列农业部总干事伊扎克·列维（Itzhak Levi）的推动下，以色列与巴西签署进行技术合作的《累西腓协定》（Recife Treaty）。此后，技术援助在拉美各国迅速展开，至 1967 年，以色列已与绝大多数拉美国家签订了该类协议。③ 此外，该时期拉美国家在以色列设立的大使馆一度达到 14 个，其中 10 个设在耶路撒冷，以色列在拉美国家设立的大使馆则达到 16 个。唯一的插曲发生在 1960 年 5 月，当时摩萨德在阿根廷秘密逮捕了隐藏在该国的纳粹战犯阿道夫·艾希曼（Adolf Eichmann）并将偷偷其带往以色列，引发了双边外交危机。不过，两国经进一步谈判，很快于 8 月 3 日发表了联合声

---

① 参见联合国大会第三届会议通过的第 273 号决议 A/RES/273（Ⅲ），《准许以色列为联合国会员国》，https：//documents. un. org/doc/resolution/gen/nr0/045/42/pdf/nr004542. pdf？token＝6Mn1rpXm I2r2fEIHn2&fe＝true。

② Edy Kaufman, Yoram Shapira and Joel Barromi, *Israeli-Latin American Relations*, New Brunswick, New Jersey：Transaction Books, 1979, p. xi.

③ Edy Kaufman, "Israel's Foreign Policy Implementation in Latin America," in Michael Curtis, ed. , *Israel in the Third World*, New Brunswick, New Jersey：Transaction Books, 1976, p. 134.

明，同意结束争端。

1967 年第三次中东战争中，拉丁美洲积极支持以色列，几乎所有拉美国家都认为以色列具有正当的自卫权利，这些国家的政府联合提出一项决议，支持以色列在阿拉伯国家停止交战的条件下撤军。即使是菲德尔·卡斯特罗（Fidel Castro）领导的古巴，也没有与以色列断绝外交关系，这在社会主义国家中极为罕见。相反地，卡斯特罗甚至批评阿拉伯国家的立场，他认为："真正的革命者绝不会威胁要消灭整个国家……（阿拉伯国家的）那种宣传方式只会帮助以色列的领导人调动全民族的爱国主义。"①

进入 20 世纪 70 年代，拉美民众逐步改变对以色列的印象，原来大多数人对第二次世界大战期间犹太人遭遇的同情转变为对以色列及其盟友美国的抵触，以色列与拉丁美洲关系走向复杂化。其主要原因包括以下几点。首先，第三次中东战争后至 20 世纪 70 年代初，以色列长期控制战争中占领的加沙地带和约旦河西岸地区，给巴勒斯坦难民造成严重的人道主义危机，引发包括拉美人民在内的世界上大多数爱好和平者的不满。其次，1973 年赎罪日战争后，拉美成为以色列军火工业的主要出口市场。来自以色列的高科技武器成为一些拉美国家军政府镇压人民的武器，损害了犹太人以往构建的"纳粹受害者"形象。例如，1976~1983 年军政府统治阿根廷期间，残酷杀害本国数千进步人士，其中还包括几百名阿根廷犹太人，② 以色列却与其保持正常外交关系和经贸往来。20 世纪 70 年代后期，拉美革命和进步力量日益增强，出现了"还政于民"的民主化进程，许多国家的军政府被民选的文人政府取代，这些国家纷纷加入"不结盟"运动，开始认同追求自决权的巴勒斯坦事业。1973 年，卡斯特罗宣布与以色列断绝外交关系，以示对以色列及其主要盟友美国的抗议。1975 年，对以色列不满的声音扩散到整

---

① Arturo López-Levy, "Las relaciones Cuba - Israel: A la espera de una nueva étapa," in The Association for the Study of the Cuban Economy, ed., *Annual Proceedings*, Vol. 20 (2010), p. 300.

② Edy Kaufman, "Jewish Victims of Repression in Argentina Under Military Rule, 1976 - 1983," *Holocaust and Genocide Studies*, Vol. 4, No. 4 (1989), pp. 479-499.

个拉丁美洲。当年 6 月 19 日至 7 月 2 日在墨西哥城举行的国际妇女年世界会议宣布，"消除新老殖民主义、外国占领、犹太复国主义、种族隔离和一切形式的种族歧视"。① 8 月 25~30 日在利马举行的不结盟国家外长会议通过《政治宣言》和《巩固国际和平与安全和加强不结盟国家的团结与互助的战略》，呼吁"最严厉地谴责犹太复国主义"，认为它是"对世界和平与安全的一项威胁"，并"呼吁所有国家反对这种种族主义和帝国主义的意识形态"。11 月 10 日，联合国大会更是以 72 票赞成、35 票反对、32 票弃权通过第 3379 号决议，"确定犹太复国主义是种族主义和种族歧视的一种形式"。② 在拉美国家中，巴西、古巴、墨西哥均投了赞成票，而阿根廷等 11 个国家则投了弃权票。

20 世纪 80 年代，以色列在拉美民众中的形象进一步恶化。首先，以色列军队作为美国代理人参与了中美洲内战。其次，阿以冲突尤其是以色列在第五次中东战争中对黎巴嫩的军事袭击影响了拉美国家对以关系。1980 年，在耶路撒冷设立大使馆的 13 个国家中，有 12 个属于拉美国家，而到 1982 年以色列议会通过单方面吞并东耶路撒冷的决议后，除哥斯达黎加和萨尔瓦多外，其他 10 个拉美国家均将大使馆迁往特拉维夫。③

20 世纪 90 年代，对拉美国家与以色列关系影响最大的事件莫过于发生在阿根廷首都布宜诺斯艾利斯的两起恐怖主义袭击案。第一次发生在 1992 年 3 月，以色列驻阿根廷大使馆遭袭，造成 29 人死亡；第二次发生在 1994 年 7 月，阿根廷以色列互助协会（Asociación Mutual Israelita Argentina，AMIA）遭遇爆炸袭击，这是阿根廷历史上最致命的恐怖袭击，造成 85 人死

---

① 参见联合国第 E/CONF. 66/34 号会议报告，https://documents. un. org/doc/undoc/gen/n76/353/94/pdf/n7635394. pdf?token=v9ILA6sLSF0Hd8giqw&fe=true。

② 参见联合国大会第三十届会议通过的第 3379 号决议 A/RES/3379（XXX），《消除一切形式种族歧视》，https://documents. un. org/doc/resolution/gen/nr0/784/08/pdf/nr078408. pdf?token=hc24B 57KftQ9e4eiLh&fe=true。

③ Arie M. Kacowicz, Exequiel Lacovsky and Daniel F. Wajner, "Israel-Latin America Relations: What Has Changed in the Past Decade and Why?" in Gian Luca Gardini, ed., *External Powers in Latin America: Geopolitics between Neo-extractivism and South-South Cooperation*, London: Routledge, 2021, pp. 153-166.

亡，300 多人受伤。直至 2024 年年初，对该事件的调查仍未尘埃落定，这也成为长期影响以色列与阿根廷关系的重要因素。[①]

总之，20 世纪后期，拉美国家与以色列的关系受到拉美民主化进程和民众对以色列态度变化的影响，日益走向复杂化。但绝大多数拉美国家在涉及以色列核心利益的阿以冲突问题仍坚持平衡主义原则，与以色列的关系整体趋于稳定，极少出现与以色列断交等激进外交事件。

二 "粉色浪潮" 下拉美国家与以色列关系新趋势

（一）"粉色浪潮" 在拉美国家的兴起

拉美国家与以色列的外交关系出现重大转变发生在 "粉色浪潮" 兴起后。"粉色浪潮" 是指 20 世纪末以来活跃在拉美的左翼运动高潮。它以 1998 年左翼运动领袖乌戈·查韦斯（Hugo Chávez）当选委内瑞拉总统为起点，标志性事件还包括 2002 年劳工党候选人卢拉·达·席尔瓦（Lula da Silva）当选巴西总统、2003 年庇隆主义者内斯托尔·基什内尔（Néstor Kirchner）当选阿根廷总统、2006 年印第安土著出身的埃沃·莫拉莱斯（Evo Morales）当选玻利维亚总统等。这些领导人普遍具有社会民主主义和进步主义意识形态，反对 "华盛顿共识"，因此西方媒体和学术界称他们引领的运动为 "粉色浪潮"。

一般认为，1998～2015 年为第一波 "粉色浪潮"，在其最高潮的 2011 年 8 月，南美洲的巴西、阿根廷、乌拉圭、委内瑞拉、玻利维亚、秘鲁、厄瓜多尔、巴拉圭，中美洲的萨尔瓦多、尼加拉瓜及加勒比地区的古巴、多米尼加等国均为 "粉色浪潮国家"，即由中左翼政党执政的国家。"粉色浪潮"

---

① 这两次事件的起因在于，以色列暗杀了亲伊朗的黎巴嫩真主党秘书长阿巴斯·穆萨维（Abbas-al-Musawi），真主党在伊朗的支持下，对全球犹太社区展开报复。而之所以选择阿根廷，还有一个重要背景，1989 年卡洛斯·梅内姆（Carlos Menem）当选为阿根廷新总统后，阿根廷取消了向伊朗核反应堆出售铀的计划，并且在随后卷入海湾战争。

下的左翼政府普遍采取务实的经济政策和救济劳苦大众的福利政策,加上国际市场对石油等大宗商品的需求增加,玻利维亚、哥斯达黎加、厄瓜多尔、萨尔瓦多和尼加拉瓜等国的经济显著增长,国民收入差距缩小,失业率、极端贫困率、营养不良和饥饿的发生概率下降,儿童识字率迅速提高。[①] 随后几年,由于国际市场对大宗商品需求的周期性减少,加上西方媒体宣传所谓"左翼政府的腐败与经济政策的失误"以及福利制度的不可持续性,[②] 大部分拉美国家见证了左翼政府的下台和"新右翼"的崛起。至 2018 年年初,仅委内瑞拉、玻利维亚、厄瓜多尔等少数几个国家仍由左翼执政。

而随着 2018 年洛佩斯·奥夫拉多尔(Lopes Obrador)在墨西哥大选中获胜,拉美开启了第二波"粉色浪潮"。2019 年,庇隆主义者阿尔韦托·费尔南德斯(Alberto Fernandes)成功当选阿根廷新总统。2020 年,玻利维亚社会主义运动的左翼候选人路易斯·阿尔塞(Luis Arce)在大选中取得压倒性胜利。2021 年,秘鲁农民联盟领袖佩德罗·卡斯蒂略(Pedro Castillo)击败新自由主义对手;洪都拉斯左翼候选人希奥玛拉·卡斯特罗(Xiomara Castro)成为该国第一位女总统;智利左翼候选人加夫列尔·博里奇(Gabriel Boric)成为该国历史上最年轻总统。2022 年,古斯塔沃·佩特罗(Gustavo Petro)成为哥伦比亚历史上第一位左翼总统,巴西则见证了左翼总统卢拉的回归。2023 年,贝尔纳多·阿雷瓦洛(Bernardo Arevalo)当选为危地马拉新总统,拉美"粉色浪潮"再次达到高潮。

"粉色浪潮"从多方面重塑了拉美国家的内政与外交。就拉美与以色列的关系而言,"粉色浪潮"最大的影响在于使各国对以关系进一步呈现两极化和复杂化趋势。首先,意识形态对各国外交政策的影响进一步增强。左翼政党长期执政的拉美国家,如委内瑞拉、玻利维亚、尼加拉瓜和厄瓜多尔,

---

① Gabriel Fernandes Pimenta and Pedro Casas V M Arantes, "Rethinking Integration in Latin America: The 'Pink Tide' and the Post - Neoliberal Regionalism," *FLACSO - ISA Joint International Conference*, Buenos Aires, Argentina, July 23-25, 2014.

② Arthur Lopes, "Viva la Contrarrevolución? South America's Left Begins to Wave Goodbye," *Harvard International Review*, Vol. 37, No. 3 (Spring, 2016), pp. 12-14.

在巴以问题上往往采取亲巴勒斯坦立场，甚至和以色列近年来的主要敌对国家伊朗建立密切联系；而右翼政党执政的国家则偏向于亲以色列的态度。其次，左翼政党、右翼政党在多国交替执政，使原本奉行集体对外原则的拉丁美洲日益走向国家主义，各国在对外交往中只考虑本国的短期现实利益，或者说执政党的利益，忽视了一致对外对于维护拉美国际地位的重要作用。

（二）左翼政党执政的拉美国家普遍采取对以强硬态度

查韦斯执政期间，委内瑞拉率先打破了拉美国家以往在以色列与阿拉伯国家之间保持的平衡主义外交原则。查韦斯素以"反美斗士"而著称，美国不遗余力地在国际社会对其进行围堵、打击。2005年，美国国务院要求以色列政府终止与委内瑞拉所有涉及美国技术的军事合同，并停止向委内瑞拉出售以色列本国的军事技术，[①] 委内瑞拉与以色列自此交恶。2006年，查韦斯就以黎冲突严厉谴责以色列，称以色列"对巴勒斯坦和黎巴嫩人民实施了新的大屠杀"，而美国则是以色列的帮凶。[②] 为抗议以色列对黎巴嫩的军事进攻，查韦斯还召回了委内瑞拉驻以大使；作为回应，以色列随后亦召回驻委大使。2009年1月5日，查韦斯强烈谴责以色列在加沙发起的"铸铅行动"，称以军行为"公然违反国际法"，必须停止"种族灭绝"袭击，并表示应在国际刑事法院审判以色列总理和美国总统。[③] 2009年1月14日，查韦斯宣布与以色列断绝外交关系，并驱逐以色列驻委内瑞拉大使及使领馆工作人员，以色列政府则同样驱逐了委内瑞拉驻以色列外交官。

查韦斯"反美"和谴责以色列的声音迅速在拉丁美洲得到回应。2008

---

① Jonathan Howland, "U. S. -Israel Defense Relations on Mend but New American Veto Policy Crimps Israeli Arms Sales," The Jewish Institute for National Security Affairs, November 10, 2005, http：//www. jinsa. org/articles/articles. html/function/view/categoryid/155/documentid/3213/history/3%2C2360%2C658%2C155%2C3213.

② Vinod Sreeharsha, "Venezuela's Jews Fear Anti-Semitism," Jewish Telegraphic Agency, August 20, 2006, https：//www. jta. org/2006/08/20/lifestyle/venezuelas-jews-fear-anti-semitism.

③ Deisy Buitrago, "Chávez exige que Israel encerre ataque 'genocida' a Gaza," O Globo, May 1, 2009, https：//oglobo. globo. com/mundo/chavez-exige-que-israel-encerre-ataque-genocida-gaza-3181930.

年 9 月，玻利维亚总统莫拉莱斯以美国驻玻大使鼓动右翼州长叛乱为由将其驱逐。2009 年 1 月 14 日，莫拉莱斯宣布与以色列断绝外交关系，并谴责以军在加沙"铸铅行动"中造成 1000 多名巴勒斯坦人死亡。① 2010 年 6 月 1 日，尼加拉瓜丹尼尔·奥尔特加（Daniel Ortega）政府宣布，由于以军袭击人道主义援助物资运输船队，尼政府决定中止与以色列的外交关系。②

承认巴勒斯坦国是拉美左翼政府抗议以色列的另一种方式。早在 1988 年，社会主义国家古巴和奥尔特加领导的尼加拉瓜就成为最早承认巴勒斯坦国的拉美国家。2009 年 4 月 27 日，委内瑞拉正式承认巴勒斯坦国，并与巴勒斯坦建立外交关系。③ 2010 年 12 月，巴西总统卢拉和阿根廷总统克里斯蒂娜·基什内尔（Cristina Kirchner）分别致信巴勒斯坦民族权力机构主席阿巴斯，承认以 1967 年边界为基础的独立的巴勒斯坦国。两个地区大国的表态推动拉美掀起承认巴勒斯坦国的高潮。玻利维亚、厄瓜多尔、智利、圭亚那、秘鲁、苏里南、乌拉圭、萨尔瓦多、洪都拉斯、伯利兹等国于 2010~2011 年宣布承认以 1967 年边界为基础的独立的巴勒斯坦国。至 2011 年年底，除哥伦比亚、巴拿马与墨西哥外，绝大多数有影响力的拉美国家已承认巴勒斯坦国。

（三）右翼政党执政的拉美国家加强与以色列的外交和经贸联系

2017 年 9 月，以色列总理内塔尼亚胡历史性地访问阿根廷、哥伦比亚和墨西哥，成为该国第一位访问拉美国家的在任首脑。三个受访国家不仅都是拉美地区有影响力的大国，而且无一例外都由右翼政党执政，在巴以问题

---

① Diego Oré, "Bolivia rompe relaciones diplomáticas con Israel," Reuters, January 15, 2009, https：//www. reuters. com/article/world/us/bolivia-rompe-relaciones-diplomticas-con-israel-idUSSIE50D136/.

② 尼、以两国于 2017 年恢复外交关系。参见 Marshall Yurow, "Evolving Relationships：Nicaragua, Israel, and the Palestinians," *Latin American Perspectives*, Vol. 46, No. 3（2019）, pp. 149-163。

③ Ana Isabel Martínez, "Venezuela y Autoridad Palestina inician relaciones diplomáticas," Reuters, April 28, 2009, https：//www. reuters. com/article/latinoamerica-venezuela-palestinos-idLTASIE 53Q22320090 427/.

上都采取亲以立场。

毛里西奥·马克里（Mauricio Macri）执政期间，阿根廷与以色列签署了8项协议，涉及安全、社会保障、税收、空域合作等领域，而同期与巴勒斯坦签署的协议仅有4项。该时期阿根廷官方对巴以冲突的解读也表现出明显的亲以倾向。例如，阿根廷外交部将2018年8月爆发的加沙冲突归因于哈马斯"向以色列发射火箭弹导致加沙暴力升级"。在访问阿根廷时，内塔尼亚胡毫不掩饰自己对信奉新自由主义经济模式的马克里的支持，他表示："虽然我不能用西班牙语和你们以及我的朋友马克里交谈，但我们讲同一种经济语言，我们在许多问题上都讲同一种语言。"① 马克里在欢迎内塔尼亚胡的演讲中称以色列的经济政策是值得效仿的典范。内塔尼亚胡访问阿根廷期间，马克里还向他提供了数万份与纳粹大屠杀相关的数字文档。2019年，马克里政府不顾国内阿拉伯社区的反对，坚决将涉嫌制造1994年阿根廷以色列互助协会爆炸案的黎巴嫩真主党定性为"恐怖组织"。

哥伦比亚总统胡安·桑托斯（Juan Santos）同样以亲以立场而著称，其任内（2010~2018年）打破了哥伦比亚自1947年以来在巴以冲突问题上坚守的"洛佩斯主义"（Doctrina López），即"谨慎的平衡"原则，转而坚定地支持以色列。② 一方面，桑托斯政府加强了与以色列的经贸联系。2013年，哥伦比亚与以色列签订自贸协定，且在协定中将以色列的领土定义为"其关税规则适用的领土"③，相当于承认了以色列对被占巴勒斯坦土地的权利。另一方面，桑托斯政府多次拒绝承认巴勒斯坦国。即使在2010~2011年席卷拉美的承认巴勒斯坦国浪潮中，桑托斯政府仍坚持不予以承认，使哥

---

① Claudio Mardones, "Netanyahu: 'con Mauricio hablamos el mismo idioma económico'," Tiempo Argentino, September 13, 2017, https://www.tiempoar.com.ar/politica/netanyahu - con - mauricio-hablamos-el-mismo-idioma-economico/.

② Luis Alexander Montero Moncada, "A Multifactorial Analysis of the Colombian Foreign Policy Toward the Middle East," in Marta Tawil Kuri and Élodie Brun, eds., *Latin American Relations with the Middle East: Foreign Policy in Times of Crisis*, New York: Routledge, 2022, pp. 91-117.

③ 参见 SICE (Sistema de Información sobre Comercio Exterior), "Tratado de Libre Comercio Colombia-Israel," Organización de Esatados Americanos, 2013, http://www.sice.oas.org/tpd/col_isr/Text_September2013_s/Text_s.asp。

伦比亚成为拉美地区最晚承认巴勒斯坦的国家之一。

墨西哥右翼总统恩里克·涅托（Enrique Nieto）执政时期，以、墨两国经贸关系快速发展，以色列成为墨西哥在中东地区的主要贸易伙伴，也是墨西哥第二大投资对象国。2016年，两国年度贸易额达9亿美元，几乎占以色列与拉丁美洲年度贸易额的1/3。在访问墨西哥时，内塔尼亚胡称以、墨两国关系为"伟大的友谊"，涅托政府则邀请以色列参与"中美洲北部三角地带"发展计划，并决定与以色列根据现状升级自贸协定。此外，双方还签署了多项合作协议，涉及航空、旅游、空间发展等多个领域。

巴西极右翼总统博索纳罗（Bolsonaro）是另一个坚定支持以色列的拉美领导人。早在2014年担任巴西联邦议员时，他就给以色列政府写了一封公开信，为时任巴西总统罗塞夫批评以色列对巴勒斯坦人过度使用武力的行为"向以色列人民道歉"。2016年，博索纳罗率领巴西国会议员代表团对以色列进行正式访问，除参观以色列的灌溉技术和国防工业外，他还在约旦河接受神召会牧师埃韦拉尔多·佩雷拉（Everaldo Pereira）的洗礼，以求获得巴西国内日益增长的新教福音派的支持。① 2018年参加总统竞选期间，博索纳罗多次在福音派教堂发誓，要将巴西驻以大使馆迁往耶路撒冷。此外，他在竞选中不承认巴勒斯坦的国家地位，承诺竞选成功后将关闭巴勒斯坦驻巴西大使馆。胜选后，博索纳罗立即邀请内塔尼亚胡访问巴西。2018年12月28日，内塔尼亚胡开启对巴西长达5天的访问，成为历史上第一位访问巴西的以色列总理。其行程的重头戏便是出席博索纳罗的就职典礼。2019年3月31日，博索纳罗投桃报李，选择以色列大选前夕访问该国，目的不言自明，就是为内塔尼亚胡站台，他也成为第一位由以色列总理陪同访问耶路撒冷西墙的外国领导人。然而，迫于阿拉伯国家与伊斯兰国家对其言论的谴责

---

① 近年来，巴西新教福音派人口持续快速增长，已由2000年的2620万人增加至2010年的4230万人，占巴西总人口的比重从15.5%上升为22.2%，预计2032年巴西新教福音派人口将超过天主教人口。参见 Bruno Caniato, "Três fatores que explicam o fenômeno do 'boom' evangélico no Brasil," Veja, July 23, 2023, https://veja.abril.com.br/coluna/maquiavel/tres-fatores-que-explicam-o-fenomeno-do-boom-evangelico-no-brasil。

和对巴西农产品的抵制，博索纳罗任内并未将巴西驻以色列大使馆迁往耶路撒冷，而是将巴西驻以色列贸易办事处迁往耶路撒冷。博索纳罗的亲以倾向还表现为对《亚伯拉罕协议》的支持。2020 年以色列与阿联酋、巴林签署该协议后，博索纳罗特意在儿子家中宴请上述三国及美国驻巴西大使。2021 年巴以冲突期间，博索纳罗称哈马斯向以色列无差别发射火箭弹是无理举动，毫不掩饰其亲以色列立场。

"粉色浪潮"使拉美国家之间的意识形态对立加剧，同时使这些国家看待以色列和巴以问题的立场呈现更加明显的两极化趋势。2017 年，内塔尼亚胡访问拉美三国时表示，"这次访问标志着以色列和拉美关系的新时代"，其所指乃是右翼政党执政的拉美国家加强了与以色列的经贸关系，却忽视了左翼政党执政数量更多的拉美国家与以色列关系不断恶化的事实。

三　拉美国家对2023年新一轮巴以冲突的反应

拉美国家对 2023 年巴以冲突的反应是"粉色浪潮"下各国与以色列关系两极化趋势的呈现和延续。10 月 7 日哈马斯袭击以色列后，除古巴、委内瑞拉和尼加拉瓜政府外，拉美绝大多数国家都在第一时间谴责了这次袭击。然而，随着以军不断轰炸加沙，加沙地带的人道主义危机愈发严重，拉美国家在巴以冲突问题上迅速分裂为两派。

左翼政党执政的国家普遍持"谴责哈马斯袭击，但不支持以色列采取过度武力措施"的立场，尽管这些国家数量众多，且执政当局的表态随加沙战事的发展有所变化，但仍可根据其反应强烈程度将这些国家的态度归为以下几类。

（一）呼吁国际调停

奥夫拉多尔领导的墨西哥政府在巴以冲突问题上仍坚持平衡主义原则，较少发表相关言论。面对以色列驻墨西哥大使馆的指责，奥夫拉多尔回应表示，墨西哥政府不想在以色列和哈马斯的冲突中选边站，而是希望成为

"寻求和平解决方案的一分子"。奥夫拉多尔主张冲突双方进行对话并避免暴力进一步升级，同时呼吁紧急召开联合国大会，寻求和平解决武装冲突的办法。

2023 年 10 月，巴西担任联合国安理会轮值主席国。巴西总统卢拉多次呼吁联合国在维护国际和平和人道主义的角色中充分履职，更积极地推动解决争端的谈判，并维护地区和平与稳定。10 月 18 日，巴西代表在联合国安理会提出关于加沙和以色列的决议草案，呼吁以色列撤销关于加沙地带居民必须迁至南部地区的要求，但遭到美国一票否决。不过，随着巴西卸任安理会轮值主席国，以及巴西滞留加沙人员获释，卢拉逐渐由呼吁调停转向谴责以色列和支持巴勒斯坦。11 月 21 日，卢拉在出席金砖国家领导人巴以问题特别视频峰会时表示，承认巴勒斯坦国是解决巴以冲突"唯一可能的解决方案"。

（二）与以色列断交或召回驻以色列大使

2023 年 10 月 31 日，阿尔塞领导的玻利维亚政府宣布与以色列断绝外交关系，成为本轮巴以冲突爆发以来世界上首个与以色列断交的国家。同日，哥伦比亚和智利政府宣布召回本国驻以色列大使。不仅如此，哥伦比亚总统佩特罗还多次批评以色列，称以军在加沙地带实施的军事行动为"种族屠杀"，以色列正在把加沙地带变成"集中营"。2024 年 5 月 1 日，哥伦比亚政府宣布自次日起断绝与以色列的外交关系，以抗议以色列在加沙地带的"种族灭绝"行为。2023 年 11 月 3 日，洪都拉斯外长雷纳宣布召回洪都拉斯驻以色列大使。11 月 14 日，伯利兹政府宣布中断与以色列的外交关系，原因是以色列拒绝在加沙地带停火。2024 年 2 月 19 日，巴西政府宣布召回驻以色列大使弗雷德里科·梅耶尔。同日，巴西外长维埃拉在里约召见以色列驻巴西大使。5 月 29 日，卢拉宣布永久撤回驻以大使。

（三）诉诸国际法院等国际机构

南非是最早起诉以色列的国家，拉美多国加入南非发起的起诉。2024

年 1 月 8 日，玻利维亚外交部表示，该国将与南非一道，向国际法院起诉以色列在加沙地带对巴勒斯坦人实施的"种族灭绝"。玻利维亚成为拉美第一个宣布支持南非起诉以色列的国家。此外，玻利维亚外交部还宣布，将与南非、孟加拉国、科摩罗和吉布提等国一起向国际刑事法院检察官提出对巴勒斯坦局势展开调查的要求。随后几个月，尼加拉瓜（2 月 8 日）、哥伦比亚（4 月 5 日）、墨西哥（5 月 24 日）均宣布申请加入南非起诉以色列的行列，智利（6 月 2 日）和古巴（6 月 22 日）也表达了希望加入起诉行列的意向。①

（四）承认巴勒斯坦国

2024 年 4 月，加勒比共同体就承认巴勒斯坦国达成共识。4 月 19 日至 5 月 7 日，巴巴多斯、牙买加、特立尼达和多巴哥、巴哈马四国先后宣布承认巴勒斯坦国。至此，加勒比共同体 14 个独立国家已全部正式承认巴勒斯坦国。

与左翼政府采取的对以强硬态度不同，巴拉圭、乌拉圭、萨尔瓦多、厄瓜多尔、阿根廷等国的右翼政府普遍声援以色列，称以色列政府有捍卫国家安全的权力，具体如下。

巴拉圭总统圣地亚哥·培尼亚（Santiago Peña）多次谴责哈马斯发动恐怖主义袭击，但对加沙的严重人道主义危机置若罔闻。2023 年 10 月 27 日，联合国大会就呼吁人道主义休战决议草案进行表决，巴拉圭成为南美洲唯一投反对票的国家。② 2024 年 4 月 5 日，联合国人权理事会通过决议，要求追究以色列在加沙地带可能犯下的"战争罪和反人类罪"，巴拉圭再次成

---

① Regional Information Centre for Western Europe, "South Africa vs Israel: 13 Other Countries Intend to Join the ICJ Case," United Nations, June 10, 2024, https: //unric. org/en/south-africa-vs-israel-12-other-countries-intend-to-join-the-icj-case/.

② Patricio Porta, "Israel aprueba al nuevo embajador paraguayo y Peña se distancia de los países de la región," La Política Online, November 2, 2023, https: //www. lapoliticaonline. com/paraguay/politica-py/israel-aprueba-al-nuevo-embajador-paraguayo-y-pena-se-distancia-de-los-paises-de-la-region/.

为少数几个投反对票的国家。而在伊朗向以色列发射弹道导弹后，培尼亚则表示对中东地区日益增长的暴力冲突表示担忧，并重申全力支持以色列人民。

阿根廷新总统米莱是拉美另一个强烈支持以色列的右翼领导人。尽管这在很大程度上源于米莱对自身犹太血统的认同和对犹太教的狂热，① 但与其信奉的经济主张和意识形态也不无关系。早在竞选期间，米莱就表示要皈依犹太教。就任总统后，米莱多次表态支持以色列，视其为"西方价值观在中东的堡垒"。2024 年 2 月，以色列成为米莱就任总统后第一次正式出访的目的地，米莱也成为新一轮巴以冲突爆发后第一位访问以色列的拉美领导人。在参观耶路撒冷西墙时，米莱与其私人拉比、新提名的阿根廷驻以大使阿克塞尔·瓦尼什（Rabbi Shimon Axel Wahnish）相拥而泣。访以期间，米莱还宣布将把阿根廷驻以大使馆从特拉维夫迁往耶路撒冷。4 月 13 日，在伊朗向以色列发射弹道导弹后，米莱的总统办公室发布正式声明："阿根廷共和国将永远站在以色列一边，反对那些寻求消灭以色列的人。"② 4 月 23日，阿根廷外交部发表声明称，正式要求国际刑警组织逮捕伊朗内政部部长瓦希迪，理由是他下令实施了 1994 年阿根廷以色列互助协会爆炸案。5 月10 日，阿根廷代表投票反对巴勒斯坦成为联合国会员国。7 月 12 日，阿根廷成为第一个宣布哈马斯为"国际恐怖主义组织"的南美洲国家。③

与其他所有支持以色列的拉美右翼领导人相比，萨尔瓦多总统纳伊布·布克莱（Nayib Bukele）及其家庭成员的出身非常复杂，且与巴以冲突双方关系密切。其祖父母是 20 世纪初移民萨尔瓦多的巴勒斯坦基督徒，父亲在

---

① 2024 年 4 月，米莱向迈阿密犹太会堂透露自己有犹太血统，其祖父在去世前得知母亲为犹太人。参见 Juan Melamed, "Argentina's Javier Milei Tells Miami Shul He Has Jewish Heritage," *The Times of Israel*, April 12, 2024, https：//www.timesofisrael.com/argentinas-javier-milei-tells-miami-shul-he-has-jewish-heritage/。
② 参见 "Comunicado Oficial Número 39," Oficina del Presidente Javier Milei, April 13, 2024, https：//www.argentina.gob.ar/noticias/comunicado-oficial-numero-39。
③ 参见 "Comunicado Oficial Número 51," Oficina del Presidente Javier Milei, June 12, 2024, https：//www.argentina.gob.ar/noticias/comunicado-oficial-numero-51。

20 世纪 80 年代皈依伊斯兰教。而其妻子加布里埃拉·罗德里格斯（Gabriela Rodríguez）则是具有塞法尔迪犹太血统的心理学家，在其政治活动中扮演重要角色。此外，布克莱的政治生涯始于左翼政党法拉本多·马蒂民族解放阵线（FMLN），但最终依靠右翼保守党派民族团结大联盟（GANA）当选总统。尽管出身复杂，布克莱在此次哈马斯与以色列冲突上的态度却显得相当明确。他多次谴责哈马斯，并将其与困扰萨尔瓦多的黑帮相提并论。[1]

四　当前拉美国家与以色列关系出现重大转变的原因

拉美国家与以色列关系出现重大转变，在很大程度上是由"粉色浪潮"决定的。想要探究拉美国家为何会改变长期以来所坚持的平衡主义外交政策，就必须深入分析"粉色浪潮"产生并席卷拉美的深层次原因。"粉色浪潮"的出现有其深刻的域内外背景，包括冷战后国际局势的变化和世界范围内民主政治的巩固、20 世纪末 21 世纪初拉美蓬勃发展的"新社会运动"、一些左翼政党的相对温和化以及当地民众的"回溯性投票"等。[2] 与此前相比，拉美的民主化浪潮使更多的国家有了民选总统，民众的话语表达在总统对外政策的影响因素中占更大比例，这成为近年来拉美国家与以色列关系出现重大转变的最关键背景。具体而言，"粉色浪潮"下拉美国家与以色列关系出现重大转变有以下几个方面的原因。

（一）民粹主义浪潮下民众意见影响外交政策的制定

"民粹主义"是学术界长期争论不休的议题，尤其在拉美国家，丰富的

---

[1] Kejal Vyas, "El Salvador's President Urges Palestinians to Oust Hamas," *The Wall Street Journal*, October 10, 2023, https://www.wsj.com/livecoverage/israel－hamas－gaza－rockets－attack－palestinians/card/el－salvador－s－president－urges－palestinians－to－oust－hamas－Vj8p9d6tQWat7MDkTdX2.

[2] 张晓通、苗岭：《"粉色浪潮"——拉丁美洲左翼政党的兴衰》，《国际论坛》2016 年第 4 期，第 7~13 页。

民粹主义实践更加强了其概念的模糊性和不确定性，以至于许多拉美研究者称之为"民众主义"，从而与其他地区的民粹主义进行区分，突出其对拉美政治的进步作用和积极意义。① 历史上，拉美地区曾经历四次民粹主义浪潮。其中，第一次民粹主义浪潮发生在20世纪30~60年代，又称"经典民粹主义时期"，反对出口导向型经济模式与寡头精英统治；第二次民粹主义浪潮兴起于20世纪八九十年代，又称"新民粹主义时期"，反对进口替代工业化模式，支持新自由主义发展模式；第三次民粹主义浪潮出现于20世纪末和21世纪初，又称"激进左翼民粹主义时期"，以反对新自由主义以及去全球化为主要诉求，其结果正是导致左翼政党纷纷上台的"粉色浪潮"；第四次民粹主义浪潮则发生在两次"粉色浪潮"之间，以巴西的博索纳罗、秘鲁的藤森庆子和危地马拉的吉米·莫拉莱斯等右翼民粹主义者为代表。②

尽管有学者指出，近年来拉美地区所实行的是一种"委任式民主"，在这种民主模式下，"总统是国家的化身和国家利益的监管人……他执政时做的丝毫不必与他在竞选运动期间说的或承诺的相似"，③ 然而，与"经典民粹主义时期"的领导人相比，通过民主程序上台的激进左翼民粹主义领导人更加注重倾听民众意见，经常通过直接与民众对话来实现其政治目标，民众意见成为影响外交政策制定的重要因素。舆论体系上，这些左翼政府也普遍强调社会正义。④ 在此背景下，普通民众将国内社会的是非善恶判断标准

---

① 张芯瑜：《政治学中拉美民粹主义概念辨析及界定》，《拉丁美洲研究》2019年第3期，第117~133页；潘芳：《拉美史研究中"民粹主义"与"民族主义"的历史辨析》，南开大学世界近现代史研究中心编《世界近现代史研究（第二十辑）》，社会科学文献出版社，2024，第27~38页。

② 也有学者并不认为右翼民粹主义者足以掀起第四次民粹主义浪潮，而是将20世纪初至1929年经济危机视为"早期民粹主义阶段"。参见周楠《国际比较视野下的拉美民粹主义》，《拉丁美洲研究》2022年第3期，第81~95页；林红《拉美民粹主义：一种国家发展模式》，《马克思主义与现实》2022年第4期，第117~126页。

③ 〔美〕威亚尔达：《拉丁美洲的政治与发展》，刘捷等译，上海译文出版社，2017，第74~75页。

④ Mabel Moraña, "Negotiating the Local: The Latin American 'Pinke Tide' or What's Left for the Left?" *Canadian Journal of Latin American & Caribbean Studies*, Vol. 33, No. 66 (November, 2008), pp. 31-41.

应用于国际关系，形成不利于以色列的话语表达，并进而影响执政者外交政策的制定。

（二）反以色列成为反美反霸权主义的一部分

"反美主义"是指对美国政府及其外交政策或全体美国人的仇恨、恐惧、反对和不信任，它广泛存在于五大洲许多国家，而在拉美表现尤甚。这是因为美国长期把拉美看作自己的后院进行干预，从西进运动时期吞并墨西哥一半的国土到"门罗主义"演变为"大棒政策"，从20世纪初期的军事干涉主义到20世纪六七十年代的"秃鹰行动"，美国对拉美资源的肆意掠夺使该地区的反美主义深入各阶层民众内心，以至于墨西哥总统波费里奥·迪亚斯（Porfirio Díaz）说出那句家喻户晓的名言："可怜的墨西哥，离上帝太远，而又离美国太近。"在"反美主义"情绪高涨的社会，诸如查韦斯、莫拉莱斯、科雷亚、卢拉、佩特罗等以"反美"形象示人的候选人能够获得更多的选票，进而实现执政。

以色列是美国在中东利益的代言人，也是美国在全世界最坚定的盟友之一。在拉美左翼领导人看来，反以色列属于反美反帝国主义的一部分。新一轮巴以冲突爆发后，拉美地区左翼政府对以色列军事行动的抨击往往伴随对美国霸权主义的谴责。如2024年3月1日哥伦比亚总统佩特罗谴责美、英和欧盟支持以军轰炸加沙平民，委内瑞拉总统马杜罗则称西方所谓"正义""只是为了维护美帝国主义、欧洲和西方的利益"。①

（三）拉美人民对巴勒斯坦事业充满同情

如前所述，拉美人民曾对饱受迫害之苦的犹太人抱以同情，这也是1948年前后拉美国家支持"两国方案"的重要原因。然而，以色列建国后，尤其在1967年第三次中东战争后长期占据原属于巴勒斯坦的土地，引起拉

① Laura Gamba Fadul, "Latin American Leaders Criticize Israel's 'Genocide' in Gaza During Regional Summit," Anadolu Ajansi, March 1, 2024, https://www.aa.com.tr/en/americas/latin-american-leaders-criticize-israels-genocide-in-gaza-during-regional-summit/3152915.

美人民对巴勒斯坦事业的同情和支持。巴西国际关系中心高级研究员吉列尔
梅·卡萨罗埃斯（Guilherme Casaroes）指出，对拉美地区的许多政治人物来
说，奥斯陆和平进程的失败使他们认为"巴以局势不过是一种新的殖民主
义"，在这些拉美领导人的脑海中，"巴以冲突常常被描绘成'压迫者'以色
列与'被压迫者'巴勒斯坦之间的冲突"。[1] 正因如此，拉美左翼领导人对待
新一轮巴以冲突的态度才出奇地一致，与他们在俄乌冲突中分裂为两派形成
对比。以智利总统博里奇为例，他是拉美地区为数不多的支持乌克兰的左翼
领导人，他在会见美国总统拜登时表示："哈马斯的袭击毫无道理，应该受到
全球谴责，但内塔尼亚胡政府的回应也应该受到我们最明确的谴责。"[2]

（四）拉丁美洲的阿拉伯侨民推动亲巴勒斯坦活动

早在 19 世纪末 20 世纪初，奥斯曼帝国黎凡特地区的阿拉伯人就开始向
阿根廷、巴西、墨西哥等国移民，其数量应在 25 万人到 30 万人，许多人因
持有奥斯曼帝国护照而被称为"土耳其人"。20 世纪中后期，每次中东战争
后巴勒斯坦人都会成群结队地移居拉美。长期的移民和通婚使拉美 5% 以上
的人口拥有阿拉伯血统，仅巴西一国就有约 1600 万人有阿拉伯血统。智利
则是巴勒斯坦侨民在中东以外最大的侨居国，约 50 万巴勒斯坦人在该国
生活。[3]

拉美阿拉伯侨民不仅数量多，还在多国政府担任高级职位，具有重大政
治影响力。2016 年，巴西议会中有 10% 的议员具有阿拉伯血统。[4] 巴西前总

[1] Connor Echols, "Why Is Latin America so Pro-Palestine?" *The New Arab*, https://www.newarab.com/analysis/why-latin-america-so-pro-palestine.
[2] Antonella Pellon, "'Inaceptable': Presidente Boric condena a Hamás y reitera crítica a Israel tras reunión con Biden," *Biobío Chile*, November 2, 2023, https://www.biobiochile.cl/noticias/nacional/chile/2023/11/02/inaceptable-presidente-boric-condena-a-hamas-y-reitera-critica-a-israel-tras-reunion-con-biden.shtml.
[3] Connor Echols, "Why Is Latin America so Pro-Palestine?" The New Arab, https://www.newarab.com/analysis/why-latin-america-so-pro-palestine.
[4] Ishaan Tharoor, "The Enduring Success of Latin American Politicians of Arab Origin," *The Washington Post*, May 16, 2016, https://www.washingtonpost.com/news/worldviews/wp/2016/05/16/the-enduring-success-of-latin-american-politicians-of-arab-origin/.

统米歇尔·特梅尔（Michel Temer）、哥伦比亚前总统胡里奥·图尔瓦伊（Julio Turbay）、厄瓜多尔前总统哈米尔·马瓦德（Jamil Mahuad）及阿布达拉·布卡拉姆（Abdala Bucaram）均具有黎巴嫩血统，阿根廷前总统卡洛斯·梅内姆的父母则来自叙利亚。此外，墨西哥电信大亨卡洛斯·斯利姆（Carlos Slim）和哥伦比亚世界级歌星夏奇拉也都具有黎巴嫩血统。相比之下，拉美的犹太社区规模较小，2017 年仅有约 50 万人，且未形成强有力的游说组织，对所在国外交政策的影响力有限。

规模庞大的阿拉伯侨民社区推动了所在国的亲巴勒斯坦活动。查韦斯上台后，委内瑞拉左翼政府长期与伊朗和叙利亚保持良好外交关系，来自叙利亚的埃尔·艾萨米家族发挥了重要的居中联络作用。其中，塔雷克·艾萨米（Tarek Aissami）曾担任委内瑞拉副总统和石油部长，被认为与黎巴嫩真主党关系密切。2023 年新一轮巴以冲突爆发后，拉美阿拉伯社区多次组织游行示威，抗议以色列轰炸加沙。2024 年，智利足坛劲旅巴勒斯坦人体育俱乐部（Club Deportivo Palestino)① 闯入南美解放者杯决赛圈，球迷纷纷谴责以色列对加沙人民实施"种族灭绝"，球场随处可见写着"巴勒斯坦人不只是一支球队，更是一个民族"（Palestino mas que equipo todo un pueblo）的横幅。②

结　语

"粉色浪潮"下拉美国家与以色列外交关系的重大转变将对拉美各国和以色列产生多方面影响，尤其是左翼、右翼政府对 2023 年巴以冲突截然不

---

① 该俱乐部由巴勒斯坦移民于 1920 年在智利首都圣地亚哥成立，常年参加智利甲级联赛。主场球衣颜色与巴勒斯坦国旗相同，球袜上印有包括以色列、加沙和约旦河西岸的巴勒斯坦历史地图，被巴勒斯坦视作第二主队。参见 Juan Melamed，"Chile's Club Palestino Advances in International Tournament, Fans Accuse Israel of Genocide," *The Jerusalem Post*, March 15, 2024, https：//www.jpost.com/international/article-792091。
② Julian Sayarer，"The Deep Roots of Palestinian Solidarity in Latin America," DAWN, May 9, 2024, https：//dawnmena.org/the-deep-roots-of-palestinian-solidarity-in-latin-america/.

同的激进反应将直接影响拉美国家与以色列、中东乃至与美国的双边和多边关系。

首先，将影响部分拉美国家与以色列的经贸合作。以色列被誉为"创新国度"，在农业、国防、水资源利用、电子安防等领域均具有较强的科技创新能力；拉丁美洲则以发展中国家为主，农业和农产品出口在国民经济发展中占有重要地位，且拉美多国存在较大的社会治安问题，对以色列安防产品的需求较大。以色列与拉美国家之间的经济互补性决定了双方有必要开展经贸往来。近年来，以色列与哥伦比亚、墨西哥、巴拿马和南方共同市场均签署了自由贸易协定。2022 年，以色列与拉丁美洲的贸易总额达到 60 亿美元，其中以色列对拉丁美洲的武器出口额达到 3.81 亿美元，巴西和哥伦比亚均是以色列武器的主要进口国。而在哥伦比亚总统佩特罗公开谴责以色列在加沙的军事行动后，以色列暂停了对哥伦比亚的军事出口，并切断了安全合作。不难预料，外交关系的恶化或中断必将长期影响双方的经贸往来，其结果是一种双输的局面。相反地，诸如米莱领导的阿根廷等国则会加强与以色列的经贸合作，意识形态对经贸关系的影响力将进一步凸显。

其次，将在一定程度上影响巴以冲突走向和中东和平进程。尽管拉美国家的外交谴责不太可能阻止巴以冲突升级和延续，但至少可以向以色列最大的同盟国美国施加压力，进而迫使其接受停火谈判。而且，包括拉美多国在内的国际社会强烈谴责以色列，使后者在国际舞台上的形象受损，挑战了其长期以来构建的大屠杀叙事话语，同时从道义上支持了巴勒斯坦人民的正义事业，最终将在一定程度上影响巴以冲突的走向和巴勒斯坦问题的解决。

最后，将进一步削弱美国在拉美的影响力。面对拉美左翼政府对以色列采取的猛烈抨击、断交、召回大使等强硬外交手段，尽管美国领导人私下表示失望，但无法像以往一样对拉美国家施压。实质上，该现象反映出"粉色"拉丁美洲对美国的依赖程度降低和美国对拉美的控制力明显减弱，也反映出自第一次海湾战争以来美国单极霸权的持续衰落。至少在美洲，美国政府已无法像以前那样肆意发号施令。

拉美大多数领导人对巴勒斯坦事业的支持反映了"全球南方"在构建

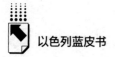

和平、稳定、正义的国际秩序方面的努力，说明"两国方案"仍受世界上
绝大多数国家支持，也说明和平、发展、合作、共赢的历史潮流不可阻挡。
值得注意的是，左翼、右翼政府领导的拉美国家对巴以冲突截然不同的态度
使拉美进一步走向分裂，考虑到生活在拉美的大量阿拉伯侨民与犹太侨民，
以及巴西日益增长的新教福音派人口，未来拉美与以色列的关系或将更加复
杂化和两极化。

中以合作篇 ⟪⟫

B.16

中国主要省（区、市）对以创新
合作现状、特点及展望

韩炳阳 俞志成 杨 剑 南 方 任孝平*

摘 要： 随着中国不断扩大高水平对外开放，各地积极开展包括以色列在内的国际合作。省（区、市）层面对以开展各领域创新合作，是中以创新全面伙伴关系的重要组成部分。研究地方层面开展对以色列的创新合作现状，有助于理解中以创新合作。本报告分析了北京、上海、江苏、浙江和广东等地对以创新合作情况，运用具体事例和相关指标深入研究地方对以创新合作的表现，试图揭示中以创新合作联委会机制下省市创新合作的发展动力和内在因素，总结出合作模式呈现多领域、多交互、跨地域的发展趋势，为下一步推动中以地方间合作做好经验总结。

关键词： 中以创新合作 中以关系 地方合作

---

* 韩炳阳，科技部科技评估中心助理研究员；俞志成，常州市武进区公路事业发展中心综合科科员；杨剑，贵州大学校聘副教授；南方，科技部科技评估中心副研究员；任孝平，科技部科技评估中心研究员、国际部部长，中以创新合作战略研究中心副主任。

一 中以地方创新合作背景

根据 1947 年联合国关于巴勒斯坦分治决议的规定，以色列国的面积为 1.52 万平方公里。以色列目前实际控制的面积为 2.5 万平方公里，人口为 984.2 万人。[①] 以色列淡水、石油等资源匮乏，战争冲突不断。尽管如此，该国却吸引了世界各地资本在以开展投资、经贸和科技研发等活动。中国是以色列的亚洲第一大、世界第二大贸易伙伴国，同时还是以色列最大的货物进口来源国。[②] 两国在 2023 年进出口商品贸易总额为 233.8 亿美元。受巴以冲突影响，2023 年中以双边贸易额较 2022 年（254.5 亿美元）下降 8.1%[③]，但仍保持在历史高位，仅次于 2022 年。

2015 年"中国-以色列创新合作联合委员会"（以下简称中以联委会）机制诞生后，中国多个省（区、市）积极响应，将以色列作为"走出去""引进来"的重点合作对象，积极推动中以各领域交流合作，持续挖掘双边合作潜能。截至 2024 年 3 月，中以联委会机制已经发展近十年，各地全面启动对以创新合作。近年来（2015~2023 年），中以双边贸易额（1537.76 亿美元）较上一阶段（2006~2014 年）贸易额（694.5 亿美元）增长 121.4%，这凸显出双边经贸合作日益密切，经贸合作更成为中国省（区、市）对以色列各领域创新合作的风向标。

地方的积极参与，已经逐渐成为中国与以色列开展创新合作的重要基础。其对促进中以创新合作的意义，不仅在于落实落地中以创新合作联委会机制达成的合作意向，还在于持久激发了民间对以合作的积极性，这种积极性源源不断地向上传递，成为推动中以创新合作稳定向前持久发展的动力之一。在中以联委会机制引领下，双方无论在政府间"自上而下"合作方面，

① 《2023 年以色列主要经济数据》，中国商务部网站，2024 年 2 月 28 日，http://file. mofcom. gov. cn/article/zwjg/zwdy/zwdyxyf/202402/20240203475268. shtml。
② 美国为以色列第一大全球贸易伙伴国。
③ 数据参见中国海关统计数据在线查询平台。

还是在地方民间"自下而上"交流方面，均呈现百花齐放、方兴未艾的态势。

二 中国重点省（区、市）对以开展创新合作现状

中国重点省（区、市）开展对以色列合作由来已久，早在中以创新全面伙伴关系正式建立之前，个别省（区、市）对以创新合作（如上海、江苏等）已经开始启动。作为开展两国创新合作的"排头兵"和"试验田"，地方参与对以创新合作，不仅带动了自身的发展，对周边地区产生了良好的辐射和溢出效应，也反过来促进了国家层面对以创新合作。国家层面的合作与地方层面的合作相互推动，促使中以创新合作不断发展。其中既有两国创新合作供需匹配的现实因素，也有国家实施开放创新战略的综合考虑。因此，地方开展对以创新合作的自主性是在中央与地方双向关系的背景下产生的。本报告着重研究 2023 年中国开展对以创新合作的重点省（区、市），并对其合作模式进行比较分析。

作为全球创新活动的重要参与者，中国的一些重点省（区、市）逐渐认识到与世界创新高地合作的重要性。部分中国省（区、市）因其独特的地理位置、产业基础和科技创新能力，在对以色列的创新合作中扮演着重要角色，并呈现了互利共赢的现象。北京、上海、江苏、浙江和广东等地，更是凭借其在经贸、科技、文化、教育、旅游等领域的比较优势，与以色列建立了密切的合作关系，在落实国家和地方政府间协议的同时，有力推动了民间经贸投资项目和高校院所间的交流合作。

（一）北京与以色列合作情况

北京作为首都，是中国的政治中心、文化中心，也是国际交往中心和国际科技创新中心。《北京市"十四五"时期国际科技创新中心建设规划》提出"以科技创新为桥梁纽带，扩大与世界重点创新国家及城市的交流合

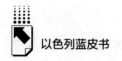

作……实施重点国别（地区）联合研发计划，夯实国际化创新'朋友圈'"。① 近年来，北京市与以色列在科技创新和经济合作领域取得了显著进展，在科研合作、教育创新、平台建设、城市关系、人才培训和人文交流等方面得到体现。

北京市积极推动与以色列的科研项目合作。在京高校院所积极组织申报北京-以色列联合研究项目。2020 年以来，北京已发布 3 批次北京-以色列联合研究项目建议指南，聚焦新一代信息技术、医药健康、节能环保和现代农业等领域，推动北京与以色列开展地方科研合作。根据 Web of Science 文献计量数据，2012~2021 年，北京与以色列合作发表论文在中国内地（大陆）31 个省（区、市）中排名领先，10 年间合作发表论文数超过 3000 篇。其中，清华大学、中国科学院大学和北京大学与以色列分别合作发表了 1017 篇、619 篇和 600 篇，数量分列全国第 6 位、第 7 位和第 8 位。值得注意的是，在京开展对以合作的院校众多，在申报国家级中以联合研发项目时具有合作基础的比较优势。如中国农业大学等国内高校和科研院所与以色列希伯来大学、海法大学、农业研究组织 Volcani 中心、本-古里安大学等开展了 7 项科研合作项目，先后举办中以双边学术研讨会 18 场，合作发表了多篇高水平国际学术论文，在申报国家级和北京市科研项目时的优势更为突出。

北京市积极促进与以色列的教育创新合作交流。北京高等教育资源较其他对以合作省（区、市）优势明显，如，"中以 7+7 研究型大学联盟"中就包括清华大学、北京大学、中国人民大学、中国农业大学等在京高校。不仅如此，对外经济贸易大学在以色列佩塔提克瓦市设立对外经济贸易大学以色列分校，打造双方教育创新和文化交流的平台，为中以合作培养创新创业人才。此外，在京高校与以色列使领馆开展丰富的交流活动。如 2023 年 2 月，中国人民大学校领导接待了以色列驻华大使一行，双方在人文交流、丝路学

---

① 《北京市"十四五"时期国际科技创新中心建设规划》，北京市发展和改革委员会网站，2021 年 11 月 3 日，https：//fgw. beijing. gov. cn/fgwzwgk/zcgk/ghjhwb/wnjh/202205/t20220517_2712021. htm。

院建设、国际合作等领域开展了探讨交流。[①] 此外，北京知识产权界与以色列开展了不同形式的交流与合作，拓宽知识产权国际合作交流渠道。[②]

北京市与以色列开展多领域商务合作，为创新主体搭建互联互通平台。2023 年 1 月，北京市贸促会与以色列驻华大使馆、以色列经济与产业部驻华贸易司合作举办"以色列智慧城市-智慧交通技术线上对接会"，双方共组织 5 家以色列企业和 50 余家中国企业参会。[③] 2 月，国家智能网联汽车创新中心联合以色列驻华使馆在北京共同举办"2023 中国（亦庄）-以色列智能网联汽车产业生态交流会"，Mobileye、Cipia 等以色列智能网联汽车技术企业，通用汽车、小米等整车企业，以及北京理工大学等高校院所的代表参加会议，共同讨论汽车领域前沿技术。[④] 9 月，以色列驻华大使馆经济处与约印医疗在北京共同举办以色列（中国）数字医疗商务对接会，以色列企业通过路演方式呈现其新产品技术，双方就数字医疗领域的进一步合作进行深入交流。[⑤] 此外，2024 年 1 月，中国国际经济交流中心（CCIEE）接待以色列经济与产业部驻华经济司参赞一行，针对中以经贸合作进行交流。[⑥] 值得注意的是，现代农业、人文社科和交叉创新研究等领域是北京与以色列共同设立创新合作平台的重要方向。在现代农业领域，中华人民共和国农业部和以色列外交部在 1993 年联合创办了中国-以色列国际农业培训中心，该中心依托中国农业大学开展相关工作，是中以两国建交后最早推动的两个重

---

① 《以色列驻华大使一行到访人大重阳》，人大重阳网，2023 年 2 月 10 日，http：//rdcy. ruc. edu. cn/zw/jszy/rdcy/grzl_rdcy/89f8d7b5dd97433e853d3fcd0846f6fe. htm。

② 《"北京知识产权保护状况"新闻发布会》，北京市人民政府，2016 年 4 月 14 日，https：//www. beijing. gov. cn/shipin/szfxwfbh/16003. html。

③ 《"以色列智慧城市-智慧交通技术线上对接会"成功举办》，北京贸促微信公众号，2023 年 1 月 12 日，https：//mp. weixin. qq. com/s/G-KVkU241RLdVqewLmqS-Q。

④ 《2023 中国（亦庄）-以色列智能网联汽车产业生态交流会在北京成功召开》，国家创新中心微信公众号，2023 年 2 月 28 日，https：//mp. weixin. qq. com/s/n58V5VVMF89qZTo4RqvafQ。

⑤ 《活动回顾 ｜ 以色列（北京）数字医疗商务对接会》，以色列经济与产业部微信公众号，2023 年 9 月 20 日，https：//mp. weixin. qq. com/s/cRmBelVNkuKQyuhjOOKMSA。

⑥ 《以色列经济与产业部驻华经济司参赞访问中国国际经济交流中心》，以色列经济与产业部微信公众号，2024 年 1 月 13 日，https：//mp. weixin. qq. com/s/sNs8hITjjtz3LHJdewcV9A。

要合作项目之一。① 在人文社科研究领域，北京拥有众多研究以色列文化和开展对以色列创新合作的科研院所。中国社会科学院西亚非洲研究所、北京语言大学阿拉伯研究中心和北京外国语大学阿拉伯学院等人文社科研究中心等院所，均与以色列保持紧密沟通，是研究以色列文化、历史和热点问题的重要力量。如 2023 年 3 月，中国社会科学院西亚非洲研究所接待以色列驻华大使一行，并就中东局势和热点事件进行了交流。② 在交叉创新研究领域，清华大学与特拉维夫大学开展交流，共同推动支持中以交叉创新中心（XIN 中心）发展。

北京市积极与以色列的城市发展友好关系，推动城市间开展创新合作。2006 年 11 月，北京市与特拉维夫-雅法市正式缔结为友好城市关系。2014 年 12 月，两市签署合作备忘录，共同推动双方在创新创业、旅游文化等领域合作交流。③ 2023 年 4 月，北京市平谷区政府与以色列内坦亚市政府召开线上交流会，双方均表示愿在现代农业、物流运输、文化旅游、友城建设等方面开展合作，建立友好合作关系，助力两国友好合作关系行稳致远。④

北京市不断拓展与以色列的合作深度。北京多所高校与以色列高校院所建立合作关系，定期互派访问学者和研究人员，举办联合研究项目和学术会议。如中国-以色列国际农业培训中心推动与以色列开展农业技术和管理人才培养合作，先后邀请 200 余名（次）以色列等国际知名专家来华授课，并选派 200 余名学员赴以参加培训、留学或开展联合研究工作，并有多人获得希伯来大学、以色列理工学院等高校的博士学位。"中以应急急救培训中

---

① 《中以中心简介》，中国-以色列国际农业研究培训中心网站，2017 年 10 月 21 日，http://ciicta. cau. edu. cn/inzhongyizhongxin. html。

② 《以色列驻华大使一行访问西亚非洲研究所和中国中东学会》，中国社会科学院西亚非洲研究所网站，2023 年 3 月 14 日，http://iwaas. cssn. cn/xsst/zgzdxh/202303/t20230314 _ 5607555. shtml。

③ 《北京市与特拉维夫-雅法市关系简况》，北京市人民政府外事办公室网站，2019 年 12 月 27 日，https://wb. beijing. gov. cn/home/yhcs/sjyhcs/sj _ yz/sj _ yz _ tlwf/201912/t20191227 _ 1522989. html。

④ 《平谷区与以色列内坦亚市线上交流会召开》，平谷区人民政府网站，2023 年 4 月 24 日，https://www. beijing. gov. cn/ywdt/gqrd/202304/t20230424_3065683. html。

心"于 2020 年 12 月在首都医科大学附属北京友谊医院成立，是中以两国政府间的合作项目之一。截至 2022 年，该中心已成功举办三次线上培训，加强中国与以色列在医疗急救和科技创新领域的互学互鉴，推进北京乃至全国在紧急医疗方面的救援队伍建设，提升北京城市的应急处置能力。[①] 此外，北京大学、北京外国语大学和北京第二外国语学院等在京重点高校开设希伯来语专业或课程，为促进中以双边创新合作和文化交流培养语言人才。

北京市积极打造交流和对话平台，助力推动中以文化交流互鉴。例如，2022 年年底北京市举办北京-特拉维夫创新大会并承办中以创新创业大赛北京活动，聚焦生命科学、智能技术、绿色技术等领域，服务北京企业开展对以创新合作，促进科技成果在华落地转化。[②] 在中关村论坛框架下，2023 年 5 月由中国科技部和北京市政府联合主办的"科学与外交国际论坛"顺利召开，以色列驻华使节代表参加交流论坛。[③] 此外，北京成为以色列现代舞等文化艺术在华交流展示的重要城市。2023 年 1 月，中国国际文化传播中心接见以色列驻华大使一行，双方均积极表示愿通过艺术交流、共同演出等形式，加强并深化中以两国关系。[④] 2023 年 7 月，以色列卡米亚现代舞团在北京演出《塔特拉山脉》，与北京民众近距离交流以色列现代舞文化。[⑤]

（二）上海与以色列合作情况

上海是长三角地区的重要城市之一，同时是在中国式现代化进程中发挥

① 《中以应急急救第三期线上培训在我院成功举办》，首都医科大学附属北京友谊医院网站，2022 年 5 月 26 日，https：//www. bfh. com. cn/Html/News/Articles/5122. html。
② 《2022 北京-特拉维夫创新大会举办》，创新创业中关村微信公众号，2022 年 12 月 3 日，https：//mp. weixin. qq. com/s? __biz = MjM5Njc5MjIzMw = = &mid = 2652305748&idx = 1&sn = b7d00c7ea910fbe37d840604bfab1d30&chksm = bd018b928a760284f99b33ee811aa21f804ffbe2ef7e70f484fcb4c47c14dc60998bcb2b758e&scene = 27。
③ 《科学与外交国际论坛顺利举办》，中国科技部网站，2023 年 5 月 31 日，https：//www. most. gov. cn/kjbgz/202305/t20230531_186353. html。
④ 《龙宇翔与以色列驻华大使潘绮瑞亲切会见》，海外网，2023 年 1 月 17 日，https：//m. haiwainet. cn/mip/3541089/2023/0117/content_32544880_1. html。
⑤ 《以色列现代舞"塔特拉山脉"在京上演》，国际在线，2023 年 8 月 1 日，https：//news. cri. cn/20230801/f1563be8-793c-cb63-48c5-5bfa71cf2864. html。

先试先行作用的示范城市，在开展国际创新合作中也处于重要地位。《上海市建设具有全球影响力的科技创新中心"十四五"规划》提出，要搭建多主体、多层次、多类型对外科技合作交流网络，推动更深层次、更宽领域、更大力度的全方位高水平开放合作创新。[①] 在中以创新合作的机制下，上海立足自身优势，积极与以色列在科技、教育、文化、交通等领域开展创新合作，推动贸易畅通和民心相通，取得丰硕成果。

上海与以色列科技创新合作亮点突出，体现在共同研发项目、科研产出、知识产权合作等方面。2020 年以来，上海市科委已累计发布 8 个批次的对以色列合作指南，重点聚焦生命健康、农业技术、能源与环境等领域，拓展沪以科研合作的广度和深度。根据 Web of Science 文献计量数据，2012~2021 年上海与以色列的合作发文规模为 1937 篇，位列全国第 2 位。在两国科研合作发表论文规模排名前 10 的中国高校里就有上海交通大学和复旦大学，尤其是上海交通大学，与以色列合作发表了 1203 篇国际论文，学科规范化引文影响力（CNCI 值）为 6.1，是中以双边高校间联合发文最多的学校。

上海与以色列持续建设合作示范园区，打造长江三角洲地区国际创新合作示范载体。中以（上海）创新园作为两国政府间开展创新合作的示范园区，是双方科技合作的重要载体。中以（上海）创新园以"联合创新研发"和"双向技术转移"为发展定位，聚焦人工智能与机器人、医疗健康与生命科学、互联网与信息技术三大产业，设立对以合作创投基金，搭建对以创新合作网络，持续优化园区营商环境，在金融服务、知识产权保护等方面提供配套咨询服务，在吸引以色列高新技术企业来沪创业发展的同时，为中国企业走出国门、进入以色列市场提供便利。值得注意的是，2020 年中以（上海）创新园成为上海市商标品牌创新创业基地、中国（上海）知识产权维权援助中心工作站，通过推动知识产权保护工作，促进以色列创新主体、

---

① 《上海市建设具有全球影响力的科技创新中心"十四五"规划》，上海市人民政府网站，2023 年 6 月 27 日，https://www.shanghai.gov.cn/yscxcy2/20230627/703d770edcad449fa498be48775ebe63.html。

商标品牌集聚发展。①

上海承办中以创新创业大赛，为创新企业孵化提供信息对接平台。2023年1月，中以（上海）创新园等单位承办第六届中以创新创业大赛总决赛暨第八届中以创新合作大会，中以两国科技界、投资界、行业组织和企业代表约400人参加对接交流，推动双边创新供需合作对接。② 此外，依托中以（上海）创新园，多个领域的技术对接活动在沪举办，吸引以色列创新企业在沪落地，引进了先进的孵化器模式和管理经验，促进上海市科技创新国际化发展。

上海是中华民族和犹太民族友谊的重要见证地，在传承中以两国友好合作关系过程中发挥了重要作用。上海市与以色列海法市在1993年确立为友好城市关系，成为两国创新合作发展的关键纽带。上海犹太难民纪念馆成为中以人民回顾共同历史、展望和平未来的重要平台。2023年5月，上海犹太难民纪念馆国际咨询委员会第二次会议举行，世界各地的博物馆专家、犹太后裔、青年学者等汇聚上海犹太难民纪念馆，共同探讨提升纪念馆世界影响力的新技术与新方法。③ 2023年1月，在缅怀大屠杀受难者国际纪念日之际，《大屠杀之后：流离失所者和流离失所者营地》临展开幕式暨缅怀大屠杀受难者国际纪念日活动在上海犹太难民纪念馆举行。展览由联合国和上海犹太难民纪念馆共同主办，纪念活动由以色列驻沪总领事馆和纪念馆共同组织。④

上海发挥以色列驻沪领馆区位优势，组织筹办以色列文化宣传活动。上海国际化的城市文化和营商氛围吸引了以色列在上海举办活动。2023年8月，以色列驻上海总领事馆与上海设计之都促进中心等单位共同举办"以色列国

---

① 《中国（上海）知识产权维权援助中心工作站在中以（上海）创新园正式揭牌成立》，上海市普陀区人民政府网站，2020年12月28日，https：//www. shpt. gov. cn/shpt/zt－zycxy/20201228/540063. html。

② 《2022 第六届中以创新创业大赛总决赛暨第八届中以创新合作大会成功举办》，人民网，2023年1月17日，http：//m2. people. cn/news/toutiao. html？ s＝Ml8yXzQwMjcxMzkxXzEzNDc2OF8xNjczOTQ2NTI0。

③ 《上海犹太难民纪念馆举行纪念馆国际咨询委员会第二次会议》，上海犹太难民纪念馆网站，2023年5月17日，https：//www. shhkjrm. com/node2/n4/n5/n12/u1ai2997. html。

④ 《联合国展览在纪念馆举办多国总领事讲述国际义人的故事》，上海犹太难民纪念馆网站，2023年1月31日，https：//www. shhkjrm. com/node2/n4/n5/n12/u1ai1956. html。

家人文历史摄影作品主题展"，以上海市人民广场地铁站的部分公共空间作为展示载体，展现以色列风土人情、自然风貌和文化艺术，让市民有机会近距离了解以色列国家形象，推动以色列和上海的文化创新交流合作。① 此外，上海利用自身的经济和文化优势，吸引了大量以色列高技能人才到上海的高新技术企业和研究机构就业。这为上海乃至中国的科技创新注入了新的活力。

上海与以色列积极推动港口建设合作，上港集团承建的以色列海法新港已成为中以两国创新合作的示范项目。2014 年 7 月，上港集团在以色列政府邀请下，参与建设并运营海法新港码头项目，并于 2015 年 3 月获得码头运营权。在双方团队的积极建设下，海法新港一期工程如期完工，并在 2021 年 9 月开港运营。海法新港一期码头年设计吞吐量为 106 万标准箱，配备桥吊 8 台，轨道吊 22 台，中国标准已成为海法新港的建设标准。海法新港项目不仅有效改善了以色列物流环境，还对解决以色列本地就业问题起到促进作用。②

（三）江苏与以色列合作情况

近年来，江苏省与以色列的合作日益紧密，涵盖创新平台建设、教育合作、人才引进、文化交流等多个方面。《江苏省"十四五"科技创新规划》明确提出，深化与关键小国的产业研发合作关系，深入实施与以色列等重点国别的联合研发资助计划，加快建设中以常州创新园。③ 江苏省作为中国经济发展的重要省份，与以色列共同探索了颇具特色的合作模式，为双方带来了显著的经济和社会效益。

江苏省与以色列科技创新合作体现在共同研发项目、科研产出合作等方面。2020 年以来，江苏省科技厅以江苏经济和科技发展的实际需求为导向，

① 许婧：《庆祝上海-海法友城缔结 30 周年以色列国家人文历史摄影作品主题展在沪展出》，中国新闻网，2023 年 8 月 23 日，https://baijiahao.baidu.com/s? id＝17750075950256295 17&wfr＝spider&for＝pc。
② 《上港集团在以色列海法新港采用"中国芯"》，上海市人民政府网站，2022 年 8 月 23 日，https://www.shanghai.gov.cn/nw31406/20220823/6cbe6707517f4f9fbc50cee14597c270.html。
③ 《江苏省"十四五"科技创新规划》，江苏省人民政府网站，2021 年 11 月 18 日，https://www.jiangsu.gov.cn/art/2021/11/18/art_64797_10117813.html。

不限制具体合作领域，已累计向社会征集了 3 个批次的江苏－以色列产业研发合作计划合作项目，推动苏以持续开展科研合作。根据 Web of Science 文献计量数据，2012～2021 年，江苏省与以色列合作发表了 1628 篇论文，在中国内地（大陆）31 个省（区、市）中排名第 4 位；南京大学是中以合作发表论文数量排名第 2 位的中国高校，与以色列合作发表了 1123 篇国际论文，学科规范化引文影响力（CNCI 值）为 5.16，远远高于全球平均水平。

江苏省与以色列以国家级创新园区为引领，共同推动一系列创新项目研发、转化和落地。江苏省常州武进国家高新技术产业开发区内的中以常州创新园，是两国政府开展创新合作的标志性项目之一，重点促进生物医药、智能制造和新材料等领域的技术交流和项目落地。据不完全统计，中以常州创新园 2023 年落户"高科技、国际化、犹太＋"企业 40 个，其中数字经济类项目 15 个、生命健康类项目 12 个、新能源类项目 5 个；园区持续推动实施共建计划，2023 年新增 11 家企业申报"共建计划"，其中 5 家企业通过以色列创新署审核，6 家与园区达成签约。此外，中以常州创新园成立 9 年来，累计引进以色列独资及中以合作企业 238 家，促成中以科技合作项目 55 个，在推动各类中以合作园区建设方面起到引领示范作用。① 2021 年，国家海外知识产权纠纷应对指导中心中以常州创新园工作站揭牌成立，为园区内中以两国企业提供海外知识产权风险防范和纠纷应对指导服务，深化双边知识产权保护交流合作。②

江苏省积极培育引进创新创业人才，以色列的创新创业人才成为江苏省重点关注的对象。一方面，借鉴以色列创新人才培育经验和模式，为江苏科技创新发展提供智力支撑。江苏常州依托"新工科"教育模式和常州固立高端装备创新中心，在中以常州园推动"新工科"教育，常州园联合常州

---

① 《中以常州创新园，以创新之"笔"为常州发展点"睛"》，常州市科技局网站，2024 年 1 月 26 日，https：//kjj. changzhou. gov. cn/index. php？c = phone&a = show&id = 44060&catid = 4918。

② 《江苏省知识产权局在中以常州创新园建设国家海外知识产权纠纷应对指导中心江苏分中心工作站》，江苏省知识产权局网站，2021 年 6 月 9 日，https：//jsip. jiangsu. gov. cn/art/2021/6/9/art_80619_9843892. html。

大学等本地高校和以色列知名高校、科研院所，大力开展"新工科"创新创业人才的联合培养。此外，常州大学与江苏省中以产业技术研究院、常州市政府三方形成"政校企合作共同体"，共同推动常州大学机器人产业学院发展，面向现代产业发展的重要需求，充分借鉴以色列创新教育模式，通过近 20 个新建的校外教学实习基地，实现学生校内校外、校企之间"跨界"学习，促进两国教育创新融合深度发展。① 另一方面，江苏省常州市组织干部赴以色列交流考察，在以色列江苏创新中心（江苏省在以色列的离岸平台）召开中以国际科创交流座谈会，积极对接本-古里安大学、以色列理工学院、对外经贸大学以色列分校等高校院所，推动江苏省与以色列的经贸往来、技术交流和人才合作。② 此外，常州市于 2023 年 3 月出台"龙城英才计划"中以专项政策。该政策面向在中以常州创新园创办领办企业的以色列人和犹太人才，为其提供一系列激励政策，包括创业资金、创业场所、投融资、综合贡献、住房补贴等补贴和奖励等。

江苏省与以色列加强创业投融资和科研资助领域合作，重点推动中以两国创新企业在江苏落地。2021 年，江苏省和常州市借鉴早期以色列政府设立 YOZMA 基金等引导基金的创新发展模式，联合设立 1 亿元"中以常州创新园天使投资专项资金"，支持重点产业领域获得天使投资或社会化投资的以色列独资、中以合资、中以合作等企业，通过财政政策吸引中以两国及全球各国优质创业资本、技术、项目和人才汇聚江苏。2023 年 9 月，中以常州创新园与上海技术交易所达成战略合作协议，共同推进跨境技术贸易服务合作，在深化上海-江苏常州合作的同时，共同推进中以跨境技术贸易服务平台建设，探索国际技术合作模式。③

---

① 《瞄准产业"靶心"培养紧缺人才》，《江苏教育报》2023 年 7 月 12 日，第 2 版，http：//epaper. jsenews. com/Article/index/aid/7720564. html。

② 《中以国际科创交流会举行》，江苏省科学技术厅网站，2023 年 5 月 25 日，https：//kxjst. jiangsu. gov. cn/art/2023/5/25/art_82538_10903965. html。

③ 《上技国际与中以常州创新园达成战略合作共推跨境技术贸易服务》，上海技术交易所网站，2023 年 9 月 26 日，https：//baijiahao. baidu. com/s? id = 1778070889856354301&wfr = spider&for = pc。

江苏省与以色列推动企业和研究机构的创新合作，加强环境保护相关技术的对接合作。江苏省通过引进一批先进的水处理技术和设备，有效地缓解了省内部分地区的水资源短缺问题。作为水处理技术的优势企业，以色列富朗世集团在常州市设立全资子公司富朗世水务技术（江苏）有限公司（简称富朗世公司），深耕中国农村污水市场多年，已完成超过350个污水处理案例，为农村实际人口和设计水量不匹配等问题提供了解决方案，使中国成为全球最大的MABR膜市场。富朗世公司因在生态敏感区公路水污染处理与环境风险控制关键技术研究方面所做的贡献荣获中国公路建设行业协会颁发的2021年度科学技术进步奖。[1]

江苏省与以色列加强医疗健康创新合作。苏北人民医院（位于扬州市）是江苏省首批"中以医院合作联盟"扩容成员单位之一，聚焦专科交流、管理培训、国际研修、应急合作等方面，推动与以色列医疗机构友好医院的交流合作。[2] 以色列迈拓公司与常州市钱璟康复股份有限公司合作，利用传感技术联合研发主动康复设备，相关产品如下肢运动康复机器人的柔性驱动装置已在中国上百家医院和康养中心应用，年度销售额近2亿元，实现了新技术和新产品的推广应用。[3] 此外，以色列第四大医疗器械公司因视特[4]与健一医疗科技（常州）有限公司达成了以自营医院为核心商业模式、签订全面深度合作协议，[5] 共同推动医疗卫生商业合作。

江苏省开展了类型多样的对以交流活动，构筑开放创新合作新优势。如2023年4月，江苏常州武进经贸代表团在以色列开展经贸交流活动。中以

---

① 《中国成为全球最大MABR膜市场！300+农村污水案例见证技术实力》，中国环博会网站，2023年4月6日，https：//baijiahao.baidu.com/s？id=1762423160740522209&wfr=spider&for=pc。

② 《医院简介》，苏北人民医院网站，2024年3月15日，https：//www.yzsbh.com/Html/Hospitals/Main/Description.html。

③ 《20多项中以创新合作成果亮相》，中国江苏网，2022年9月6日，https：//baijiahao.baidu.com/s？id=1743196606071801930&wfr=spider&for=pc。

④ 全球最早研发应用"核磁共振引导超声治疗技术"的公司。

⑤ 《中以国际科创交流会举行》，江苏省科学技术厅网站，2023年5月25日，https：//kxjst.jiangsu.gov.cn/art/2023/5/25/art_82538_10903965.html。

常州创新园与对外经贸大学以共建中以科创学院为契机，深入开展人才交流、学生实习等多项合作，共同将中以科创学院打造成培养两国科技创新人才的基地。[①] 同年 8 月，中以常州创新园成功举办"以色列夏季电影周"和"中以融合美食汇活动"，通过光影和美食促进两国文化交融，推动更深层次文化创新合作。[②] 此外，常州市和内坦亚市于 2023 年建立了友好合作关系。[③]

（四）浙江与以色列合作情况

浙江省是中国经济最为活跃的省份之一，在对外开放水平、科技创新能力和国际营商环境等方面比较优势明显。《浙江省科技创新发展"十四五"规划》指出，"强化全球科技精准合作"，"深化与创新大国、关键小国、"一带一路"沿线国家（地区）及相关国际组织的合作"，"加快国际科技开放合作创新载体体系建设"。[④] 浙江省与以色列基于双方在技术创新和产业发展需求方面较强的互补性开展创新合作。

浙江省与以色列加快形成科技创新合力，共同推动科研项目和科研平台建设等方面的合作。2022 年以来，浙江省科技厅接连发布年度省重点研发计划科技合作领域双边项目指南、年度"尖兵""领雁"研发攻关计划国际科技合作领域项目指南，重点在新能源、节能环保、农业机械、医疗器械和水处理等领域开展双边科研合作。[⑤] 根据 Web of Science 文献计量数据，

① 《武进经贸代表团在以开展活动》，《武进日报》2023 年 4 月 26 日，第 3 版，https：//www. wj. gov. cn/html/czwj/2023/FAOHPMEF_0426/446938. html。
② 《"以色列夏季电影周"在常启动》，《常州日报》2023 年 8 月 18 日，第 2 版，http：//www. js. xinhuanet. com/20230818/1190888cd64b431fb4382871e7fac738/c. html。
③ 江苏省共有五个城市先后与以色列城市建立了友好合作关系，包括江阴市与卡迈尔市（2007 年）、南京市秦淮区与阿卡市（2016 年）、无锡市与太巴列市（2018 年）、南京市与海法市（2018 年），以及常州市与内坦亚市（2023 年）。
④ 《浙江省科技创新发展"十四五"规划》，浙江省人民政府网站，2021 年 6 月 24 日，http：//www. xuehuibang. net/page9?article_id=1。
⑤ 《浙江省科学技术厅关于做好 2024 年度"尖兵""领雁"研发攻关计划国际科技合作领域项目申报前期对接工作的通知》，浙江省科学技术厅网站，2023 年 5 月 9 日，https：//kjt. zj. gov. cn/art/2023/5/9/art_1229225203_5110168. html。

2012~2021 年，浙江省与以色列合作发表了 451 篇论文，在中国内地（大陆）31 个省（区、市）排名第 7 位，次于北京、上海、广东、江苏、安徽和山东。浙江大学杭州国际科创中心和特拉维夫大学双方共同设立的"浙江-以色列自组装功能材料联合实验室"被认定为 2022 年浙江省级国际联合实验室，聚焦新型分子构筑技术、微纳生物医疗器械等前沿领域，开展自组装关键核心技术攻关，促进浙江在功能材料的自组装制造与集成领域科研水平的整体提升。[①]

浙江省与以色列双边商务贸易合作密切，浙江多家企业深入开展对以合作。2022 年浙江与以色列的双边贸易额为 36.7 亿美元。通过与以色列的合作，浙江企业为开展创新合作积累了宝贵经验，提升了自身的创新能力和竞争力。如阿里巴巴（达摩院以色列研发中心，现已撤销）、吉利集团（汽车技术创新中心）、银江集团（银江孵化器）、华东医药（以色列研发和生产中心）等浙江企业在以色列设立研发中心、创新孵化器等载体。总部位于浙江杭州的吉利汽车集团成为 2023 年以色列电动汽车销量第二大车企，销量为 7129 辆，仅次于在以销量排名第一的中国车企比亚迪。[②] 此外，阿里巴巴旗下速卖通（跨境电商平台）不断完善在以色列的物流基础设施建设，占据了以色列的重要市场份额。2022 年 8 月，速卖通联合菜鸟国际快递在以色列开设了第一个中东海外仓和分拨中心，[③] 浙以商务创新合作已成为两国关系的亮点和助推器。

浙江省与以色列加强投融资合作，强化第三产业发展。2016 年余杭开发区与中国建设银行、以色列米超林国际集团签订医疗健康产业基金框架协议。该基金规模高达 100 亿元人民币，将用于产业扶持和园区的基础设

---

① 《浙江-以色列自组装功能材料联合实验室被认定省级国际联合实验室》，浙江大学杭州国际科创中心网站，2022 年 12 月 22 日，https：//hic.zju.edu.cn/2022/1222/c56130a2704308/page.htm。

② 《中国车企获以色列电动汽车年销量冠军》，新华网，2024 年 1 月 3 日，https：//www.hrbtv.net/folder963/2024-01-03/863545.html。

③ 《中东，电商巨头藏不住的小心思》，澎湃新闻，2024 年 3 月 15 日，https：//www.thepaper.cn/newsDetail_forward_26691350。

施建设。[①] 2023 年 3 月，中国（浙江）-以色列投资贸易合作交流会在以色列特拉维夫举行，双方通过建立政府间交流合作机制、双边联合产业研发、建设海外创新孵化平台等方式，继续推动中国（浙江）与以色列在进出口贸易、双向投资等方面的合作。[②] 此外，以色列企业加强在浙江投资，以色列累计在浙江投资上百家企业。浙江省商务厅与以色列英飞尼迪集团、Medvest 投资集团、Via Meshi 协会、Ichilov 医疗中心等 7 家以色列机构共同发起成立浙江-以色列国际投资合作联盟，通过开展海外中介招商，助力浙江省招大引强、招商引优工作。[③]

浙江省与以色列强化医疗卫生平台建设，推动医学人才培养和人文交流。2018 年 5 月，浙江中医药大学附属一院（浙江省中医院）与以色列三家合作单位成立"中国-以色列中医药中心"（以下简称中医中心），推进与以色列院校在中医学本科及研究生教育项目合作，接收 60 余名以色列中医学员和从业人员来浙临床进修，推动中医药文化的国际化传播；中医中心累计为以色列人民开展了 250 余次中医知识文化科普讲座及宣传活动，约 2.5 万人次参加，推动中医药在以色列的广泛应用。[④] 2023 年 2 月，浙江大学邵逸夫医院启动"中国-以色列医学科创中心"平台，聚焦生物医药研发、智慧医学、大数据运用、新材料研发、肿瘤电场治疗等领域，加强与以色列医学中心和科创机构合作，为患者提供优质先进、便利高效的疾病诊疗和管理方案。[⑤] 此外，2023 年 6 月，浙江大学 EMBA 教育中心 43 名师生同赴以色

---

① 赵晔娇：《浙江省中以国际医疗健康产业园开园》，中国新闻网，2016 年 12 月 6 日，https://www.chinanews.com/cj/2016/12-06/8085561.shtml。

② 陈君清、王卓伦：《全球连线 | 以色列商界人士看好中国市场 期继续扩大在华业务》，新华网，2023 年 3 月 13 日，https://baijiahao.baidu.com/s? id = 1760232044374454037&wfr = spider&for = pc。

③ 《浙以国际投资合作联盟成立临平区组团赴以色列开展招商活动》，浙江开发区网站，2023 年 3 月 21 日，https://www.zjkfq.org.cn/newsinfo/5637660.html。

④ 《中国-以色列中医药中心》，浙江中医药大学网站，2021 年 6 月 11 日，https://wsc.zcmu.edu.cn/info/1205/3517.htm。

⑤ 郑文、李文芳：《浙大邵逸夫医院"中国-以色列医学科创中心"启动》，浙江在线，2023 年 2 月 22 日，https://cs.zjol.com.cn/kzl/202302/t20230222_25451291.shtml。

列特拉维夫进行了访学交流，推动两国高校间人文交流活动。①

中以医疗卫生创新合作平台也是两国合作的亮点，有力地带动了以色列医疗创新技术在浙应用和产业化发展。2016 年 12 月，浙江中以（余杭）产业合作园在以色列前副总理莫法兹的见证下开园，并随后获得浙江省政府正式批复设立，成为浙江省唯一以以色列为国别的国际合作产业园，依托浙江省级生物医药高新园区产业基础，聚焦健康医疗产业，推动与以色列在智能化医疗设备和生物医药、生命科学技术等方面合作。② 2022 年 6 月，浙江杭州揭牌设立德诺·临平数字医疗器械产业创新中心，聚焦我国亟需解决的医学技术难题，着力攻克数字医疗、医用传感等领域"卡脖子"的技术，打造一个中以双方高度合作和技术交流的产业创新平台。③

中以友好城市合作关系持续加强，为浙江省与以色列交流与合作搭建了桥梁。2011 年，奉化市与塔玛市签署了友好合作协议，促进了两个城市在多领域合作交流。2019 年，杭州市与贝特谢梅什市建立友好合作关系，为两个城市经济文化交流注入了新的动力。2023 年，杭州市临平区与奥尔耶胡达市缔结了友好合作关系，为两个城市发展带来了更多机遇。中以友好城市关系的建立，不仅有助于巩固中以两国间的政治互信与合作，也为城市间经济、文化、科技等领域的交流合作提供了广阔空间。

（五）广东与以色列合作情况

广东省作为我国经济大省和改革开放前沿，在国家开展对外开放和国际创新合作中发挥了重要作用。《广东省科技创新"十四五"规划》提出，拓

① 《在这个创业的国度，"创新"至关重要！浙江大学 EMBA 教育中心以色列访学》，浙大 EMBA 教育中心微信公众号，2023 年 7 月 25 日，https：//mp. weixin. qq. com/s？__biz = MjM5NDM4NTIzMg = = &mid = 2664701111&idx = 1&sn = 27f35151096e51ca0014130439 3889ea&chksm = bda820888adfa99e7048ef8a5c328cc4454ae0502b8ed6024de287ebb06aa4c60c4 d90a50b20&scene=27。

② 《浙江中以（余杭）产业合作园》，浙江省商务厅网站，2023 年 3 月 13 日，http：//www. zcom. gov. cn/art/2023/3/13/art_1416320_58939263. html。

③ 《临平产业能级提升再添"砝码"》，中共杭州市委、杭州市人民政府网站，2022 年 6 月 24 日，https：//www. hangzhou. gov. cn/art/2022/6/24/art_812262_59059873. html。

展与创新型国家交流合作空间，明确支持中以（汕头）科技创新合作区建设，支持广东省以色列理工学院提升科研水平。① 广东省不断推动与以色列的创新合作，双方已经在科技创新、教育合作、商务合作、投融资项目、友好城市关系等多个领域开展合作，成为中国与以色列创新合作又一高地。

在粤高校和企业积极申报广东省和深圳市与以色列联合研究项目，广东省与以色列合作发表论文数量位居全国前列。2020 年以来，广东省共发布 12 批次对以色列科技研发合作联合资助项目指南，其中 10 个批次指南由深圳市科技创新局发布。广东省与以色列科研合作重点聚焦新一代信息技术、高端装备制造、绿色低碳、生物医药等七大战略性新兴产业。根据 Web of Science 文献计量数据，2012~2021 年，广东省与以色列共合作发表了 1934 篇论文，在中国内地（大陆）31 个省（区、市）中排名第 3 位，仅次于北京和上海；中山大学与以色列创新主体合作发文 1099 篇，学科规范化引文影响力为 4.9，在大陆高校中排名第 4 位，次于上海交通大学、南京大学和中国科学技术大学。

广东省积极打造中以教育创新合作的示范项目，应用以色列教育创新要素资源培育中国本土创新人才。广东以色列理工学院于 2016 年成立，是由以色列理工学院与汕头大学合办且具有独立法人资格的高等学校，是我国目前唯一一所理工科中外合作大学，同时是以色列理工学院创建的中国校区，是我国与以色列在教育领域合作的代表性项目。② 作为两国教育合作的典范，广东以色列理工学院不仅搭建了一个高效、务实的中以教育创新合作平台，还通过引进应用以色列先进的科技理念和创新方法，为广东省培养具备国际化视野的本土创新型人才。学校面向国家战略需求，充分利用以色列理工学院专业优势，设置了 6 个本科专业和 9 个研究生专业。2021~2023 年，

---

① 《广东省科技创新"十四五"规划》，广东省人民政府网站，2021 年 10 月 14 日，https：// www. gd. gov. cn/attachment/0/545/545440/3576064. pdf。
② 《学校概况》，广东以色列理工学院网站，2024 年 3 月 2 日，https：//www. gtiit. edu. cn/ about-us. aspx。

已培养出本科毕业生约 600 人，其中 2021 年 149 人、[①] 2022 年 212 人。[②] 2023 年，共有约 240 名本科生、9 名硕士生和 1 名博士生顺利毕业；[③] 约有 83% 的本科毕业生选择在海外攻读硕士学位，约有 53.5% 和 95.3% 的学生分别获得世界排名前 10 和前 100 的高校录取通知书。一批杰出的毕业生已进入新能源、人工智能和新一代信息技术等前沿领域，成为推动中国本土产业发展的重要智力资产。

广东省推动建设中以创新合作平台，提升经贸投资供需对接效率。一方面，广州生物岛（中以合作区）综合利用以色列资本探索出了中以生物基金合作的"广州模式"。2015 年，广州中以生物产业投资基金一期设立完成，基金总规模 6.06 亿元；截至 2021 年 9 月，中以基金整体预期收益约 23.6 亿元，总体收益率为 6.22 倍，基金取得显著成效。2021 年 5 月，广州中以生物产业投资基金二期开启，总规模为 20 亿元，是一期规模的 3 倍多，持续推动全链条生物医药产业发展。[④] 另一方面，广东国有企业与以色列资本联合开展投资合作，并取得一系列实质性成果。如英飞尼迪资本，作为珠海市龙头国企华发集团旗下股权投资平台，是中国最早一批中外合作人民币创业投资基金，也是具有"国企+以色列"特色资源的管理机构。[⑤] 借助其在以色列的资源优势，应用"创新技术引入+跨境资本投资"的投资发展模式，管理的基金规模逾百亿元，助力广东企业乃至全国企业"走出去"。此外，广州企业积极拓展以色列市场。如，企业总部位于广州的跨境电商公司 SHEIN（希音），2021 年超越阿里巴巴的速卖通，年度营业收入为 2.44 亿

① 《广东以色列理工学院首届 149 名本科生毕业》，广东以色列理工学院网站，2021 年 7 月 12 日，https：//www.gtiit.edu.cn/press-releases-detail.aspx?flowNo=1075。
② 《广东以色列理工学院 2022 年本科生毕业典礼：启航，下一站如星璀璨》，广东以色列理工学院网站，2022 年 7 月 12 日，https：//www.gtiit.edu.cn/viewNews.aspx?flowNo=3034。
③ 《鸿鹄高飞，拥抱未来——广东以色列理工学院隆重举行 2023 年毕业典礼》，广东以色列理工学院网站，2023 年 7 月 10 日，https：//www.gtiit.edu.cn/viewNews_3558.aspx。
④ 《总体收益率为 6.22 倍！广州国际生物岛中以基金完成 12 个生物医药项目投资》，《广州日报》2021 年 11 月 2 日，https：//baijiahao.baidu.com/s?id=1715319369796274461&wfr=spider&for=pc。
⑤ 《关于我们》，英飞尼迪资本网站，2024 年 3 月 18 日，https：//www.infinity-equity.com.cn/。

美元，成为以色列最大的电商平台。① 又如，广东深圳市的比亚迪汽车集团在以色列市场销售了 15145 辆汽车，成为 2023 年以色列电动汽车销量第一大车企。② 比亚迪不仅成为 2023 年以色列最畅销电动汽车品牌，同时也成为以色列第四大畅销汽车品牌。③

广东省积极举办各类对话交流活动，发展与以色列城市间的友好关系网络。一方面，广东省与以色列加强对话交流，推动双方合作发展。如2023 年 2 月，广东省政府领导接见了以色列驻华大使一行，双方表示持续深化在医疗、创新、科技和教育等方面合作；中共汕头市委领导与以色列驻华大使一行会面会谈。3 月，深圳市人民政府在以色列特拉维夫举办"深圳-以色列科技创新交流活动暨第 21 届中国国际人才交流大会以色列分会"。另一方面，广东省与以色列共享双边城市发展机遇，深化互利合作友好关系。广东省共有四个城市先后与以色列城市建立了友好合作关系，包括深圳市与海法市（2012 年）、汕头市与海法市（2015 年）、广州市与特拉维夫-雅法市（2017 年），以及东莞市与霍隆市（2019 年）。其中，2018 年 11 月，广东省汕头市友好城市——海法市，还荣获了"对华友好城市交流合作奖"，④ 进一步系紧了粤以友好城市发展纽带。

三　地方对以合作分析总结

北京市、上海市、江苏省、浙江省和广东省位于中国东部地区，在与以色列开展创新合作过程中，均展现出较高的合作水平和较强的合作意愿。中

---

① 《以色列战火下的中国企业，腾讯小米 SHEIN 都在》，搜狐网站，2023 年 10 月 9 日，https://www.sohu.com/a/726723413_633374。

② 中国新能源汽车为以色列绿色低碳出行提供重要产品。根据以色列汽车进口商协会数据，2023 年中国电动汽车在以色列的总销量为 29402 辆，是 2022 年的两倍多，占以色列电动汽车市场 60.98% 的份额。

③ 王卓伦、吕迎旭：《中国车企获以色列电动汽车年销量冠军》，新华网，2024 年 1 月 3 日，http://www.news.cn/world/20240103/137a12b0895a4d8f86c8a0fbe305b4ab/c.html。

④ 《2018 中国国际友好城市大会召开》，汕头市外事侨务局网站，2018 年 11 月 20 日，http://swwb.shantou.gov.cn/wsqwj/0500/201811/720e4ac5a83146e2b23dcb2f0b466423.shtml。

国的重点省（区、市）以两国高层共识为引领，在中以创新合作联委会机制下加强在科技创新、教育、经贸、人文、交通、卫生和环保等领域创新合作，合作模式呈现多领域、多模态、多层次的特点，如表1所示。

表1　中国重点省（区、市）开展对以合作的比较分析

项目		北京	上海	江苏	浙江	广东
科技创新	联合研发项目	●	●	●	●	●
	创新创业大赛	●	●	●		
	知识产权布局	●		●		
	科技人员交流计划			●		
	科技合作平台 — 联合实验室				●	
	科技合作平台 — 技术转移			●		●
	科技合作平台 — 孵化器	●	●	●		●
	科技合作平台 — 国家级创新合作示范园区		●	●		
	科技合作平台 — 其他科技园区	●	●	●		●
教育合作	联合办学	●				●
	大学联盟	●				
	学生互换/访学	●		●	●	●
	人员培训	●				
	语言课程	●	●			
	学分互换	●				●
	教师互派	●				
经贸合作	双边贸易	●	●	●	●	
	风险投资		●	●		
	商务洽谈	●	●	●		
	电子商务			●		●
人文交流	友好城市	●	●			●
	设立使（领）馆	●	●			●
	直飞航班	●	●			●
	文化艺术活动	●	●	●		
	历史文化平台		●			
交通	基础设施建设		●			
	产品或技术"走出去"				●	●

续表

	项目	北京	上海	江苏	浙江	广东
卫生	联合平台	●		●	●	
	产业对接				●	●
	应急培训	●		●		
环保	产品或技术对接			●		

资料来源：笔者根据互联网相关资料绘制。

在科技创新领域，中国主要省（区、市）与以色列开展了联合研发项目、创新创业人才培养或引进合作。如，北京在智能网联汽车、数字医疗等方面与以色列开展商务合作；上海与以色列在人工智能与机器人、医疗健康与生命科学等领域合作突出；江苏省与以色列在环境保护、医疗健康等领域开展合作，并在联合研发项目方面不设领域限制；浙江省重点合作领域包括新能源、节能环保、智慧社区、机器人技术、机械电子、信息通信等；广东则通过引进以色列生物医药领域的先进技术，促进了企业技术升级和国际竞争力的提升。

在教育合作方面，中国重点省（区、市）致力于搭建高效务实的合作平台，培养具有国际视野的创新创业人才。位于北京的对外经贸大学在以色列设立了分校区（对外经济贸易大学以色列分校），清华大学牵头成立"中以 7+7 研究型大学联盟"；上海交通大学和复旦大学与以色列加强国际论文产出合作等；江苏省推动中以常州创新园"新工科"人才培养基地建设，常州大学与江苏省中以产业技术研究院开展联合合作项目；浙江省与以色列设立了省级国际联合实验室（浙江-以色列自组装功能材料联合实验室）；广东省则设立了广东以色列理工学院。这些举措有助于加强两国教育资源的共享与交流，为中以各领域创新合作提供源源不断的人才支持。

在经贸合作方面，各地方企业积极拓展以色列市场，提升产品技术水平，推动双边商贸往来。例如，浙江省阿里巴巴旗下的速卖通与广东省的SHEIN先后成为以色列最大的电商平台，开拓了以色列市场；广东比亚迪汽车和浙江吉利汽车在以色列市场销量位居前列，为以色列绿色低碳出行提供了重要产品。这些合作助力了中国企业"走出去"，并为浙江省、广东省乃至全国的经济发展带来了新的发展机遇。

在平台建设方面，各地积极建设中以创新合作平台，促进了双方资源对接和项目合作。北京的中国-以色列国际农业培训中心、中以应急急救培训中心，以及人文社科的对以研究院所等；上海的中以（上海）创新园、上海犹太难民纪念馆，以及以色列海法新港项目；江苏省的中以常州创新园、以色列江苏创新中心；浙江省的中以（余杭）产业合作园、德诺·临平数字医疗器械产业创新中心；广东省的广东以色列理工学院、广州生物岛（中以合作区）等，为双方合作提供了重要支撑和保障载体。此外，在友好城市方面，各地均与以色列建立了友好城市关系并开展了多个合作项目，推动了双方的合作与交流。

地方省市间联动发展，开展跨地域合作，共同推动对以创新合作。如广东省与江苏省开展与以色列相关的教育合作。广东省以色列理工学院（简称"广以"）与常州市政府开展教育合作，并围绕广以与中以常州创新园合作设立创新研究院等相关事宜开展深入交流，就广以与常州进一步深化合作达成共识。[1] 中以常州创新园与上海技术交易所达成战略合作协议，在深化上海-江苏常州合作的同时，共同推进中以跨境技术贸易服务平台建设，共同探索国际技术合作模式。[2]

中以创新合作联委会成立以来，中国重点省（区、市）开展对以合作取得积极成效。北京、上海、江苏、浙江和广东等在与以色列开展创新合作的过程中，尽管存在一些差异，但均致力于推动双方在科技创新、教育合作、商业合作、平台建设、科研合作项目和友好城市等多个方面的合作与交

---

[1] 《广东以色列理工学院携手常州谱写校地合作新篇章》，中国教育新闻网，2023 年 6 月 15 日，https：//baijiahao. baidu. com/s？id=1768749197969165758&wfr=spider&for=pc。

[2] 《上技国际与中以常州创新园达成战略合作共推跨境技术贸易服务》，上海技术交易所网站，2023 年 9 月 26 日，https：//baijiahao. baidu. com/s？id=1778070889856354301&wfr=spider&for=pc。

流。这些举措不仅有助于推动中以间各领域创新合作的发展，也为扩大国际科技交流合作，构建更加开放包容的国际合作格局作出了应有贡献。下一步如何推动中国重点省（区、市）对以合作仍面临挑战。高质量发展中以创新全面伙伴关系、推动中国–以色列创新合作扎根地方，是需要长期研究的重要课题。

B.17
中以医疗卫生领域的合作及成效

胡 浩 冯艺璇*

摘 要： 中国和以色列在医疗卫生领域的合作有着良好基础并保持着持续发展的态势。近年来，受新冠疫情影响，在人工智能、大数据等新兴技术的推动下，中以两国进一步加强了医疗卫生领域的创新合作，并在联合防疫、医疗器械、新型医疗企业孵化等重点领域取得重要进展。双方合作呈现官方与民间合作协调并行、重点城市合作成效突出和创新合作项目稳步推进的特点。目前，两国在医疗卫生领域的合作仍存在一些不足和挑战，需要两国在完善法律法规建设、加强联合攻关以及深化科技人文交流等方面共同努力。

关键词： 中国 以色列 医疗卫生合作

医疗卫生是中以经贸和科技合作的重要领域，对提升国民健康水平和推动经济发展具有积极意义。近年来，我国医疗卫生产业发展迅猛，在医疗技术创新及卫生服务等方面取得一系列成就。然而，在人口老龄化、医疗资源分配不均以及重大疾病频发等社会问题日趋严峻的时代背景下，快速提高医疗卫生水平、进一步完善福利体系成为民生之刚需。科技是第一生产力。以色列在医疗技术、医疗设备以及生物科技等领域处于世界领先地位，并拥有较为成熟的科技转化体系。以色列在医疗卫生领域的发展思路对解决我国该领域的发展困境具有借鉴意义。以色列市场空间有限，因此积极寻求扩展国

---

* 胡浩，河南大学以色列研究中心、区域与国别研究院教授；冯艺璇，河南大学历史文化学院、以色列研究中心硕士研究生。

际市场，而中国对医疗科技的强烈需求使得双方在医疗卫生领域具有较强的互补性，合作潜力较大。本报告将系统爬梳中以医疗卫生领域的合作历史，着重考察新冠疫情以来双方医疗卫生合作的主要内容并总结其特点，同时指出合作中存在的不足，并为深化双边高质量合作提出切实有效的建议。

一 中以建交以来在医疗卫生领域的合作

中以建交以来在医疗卫生领域的合作大致以"一带一路"倡议的提出为节点划分为两个阶段：中以建交以后至"一带一路"倡议提出以前（1992~2013年）的合作和"一带一路"倡议下（2013年至今）的合作。两个阶段双边医疗卫生合作的侧重点有所不同。

（一）中以建交以后至"一带一路"倡议提出以前的合作（1992~2013年）

1992年中以正式建交后，双方在经贸往来、人员互通、产业合作和文化交流等方面取得积极进展。1993年3月5日，双方本着发展两国卫生和医学领域合作的愿望，在北京签订了《中华人民共和国政府和以色列国政府关于卫生和医学科学合作协定》，旨在促进两国在卫生和医学领域的平等、互惠与互利合作。[①]

1995年10月，中国政府科技代表团访问以色列，两国共同签署了《中华人民共和国国家科委与以色列政府关于建立科学与战略研发基金协议》，设立科学与战略研发基金，基金利息被用于资助双边项目的研发工作，涵盖领域包括生物医药工程。

1997年4月3日，中华人民共和国卫生部与以色列国卫生部一道在北京签订了《中华人民共和国卫生部和以色列国卫生部卫生和医学领域一九

---

① 《中华人民共和国政府和以色列国政府关于卫生和医学科学合作协定》，北大法宝，https://www.pkulaw.com/eagn/cecdd22ec2b4dc0308799424f953afbcbdfb.html。

九七年至二〇〇一年度合作计划》①，该计划推动了双方在医疗服务质量、医疗保健经费、国家卫生优先项目以及传染病预防等领域展开合作。

进入 21 世纪，中国市场经济的快速发展为双边合作带来了新机遇。2005 年 11 月，根据双方在耶路撒冷签署的政府间协议，以色列正式承认中国完全市场经济地位。2008 年 1 月，以色列副总理兼工贸部部长埃利·伊赛（Eli Yishai）访华时，双方签署《中以关于进一步推动中以高技术领域合作的谅解备忘录》，合作领域涵盖了医疗和生物医学器械和应用等。② 协议的签订为两国在医疗经济和科技方面开展的双边合作提供了保障。

在这一时期，中以医疗卫生领域的合作主要基于政府间签署的协议，以官方合作为主，并且重点关注科研项目的研发与推进。

（二）"一带一路"倡议下的合作（2013年至今）

自 2013 年"一带一路"倡议提出以来，中国积极发展与以色列的经贸合作关系，双方充分利用各自优势实现互利共赢。在这一阶段，两国医药企业展开了大规模投资与合作，具体表现在投资金额扩大、技术合作项目增多等。

2013~2017 年，中资企业在以色列进行了 5 笔与医疗卫生领域相关的并购交易。如表 1 所示，中国复星医药集团于 2013 年以 2.4 亿美元收购了以色列初创企业阿尔玛激光有限公司（Alma Lasers Ltd.）95.6%的股份。这家交易也是截至 2013 年 5 月底中国企业对以色列最大的一笔并购交易。③ 此后，通过一系列并购活动，中国企业进一步扩大了在以色列医疗卫生相关领域的投资，并加强了与以色列同行之间的深入交流与合作。

---

① 《中华人民共和国卫生部和以色列国卫生部和医学领域一九九七年至二〇〇一年度合作计划》，法邦网，https：//code. fabao365. com/law_16663. html。
② 《中以关于进一步推动中以高技术领域合作的谅解备忘录》，北大法宝，https：//www. pkulaw. com/eagn/19d77ea719aa37452725cf3d2eba262fbdfb. html？keyword =% E4% BB% A5% E8%89%B2%E5%88%97%20&way=listView%E3%80%82。
③ 《复星医药完成对以色列最大一宗中国并购》，人民网，2013 年 5 月 31 日，http：//finance. people. com. cn/n/2013/0531/c1004-21692879. html。

表1 2010~2017年中资企业在以色列的并购（医疗相关）①

日期	境内投资主体	省/市	以色列企业（机构）	以色列企业经营范围	商业活动	金额（美元）	并购股比（%）
2013/5/31	复星医药（集团）股份有限公司	上海	Alma Lasers Ltd.	医疗美容器械制造	并购	2.2亿	95.20
2014/7/30	欧华美科	天津	Endymed	美容医疗器械	并购	3000万	100.00
2014/12/10	三胞集团	江苏	Natali Seculife	医疗护理服务	并购	7000万	100
2015/10/12	XIO集团	中国香港	Lumenis	外科、眼科及医疗美容	并购	5.1亿	100.00
2017/4/19	康弘药业	成都	Optima	眼科医疗器械、研发、生产、销售	并购（4阶段）	3000万~5600万	100

资料来源：笔者根据2017年中国对外投资国别指南、中国驻以色列大使馆经济商务参赞处、《以色列时报》、Innonation数据库和其他相关互联网资料整理而成。

2014年，中以创新合作联委会（JCIC）成立。通过这一机制，双方明确将医疗卫生等多个领域作为合作优先项。联委会积极推动两国在科技、文化、卫生等领域的创新性合作，为中以关系注入了新的活力。

随着中以各领域合作的不断深化，双边经贸合作结构得到进一步提升和优化，为两国医疗卫生合作带来了新机遇。2015年，欧拉迈德制药公司（Oramed）与中国制药公司合肥生命科技园投资发展有限公司（HLST）达成了价值5000万美元的交易，以色列企业的口服药物技术被应用于治疗中国不断增长的糖尿病患者。这次交易是当时以色列和中国医疗技术行业之间

---

① 邓伟：《中国企业在以色列：投资环境与风险评估》，张倩红主编《以色列发展报告（2018）》，社会科学文献出版社，2018，第386页。

最重要的合作之一。①

2016 年 3 月 30 日，中以卫生合作研讨会在特拉维夫举行，时任国务院副总理刘延东出席会议并发表讲话。双方就突发公共卫生事件的应对、中以医药卫生体制改革等话题进行深入研讨。会议肯定了两国在卫生政策、卫生应急、远程医疗、生物医药、社区服务等领域合作取得的积极进展。②

2017 年，中以两国正式宣布建立"创新全面伙伴关系"，医疗卫生被确定为两国重点合作领域之一。同年 11 月，由中国医院协会与以色列卫生部共同发起的"中以医院合作联盟"成立，这是"一带一路"医院重要合作联盟之一。该合作将重点聚焦养老、数字医疗、微创医疗和医疗新技术开发利用等领域。首批加入联盟的单位有来自中国的 20 家医院和以色列的 40 家医院。此后，中以医院合作联盟成为中以双方医院和卫生组织交流合作的主要渠道。此外，由中国医院协会和以色列卫生部联合主办的中以卫生健康论坛分别于 2017 年和 2019 年在江苏扬州和四川成都举行。

2018 年 10 月 24 日，中以创新合作联委会第四次会议在耶路撒冷召开，会议由中国国家副主席王岐山与以色列总理内塔尼亚胡共同主持。与会双方充分肯定了中以医院合作联盟工作成果。此外，双方还共同签署了《中以卫生合作会议纪要》《中国医院协会与以色列卫生部关于进一步落实合作备忘录的行动计划（2018~2020）》等。③ 在这一阶段，中以两国政府与非政府组织之间的合作变得更加紧密，双方在医疗健康领域的合作保持了长期良好的上升态势。

2020 年新冠疫情暴发以后，世界各国经济和社会生活都遭受严重打击。

---

① David Shamah, "Oramed Inks Huge $ 50m Deal with Chinese Pharma Firm," *The Times of Israel*, November 30, 2015, https：//www. timesofisrael. com/oramed – inks – huge – 50m – deal – with – chinese-pharma-firm/.

② 《中以卫生合作研讨会在以色列举行》，新华网，2016 年 4 月 1 日，http：//www. xinhuanet. com/world/2016-04/01/c_128854632. htm。

③ 《中国医院协会与以色列合作再上新台阶》，中国医院协会网站，2018 年 11 月 9 日，https：// www. cha. org. cn/site/content/0eaa83850ae3be35d2bc5ce630ae97e6. html。

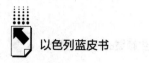
疫情在给中以两国带来负面影响的同时，也给医疗卫生行业的发展带来了机遇。中以在医疗卫生方面的合作不断深入，合作网络进一步扩大。

2021年，中以贸易额达228亿美元，与两国建交时相比增长了400多倍。中国已成为以色列在亚洲的第一大、全球第二大贸易伙伴国。① 根据以色列经济部和工业部发布的数据，以色列对中国的医疗和光学设备出口较往年增长37%，这一增长既受到疫情因素的影响，也与中国"十四五"规划对健康与创新重要性的强调有关。两国医疗卫生合作得到双方政府的高度重视，在多次召开的双边会议及签署的声明中都重点提及了医疗卫生领域，并表达了未来加深合作的意向。

2022年是中以正式建交30周年。2022年1月24日，国家副主席王岐山在北京以视频方式与以色列候任总理、外交部部长亚伊尔·拉皮德（Yair Lapid）共同主持召开中以创新合作联委会第五次会议，双方共同签署《中以创新合作行动计划（2022~2024）》，并决定深化在医疗保健、应急准备、医务人员培训等领域的合作。该计划包括了上海交通大学医学院附属瑞金医院与以色列领先的瑞本医疗中心（Rambam）和特拉维夫苏拉斯基医疗中心（Sourasky）的合作。② 2022年3月24日，国家卫生健康委与以色列卫生部召开中国-以色列创新合作卫生工作组会议。双方重申愿继续加强合作交流，推动构建全球人类卫生健康共同体。③

二 中以医疗卫生合作的重点领域

近年来，中以两国在医疗卫生领域积极开展了多层次的交流与合作并

---

① 彭大伟：《中国-以色列2021年贸易额达228亿美元》，中国新闻网，2022年1月25日，http：//tradeinservices.mofcom.gov.cn/article/tongji/guoji/202201/129920.html。

② 宋杰：《中以（上海）创新园捷报频传中以合作：未来已来》，《中国经济周刊》2022年9月1日，https：//www.ceweekly.cn/2022/0901/394917.shtml。

③ 《中国-以色列创新合作卫生工作组会议召开》，国际合作司（港澳台办公室）网站，2022年3月25日，http：//www.nhc.gov.cn/gjhzs/s3582/202203/d579bce271fe4dbc819f487106574dee.shtml。

取得了显著成效。新冠疫情暴发以来,双方在医疗卫生领域加强合作的重要性和紧迫性进一步凸显。同时,伴随着人工智能、大数据等新兴技术的崛起,远程医疗、应急医疗、健康产业等精细化模块成为双边医疗合作的新增长点。双方合作的重点体现在联合防疫、医疗器械合作和新型医疗企业孵化等方面。

(一)联合防疫

2020 年新冠疫情暴发,病毒在短时间内波及多个国家和地区。许多国家在开展国内防控工作的同时也积极参与国际医疗援助和卫生合作。法国凯致商学院教授祖比拉(Zoubira)在接受法新社的采访时曾说:"自疫情暴发以来,美国前总统唐纳德·特朗普的政府'闭关自守',而中国则在开展'卫生外交'。""中国人表现得更加积极,也更加合作。"[①]疫情期间,北京向中东和北非等地出口了大量口罩和防护服,还提供了呼吸器等防护用具,并积极与各国医疗机构进行在线研讨。以色列也充分利用自身在医疗科技方面的优势,与包括中国在内的其他国家开展联合抗疫和医疗合作。中以两国在疫情信息分享、防疫物资采购以及药品研发等方面开展了良好的交流与协作。

以色列在疫情暴发之初向中国提供了首批抗疫用品和急救物资,同时还引进了中国的实验设备用以提升新冠病毒样本检测的准确度。随后,在以色列国防部、以色列化学公司以及以色列航空公司(ELAL)的协调组织之下,多架载有大量防疫物资的飞机从中国抵达以色列,[②] 有效地解决了以色列在疫情期间的物资短缺问题。

---

① "US, China Face off in Middle East Contest of Coronavirus Vaccine Diplomacy," *The Times of Israel*, January 26, 2021, https: //www. timesofisrael. com/us-china-face-off-in-middle-east-contest-of-coronavirus-vaccine-diplomacy/? __cf_chl_rt_tk = RaKszgpJ4EGP6fAI4YZu FlGka31jaN4ZW5a0Lsz_Cj8-1717978788-0. 0. 1. 1-7466.

② "20 Tons of Medical Equipment Arrive in Israel from China on Flight no. 1 of 11," *The Times of Israel*, April 6, 2020, https: //www. timesofisrael. com/20-tons-of-medical-equipment-arrive-in-israel-from-china-on-flight-no-1-of-11/.

在病毒防护用品方面，两国企业也开展了联合生产和研发。2020年，北京健康盒子科技有限公司与以色列公司合作，生产并销售了高达3亿元的新冠病毒高效灭活防护口罩。2021年，北京健康盒子再次与以色列公司合作，开发了针对个人空间实现全灭病毒的防护用品，包括空调净化器滤芯以及地铁、高铁、公交车空气滤芯等。①

此外，中以两国的医疗卫生专家还建立远程会诊机制，经常通过线上交流的方式分享疫情救治和防控经验。2021年4月26日，中国-以色列卫生联委会新冠肺炎疫情防控和疫苗接种特别会议以视频会议形式举行。会上，中以双方代表就各自新冠肺炎疫情防控和疫苗接种政策进行了深入讨论，双方重申愿继续加强抗疫经验分享和技术交流。② 上述行动和举措均为中以两国开展防疫合作和科学研究奠定了坚实基础，共同维护了两国人民的健康和全球卫生安全。

（二）医疗器械合作

作为世界上人口最多的国家，中国对医疗器械的需求巨大，目前已成为全球第二大医疗器械市场。中以两国在医疗器械方面开展合作对双方经济和医疗产业发展都具有重要意义。以色列在医疗器械领域有极强的创新和制造能力，被认为是医疗器械行业的领跑者。根据以色列高新技术产业协会（ITAI）③发布的《2024年以色列生命科学产业报告》，医疗器械产业在以色列生命科学产业结构中占比最大。以色列在医疗器械方面专利数量众多，却一直面临本土生产成本过高和市场狭小等问题。

近年来，中以两国药品、医疗器械和化妆品贸易额不断增长。2020年

---

① 宋杰：《中以（上海）创新园捷报频传中以合作：未来已来》，《中国经济周刊》2022年9月1日，https：//www.ceweekly.cn/2022/0901/394917.shtml。

② 《中国-以色列卫生联委会新冠肺炎疫情防控和疫苗接种特别会议召开》，国际合作司（港澳台办公室）网站，2021年4月28日，http：//www.nhc.gov.cn/gjhzs/s3582/202104/49431ab733614 5f99b312d47bd902b6b.shtml。

③ 以色列先进技术产业协会（IATI）是以色列规模最大的生命科学和高科技产业协会，其成员包括企业、组织及个人等。

12月8日上午，国家药品监督管理局局长焦红与以色列驻华大使何泽伟在京签署了《中华人民共和国国家药品监督管理局与以色列国卫生部关于药品、医疗器械和化妆品监管领域合作意向联合声明》，进一步推动了双方在药品、医疗器械和化妆品监管的交流与合作。①

随着人口老龄化和生活环境污染等问题的日益突出，我国心血管慢性病患病率不断增长。中国医疗企业较早地开展了在全球心血管医疗器械领域的探索。作为全球第二大医疗器械供应国，以色列自然成为中国企业的重点投资目标。

2021年12月8日，杭州启明医疗器械股份有限公司以3亿美元收购了以色列心脏瓣膜企业卡迪奥瓦尔夫公司（Cardiovalve Ltd.）。② 随后，启明医疗又在以色列成立启明医疗国际瓣膜创新中心③，旨在利用以色列的创新资源，向医疗器械源头创新寻求突破。除启明医疗之外，还有许多中国医疗企业在以色列进行了投资布局或设立子公司。2024年4月16日，以色列阿瑞尼塔（Arineta）公司与山东医拓医疗科技发展有限公司签署合作协议，在济南国际医学中心设立生产制造和研发中心，主要生产二代设备心肺CT。这也是以色列高端医疗器械领域在华投资设厂的首个项目。④

（三）新型医疗企业孵化

以色列的孵化运转模式较为成熟高效。1991年，以色列政府推出"国家科技孵化器计划"，由政府、孵化器和创业企业协同合作，促进技术转化以及加速技术研发和成果产业化。该计划重点扶持初创企业的发展，将研发

---

① 《国家药监局与以色列卫生部签署〈关于药品、医疗器械和化妆品监管领域合作意向联合声明〉》，国家药品监督管理局，2020年12月8日，https://www.nmpa.gov.cn/yaowen/ypjgyw/zhyw/20201208172501149.html。
② 《启明医疗收购Cardiovalve，扩大二三尖瓣置换创新布局》，美通社，2021年12月8日，https://www.prnasia.com/story/344277-1.shtml。
③ 《启明医疗公布2022年度业绩：全球业务增长显著，国际化战略持续深化》，美通社，2023年4月3日，https://www.prnasia.com/story/398734-1.shtml。
④ 《以色列阿瑞尼塔心肺CT中国总部项目落地济南国际医学中心》，济南市人民政府网站，2024年4月19日，http://www.jinan.gov.cn/art/2024/4/19/art_1861_4974686.html。

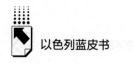

初始阶段的创新技术理念转化为可行的初创企业,使其成为市场化的主体。目前,企业孵化器已经成为以色列初创企业的主要服务机构,每年支持和培育60家至70家初创公司。①

近年来,我国医疗健康企业数量持续增长。中国政府高度重视医疗科技行业发展并采取了多项政策措施。在此方面,引进和借鉴以色列科技孵化器对推动我国医疗企业发展起到了积极作用。过去十年间,国内多地引进了以色列高科技孵化器,如山东青岛、广东顺德等地区,孵化器的顺利运行均取得了良好成效。

2016年中国科技企业在以色列特拉维夫首次设立了创新基金和孵化器。2018年,位于广州开发区的中以生物产业孵化基地正式启动,该孵化器重点围绕生物产业的发展与合作,② 将"以色列经验"和中以合作的"广州模式"结合起来,培养和孵化新兴科创企业。迄今为止,中以生物产业孵化基地已经成功吸引和孵化了近15个中外项目,并与暨南大学签署了高校技术成果转化合作协议。根据2023年中以生物产业孵化基地公布的资助企业项目情况表来看,该年度资助的企业项目有医学真菌人工智能识别系统、细胞治疗自动化生产系统以及抗记忆衰退和认知障碍药物等。③

2019年12月5日,中以(上海)创新园开园。创新园聚焦于医疗健康与生命科学等领域,并成为中以之间创新技术研发、孵化、转化、成果展示的重要平台。创新园对列入园区"中以联合研发计划"的项目,将按照合作项目研发经费的比例,给予最高200万元资助。④ 园区与多所高校(华东师范大学、同济大学医学院等)及以色列创新署的孵化器合作,积极引进、

---

① 《以色列生命科学产业概况》,中国商务部网站,2019年7月18日,http://www.mofcom. gov.cn/article/i/jyjl/k/201907/20190702882904.shtml。

② 刘丹颖、黄颖川:《从借鉴标准到创新模式,广州国际生物岛迎来中以合作"孵化器"》,环球网,2018年8月7日,https://china.huanqiu.com/article/9CaKrnKb8lM。

③ 数据来自广州市黄浦区人民政府门户网站,https://www.hp.gov.cn/attachment/7/7524/7524887/9514209.pdf。

④ 江跃中、吴泽浩:《中以(上海)创新园开园2年多已吸引近90家企业和机构入驻》,新民网,2022年8月23日,http://news.xinmin.cn/2022/08/23/32219945.html。

孵化一批有带动作用的科技项目。首批入驻园区的 20 家企业中就有 3 家孵化器企业，分别为 Trendlines 孵化器①、Ehealth 孵化器②、Startup East 孵化器。③ 截至 2022 年，经过园区孵化机制的培育，1 家医疗器械企业成功入围工业和信息化部人工智能医疗器械创新任务揭榜单位。④

在"政府引导、企业先行、市场运作、政策推动"的发展模式下，全国各地的孵化器以医学临床需求为出发点，致力于促进技术交流和创新创业，如今正在成为国际合作框架下医疗科技创新成果转移孵化的最佳平台。

三 中以医疗卫生领域合作的特点

国际合作在医疗卫生事业的发展中占有重要地位。2013 年"一带一路"倡议的提出以及 2017 年"创新全面伙伴关系"的确立都为中以合作带来新机遇。新冠疫情发生后，中国和以色列更加重视医疗科技研发与投资领域的合作。随着合作的不断深化，两国合作呈现以下几方面的特点。

（一）官方与民间合作协调并行

政府作为医疗卫生事业的主要规划者和投资者，承担着重要的责任和使命。在医疗卫生领域，政府通过制定相关政策、规划和法律法规来引导和推动行业发展，确保人民群众能够享受到高质量、可及性强的医疗服务。同时，在应对突发公共卫生事件时，政府也能够迅速组织调度力量，并采取有效措施来防控传染病等威胁健康安全的因素。当前，我国医疗卫生事业持续发展，医疗卫生资源总量继续增加，卫生服务体系日益健全，健康中国建设

---

① Trendlines 孵化器创立于 2007 年，有"以色列最佳孵化器"之称，是以色列 19 家国家授牌的孵化器之一，专注医疗器械、农业食品两大生命科学领域。
② Ehealth 孵化器是以色列 19 个国家级孵化器之一，致力于数字医疗产业的孵化。
③ 《昔日老厂房转型科创高地，中以（上海）创新园今日正式开园》，澎湃新闻，2019 年 12 月 5 日，https://www.thepaper.cn/newsDetail_forward_5150014。
④ 江跃中、吴泽浩：《中以（上海）创新园开园 2 年多已吸引近 90 家企业和机构入驻》，新民晚报网，2022 年 8 月 23 日，http://news.xinmin.cn/2022/08/23/32219945.html。

稳步推进。然而，严重不足的医疗资源与不断增长的医疗需求之间的矛盾仍然存在。在此背景下，两国建立了政府间合作机制，双方定期进行磋商，为推动创新合作提供了重要的平台和机制保障。作为中以医疗卫生合作交流的主要行为体，两国政府部门召开的多次会议（如中以创新合作联委会会议、中以卫生合作研讨会等）以及签署的相关协议都为合作的顺利进行提供了保障。这些举措有助于加强双边协同配合，实现互惠共赢发展。

此外，两国之间非官方的社会合作也在有序推进，例如民间基金会的成立。2015年11月，广州中以生物产业投资基金（以下简称中以基金）正式设立。该基金总规模约为6亿元人民币，旨在通过牵头筛选和引进以色列技术来促进广州本地生物产业的发展。[1] 2021年7月，中以基金二期成立，储备了包括细胞疗法、抗肿瘤药物、神经退行性疾病药物等数十个技术前沿项目。与此同时，两国医院、药企之间也开展了国际合作，2022年1月20日，浙江大学"一带一路"国际医学院与耶路撒冷希伯来大学医学院举行国际学术研讨会并签署谅解备忘录，双方专家学者结合近年来的医学发展，就肿瘤、发育、衰老和代谢等基础医学问题展开讨论并相互展示了前沿研究成果。[2] 2023年2月21日，再鼎医药宣布与浙江大学医学院附属邵逸夫医院签署战略合作协议，正式启动"中国-以色列医学科创中心"项目。此项目是国内首家以医院为基地的中以双方医学创新成果展示、应用、对接和孵化中心。[3]

两国还定期举办创新创业大赛，吸引了众多企业及科研机构参与其中。自2017年起，中以创新创业大赛已成功举办六届。2023年，第六届中以创新创业大赛总决赛于上海成功举办，比赛聚焦于生命健康、智能技术和绿色技术三大领域，通过揭榜挑战赛、线上对接会、技术展示、总决赛等系列活

---

[1] 信息来源于GIBF官网。
[2] 《开启国际合作新征程，打造"一带一路"医学高峰!》，浙江大学医院管理办公室网站，2022年1月21日，http://zdygb.zju.edu.cn/2022/0121/c34027a2477073/page.htm。
[3] 《浙大邵逸夫医院"中国-以色列医学科创中心"正式启动》，杭州网，2023年2月22日，https://z.hangzhou.com.cn/2021/jkhz/content/content_8476151.htm。

动，多家中国医药和医疗器械企业成功与揭榜的以色列新项目开展了对接与合作。① 此类社会合作有效地整合了中以两国的医疗科技资源，促进了合作成果产业化，推动了两国医疗卫生事业的务实交流。

（二）重点城市合作成效突出

中以医疗合作的重要举措之一是"引进来"，主要集中于常州、上海、广州等城市地区：一方面，这些城市具备强劲的经济实力和发展潜力；另一方面，它们拥有较为完整的医疗产业链，可以为新合作项目的开展提供便利。在结合实际需求的情况下引进以色列先进医药技术和医疗器械，有助于促进产业规模的扩大和技术的创新，并进一步推动当地产业转型升级。这些城市通过将成功经验由点到面推广并辐射到更多地区，可以有效推进我国医疗卫生事业的长远发展。

常州市位于我国长江三角洲腹地，是我国最早与以色列开展合作的城市之一。早在2009年5月，常州市就开始了对以色列科技企业的招商工作。2013年，常州国家医疗器械国际创新园被科技部认定为国际合作基地，并成功吸引了200多家健康制造公司入驻。② 2015年1月，中以常州创新园正式揭牌成立。根据2022年6月的数据，该园区已成功引进数十家生命健康公司，其中包括以色列独资和中以合资企业。

2021年，常州市卫健委、中以常州创新园与HCI三方签署了战略合作协议（MOU），率先在数字医疗领域开展合作，并将该项目纳入《中以创新合作行动计划（2022~2024）》中。明确了两国在数字医疗框架下，聚焦康养、慢病管理两大方向开展合作，并试点创伤医学项目合作。③

卫生合作是常州与以色列合作的一大亮点。2022年9月7日，中以卫

① 《第六届中以创新创业大赛总决赛于上海成功举办》，上海科技党建网站，2023年1月17日，https://www.shkjdw.gov.cn/c/2023-01-17/530812.shtml。
② 《常州国家医疗器械国际创新园在全国创新园中排名第一》，中国江苏网，2021年6月16日，https://jsnews.jschina.com.cn/cz/a/202106/t20210616_2800632.shtml。
③ 《中以携手，健康共守 | 后疫情时代，双方共建"健康丝绸之路"》，新华报业网，2022年9月8日，http://jres2023.xhby.net/index/202209/t20220908_7690175.shtml。

生创新合作研讨会在常州召开，研讨会上，常州市四家医院宣布加入"中以医院联盟"。① 通过建立当地医院与以色列医院之间的合作伙伴关系，双方医疗体系都能享受创新成果。

上海是国际经济金融中心和我国对外开放的前沿窗口。1993 年，海法和上海缔结为友好城市。此后，双边关系发展顺利，上海也成了两国合作与交流的重要桥梁。中以（上海）创新园成立后，园区为企业的孵化提供了"一站式"的全流程服务。在园区的帮助下，包括以色列 AE 生物科技有限公司在内的多家企业成功申请了知识产权专利，并实现了向科技研发型企业的转型。

2023 年 9 月 10 日，上海浦东举办了"中以国际科技成果直通车活动"和"2023 中以国际科技成果交易会"，活动中的 10 个路演项目涵盖了儿童和青少年注意力评估和全息数字心脏检测技术等先进科技成果。② 此次活动促进了以色列生命健康技术在中国的本土化落地，使双边科技创新与产业发展更加紧密结合。

广州市位于我国珠江三角洲中心，制造业发达，市场前景广阔，被誉为中国通往世界的"南大门"。以色列前首席科学家、贸工部次长苏格·基莱特曼（Shuki Gleitman）博士曾说："我常向人们说，我们的合作是选择在'广州'，这里有非常适合创新创业的土壤。"改革开放以来，广州与以色列之间的合作稳步推进并签署了多项合作协定，广州开发区也成为中国四个中以高技术产业合作重点区域之一。③

生物医药是广州市重点发展的战略性新兴产业，广州政府大力支持其发展并积极对外招商引资。2017 年 6 月，广州驻特拉维夫科技创新合作办事处成立。数十个以色列顶尖创新生物科技项目在该办事处的促成下拟落户广

① 姜小莉：《中以卫生创新合作研讨会举行 常州市 4 家医院加入"中以医院联盟"》，常州网，2022 年 9 月 8 日，https：//www.cz001.com.cn/？m=detail&id=62453。
② 《活动回顾丨2023 年中以国际科技成果直通车活动在上海浦东新区举行》，中国以色列商会网站，2023 年 9 月 11 日，https：//www.ischam.org/blog/event-review-2023。
③ 刘丹颖、黄颖川：《从借鉴标准到创新模式，广州国际生物岛迎来中以合作"孵化器"》，环球网，2018 年 8 月 7 日，https：//china.huanqiu.com/article/9CaKrnKb8lM。

州生物岛，并通过线上交流的方式，促成与穗企业交流 8 批次，签署了 2 个合作备忘录。① 此外，在中以基金的帮助下，多个以色列生物医药领域的优秀项目落地生物岛。二期基金成立后，广州又成功投资引进了 8 家以色列企业，项目领域涵盖儿科、眼科、智慧医疗等。②

广州市还多次承办了生物医药产业发展的相关会议，如 2021 年 3 月 19 日在广州国际生物岛召开的产业交流座谈会，以及 2023 年 3 月 15 日举办的第九届中国广州国际投资年会以色列分会场。③ 通过会议间的展示和交流，广州与以色列进一步加强了临床试验合作，推动了双方在生物医药领域的互补发展。

三个城市合作的相关经验都表明，良好的合作需建立在发挥当地特色与长处的基础之上。例如，广州市在与以色列的合作中总结出了"广州经验"：注重发挥当地雄厚的产业实力及高校科研资源优势，并借鉴以色列良好的创业生态系统。三个城市通过完善以产业需求为导向的创新政策体系来满足多层次产学研的合作需求。中以双方共同努力探索，构建起了一套可复制的国际科技创新合作体系。

（三）创新合作项目稳步推进

国际创新合作可以实现优势互补，促进良性创新生态的形成。在医疗卫生领域，中以两国高度重视并持续加强科技创新合作。以色列是共建"一带一路"的重要国家之一，在医疗科技创新领域处于全球领先地位；而中国作为世界大国，拥有庞大的医疗消费市场和强大的医疗技术创新能力，双方合作契合度较高。

除前文提到的启明医疗、北京健康盒子科技等公司以外，成立于 2020

---

① 《投资年会以色列分会场探索"软硬互补"共享生物医药产业发展机遇》，广州市商务局网站，2023 年 3 月 17 日，http：//sw.gz.gov.cn/tpxw/content/post_8866505.html。
② 信息来源于 GIBF 网站。
③ 《投资年会以色列分会场探索"软硬互补"共享生物医药产业发展机遇》，广州市商务局网站，2023 年 3 月 17 日，http：//sw.gz.gov.cn/tpxw/content/post_8866505.html。

年，由海峡创新①与英飞尼迪集团②共同创立的以色列英菲尼迪数字医疗公司（I. I. M Infinity INNONATION Medical）同样注重科技创新研发。该公司得到以色列 IBM 研究院（IBM Research－Israel）和特拉维夫医疗中心（Ichilov）的帮助支持，致力于将以色列数字医疗技术引入中国，并推动其在中国的本土化落地和发展，对我国数字医疗的发展具有重要的意义。

目前，多家创新医疗、医药项目和产业基地正在被开发。如再鼎医药启动的"中国-以色列医学科创中心"项目，进一步深化了"院企合作"模式，计划打造国内首家肿瘤电场中心，双方决心共同促进科技成果转化，努力提升预防和治疗肿瘤的能力，造福广大肿瘤患者。此外，天津市滨海高新区也努力与以色列高科技医疗企业对接，进一步加强天津和以色列科技创新合作的力度，全力打造生物医药产业高地。

与此同时，中以双方在夯实政府合作的基础上，打造出多个标志性创新合作项目，如中以（常州）创新园、中以（上海）创新园等。创新园作为国际合作创新示范区，以"联合创新研发"与"双向技术转移"为定位，为国内外医疗企业提供了良好的创新合作平台与环境。

四　中以医疗卫生领域合作的不足及提升举措

近年来，中以在医疗卫生领域的合作已取得显著成效。然而，因为两国社会制度和价值观念存在差异，加之对彼此的了解不够深入，所以出现了一些误解和分歧。此外，受到国际政治、经济等多方面因素的影响，中以医疗卫生合作仍面临许多挑战，在加强法律法规建设、医疗科技创新合作，以及人文交流等方面仍需开展大量工作。

首先，双方需要完善法律法规建设，提升合作信心。尽管中以双方对健

---

① 海峡创新于 2012 年在深交所创业板上市，主要业务是智慧医疗和智慧城市。2019 年，海峡创新实际控制人变更为平潭综合实验区国有资产局，由此转型为国资控股企业。
② 英飞尼迪是中国国企华发集团旗下的股权投资平台，在人民币基金领域拥有领先地位，致力于建立并深化以色列知识技术与中国市场之间的互利关系。

康领域的合作态度都非常积极，但由于受法律法规、知识产权以及文化差异等因素的影响，以色列公司进入中国市场存在一定困难。两国有着不同的监管体系。中国有严格的药品注册制度和医疗器械审批程序，加上对中国文化差异的不适应、对各项监管规则不熟悉等，以色列企业需要花费更多时间和精力来适应并满足相关要求。多位以色列企业代表表示，达到中国的各项医疗技术标准和通过临床试验是最大的难点。[①] 此外，两国在数据和隐私保护等方面也存在一定差异，这也给以色列企业进入中国带来了挑战。因此，中方需进一步完善相关法律法规，了解对方的迫切需求，制定出一套适合以方的合作模式，以提升以色列医疗企业进入中国市场的信心。同时，中方还可通过加强政策协调、提供优惠条件以及加大宣传推广力度等手段持续促进双边合作，推动两国健康事业发展迈向新高峰。

其次，双方需要加强医疗创新合作，为两国医疗卫生事业发展增添新动力。在中以两国深化合作的过程中，应积极寻找新的契合点，在基因编辑技术、人工智能辅助诊断以及合成生物学等医学前沿领域共同探索并开展务实合作。例如，人工智能辅助诊断就是当前备受关注的重要发展方向之一。双方可以通过整合在人工智能算法、大数据分析等方面的优势资源，共同推进相关项目研究，并促进其在临床诊断、影像解读等环节上发挥更大作用。这不仅有助于提高医疗效率和准确性，还可为患者提供更精细化的个体治疗方案。推动新兴医疗产业成为两国经济发展的新动能。

最后，双方需要深化科技人文交流，促进民意相通。在当今全球化和信息化的时代，各国间联系日益紧密。科技和人文交流成为增进互信、减少误解的有效途径。同时，科技人文交流还能降低信息成本以及规避政治障碍等。中以两国之间进行医疗科技交流有助于实现知识和技术共享，推动医疗科技的创新发展。而通过组织医务工作者互访、举办学术文化节等方式开展人文交流，则可以进一步加深对彼此国家医疗体系、卫生政策以及医学教育

---

① 《中国以色列加速医疗科技对接远程医疗技术合作或是重点》，新浪财经，2018 年 8 月 30 日，http://finance.sina.com.cn/roll/2018-08-30/doc-ihikcahf6726675.shtml。

等方面的了解，从而进一步增进中以友谊，建立起更加稳固持久的外交关系。

结　语

中国与以色列医疗卫生合作的发展历程，充分体现了两国经济和高科技行业发展之间的互补性及多样性。中以在医疗卫生领域有一定的合作基础，前期签订的一系列协定以及取得的先期成果都对双方卫生健康事业的发展起到了推动作用。"健康丝绸之路"的提出进一步拓展和深化了双方在医疗卫生领域的合作共赢。新冠疫情对中以经济合作造成了一定影响和冲击，同时也为双方加强医疗卫生合作提供了机遇。

疫情之后，国际社会形势更加复杂。但是，正如以色列工贸部前部长苏格·基莱特曼所言："中国仍然是以色列商业领域最大的未开发市场，蕴藏着巨大的机遇。"① 持续推动中以医疗卫生合作对实现高质量发展、应对全球性挑战以及增进人民福祉均具有重要意义。同时，中以两国医疗卫生合作也是响应"一带一路"倡议的重要实践，有利于促进国家间的民心相通和构建人类命运共同体。

---

① "Israel-Chinese Partnership Opens Unique Technology Incubator in Guangzhou," *Jewish Federation of San Diego*, August 9, 2018, https：//www. jewishinsandiego. org/jewish－community－news/israel-chinese- partnership-opens-unique-technology-incubator-in-guangzhou.

中以新能源合作现状及前景

王 慧[*]

摘 要： 随着环境污染和化石燃料资源日益紧张，新能源已经成为国际关注的热点话题，构建以新能源为主的能源结构是各国未来发展的重头戏。近年来，中国新能源产业发展迅速，规模不断扩大，在世界处于领先地位。以色列同样积极推进能源转型，构建绿色能源体系，并且在绿色科技方面具有领先优势。目前，中以两国在新能源领域的合作正稳步推进，尤其在新能源发电、新型储能技术、新能源汽车等领域互动频繁，成果显著。两国的新能源合作符合各自能源转型战略和经济利益，具有技术互补性，是市场规律导向的结果。尽管中以新能源合作还存在自身产业发展不稳定、合作重点分布不均、市场竞争力不强以及国际政治因素制约等问题，但双方新能源合作前景较好。在良好合作的基础上，双方未来应持续深化科技合作，增加产业硬实力；完善合作产业链，开拓多元化新能源产品；并积极探索全新合资模式和出海模式，以便加强双方合作的韧性和深度。

关键词： 中国 以色列 新能源合作 绿色科技

新能源是相对于传统能源（又称常规能源）而言的，指在新技术基础上加以开发利用的可再生能源，包括太阳能、风能、潮汐能、核能（原子能）、生物质能、氢能、地热能等。由于常规能源的不可再生性，以及大量使用常规能源造成的资源困境和日益恶化的生态环境问题，新能源的开发和

---

* 王慧，南京大学犹太和以色列研究所博士研究生。

使用成为世界各国能源转型中的重中之重。自碳达峰碳中和目标提出以来，我国以风能、太阳能发电为代表的各类新能源开发利用规模不断壮大，形成了全球最大、最完整的新能源产业体系，成为全球能源清洁低碳转型的重要引领者和推动者。深化国际合作，加快构建全球新能源合作伙伴体系是我国构建现代能源体系的重要一环。在此背景下，加强与世界各国在新能源领域的合作尤为重要。以色列国土面积狭小，自然资源匮乏，长期依赖外部进口来满足大部分能源需求，其能源结构亟待转型。与此同时，以色列太阳能、风能、水能等新能源资源丰富，并且在新能源技术创新领域处于领先地位。大力发展新能源，是以色列政府推动经济发展、摆脱传统能源依赖、实现可持续发展转型的重要战略布局。近年来，国际局势变化进一步推动以色列能源政策朝能源来源多元化发展，与中国不谋而合。两国的新能源在技术和市场方面具有较强互补性，这使两国新能源经济合作有着广阔的发展前景。

一　中以新能源发展现状

（一）中国新能源开发利用情况

中国是全球最大的新能源市场之一，拥有丰富的太阳能、风能、水能等新能源资源。在政府的政策支持和推动下，新能源行业规模不断扩大，新能源装机容量稳步增长。2023年，全国累计发电装机容量约29.2亿千瓦，同比增长13.9%。其中，太阳能发电装机容量约6.1亿千瓦，同比增长55.2%；风电装机容量约4.4亿千瓦，同比增长20.7%。[1] 2023年，中国全年风电光伏新增装机2亿千瓦左右，风电光伏发电量已超过同期城乡居民生活用电量，占全社会用电总量比重突破15%。大型风电光伏基地第一批已建成并网4516万千瓦，第二批、第三批已核准超过5000万千瓦。核电项目

---

[1] 《国家能源局发布2023年全国电力工业统计数据》，国家能源局，2024年1月26日，https://www.nea.gov.cn/2024-01/26/c_1310762246.htm。

建成投产 4 台机组，新增装机 500 万千瓦左右。全年核发绿证约 1.76 亿个，绿电交易电量累计达到约 611 亿千瓦时，是 2022 年的 7.8 倍和 10.5 倍。此外，电力市场交易规模稳步扩大，预计全年市场化交易电量达到 5.67 亿千瓦时，同比增长 8%，占全社会用电量的 61.3%，通过辅助服务市场挖掘调峰潜力超 1.17 亿千瓦，增加清洁能源消纳 1200 亿千瓦时。[①]

新型储能产业发展迅速，新型储能技术不断涌现。截至 2023 年年底，全国已建成投运新型储能项目累计装机规模达 3139 万千瓦/6687 万千瓦时，平均储能时长 2.1 小时。2023 年新增新型储能装机规模约 2260 万千瓦/4870 万千瓦时，较 2022 年年底增长超过 260%，近 10 倍于 "十三五" 末装机规模。从投资规模来看，"十四五" 以来，新增新型储能装机直接推动经济投资超 1000 亿元，带动产业链上下游进一步拓展，成为我国经济发展 "新动能"。就新型储能技术而言，锂电池储能仍占绝对主导地位，压缩空气储能、液流电池储能、飞轮储能等技术快速发展。截至 2023 年年底，已投运锂离子电池储能占比 97.4%，铅炭电池储能占比 0.5%，压缩空气储能占比 0.5%，液流电池储能占比 0.4%，其他新型储能技术占比 1.2%。2023 年，有多个 300 兆瓦等级压缩空气储能项目、100 兆瓦等级液流电池储能项目、兆瓦级飞轮储能项目开工建设，重力储能、液态空气储能、二氧化碳储能等新技术落地实施，总体呈现多元化发展态势。[②] 世界经济论坛发布的《促进有效的能源转型 2023》报告中指出，中国首次进入全球能源转型指数前 20（第 17 名）。[③]

新能源汽车产业发展迅猛，深入拓展国际市场。首先，新能源汽车产销规模实现持续双增长。2011 年我国新能源汽车产量不足万辆，2012 年为

---

① 《一图读懂：2024 年全国能源工作会议》，国家能源局，2023 年 12 月 21 日，https://www.nea.gov.cn/2023-12/21/c_1310756635.htm。

② 《国家能源局 2024 年一季度新闻发布会文字实录》，国家能源局，2024 年 1 月 25 日，https://www.nea.gov.cn/2024-01/25/c_1310762019.htm。

③ World Economic Forum, *Fostering Effective Energy Transition: 2023 Edition*, p.12, World Economic Forum, June 2023, https://www3.weforum.org/docs/WEF_Fostering_Effective_Energy_Transition_2023.pdf.

1.25 万辆，2017 年产销量均不足 80 万辆，但到 2023 年产销量跃升至 958.7 万辆和 949.5 万辆，同比分别增长 35.8% 和 37.9%。[①] 与此同时，新能源产业国际化程度进一步拓展。2023 年，我国新能源汽车产销量占全球比重超过 60%，连续 9 年位居世界第一位；新能源汽车出口 120.3 万辆、同比增长 77.2%，均创历史新高。[②] 其次，新能源汽车产业拥有竞争力强的完整产业链。我国新能源汽车产业形成从上游矿物原料加工、动力电池到下游整车的完整产业链，并且在每个产业链环节都占据着主导地位。国际能源署发布的《全球电力汽车展望 2024 年》（*Global EV Outlook 2024*）指出，全球有一半以上的锂、钴和石墨原材料加工在中国，中国的动力电池正极材料产能占全球的 90%，负极材料产能占全球的 97% 以上，电池产能占全球的 3/4。中国是世界上最大的电动汽车电池出口国，约有 12% 的电动汽车电池出口。[③]

（二）以色列新能源开发利用情况

近年来，随着以色列政府大力倡导国内能源结构转型，新能源和清洁能源发电量已经成为以色列新增发电量的主体。以色列电力局发布的数据显示，2023 年以色列新增光伏装机量达 1.1 吉瓦，全国可再生能源发电量达 5903 兆瓦，同比上升约 18.8%（2022 年为 4795 兆瓦），可再生能源发电量占总需求的 12.5%，同比上升 2.5%。[④] 太阳能在以色列新能源发展中占据

① 《2023 年 12 月汽车工业产销情况简析》，中国汽车工业协会，2024 年 1 月 18 日，http：// www. auto-stats. org. cn/ReadArticle. asp？NewsID=11235。

② 《中国新能源车发展秘诀：市场开放+公平竞争》，新华网，2024 年 7 月 12 日，http：// www. xinhuanet. com/fortune/20240712/edd17fb8308e459e839ceb9b17ca6e8e/c. html #：~：text =%E6%95%B0%E6%8D%AE%E6%98%BE%E7%A4%BA%EF%BC%8C2023%E5%B9% B4%EF%BC%8C%E6%88%91%E5%9B%BD,%25%EF%BC%8C%E5%9D%87%E5%88% 9B%E5%8E%86%E5%8F%B2%E6%96%B0%E9%AB%98%E3%80%82。

③ "Global EV Outlook 2024：Moving Towards Increased Affordability," International Energy Agency, 2024, p. 80, https：//www. iea. org/reports/global-ev-outlook-2024.

④ Ilis Tsagas, "Israel's New PV Installations Hit 1. 1 GW in 2023," PV Magazine, March 13, 2024, https：//www. pv-magazine. com/2024/03/13/israels-new-pv-installations-hit-1-1-gw-in-2023/#：~：text = Official% 20data% 20from% 20the% 20Electricity, Israel's% 20electricity% 20demand%20last% 20year.

主要地位，其发电贡献率占可再生能源发电量超过90%。2023年9月，以色列将可再生能源发电（特别是太阳能发电）并入全国电网。2024年3月，以色列51%的电力来自可再生能源，历史上首次超过一半的电力来源于可再生能源，光伏发电占总发电量的45%。太阳能热电站和光伏电站预计将占总发电量的70%以上，其他电力来自家用光伏机组、风能和生物质能。整体来看，传统能源（如石油、煤炭）仍在以色列发电结构中发挥主要作用，但近年来以色列对传统能源的依赖度不断下降。自2000年以色列发现海底天然气以来，清洁能源发电为以色列作出了重要贡献。随着以色列提出碳达峰目标及具体实践路径以来，可再生能源发电迅速发展，尤其是太阳能发电，未来有望成为以色列主要的电力资源。相较之下，以色列风能、水能资源贫乏，可开发潜力有限。

储能系统领域是以色列新能源市场热点。面对传统能源依赖的挑战和能源转型的迫切性，以色列积极改革能源结构，可再生能源的发展成为可持续发展的关键战略举措。目前，以色列正在大幅提高可再生能源装置的分配额，同时大力推进发展可再生能源部门。2022年2月，以色列环境部推出了一项可再生能源路线图，旨在到2030年实现可再生能源在该国电力结构中占40%的份额。为达到碳减排计划，以色列制定了到2050年储能装机容量达到50吉瓦/230吉瓦时的目标，平均储能时长4.6小时。作为能源战略的一部分，以色列制订了以太阳能光伏为中心的电力改革计划，加速其能源转型。Trendforce预测，2024年，以色列储能装机容量将激增至1.1吉瓦/3.4吉瓦时。[①]

强劲的制氢技术是以色列新能源科技实力的重要表现。2023年5月，以色列能源部宣布将氢纳入国家能源经济战略之中，现阶段实施措施包括：投资氢能研发、建立区域氢谷、审查基础设施问题、制定氢能融入经济监管大纲以及推动以色列在国际氢能网络中的发展。得益于成熟的产学研模式：

---

① "Israel Emerges as Pivotal Player in Energy Storage System Sector, Fueling Future Market Growth," *Energy Trend*, March 11, 2024, https://www.energytrend.com/research/20240311-45415.html.

政府投资、研究机构研发以及企业推动成果转化，以色列的制氢技术从研发到生产再到销售效率较高。目前，以色列约有 30 家与氢有关的创业公司，涵盖整个氢产业链，包括制氢、储存、运输以及氢应用等。其中超过一半的企业创建于 2019 年以后，融资数量猛增。2019 年氢产业融资额为 3700 万美元，2021 年增加到 6400 万美元，2022 年这一数字同比增长约 1 倍，高达 1.21 亿美元。虽然 2023 年以色列对氢行业的投资（约 2000 万美元）大幅减少，但该行业仍显示出较大潜力，吸引了大量投资，占以色列能源投资总额的 37.5%。此外，氢行业有一半的投资来自国外，显示出以色列氢行业的巨大吸引力。[①]

二 中以两国不断深化新能源合作

近年来，中国和以色列在新能源领域的合作不断深化，重点分布在以下几个方面。

第一，太阳能研发。这是中以新能源最早展开合作的领域。中国是世界上最大的太阳能产品制造商和市场，而以色列在光伏技术和光热转换技术方面拥有先进的研发能力，双方在太阳能研发领域有广阔的合作空间。目前，双方已在技术转移、共同研发和市场拓展方面进行深度合作，极大地提升了中国太阳能技术的效率，降低了成本。2011 年 12 月，在以色列首都特拉维夫举办的"应对全球气候变化国际合作大会"之后，甘肃能源研究所与以色列国家太阳能研发中心就未来合作、互派技术交流学习团、共同举办国际会议会展等事宜达成了共识。[②] 2012 年，中以合作研发的全球首个智能塔式

---

① "Israel's Hydrogen Sector: An Ecosystem in the Making – A Primer," Deloitte, https://www2. deloitte. com/content/dam/Deloitte/il/Documents/finance/Israel%E2%80%99s–Hydrogen–Sector_Short-V2. pdf, p. 5.

② 《中国与以色列达成太阳能研发合作共识》，中国新闻网，2011 年 12 月 30 日，https://www. chinanews. com. cn/ny/2011/12-30/3573323. shtml。

太阳能热发电单碟示范项目落成。① 2013 年 4 月，国电与以色列 HelioFocus 公司在北京签署碟式太阳能光热辅助发电系统科技合作协议。同年 10 月，Helio Focus 公司与内蒙古太清光热能源有限公司签订了价值 3.4 亿美元的 200 兆瓦太阳能辅助火力发电项目合作备忘录。②

第二，光储领域。鉴于新能源发电的间歇性特点，高效储能技术成为关键。一方面，以色列的光储市场具有较大挖掘潜力，因而成为中国光储企业重要的海外市场之一。2017 年，隆基绿能进入以色列光伏市场以来，已经为以色列提供超过 500 兆瓦的光伏产品，在渔业、工商业、农业等多个行业领域得到应用。③ 2019 年 7 月，晶科能源为以色列目前最大的漂浮电站尼尔·埃齐翁（Nir Etzion）水库的光伏漂浮电站提供 700 千瓦双玻高效单晶组件。④ 2022 年以来，两国合作光储合作进入快速发展期。2022 年，华为与以色列太阳能技术提供商 SolarEdge 技术有限公司达成一项全球专利许可协议，允许两家公司在认可对方整体创新能力的基础上使用对方的专利技术。华为可提供智能光伏领域的全场景解决方案，从住宅、商业和工业、公用事业到电池储能系统和微电网。2023 年 7 月，天合光能与以色列上市光伏电站开发商 Teralight 签订协议，为其提供 150 兆瓦至尊组件和开拓者跟踪支架，这是以色列迄今为止最大的一笔光伏组件和跟踪支架订单。⑤ 2023 年年底，由中国电力建设股份有限公司承建的以色列规模最大抽水蓄能电站正式投入使用。该电站位于以色列东北部贝特谢安市，毗邻约旦河谷，机组位于海平面以下 275 米，总装机容量预计达 344 兆瓦，不仅是全球海拔最低、

① 陈克勤：《以色列和中国合作研发的全球首个智能塔式太阳能热发电单碟示范项目》，世纪新能源网，https：//m. ne21. com/news/show-26784. html。
② 《以色列集团与中国签订 3.4 亿美元合作协议》，中国商务部网站，2013 年 10 月 30 日，http：//il. mofcom. gov. cn/article/jmxw/201310/20131000371821. shtml。
③ 《隆基助力以色列新能源计划》，Longi，2022 年 12 月 6 日，https：//www. longi. com/cn/news/israel-solar-resource/。
④ 《晶科能源为以色列最大的光伏漂浮电站提供 700kW 双玻高效单晶组件》，能源界，2019 年 7 月 18 日，https：//www. nengyuanjie. net/article/28490. html。
⑤ 《最大签单！天合光能签约供货以色列 150MW 项目》，国际太阳能光伏网，2023 年 7 月 27 日，https：//solar. in-en. com/html/solar-2426531. shtml。

以色列规模最大的抽水蓄能电站，也是电建集团首个以设计、采购、施工一体化的项目承包方式承建的高端市场项目，未来将极大地满足当地构建新能源体系的要求，对开拓以色列以及其他发达国家清洁能源市场具有里程碑意义。[1] 2024 年，隆基绿能与以色列 Nofar 能源集团签署了一项容量为 576 兆瓦的技术销售协议，该协议在罗马尼亚市场开展业务，是目前在罗马尼亚签署的同类型最大的交易。[2]

阳光能源是自 2022 年以来在以开展业务最多的中国企业。2022 年 1 月，阳光电源与以色列最大的新能源公司光明新能源（Enlight Renewable Energy）签署以色列最大储能项目，提供 430 兆瓦时新一代 1500 伏液冷储能系统；3 月，阳光电源得到了达利亚发电站联合循环燃气轮机（CCGT）发电厂的 64 兆瓦时电池储能系统订单，帮助其减排增效；4 月，阳光电源与以色列最大的储能系统开发商多拉可再生能源集团（Doral Renewable Energy Resources Group）签署了 66 兆瓦/253 兆瓦时的储能合同，向其提供 66 兆瓦/253 兆瓦时，储能时长略小于 4 小时的电池储能系统；2023 年 3 月 3 日，阳光电源与多拉可再生能源集团签署了一项电池储能供应协议，向其提供数百兆瓦的储能系统，并提供直流或交流耦合解决方案。[3]

第三，新能源汽车领域。中国品牌新能源汽车在以色列市场势头强劲。早在 2017 年，两国就在汽车销售领域进行了合作。世界客车博览会上以色列公交公司 DAN 与海格客车在展会现场签订了 100 辆电动公交车的采购协议。[4] 2021 年以来，以色列政府积极推进新能源汽车逐渐替换传统能源汽车：计划从 2030 年开始，禁止汽车或者柴油汽车进入以色列，将电动汽车

---

[1] 郭拥军：《中东抽水蓄能电站上水库开始蓄水》，中国电建，2023 年 6 月 12 日，https：//www. powerchina. cn/art/2023/6/12/art_7449_1689860. html。

[2] Radu Dumitrescu，"Major Chinese Solar Panel Manufacturer Signs Agreement with Israeli Group Present in Romania，" Romania Insider，January 3，2024，https：//www.romania – insider. com/chinese-manufacturer-agreement-israeli-group-jan-2023.

[3] 《以色列：储能新兴市场的'增量'密码》，光伏财经，2024 年 3 月 7 日，https：//www. kesolar. com/finance/255523. html。

[4] 《中国新能源客车集体发力欧洲市场 展现强劲实力》，国家能源局网站，2017 年 10 月 27 日，https：//www. nea. gov. cn/2017-10/27/c_136710234. htm。

完全融入私人汽车行业；计划从 2026 年开始，所有新购买的城市公交必须为电动大巴或者没有废气排放的氢能源大巴。在此背景下，中国品牌新能源汽车进入以色列市场。2021 年前三季度，以色列电动汽车销量增长 400%，市场份额达到 3.2%（2020 年仅为 0.7%），特斯拉旗下电动汽车 Model 3 以 4707 辆领跑，上汽名爵 ZS EV 和爱驰 U5 则以 1181 辆和 280 辆居于第 2 和第 3 位。① 2022 年，中国车企吉利被以色列汽车杂志评为"年度最佳品牌"，其畅销车型几何 C 也被评为"年度最佳购买车型"。

根据以色列汽车协会发布的报告（见图 1），自 2021 年中国品牌新能源汽车进驻以色列市场以来，市场份额呈持续上升趋势。受 2024 年起电动汽车和插电式混动汽车购置税上调的影响，2023 年四个季度中国新能源汽车的交付量始终处于高位，市场占有率同比上升近 1 倍。

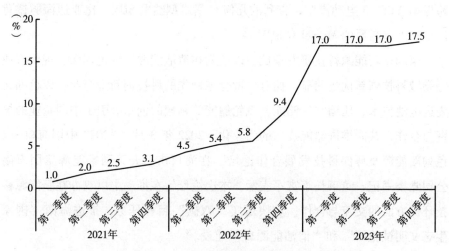

图 1 2021~2023 年中国品牌汽车在以色列市场季度份额

资料来源：根据以色列汽车协会发布季报整理。

比亚迪和吉利电动汽车进入以色列后，短期内成为以色列新能源汽车市场销量的冠亚军，领先于美国特斯拉和韩国现代等长期主导以色列新能源市

---

① Hezi Shayb and Hanan Golan, "Monthly Review October 2021," I-Via, November 24, 2021, https：//www.car-importers. org. il/Article_en/22.

场的品牌。2023 年以色列电动汽车销售总量为 48219 辆，同增长 75%。其中，比亚迪共出售了 15145 辆电动汽车，SUV ATTO 3 车型深受以色列市场青睐，交易量达 14244 辆，与前一年的 3710 辆相比，增幅高达 308.2%。吉利在以色列电动汽车销量榜中位列第二，共交付了 7219 辆几何 C 电动汽车。上汽名爵售出 2760 辆电动汽车，居于第五位。① 此外，2023 年，中国电动汽车品牌威马汽车继 2022 年获得欧盟车辆认证之后，再次通过欧盟对汽车最为严格的法规和检验标准。对中国汽车企业而言，这一认证无疑是获得了出口汽车的"金钥匙"。7 月，威马电动汽车首批车辆成功出口以色列，是以色列客户与中国电动汽车集团有限公司（CHINA EV）合作采购的第一批中国品牌新能源汽车，具有重要的里程碑意义。2024 年 1 月 17 日，以色列财政部为政府车队选定的 8 款汽车中，有 4 款来自中国品牌：比亚迪超小型跨界车 ATTO 3 电动汽车，吉利的几何 C 紧凑型纯电 SUV，比亚迪海豚掀背汽车和上汽名爵的 Marvel R SUV。②

第四，新能源科技研发领域。以色列在清洁能源、绿色环保、现代农业等领域科技创新优势明显，拥有一批全球领先的科技创新型企业。以色列在先进电池技术、压缩空气储能、飞轮储能等领域的创新吸引了中国企业的投资与合作，共同推进储能技术的商业化。2022 年 3 月，"2022 中国海口–以色列新能源及环保科技发展合作论坛"在海口市召开，国家能源集团海南公司党委书记、董事长李富军表示，本次论坛旨在推动中以双方在新能源科技环保方面的交流与合作，加快落实"双碳"目标任务，推进海南"国家生态文明试验区"和"清洁能源岛"建设。③

---

① 《我国电动汽车受到中东市场欢迎》，新华网，2024 年 7 月 18 日，http：//www.news.cn/fortune/20240718/ eac88b17368a42c18db3330fdb24e144/c. html。

② "Israel Chooses 4 Chinese EV Models for Gov't Vehicle Fleet," Xinhua, https：//english. news. cn/20240118/acfc88ae08ea492e8a0429c740a89b55/c. html.

③ 《"2022 中国海口–以色列新能源及环保科技发展合作论坛"在海口市召开》，国家能源网，2022 年 3 月 30 日，http：//www. ocpe. com. cn/dianli/dlhz/2022-03-30/5228. html。

三 中以两国加强新能源合作的驱动因素

中国和以色列之所以不断推进新能源合作主要是双方在新能源发展问题上符合各自能源转型需求，并且从与对方的合作中实现自身利益。

第一，双方均希望通过合作增强能源安全韧性，加速能源结构转型。在全球能源治理体系重构时期，能源资源在全球配置。全球能源供需互利共赢的需求增加，利益博弈也在加剧，能源合作理念从保障个体安全走向维护共同安全。两国均面临着能源安全和环境保护的压力。中国作为能源消耗大国，需要降低对化石燃料的依赖。以色列作为一个资源有限的国家，同样重视能源自给自足和环境友好型技术。2023 年，我国新能源发展迈上新台阶。9 月，习近平总书记在黑龙江考察调研期间，提到一个令人耳目一新的词汇——"新质生产力"。总书记指出，整合科技创新资源，引领发展战略性新兴产业和未来产业，加快形成新质生产力。在此期间召开的新时代推动东北全面振兴座谈会上，总书记强调，积极培育新能源、新材料、先进制造、电子信息等战略性新兴产业，积极培育未来产业，加快形成新质生产力，增强发展新动能。[①] 同月，国家能源局发布《关于组织开展可再生能源发展试点示范的通知》，计划到 2050 年，组织实施一批技术先进、经济效益合理、具有较好推广应用前景的示范项目，推动形成一系列相对成熟完善的支持政策、技术标准、商业模式等，有力促进可再生能源新技术、新模式、新业态发展。[②] 以色列在 2018 年和 2021 年相继推出"2030 年能源计划"和"2050 年能源计划"，为以色列国家能源发展绘制了蓝图。2023 年，以色列立法委员会正式批准了环境部制定的《气候法》，这是以色列首次将治理气候问题纳入法律范畴。双方的新能源合作

---

① 《第一观察 | 习近平总书记首次提到"新质生产力"》，新华网，2023 年 9 月 10 日，http://www.xinhuanet.com/politics/leaders/2023-09/10/c_1129855743.htm。

② 《国家能源局关于组织开展可再生能源发展试点示范的通知》，国家能源局网站，2023 年 9 月 27 日，http://zfxxgk.nea.gov.cn/2023-09/27/c_1310745991.htm。

不仅有助于促进自身经济转型和社会发展，实现各自的能源安全和减排目标，还可为全球可持续发展目标贡献力量，特别是在促进清洁能源技术普及、减少温室气体排放等方面共同应对全球气候变化。

第二，中以两国在政治、经济、科技等领域的合作关系日益紧密，新能源合作是两国全面创新伙伴关系的重要组成部分。随着全球经济向低碳、可持续发展方向转型，新能源产业成为经济增长的新引擎。中国作为世界第二大经济体，正在积极推动能源结构的调整和产业升级，与以色列的技术合作有助于加速这一进程。同时，以色列企业也可以通过中国市场获得巨大的商业机会。中国是全球最大的新能源汽车市场之一，对清洁能源的需求不断增长。以色列新能源汽车市场虽小，但目前尚处于前期发展阶段，在相当长时间里拥有巨大发展潜力，并且其在国际市场上具有独特的地理位置和影响力，可作为中国新能源技术走向全球的跳板。双方可以通过市场共享和资源互补，共同开拓第三方市场。与此同时，通过新能源合作，双方能够在国际舞台上展现更加积极和正面的形象，增强彼此的国际影响力。

第三，双方在新能源技术方面有互补性。以色列以其强大的创新能力闻名，尤其在高新技术研发方面，拥有众多专注于新能源技术的初创企业和研发中心。以色列在太阳能、氢能、风能、能源存储、智能电网、水能转化等领域的创新技术全球领先。中国则拥有庞大的市场、强大的制造业基础和供应链整合能力。两国合作可以将以色列的先进技术快速转化为商业化产品，实现技术与市场的有效对接。以色列可为中国新能源产业提供前沿技术，而中国可负责规模化生产和市场推广。中国不断推动新能源技术创新，很多核心技术都是由中国企业率先推出或投入大规模使用的。在光伏领域，中国光伏发电技术快速迭代，多次刷新电池转换效率世界纪录；在风电领域，中国在大容量机组研发，长叶片、高塔架应用等方面处于国际领先水平，并在大功率风机、超低风速风机、深远海风电技术等领域不断取得突破；在装备制造领域，中国已建成全球最大、最完整和具有竞争力的新能源产业链供应链，培育出一批国际一流能源装备制造企业。中国新能源产业，从原材料供应、零部件制造到整车装配，形成了一条完整的产业链供应链。以色列企业在产业链的高附加值环节，如关键部件、软件算法、系统集成等，具有优势。中国资本对以色列的高科技行业充满兴趣，通过直接投资、设立研发中心等形式，参与以色列新能源项目，既促进了以色列的创新生态，又为中国企业提供了获取先进技术的途径。双方合作可以促进产业链上下游的深度融合，提升整体竞争力。

第四，中国品牌新能源汽车性价比高，本土化程度高，深受以色列民众欢迎。中以有着良好的商贸关系基础，中国品牌产品的良好形象在以色列已经深入人心。一名汽车行业观察者注意到，中国电动汽车在以色列越来越受欢迎，与以色列人对待创新的开放态度有关。"中国产品在以色列非常普遍，汽车只是其中的一个部分，如果你有一部中国智能手机或一台中国电视，这是非常自然的，那么为什么不买一辆中国汽车呢?"[1] 更重要的是，中国品牌的本土化程度较高，及时推出适合当地驾驶习惯和道路条件的车型，并且产品覆盖广泛的市场区间，可以满足从低端到高端的不同消费群体的需求。对于大多数以色列买家而言，以实惠的价格购买具有尖端技术的中国电动汽车非常有吸引力。[2] 此外，为鼓励民众购买新能源汽车，以色列能源部要求，从 2030 年起，以色列将全面禁止进口汽油汽车和柴油汽车，汽车进口将仅限于电动车或燃气汽车，并且为进口电动汽车提供优惠政策。2018年，能源部对纯电型汽车仅征收 10% 的购置税，混动车型征收 40%~60% 的购置税。尽管在 2023 年年底电动汽车购置税提高至 20%，2024 年起升至 35%，[3] 但与传统燃油车高达 83% 的购置税相比，电动汽车仍具有较大的价格优势和吸引力。优惠的政策环境为中国汽车在以色列市场迅速发展提供了契机。

---

① Wang Zhoulun, "Chinese Electric Vehicles Reshape Israeli Auto Market," Xinhua, July 27, 2023, https: //english. news. cn/20230727/4f781223d0d84fdc8e5241d1d5adffdc/c. html.

② Udi Etzion, "2024: Chinese Car Sales in Israel Reach a New Peak," *The Jerusalem Post*, April 15, 2024, https: //www. jpost. com/brandblend/article-797106.

③ Sue Surkes, "Car Prices Set to Rise Due to Higher Purchase Tax, Houthi Attacks, Strong Dollar," *The Times of Israel*, December 20, 2023, https: //www. timesofisrael. com/car-prices-set-to-rise-due-to-higher-purchase-tax-houthi-attacks-strong-dollar/.

四 中以两国新能源合作存在的问题及前景

当前,尽管中以两国新能源领域的合作已在深层次开展,但仍面临一系列的问题。首先,中以新能源产业仍处于不稳定发展中,双方均需各自发力。由于新能源产业的产业链长、覆盖面广,任一环节的缺失或不足都将限制整个产业的发展。目前来看,中以新能源产业发展面临的问题有:新能源开发成本高、新能源法律法规体系不健全、缺乏新能源系统均衡规划、新能源产品配套设施建设不足(例如充电基础设施数量不足且分布不均)。此外,两国尚未形成成熟的新能源电价的市场化机制。上述因素是中以新能源产业早期发展的必经之路,双方要保持本国新能源经济发展优势,完善产业规划,建设健康型行业竞争机制,协调产业链发展布局,新能源合作才能迈上新台阶。

值得注意的是,中以两国新能源合作领域布局不均。当前,双方形成了中国向以色列输出新能源产品、以色列向中国输出技术为主导的合作模式。一方面,中国向以色列出口的新能源产品单一,以太阳能光伏或家用电动汽车为主,而忽视了其他同样重要的领域,如氢能、风能、生物质能的开发,与此同时,公共运输工具的新能源化开发不足。另一方面,新能源技术合作布局不均。新能源技术已经成为新一轮科技革命和产业变革竞争的制高点,谁能率先形成完整的以新能源技术为核心的供应链体系,谁就能在国际上具备供应链竞争优势,在重塑全球能源供需格局中占据主动和先机。中国在新能源科技发展方面逊于以色列,因此同以色列新能源技术合作方面处于劣势地位,主要以引进以色列技术为主。此外,双方合作的地域集中度较高,在中国主要集中在上海、江苏、深圳等拥有较强新能源产业基础的地区的高新技术产业园区,在以色列则主要分布在科技中心特拉维夫,地域分布集中限制了资源和合作机会的广泛发展。

在以色列新能源汽车市场方面,除了中国品牌以外,还涉及美国特斯拉、韩国现代、起亚以及日本丰田等较早入驻的汽车品牌,与中国新能源汽车形成一种竞争关系。美国、韩国和日本品牌汽车在以色列享有较高的知名度和信任度，尤其在高端市场有着较大吸引力。这些品牌对技术研发的长期投入使得它们在电池效率、动力系统等核心技术上保持领先，拥有深厚的技术积累。此外，多年来国际化的经营使得这些品牌拥有广泛的销售和服务体系，可提供优质的售后服务。相对来说，中国新能源汽车在以色列的产业链存在诸多短板，包括车用人工智能技术需要提高、顶尖人才缺乏以及销售服务网络亟待完善等问题。中国汽车行业内的智能驾驶产品在功能定义、安全性能、人机交互、运行条件、数据应用等方面仍有较大差异，存在驾驶安全和数据安全隐患。[①] 这些因素使得中国品牌在以色列市场面临激烈竞争。此外，政治因素危及双方新能源经济合作。尽管中以新能源合作属于经济范畴，但受美国对中国新能源汽车采取贸易保护主义措施的波及，中国新能源汽车在以色列遭受"安全威胁"的质疑。《以色列时报》指出，"中国新能源汽车使用高度复杂的电子设备，包括麦克风、摄像头及其他传感器，可用于收集和传输各种图像和数据，因此可能会泄露军事信息等"。[②]

应该看到，以色列在新能源科技领域展现出强劲的实力，众多专注于新能源技术的初创公司和研发中心在电池、太阳能光伏、智能电网、能源储存、人工智能等领域不断推出前沿技术。例如，以色列电池技术公司StoreDot 开发的超快速充电电池技术，可在几分钟内完成电动汽车充电，极大地提升了电动汽车的便利和实用性。[③] 当前，智能网联汽车行业在研发、生产、供应链、客户体验和出行服务等诸多领域都在推进人工智能的应用，尽管中国车企在智能座舱、智能驾驶技术领域创新众多，但人工智能仍处于发展初期阶段。以色列被誉为"车用科技的硅谷"，拥有超过 500 家交通运

---

① 《塑强新能源汽车产业链国际竞争优势｜新能源汽车出口如何破圈》，中国商务部网站，2024 年 3 月 15 日，https://cacs.mofcom.gov.cn/article/flfwpt/jyjdy/cgal/202403/179898.html。

② Michael Granoff, "China EVs: A Security Threat to Israel?" *The Times of Israel*, March 21, 2024, https://blogs.timesofisrael.com/china-evs-a-security-threat-to-israel/.

③ "StoreDot Hits Commercialization with 2000 Extreme Fast Charging (XFC) Cycles, Elevating EV Longevity, Durability and Market Value," PR Newswire, April 4, 2024, https://www.prnewswire.com/news-releases/storedot-hits-commercialization-milestone-with-2-000-extreme-fast-charging-xfc-cycles-elevating.-ev-longevity-durability-and-market-value-302107541.html.

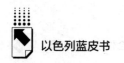

输类创新企业,许多世界领先的汽车制造商亦在以色列建立了创新中心,在不断增加的投资的助力下,以色列已经成为汽车产业的创新驱动力。

基于中以新能源合作布局现状,以及以色列绿色体系建设蓝图,双方可在以下几个方面深化合作。一是氢产业合作方面。大规模绿氢基地,对于推动关键技术创新和加快构建产业生态体系非常关键。2023 年以色列能源部制定 2023~2030 年氢战略,将投资集中在氢产业的试点、实验、可行性研究、法规调适以及年度工作审查。2023~2024 年以色列国家预算将 2000 万新谢克尔用于建设加氢站、补贴购买氢动力卡车以及向氢谷提供初步资金,具体包括建立制造、运输和储存氢的基础设施;投资研发、示范项目和氢能园区、研究海上可再生能源的可行性、研究在天然气管道中输送氢气的可行性等;建立区域氢谷;推进与其他国家在氢能领域的国际合作、举办氢能论坛等。二是充电设施建设方面。中以充电基础设施均处于布局不完善、结构不合理、服务不均衡等问题,无法应对新能源汽车,尤其是电动汽车快速增长的趋势。因此,双方急需进一步构建高质量充电基础设施体系,更好地支撑新能源汽车产业发展。三是绿色建筑方面。近年来,以色列政府正大力推广"绿色建筑"理念,即将保护气候与建筑的节能相结合的一种理念,目的是采取合理化措施,减少建筑中的能源消耗,减少不可再生资源的使用,并降低使用不可再生资源对环境造成的损失。① 因此,中以在绿色建筑体系构建方面存在巨大合作空间。

未来,中以新能源合作前景广阔,2024 年是双方深化合作的"契机之年"。中以两国有着良好的合作基础,两国政府高度重视中以贸易、创新、投资、旅游等领域的合作,这些领域的合作将为推动中以两国在新能源领域的合作提供坚实基础。

---

① "Sustainable Energy in Buildings," Ministry of Energy and Infrastructure, January 12, 2021, Https: //www. gov. il/en/Departments/Guides/building? chapterIndex=3.

附录一
中以合作典型案例

［1］中以（上海）创新园的发展模式及其经验

周林林*

2017 年中以建交 25 周年，以此为契机两国建立了创新全面伙伴关系。双方同意继续在中以创新合作联委会机制下开展创新合作，加强两国在青年科技人员交流计划、联合实验室、国际技术转移中心、创新园区、创新合作中心等民用领域的务实合作，探索一种从研发、转化到产业，从创新到创业的合作新模式，搭建一系列创新创业的合作平台。[1] 2019 年成立的中以（上海）创新园是双方合作打造的标志性项目之一。该创新园位于上海市普陀区，通勤范围覆盖南京、苏州、无锡、常州等地，是服务长三角一体化发展的重要枢纽之一，也是上海市科技创新创业载体培育体系的科技企业孵化器，同时还是普陀区最受关注的创新产业园区，具备创新的土壤，充满创新的活力，已成为连接国际先进技术与本土创新发展的纽带。2021 年11 月 17 日，国家主席习近平同以色列总统赫尔佐格通电话。习近平强调："中以经济优势互补，完全能够进行互利共赢的合作。一些中国企业积极参与以色列基础设施建设，许多以色列创新企业到中国落户发展，双方合作打

* 周林林，河南大学历史文化学院、以色列研究中心博士研究生。

[1] 《中华人民共和国和以色列国关于建立创新全面伙伴关系的联合声明（全文）》，中国外交部网站，2017 年 3 月 21 日，https://www.mfa.gov.cn/web/gjhdq_676201/gj_676203/yz_676205/1206_677196/1207_677208/201703/t20170321_8007468.shtml。

造了海法新港、中以常州创新园、上海创新园等标志性项目，创新成为两国关系的亮点和助推器。"其中的"上海创新园"指的就是中以（上海）创新园，是中以合作的标志性项目之一。[①]

一 中以（上海）创新园的建立

2019 年中国、以色列创新合作研发、孵化、转化、成果展示的重要平台——中以（上海）创新园正式开园。园区坚持以人为本的发展思想，践行生态文明理念，为海内外创业者在创业、生活、教育、医疗等方面提供便利的办公环境与舒适的生活体验。在充分利用网络化、智能化技术的基础上，实现城市精细化管理，打造环境优美、生活舒适、社会和谐的国际生态环境生活区。[②] 住宅规划用地、中央绿地、高端人才公寓、文化设施、医疗资源等共同构成了园区完善的配套服务设施。上海市与普陀区建立了市区两级政策服务协同体系，对中以（上海）创新园给予了诸如简政放权、成果转化、人才发展等特别的专项支持政策，对落地中以（上海）创新园的"上海-以色列产业创新合作项目"予以优先支持。

中以（上海）创新园由上海市与以色列创新局共建，是中以两国国际创新合作的重要项目。中以（上海）创新园通过加强中以创新技术研发与交流、创新成果转化与交易、创新产业培育与孵化等工作，在园区集聚形成一批专业化、多元化的技术转移机构和熟悉国际业务规则的科技创新主体，形成与国际接轨的有利于科技成果转化的创新性制度体系，推动一批科技创新成果落地转化并形成一定的产业规模。[③]

截至 2024 年 10 月底，中以（上海）创新园集聚中外企业 205 家，落地

① 《习近平同以色列总统赫尔佐格通电话》，中国政府网，2021 年 11 月 17 日，https：//www. gov. cn/ xinwen/2021-11/17/content_5651464. htm。

② 《园区环境》，中以（上海）创新园，http：//www. ciih. sh. cn/#/aboutus/overview。

③ 《中以（上海）创新园开园 20 家创新企业首批入驻》，中国政府网，2019 年 12 月 6 日，https：//www. gov. cn/xinwen/2019-12/06/content_5458904. htm。

知识产权累计819件，2024年1~9月总税预估1800万元，8家企业累计完成各类融资超过7亿元，其中1家企业挂牌上海股权托管中心专精特新版。园区已有8家国家级高新科技企业，4家市专精特新企业。① 园区还通过"以色列日""中以创新创业大赛"等各类赛事、沙龙、论坛等活动，不断提升开放度及显示度；全力打造"上海中以创新成果孵化加速器"，以知识产权等创新创业服务为特色抓手，聚焦生命健康、人工智能、互联网信息三大产业，不断提升集聚度。②

　　加快建设具有全球影响力的科技创新中心，是以习近平同志为核心的党中央赋予上海的重大任务和战略使命，是上海加快推动经济社会高质量发展、提升城市能级和核心竞争力的关键驱动力，是我国建设世界科技强国的重要支撑。③ 自"十三五"规划以来，上海市就坚持走创新驱动发展之路，中以（上海）创新园的创立不仅符合上海市的发展战略，也服务于国家的创新型国家建设。

二　中以（上海）创新园的发展模式及其代表性成果

　　中以（上海）创新园为中以双方企业提供平台，致力于实现双方在互联网信息技术、生命健康和人工智能等高新领域的技术发展和融合，促进科研成果的转化，进而提高中国相关领域的科研实力，更好地解决医疗康复、养老服务等社会问题。

　　在生命健康和医学康复领域，创新园致力于帮助以色列相关技术在中国转让、转化和可持续发展。2019年，在创新园成立后，中以汇达公司入

① 该数据由中以（上海）创新园相关部门提供。
② 王旗、王春：《中以（上海）创新园上演"英雄归来"新传奇》，中国科技网，2023年9月27日，http://www.stdaily.com/index/h1t8/202309/2741e4af81874c34aa502ba272f0b4d0.shtml。
③ 《上海市建设具有全球影响力的科技创新中心"十四五"规划》，上海市科学技术委员会网站，2021年9月29日，https://stcsm.sh.gov.cn/zwgk/ghjh/20210929/ad06eea0c63243f9bcb494a8a3a32075.html。

园，做的第一个项目是与以色列合作的干细胞培养技术项目。该项目是转让技术、技术入股和联合研发相结合，保持技术的可持续更新能力。相关企业依托这一模式，深入推进干细胞培养技术的研发，并将科研成果转化为第一款拥有自主品牌的小分子肽化妆品 FO。在此基础上，企业根据中国老挝磨憨-磨丁经济合作区项目协议，在合作区投资成立了太诊国际专科研究型医院。① 太诊国际医院以辅助生殖、干细胞临床应用研究、新药医学临床研究三大特色为服务方向，依托上海浦东合资建立的太诊国际医院（上海）医学研究中心以及知名医生集团技术支持，连接起了中、以、老三方生物医药和医疗服务的"一带一路"合作。② 这是从中以（上海）创新园走出来的标志性的"一带一路"项目。

创新园积极扶持和发展海每康智能等企业，实现以人工智能对社会问题有效解决。海每康智能医疗公司成立于 2020 年，主要将人工智能、传感器、纳米加工等技术运用到康复领域。在海每康最初进驻园区时，就享受到了中以（上海）创新园提供的初创期免租政策。当企业需要进一步发展时，园区迅速为海每康提供了新的场地。③ 海每康开发出一套基于脑重塑模型的柔性外骨骼，集代偿使用与康复治疗一体化，在轻便实用的基础上具有大型机器人设备的机械硬件功能，并建立一套基于人工智能算法的实时康复系统。该成果超越了传统的康复方式，并拥有多项发明专利，海每康也因此入选国家人工智能医疗器械的入围单位。④

该公司的一项重要发明是智能康复手套。"提取肌电信号""识别运动

---

① 《上海侨联举办交流分享会聚焦侨与"一带一路"的故事》，中国一带一路网，2023 年 7 月 31 日，https：//www.yidaiyilu.gov.cn/p/059HJDCO.html。
② 《磨丁首家国际专科研究型医院太诊国际医院开业，特区医疗产业集聚发展》，Borten 磨丁经济特区微信公众号，https：//mp.weixin.qq.com/s/Nlltm1K5oTuP72DasgmP6g? poc_token=HAv6RWajw87A_nteAMx47 hsm_RZfYxlWbSGqw3BC。
③ 王思雨：《千万级融资，这项全国首创技术向前再迈进！》，上海普陀微信公众号，2024 年 4 月 23 日，https：//mp.weixin.qq.com/s? __biz=MjM5NTMyMjY4Ng==&mid=2658723267&idx=1&sn=a89f35bfa4038d84efa9d5bf9f770fb0。
④ 蔡雨彤：《海每康智能：偏瘫康复赛道"领跑者"》，《华东科技》2022 年第 441 期，第 47 页。

意图""驱动动作完成"是海每康这款智能康复手套的三大主要功能设计。其中，通过人工智能模式识别算法实现自主学习、自主识别用户运动意图是这款手套能"读心"的关键所在。[①] 与传统的物理康复手段相比，这款智能手套将康复的过程融入了病患日常生活的场景中，改变了枯燥单一的康复过程。

在创新园的框架下，上海天与智慧养老通过将互联网信息技术、优质医疗资源和以色列技术相结合，建立专业化、智能化、系统化的养老服务机制。天与智慧养老成立于 2019 年 1 月，致力于打造中国养老数字基建平台，着力于养老服务的数字化升级改造，提供全球合作及自主研发的智能化养老解决方案，并向养老同行开放生态，推动养老发展。[②] 经过几年的发展，天与养老已经在上海、江苏、湖北、安徽、陕西四川等地进行了项目拓展，建立了居家、社区、机构、长护险服务贯穿的全面服务体系。依托强大的数字化系统及数千服务人员构成的终端网络，为数百万老人提供优质医养服务。[③] 上海虹口残疾人居家无忧服务是居家养老服务的典型案例。该项目的服务对象主要是虹口区 60 岁以上居家生活的重度残疾人。依托天与智慧养老平台，建立了残疾人基本信息动态数据库，为残疾人的档案信息提供电子化的管理；还为残疾人配置一键紧急呼叫的智慧终端，运用线上和线下相结合的服务手段，为符合标准的残疾人提供居家无忧相关服务，涵盖紧急救助、主动关爱、信息咨询、陪医服务等事项。[④]

2021 年 9 月，天与养老与复旦大学签订深度合作协议，双方将发挥各自优势紧密合作，为逐渐进入老龄化社会的中国建立专业化系统化的养老解决方案。除复旦大学相关专家团队外，还由合肥工业大学"老人福祉信息

---

① 丁婉星：《全国首创！能"读心"的"手套"让患者行动更方便》，上海市普陀区人民政府网站，2023 年 10 月 10 日，https://www.shpt.gov.cn/shpt/tupianxinwen/20231016/919861.html。
② 《关于天与》，上海天与智慧养老服务有限公司网站，https://www.tianyucare.com/。
③ 刘棋尹：《天与养老完成 2000 万美元 A+轮融资，数字化医养引领行业未来》，新华社客户端，2022 年 2 月 28 日，https://h.xinhuaxmt.com/vh512/share/10624576。
④ 《关于天与》，上海天与智慧养老服务有限公司网站，https://www.tianyucare.com/。

科技创新引智基地"负责人安宁教授，上海健康医学院康复学院王红副院长，长征医院神经内科副主任尹又教授，长征医院神经内科护士长、主管护师、上海市护理学会心理学组委员费才莲等各方面的专家强强联手。① 此外，为提高科技能力，从创立初期开始，天与养老便与拥有领先技术的以色列企业进行合作，其中包括全球排名第九的医院 Sheba、毫米波雷达技术企业 Vayyar、听力技术企业 Alango、生物芯片技术企业 Vitalerter 等。入驻中以（上海）创新园后，天与养老有了更多机会与这些顶尖企业进行深入合作。②

中以（上海）创新园帮助中以双方企业实现 3D 技术的研发和知识产权转移，其中的代表企业是螳螂慧视（Mantis Vision）。螳螂慧视总部位于以色列，它主要专注于 3D 技术的探索与研发。当螳螂慧视在中国尝试寻求新的发展时，上海市普陀区人民政府及中以（上海）创新园的贴心服务、高效办事给螳螂慧视带来了便捷和温暖。创新园在展台的中央，搭建了一架360°动态 3D 内容捕捉投影设备，犹如一个在聚光灯下的"舞台"，只要一站在"舞台"中央，就能在电子屏中看到 3D 建模后的自己。③ 这就是螳螂慧视的 3D 动态捕捉镜头技术。除此之外，螳螂慧视还通过推出嵌入式 3D传感器、手持式 3D 扫描仪等高科技产品，将 3D 技术广泛应用于多个领域。

园区还为螳螂慧视的知识产权转移提供了便利。A 轮融资后，需要将以色列螳螂慧视总部的核心专利转到中国公司名下，其中涉及国内外知识产权的转移问题，普陀区的知识产权局为螳螂慧视进行帮助，最终使得其知识产权转移工作顺利完成。④ 螳螂慧视的 CEO 陈凌对上海创新园的帮助深有感触：

---

① 李佳佳：《复旦大学与天与养老战略合作探索多场景、全方位专业养老方案》，中新网上海，2021 年 9 月 1 日，https：//www. sh. chinanews. com. cn/shms/2021-09-01/90582. shtml。
② 李冲：《天与养老：数字技术让"银发"一族智享美好人生》，《华东科技》2022 年第 441期，第 44 页。
③ 王思雨：《60 秒抚平眼纹、360°3D 建模……快看普陀企业在这场全球大会上带来了哪些"黑科技"》，上海普陀微信公众号，https：//mp. weixin. qq. com/s？＿＿biz＝MjM5NTMyMjY4Ng＝＝&mid＝26579543 66&idx＝1&sn＝61276cec40f49ced3a4935708a14eba0&chksm＝bd63c46f8a144d79e18b88cc146158b5 899853d 14badbd7e252c67549b8887e93adbd3f4ea8a#rd。
④ 蔡雨彤：《螳螂慧视：3D 技术让"视界"走进现实》，《华东科技》2022 年第 441 期，第40 页。

"首先是园区的品牌吸引了我们，中以（上海）创新园能为来自以色列的企业和技术进行品牌化、特色化的加持；其次是园区的服务感动了我们，帮我们解决了办公、人才、融资等各方面的问题；最终是园区'研发推动创新、投资促进创新'的理念鼓舞了我们，所以我们仅用了一个月的时间就敲定了入驻园区，未来，我们将继续扎根园区，吸引全球优秀研发人才加入。"①

三 影响中以（上海）创新园发展的多重因素

中以（上海）创新园取得成功的关键是政府的政策支持。普陀区就功能平台、专业服务、鼓励引进创新主体、创新创业创造、创新项目转化落地、高层次人才集聚、中介机构参与建设、融资方式创新等方面实施奖励。② 政府将对创新园 2020 年前进驻的企业和机构，给予办公自主、税收奖励以及装修补贴等优惠政策，以促进中以合作创新成果的产业化。2022年，普陀区为更高水平地推进创新园建设，制定了为期两年的扶持政策。主要政策包括：鼓励引进功能平台，支持创新孵化平台建设和科研平台建设，对园区内经认定的科技企业孵化器和科技研发平台进行评估，根据结果给予财政资助；鼓励引进专业服务，支持园区开展专业服务，对注册并入驻园区的专业服务企业、机构，获得国家级、市级荣誉或资质的，可给予最高 10万元一次性奖励；鼓励创新项目转化落地，鼓励高层次人才聚集，鼓励中介机构参与建设创新园区；等等。③

服务是推动园区发展的核心动力。园区为入驻的企业提供专业服务。

---

① 《【非凡十年】"英雄归来"，他们在普陀打造了一个前所未有的"创新乐园"》，上海普陀微信公众号，2022 年 10 月 15 日，https：//mp. weixin. qq. com/s？__biz＝MjM5NTMyMjY4 Ng ＝＝&mid＝2658370494&idx＝2&sn＝7482920e76d555fe66568140af406da3&chksm＝bd7d6 def8a0ae4f9bbc2d2d8ca30810914c187a45a390e32cabe515a63e578356a578 6234b88&scene＝27。
② 《关于中以（上海）创新园建设若干政策解读》，上海市普陀区人民政府，2019 年 12 月 25日，https：//www. shpt. gov. cn/shpt/gkjd-jiedu/20200102/466863. html。
③ 《图解：普陀区进一步支持中以（上海）创新园建设的实施意见》，上海普陀微信公众号，2022 年 1 月 4 日，https：//shpt. gov. cn/zhengwu/zcjd-fgwzc wj/2024/145/186390. html。

其中包括：金融服务、法律服务、咨询服务、技术服务和行政服务。针对不同种类的服务，园区寻找了专业的团队。例如在技术服务方面，园区有国家知识产权国际运营（上海）平台和华东师范大学——海法大学转化科学与技术联合研究院。在行政服务方面，包含企业注册服务、税务办理服务、人力资源服务、知识产权保护服务等。园区贯彻国务院《关于加快推进"互联网+政务服务"工作的指导意见》精神，按照《上海市行政服务中心管理办法》和《上海市网上政务大厅建设与推进工作方案》要求，积极推行"一站式办公、标准化服务、并联式审批、科学化管理"的运行模式。[1] 除专业服务外，园区的公共服务也可圈可点，交通服务、教育服务、医疗服务和商业服务等，为园区的企业人员提供了便捷舒适的生活体验。

文化促进科技交流。2020年7月9日，在总领馆的指导和园区的帮助下，以色列科技文化沙龙的正式揭牌，这是打造园区软实力和凝聚力的重要一步。以色列科技文化沙龙作为园区促进中以文化交流的重要空间，以文化交流的溢出带动效应，促进中以双方在文化、科技、金融等方面的多维融合发展。"文化展示""艺术体验""分享互动""娱乐休闲"等多维度空间价值的释放，为园区企业提供了形式多样、丰富多彩的文化休闲活动。[2] 如今这个沙龙在上海的犹太人社群中，在喜欢以色列文化的中国人群体中已经小有名气了，之前上海虽然也有一些犹太餐厅，但都没有像以色列科技文化沙龙的影响力和知名度。中以创新园的以色列科技文化沙龙，以传播和交融中以两国文化为特色，这在上海是首创。[3] 以色列科技文化沙龙既是中以（上海）创新园为促进中以文化交流开设的重要空间，更是促进中国与以色列、"一带一路"共建国家和地区及世界各国互相了解的平台。了解是合作的前提，以文化交流的溢

---

① 《行政服务》，中以（上海）创新园网站，http：//www. ciih. sh. cn/#/policy-service/profes sional-service/professional-service/12。

② 《总书记都提过的这个科创园区！》，上海市普陀区人民政府网站，2022年1月13日，https：//www. shpt. gov. cn/shpt/zt-zycxy/20220113/827912. html。

③ 《让中以创新园成为一个圆梦的平台——中以创新园（上海）有限公司总经理强浩专访》，上海市普陀区人民政府网站，2021年8月31日，https：//www. shpt. gov. cn/shpt/zt-zycxy/20210831/684653. html。

出带动效应，促成更多中国与世界在文化、科技、金融等的融合发展。[①]

创新园在取得成果的同时，仍然存在一些薄弱环节。园区内部高端装备制造与现阶段的优势产业并不完全契合，难以发挥普陀区的资源优势；创新融合效应、辐射带动作用不足，创新和技术优势并未完全显现；园区的品牌影响力有待加强。[②]

结　语

中以（上海）创新园是《中以创新合作行动计划（2018~2021）》打造的创新载体，设立该园的初衷是吸引以色列优秀的初创团队来此发展，通过在园区打造一批专业化的创新机构，促进创新成果的转化与落地，推动中以创新技术的研发与交流。园区定位清晰，聚焦于人工智能、生命健康、互联网信息技术等。园区起步之际，中以政府给予了一定的支持来促进资源聚集和项目落地。与其他园区相比，中以（上海）创新园在地理位置、服务体系等方面具有明显优势。园区位于上海市中心城区，交通便捷，利于打造成片的产业集聚区，开拓市场；园区的"一窗式"服务体系简化了服务流程，提高了园区的服务效率。以色列科技文化沙龙的创办给人们带来了精神上的放松。在诸多因素的加持下，中以（上海）创新园已经取得了较大成就。但在跨国合作过程中，仍然存在一些问题：由于文化差异和政治理念不同，部分中以合作项目谈判过程耗时较长，影响项目的落地时间和后续开展；由于运营模式的单一，以色列始终在技术方面占据主导，中方未能在技术研发领域与以色列深入合作；创新园所扶持的大多是初创企业，中国需要以更科学合理的方式平衡好投资规模和初创企业的发展需求。

---

① 《中以（上海）创新园以色列科技文化沙龙揭牌》，中国公共关系协会网站，2020年7月10日，http://www.cpra.org.cn/2020-07/10/content_41232625.html。

② 《聚焦重点推动中以（上海）创新园高质量发展》，普陀区政协网站，2023年2月15日，https://www.ptzx.gov.cn/WebSite/Detail/? GUID = 8563D6FB－4D0D－4D20－916C－06031BCCF082&SGUID＝1B29F0AC-77A8-46BC-AC8C-B4D653F431E7。

［2］ 内乡中以农业园的发展状况

马粉粉*

中国和以色列农业科技合作最早可以追溯到 20 世纪 90 年代。自 1992 年中以建交以来，两国先后成立经贸联合委员会及创新合作联合委员会，并召开多次会议深化经贸合作，拓展合作领域。近年来，中以双边贸易额持续增长，2023 年双边贸易额达到 234 亿美元，2024 年 1 月至 9 月，双边贸易额为 163.4 亿美元，① 中国已经成为以色列第二大贸易伙伴。以贸易为交往主线，在不断深化双边关系的同时，农业合作成为两国交往中的重要一环。在这一背景下，河南省内乡县依托其独特的地理和农业资源等优势，引进以色列先进农业科学技术，共同打造了内乡中以农业园项目。经过 6 年的发展，该项目已经成为两国农业科技合作的重要成果之一。

一 内乡中以农业园的建立

河南省作为全国重要的农业大省具有显著优势。不仅拥有坚实的农业基础和适宜的气候条件，还具备先进的科技和创新能力。此外，政府对农业发展的支持，积极与其他国家合作更是进一步提升了河南省的农业竞争力。内乡县作为河南省一部分，拥有悠久的蔬菜种植历史，所产蔬菜销往湖北、陕西、浙江、河北等地。长期以来内乡遵循传统的蔬菜种植方式，存在蔬菜种苗品质低、种植效率低下、管理方式落后等问题，② 亟须转型升级。

在此背景下，内乡县政府积极寻求农业转型升级契机，并融入国家发展

---

* 马粉粉，河南大学历史文化学院、以色列研究中心博士研究生。

① 《中国同以色列的关系》，中国外交部网站，2024 年 10 月，https：//www.mfa.gov.cn/web/gjhdq_676201/gj_676203/yz_676205/1206_677196/sbgx_677200/。

② 赵滢溪：《南阳：传统农业转型升级以色列高效农业扎根内乡县》，国际在线河南频道，2019 年 1 月 10 日，https：//hn.cri.cn/20190110/408da52a-1dee-8f84-47c9-cc77421fe36d.html。

战略。牧原集团作为南阳地区的龙头企业之一，一直致力于畜牧业和食品安全生产，拥有丰富的管理经验和资源优势，信誉度高且资金充足，希望通过种养结合推动集团更加平衡和多方位发展。与此同时，以色列索力（Soli）公司一直致力于将先进的技术推广到国际市场，为农场和苗圃提供尖端、先进、高效的温室系统。① 该公司在杂交蔬菜种子（包括各种类型的番茄、辣椒和黄瓜）的育种和分销方面享誉全球。该公司的业务还包括为温室和其他种植系统提供完整的规划、设计、施工和运营服务。该公司的团队由农学家、工程师、经济学家和种植者组成，为各种规模的项目提供专业的支持。

　　内乡县政府通过政策支持，利用以色列先进的技术和设备带动当地企业牧原集团与索力公司开展合作，成立了中以高效农业科技开发有限公司，并多次邀请索力公司科技专家来豫进行考察。经过不断地洽谈对接，中以高效农业科技合作示范园终于成功落地内乡县。② 2016 年 4 月，内乡县政府提出中以高科技示范项目计划，10 月正式签约，项目顺利落地。③ 这一项目不仅标志着内乡牧原集团与以色列高效科技农业首度合作，也成为当地成功培育出水培蔬菜的高效农业科技示范园。④

　　中国（内乡）-以色列农业园是中国和以色列在农业领域最新合作的重要项目之一。旨在通过引进以色列先进的农业滴灌技术、设备和管理经验，提升内乡的农业生产率及农产品质量，推动农业转型和农民收入增长。该项目是由中国驻以色列大使馆前科技参赞韩军先生牵线，内乡县政府、牧原集团和以色列索力公司合力打造，依托以色列技术和政府支持，由牧原集团进行运营和管理。自 2017 年正式开工建设以来，该项目于 2018 年 1 月投产，6 月正式开园，是中国和以色列在农业技术合作领域的一项重要成果。

---

① "Seeds & Agro Projects," SOLI, https://soli-ltd.com/。

② 《更高产更健康揭秘内乡县中以高效农业科技创新合作示范园》，凤凰网河南综合网站，2019 年 1 月 8 日，https://hn.ifeng.com/a/20190108/7150585_0.shtm。

③ 夏先清：《以色列农业示范园落户河南内乡打造高端设施农业项目》，中国经济网，2016 年10 月 31 日，http://www.ce.cn/xwzx/gnsz/gdxw/201610/31/t20161031_17333524.shtml。

④ 《河南内乡与以色列合建高效农业示范园》，中国新闻网，2018 年 6 月 13 日，https://www.chinanews.com.cn/cj/2018/06-13/8537119.shtml。

内乡中以农业园致力于建设集现代农业技术示范推广、优质蔬菜生产销售、农业观光旅游等于一体的现代化农业科技园基地。[①] 通过引进以色列先进的种植栽培技术及蔬菜新品种，在提高作物产量和质量等方面取得了显著成效。例如，智能温室系统的引入使得小番茄的年产量达到 10 万公斤，产值可达 200 万元。[②] 此外，该项目还涵盖了农业种植、农产品加工等多个领域。例如，滴灌、温室栽培、降温、生物防治技术等，并开展了农业技术培训和交流，提高了当地农民和技术人员的专业水平。

内乡中以农业园建设完成"一园三区五中心"。"一园"是中以科普园，占地 45 亩，用于培训和科普教育。"三区"包括以色列大棚核心种植区（占地 140 亩，采用以色列智能滴灌技术、无土培及水培栽培技术）、猕猴桃林下种养循环示范区（占地 200 亩，种植新西兰 G3、G9 等品种）、冬暖式日光温室种植区（占地 1500 亩）；"五中心"分别是游客中心、服务中心、展销中心、培训中心和科创中心。[③] 大棚具体包括：无土栽培温室、水培大棚、有土栽培大棚，育苗大棚，育苗服务中心，水肥控制中心，包装车间，露天示范种植区及中式日光温室大棚。

自投产以来，内乡中以农业园在提升农业生产力和可持续发展能力方面取得了显著成效。内乡地区的农产品质量显著提升，农民收入也随之增加。该项目已经成为中以农业合作的典范，进一步促进了两国在农业科技领域的合作与交流。同时，该项目还致力于带出本土一批新型职业农民，使他们在乡村振兴的布局中，在有限的土地上产生出不一样的效益，带动周边地区农民感受科技创新的力量。[④] 近年来，在学习以色列技术的基础

① 米方杰：《以色列高效农业科技创新示范园项目落地内乡，生菜漂在水上长》，新浪河南，2019 年 1 月 8 日，https：//henan.sina.com.cn/city/csgz/2019-01-08/city-ihqfskcn52 10317.shtml。

② 赵滢溪：《南阳：传统农业转型升级以色列高效农业扎根内乡县》，国际在线河南频道，2019 年 1 月 10 日，https：//hn.cri.cn/20190110/408da52a-1dee-8f84-47c9-cc77421fe36d.html。

③ 资料来源：内乡中以产业园提供。

④ 《河南内乡：特色现代农业激活乡村振兴新引擎》，高端视野，2023 年 6 月 19 日，https：//www.163.com/dy/article/I7JB30AO05459CM2.html。

上，也推动产业园向更加本土化的产业模式方向转型——以租代管，即通过将大棚出租给农户，由园区负责教授技术等。未来该项目继续扩大规模，带动更多的周边农民积极参与，探索出更多适合本地发展的农业技术和模式，推动内乡甚至南阳区域农业的持续发展和繁荣，让其发挥更好的引领示范作用。

作为高科技农业项目，中以农业园前期总投资1.3亿元。2018～2020年，产业园投资1亿元，一期占地468亩，建设培训中心、露天示范区、育种实验室、日光温室大棚等项目。截至2024年1月累计投资已达3.5亿元，流转土地3300亩。项目以以色列先进的高效栽培技术、科学的管理模式和优质蔬菜品种为载体，打造以科技为先导、高标准、高投入、高产出、高效益的现代农业高科技园区，是南阳市首个成功培育水培蔬菜的园区。近年来，内乡县高度重视创新创业发展，通过政策措施、营造创新环境、提供激励保障，为经济社会发展提供有力智力支持。①

二　内乡中以农业园运营状况

随着内乡县中以农业园的顺利落成，一座集现代农业技术示范、优质蔬菜生产销售与农业观光旅游培训功能于一体的现代化农业科技园区在内乡出现。这一项目通过引进先进的种植技术和生产设备，实现了从种植到销售的全链条优化。同时，园区除采用高标准建设和引进高技术人才外，还注重创新运营方式，优化产业结构，结合中国特色和内乡特色，联农带农，探索实现乡村振兴新模式。

农业园采用高标准建设。截至2024年5月，中以高效农业产业园已建成不同类型的大棚277个，占地3000余亩。智能化种养循环示范区可将土壤、粪肥质量实时监测判断、液态粪肥与清水自动化调控，实施数字化施肥

① 《第一个外国科学家工作站落户内乡》，《中国时报》2018年11月12日，https：//regional. chinadaily. com. cn/nanyang/2018-11/12/c_572902. htm。

管理。实现了农业种植集约化、现代化、智能化、生态化,保障粮食、经济作物增产增收。① 园区自 2018 年 1 月投产以来,引进以色列先进水肥一体化技术、无土栽培技术、工厂化智能化育苗技术、水培栽培种植技术。值得注意的是,以色列智能联动温室大棚每个占 3000 平方米,年产"大卫王子"小番茄 10 万公斤,年产值可达 200 万元。生产出的小番茄色泽红润,单株产量可达 10 斤,是国内同类温室产品产量的 1.5 倍,亩均销售额可达到 10 万元,利润可达 4 万元。②

园区注重引进以色列高规格人才,并与具有国际领先技术的以色列索力公司进行深入合作。2017~2022 年,先后引进 9 名高级工程师、农业种植管理专家、育苗技术专家,培养国内一批优秀的农业技术人才,引领当地高效农业种植技术的发展。③ 截至目前,园区已经成功培育大小番茄、大小黄瓜、纸皮西瓜、水培生菜、羊角蜜、草莓等果蔬新品种。通过不同类型的大棚种植,可实现产品长年供应。据园区负责人介绍,在开园初期,市场对园区不熟悉,产品主要是通过包装礼盒方式作为牧原集团内部奖励或礼品发放。而今,产品主要供应胖东来商贸集团有限公司、丹尼斯百货有限公司、郑州蔬菜研究所等,产品走中高端果蔬销售路线。

布局多个专业化园区,与牧原集团联合招商,形成了全产业链集群集聚的产业生态。从 2016 年开始,内乡县相继规划建设了农牧装备孵化园、农牧装备产业园和国际肉食品产业园(二产),以及牧原综合智慧物流园、金融街(牧原总部港)和牧原职业学院(三产)。同时,在一产方面布局建设了以色列高效农业园和高标准种养循环示范区,已初步形成生猪全产业链垂直整合和横向集聚、一二三产业融合发展的格局,并通过总部经济的模式,

---

① 赵滢溪:《南阳:传统农业转型升级以色列高效农业扎根内乡县》,国际在线河南频道,2019 年 1 月 10 日,https://hn.cri.cn/20190110/408da52a-1dee-8f84-47c9-cc77421fe36d.html(数据更新:内乡中以农业园提供)

② 资料来源:内乡中以农业园提供。

③ 资料来源:内乡中以产业园提供。

招引牧原供应链企业在内乡注册登记、纳税结算达到3100多家。①

中以产业园着力打造成为一个集优质蔬菜、种苗生产、现代农业技术推广及观光旅游于一体的示范基地。2023年园区通过先进的智能育苗车间及育苗技术，年育苗量达1000余万株。通过提供优质的种苗和先进的技术指导，与农户形成利益联结机制，并对种植户进行有机果蔬种植的技术培训和指导，带动农民参与有机蔬菜的种植，增加了农户的收入。② 以中以高效农业科技开发有限公司为龙头，带动农户共同发展，能够发挥产业示范带动效应，带动当地农户800人左右就业，接待培训新型职业农民42000余人次。并通过举行科普讲座、培训、农业示范展示、旅游、参观等多种形式向广大青少年、职业农民、游客团体等进行现代化先进农业知识普及。2018年至今南阳市区及各县多家学校、旅游团体来园区进行研学教育活动，科普教育人数将近15万人，园区已成为南阳市一家集青少年农艺文化教育、农民生产技术培训于一体的大型农业科普示范园区。

园区在引进以色列先进设备和技术基础上，结合当地农业特点，实行联农带农、包棚到户，探索乡村振兴模式，实现园区产业结构更加优化。具体的经营方式是"政府+企业+农户+市场"。政府进行大棚等固定资产投资，园区进行"十统一"管理：统一流转（整块流转，土地平坦）、统一规划（统一连片、做到合理利用土地资源）、统一建设（山东人建+部分山东种植，保证后期大棚的维护）、统一施肥（采用牧原集团威斯特有机肥/每亩40立方米）、统一整地（旋地30厘米，土壤细如粉尘）、统一起垄（三米两垄，垄宽90厘米，走道60厘米）、统一供苗（自有育苗大棚，年可实现育苗量1000万株）、统一定植（一亩地种植2500株，株间距35厘米）、统一收获（以黄瓜为例：顶花带刺，长度45厘米，瓜条笔直、颜色油亮）、统一销售（胖东来、丹尼斯等）。农户进行承包种植，公司通过收取租金和

---

① 《今日〈南阳日报〉解析：内乡何以领跑县域"成高原"？》，澎湃新闻，2021年12月20日，https://www.thepaper.cn/newsDetail_forward_15929007。
② 资料来源：中以产业园提供。

销售利润，支付给政府租金。① 在转变和优化经营方式的模式下，园区逐渐弥补了因前期引进设备和技术等方面的较大投入。这种利用以色列先进农业技术，走中国特色农业道路的方式实现了经济和社会双效益。

三 内乡中以农业园的双重效应

内乡县中以农业园经济效益和社会效益显著。自2018年以来，内乡县中以农业园在经济效益上虽然面临前期投资大、蔬菜价格上不去等挑战，但园区通过结合中国特色大棚，转变经营方式，除个别年份外均保持盈利状态。同时，园区在社会效应方面表现突出，不仅推动了当地农业现代化和高效化，形成了特色农业产业化集群，还提供了大量就业岗位，成为农民技术培训基地和小学生研学基地，提升了当地农民的专业素养和就业能力。此外，园区未来规划包括建设公共实训基地、现代农业综合体项目和育种实验室，旨在进一步扩大规模和影响，实现以色列高效农业在本地的扎根和推广，为农业现代化和乡村振兴贡献力量。

（一）农业园经济效应

根据图1和图2的数据，2018~2023年中以农业园的总收入虽有起伏但大体上呈上升趋势。但是由于前期引进以色列技术设备投资较大（据园区负责人介绍，园区6个以色列大棚，每个耗资300万元，海关税大约460万元），所以园区在以色列技术基础上，通过建造中国特色大棚，转变经营方式来降低成本。净利润除2018年起步阶段和2022年外，其他年份都是盈利状态。

在全面引进以色列技术和设备的大棚中，由于投资较大，结合我国自身蔬菜多样性特征，蔬菜价格无法达到以色列本地水平，导致中以产业园以色列大棚依靠其他中国特色大棚填补资金亏损情况。但不可忽略的是，以色列大棚在中以产业园的引领示范和社会效应远不止此。

---

① 资料来源：内乡中以产业园提供。

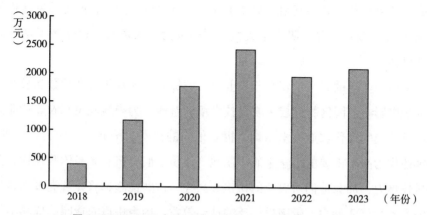

图1　2018～2023年中以农业园收入（未减去支出部分）

资料来源：内乡中以产业园提供。

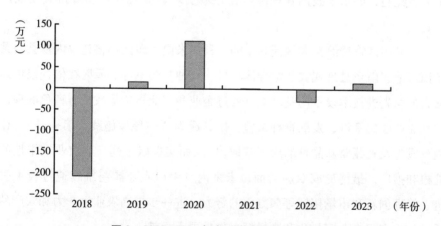

图2　2018～2023年中以农业园收入净利润

资料来源：内乡中以产业园提供。

（二）农业园的社会效应

近年来，内乡县在传统农业转型升级的背景下，通过中以产业园的建立，积极引进以色列高效农业技术，取得了显著成效。中以产业园依托以色列索力公司的先进技术设备，形成了一个具有特色的现代化农业产业化集群，推动了当地农业的现代化和高效化。园区通过育种试验，使内乡县成为

设施蔬菜新品种的展销基地，提高了农业科技含量。同时，园区的发展提供了1000余个就业岗位，吸引了大量农村劳动力，为数万农民带来了增收和就业机会。

中以产业园的意义不仅在于农业生产的提升，还在于其在社会和教育方面的积极影响。园区打造成为农民技术培训基地，为当地农民和农业从业人员提供系统的现代农业技术培训，提高他们的技术水平和生产能力。此外，园区还作为南阳重要的小学生研学基地，让孩子们有机会亲身体验现代农业的科技魅力，加深他们对农业的认识和兴趣。这些措施都将显著提升当地居民的素质和就业能力，带来更广泛的社会效益。内乡中以农业园的成功不仅体现了中以两国在农业技术合作上的巨大潜力，也为地区农业转型发展提供了宝贵经验，展示了我国在国际合作领域实现农业现代化和可持续发展的决心。

未来园区将继续扩大规模和影响。具体来说，园区还将建设内乡县公共实训基地、内乡县现代农业综合体项目、育种实验室等。园区在依托以色列索力公司先进技术设备的基础上，通过企业和产业聚集形成具有特色的现代化农业产业化集群，发展育种试验，使其成为"中原设施蔬菜第一县"，让内乡成为设施蔬菜新品种的展销基地，① 从而实现以色列高效农业在本地的扎根和推广，最终形成双赢局面。未来内乡中以农业园将继续通过技术引进、管理创新和市场拓展等多方面的努力，进一步提高农业生产力和农产品质量，为实现农业现代化和乡村振兴作出更大贡献。

结　语

内乡中以产业园作为中国和以色列农业科技合作的重要成果，不仅在提升农业生产力和农产品质量方面取得了显著成效，还在推动农业现代化、促进农民增收、提升农业科技水平等方面发挥了积极作用。通过引进以色列先

---

① 资料来源：内乡中以产业园提供。

进的农业技术和设备，结合内乡实际情况进行本土化创新，内乡中以农业园成功打造了一个集现代农业技术示范推广、优质蔬菜生产销售、农业观光旅游等于一体的现代化农业科技园基地。未来，随着园区的不断发展和完善，内乡中以农业园将继续在农业科技合作领域发挥引领示范作用，为推动农业现代化和乡村振兴作出贡献。

附录二
2023年国内犹太-以色列研究综述

闫　涛*

2022 年是中以两国建交 30 周年，在此基础上，2023 年两国关系围绕经济、科技、文化等领域持续向好发展。同时，国内学者对以色列的学术研究不断深化。据不完全统计，2023 年国内共出版相关著作 22 部，其中学术专著 3 部、学术译著 14 部、通俗著作 5 部，发表各类期刊文章 63 篇，硕博学位论文 29 篇，其研究内容涉及犹太-以色列的历史、政治、文化、国家安全、文学、宗教、哲学等方面。

一　著作

（一）学术著作

2023 年国内共出版犹太-以色列研究学术专著 3 部，主要涉及犹太哲学、当代以色列移民和希伯来创世神话问题。

傅有德的《犹太哲学史（修订版）》① 在 2008 年版本的基础上增修出版。《犹太哲学史》是国内第一部犹太哲学通史，该修订版对犹太哲学进行了更加全面、清晰的界定，明确了犹太哲学的产生机制及其内容、范畴。该

---

*　闫涛，河南大学历史文化学院、以色列研究中心博士研究生。
① 傅有德等：《犹太哲学史（修订版）》（上、下卷），中国人民大学出版社，2023。

书首次提出犹太哲学的三个基本特点，即理性和信仰的有机结合，与西方哲学、阿拉伯哲学的横向关联重于犹太哲学内部的前后继承，以及犹太哲学发展过程中的间断性。该书深入阐发了犹太哲学和犹太哲学史研究的意义，揭示出犹太哲学作为会通犹太教传统与西方哲学的"他山之石"，可以为当代中国哲学思想的建设和发展提供参考与镜鉴。

艾仁贵的《以色列移民政策的历史考察与多维审视》① 介绍了以色列移民的由来与基本构成、以色列对犹太移民的政策和以色列对非犹太移民的政策等内容，阐述了移民对以色列的族群结构和文化特征的影响，也揭示了以色列移民政策的核心悖论和持久困境——谋求单一犹太国家的理想和多元族群并存之间的矛盾。

林艳的《中国语境下的希伯来创世神话研究》② 在西方学者研究希伯来创世神话的基础上，提出用跨文本诠释的方法研究中国创世神话与希伯来创世神话。通过两个创世神话文本的对比，发现两者的异同，开掘由文本对读所产生的两个文本的丰富与更新，从而重新探讨中希创世神话中的宇宙观、宇宙起源论和神人关系。

（二）学术译著

2023 年国内出版 14 部犹太-以色列研究学术译著，时间跨度从古代犹太史到现代以色列国家，内容涉及诸多领域。

1. 学术译作

约瑟夫斯是公元 1 世纪的犹太学者、历史学家和军事家，更是研究第一次犹太战争与古代犹太史的重要代表人物。他的《犹太战争》③ 全景式地详述了公元 66~70 年犹太起义者和罗马帝国整个战争过程，成为研究犹太战争与古代犹太史的重要文献来源。他的《约瑟夫自传》④ 讲述了其个人生平

---

① 艾仁贵：《以色列移民政策的历史考察与多维审视》，中国社会科学出版社，2023。
② 林艳：《中国语境下的希伯来创世神话研究》，商务印书馆，2023。
③ 〔古罗马〕弗拉维斯·约瑟夫：《犹太战争》，杨之涵译，郑州大学出版社，2023。
④ 〔古罗马〕弗拉维斯·约瑟夫：《约瑟夫自传》，吴轶凡译，上海三联书店，2023。

与家族历史，记录了他在加利利的指挥官经历，以及驳斥罗马历史学家尤斯图斯关于他煽动反叛罗马人的指控。《驳阿皮安》① 则是他与亚历山大城的语法学家阿皮安的论战作品，目的是集中回应对于犹太民族的种种误解与偏见，强调犹太教悠久的历史。

耶路撒冷是犹太教、基督教和伊斯兰教三大亚伯拉罕系宗教的圣地，是一座极具历史意义与精神内涵的城市。约瑟夫·米利斯的《耶路撒冷：一座伟大的城市》② 以百余张高清图片生动讲述了耶路撒冷的前世今生，展示了耶路撒冷作为多宗教、多文明的汇聚之地的不断毁灭与重生。

巴勒斯坦相关问题一直是犹太-以色列研究中的核心与焦点。汤姆·塞格夫在《一个完整的巴勒斯坦：英国委任统治时期的犹太人与阿拉伯人》③中利用大量一手档案资料全面客观地描述了 1917～1948 年英国委任统治时期巴勒斯坦地区的社会生活，揭露了英帝国殖民主义者给当地人民所带来的深重苦难。凯瑟琳·潘戈尼斯的《耶路撒冷女主人：巴勒斯坦和以色列千年纠结之地的性别战争》④ 从女性视角出发，讲述女性在权力斗争中所发挥的作用。

1948 年以色列建国对于犹太民族来说是极具影响力的事件，该主题也是以色列研究中的重点。汤姆·塞格夫的《为了国家，不惜一切：本-古里安传》⑤ 既是一部关于以色列之父本-古里安一生起伏沉沦的个人传记，也是一部个人与国家命运复杂交织的以色列建国史。马蒂·弗里德曼的《无国之谍——以色列建国之际的秘密特工》⑥ 以 1948 年前后四位间谍故事为

---

① 〔古罗马〕弗拉维斯·约瑟夫：《驳阿皮安》，吴轶凡译，上海三联书店，2023。
② 〔以〕约瑟夫·米利斯：《耶路撒冷：一座伟大的城市》，张腾欢译，湖南人民出版社，2023。
③ 〔以〕汤姆·塞格夫：《一个完整的巴勒斯坦：英国委任统治时期的犹太人与阿拉伯人》，丁辰熹译，上海人民出版社，2023。
④ 〔英〕凯瑟琳·潘戈尼斯：《耶路撒冷女主人：巴勒斯坦和以色列千年纠结之地的性别战争》，姚军译，文化发展出版社，2023。
⑤ 〔以〕汤姆·塞格夫：《为了国家，不惜一切：本-古里安传》，李栋、单凌译，浙江人民出版社，2023。
⑥ 〔以〕马蒂·弗里德曼：《无国之谍——以色列建国之际的秘密特工》，曾记译，广东人民出版社，2023。

出发点，指出他们在以色列建国中作出的隐秘性贡献，同时也描绘了当时阿拉伯社会与犹太社会的生活与政治。

2. 学术译丛

商务印书馆推出的"宗教文化译丛：犹太教系列"再版了"汉译犹太文化名著丛书"。海姆·马克比编译的《犹太教审判：中世纪犹太-基督两教大论争》① 集中论述了犹太教和基督教在中世纪欧洲所进行的三场论争，即 1240 年的巴黎论争、1263 年的巴塞罗那论争和 1413~1414 年的托尔托萨论争。作者通过对翔实的原始资料的考辨与严密准确的论述，再现了中世纪两教对峙的戏剧场面和真正意义。塞西尔·罗斯的《简明犹太民族史》② 一书按照犹太民族的起源、兴盛、流散、衰败、解放与复兴等特定历史时期进行编排，集中展现了犹太民族与其他各民族文化相互交流的历史。迈克尔·迈耶的《回应现代性：犹太教改革运动史》③ 从史学的角度回顾了犹太教在现代主义环境下所进行的改革，折射出了改革运动从德国起源到欧洲传播，以及中心转移到美国这一连串的发展变化。赫尔曼·柯恩的《源于犹太教的理性宗教》④ 一书将新康德主义哲学思想融入对犹太教的思考之中，有机地串联起犹太思想中的重要概念如创造、启示、救赎、律法等，论证了犹太教不仅可以作为理性宗教的源头，而且可以在现代社会中发挥积极作用。

近年来，四川外国语大学以色列研究中心推出了"以色列研究经典译丛系列"。伊曼纽尔·纳冯的《以色列外交史：星与权杖》⑤ 是第一本关于以色列外交政策和外交史的著作，集中展示了 19 世纪犹太复国主义兴起以来以及两次世界大战中的外交决策。耶胡达·沙洛姆的《以色列教育：多

---

① 〔英〕海姆·马克比编译《犹太教审判：中世纪犹太-基督两教大论争》，黄福武译，商务印书馆，2023。
② 〔英〕塞西尔·罗斯：《简明犹太民族史》，黄福武、王丽丽译，商务印书馆，2023。
③ 〔美〕迈克尔·迈耶：《回应现代性：犹太教改革运动史》，于杰译，商务印书馆，2023。
④ 〔德〕赫尔曼·柯恩：《源于犹太教的理性宗教》，孙增霖译，商务印书馆，2023。
⑤ 〔以〕伊曼纽尔·纳冯：《以色列外交史：星与权杖》，关媛、李兰兰译，南京大学出版社，2023。

元文化社会中的教育创业》① 利用自然主义的观察方法，系统全面地介绍了
以色列各层级学校在纪律规范、校风文化、课程设置等方面的教育举措，对
于了解以色列的社会发展具有重要作用。

（三）通俗著作

在中以建交 30 周年的背景下，南京大学出版社推出了"缤纷以色列"
丛书，简要、通俗地介绍以色列的方方面面，向大众读者呈现了缤纷多彩的
以色列。《以色列法律》② 回顾了犹太教的传统律法，详述了以色列建国后
的主要法律及其机构，最后对以色列的法律体系作出评价。《以色列饮食文
化》③ 介绍了以色列饮食的丰富多样，其原因是犹太人在漫长的流散时期学
习融合了世界各地区的饮食文化，现代以色列也因此被称为美食"大熔
炉"。《以色列大学教育》指出以色列在中东地区的发展崛起过程中，教育
是其重要支撑。④ 《以色列电影文化》⑤ 阐述了以色列电影的起源、发展与
变化，介绍了以色列的电影产业链和经典电影，为读者提供了一个了解以色
列社会的新角度。《创新国度——以色列》⑥ 介绍了历史传统和现实因素如
何影响以色列成为创新国度，并探讨了以色列政府、企业和学校三方协同运
转的创新机制。

（四）研究报告集

社会科学文献出版社以色列蓝皮书系列出版发行了国内第九部有关以色
列的研究报告《以色列蓝皮书：以色列发展报告（2023）》⑦，全书分为总

---

① 〔以〕耶胡达·巴-沙洛姆：《以色列教育：多元文化社会中的教育创业》，施歆文、鲜非霏
译，南京大学出版社，2023。
② 张腾欢：《以色列法律》，南京大学出版社，2023。
③ 高智源：《以色列饮食文化》，南京大学出版社，2023。
④ 矫淙旭：《以色列大学教育》，南京大学出版社，2023。
⑤ 刘源：《以色列电影文化》，南京大学出版社，2023。
⑥ 周林林：《创新国度——以色列》，南京大学出版社，2023。
⑦ 张倩红主编《以色列蓝皮书：以色列发展报告（2023）》，社会科学文献出版社，2024。

报告、分报告、社会治理篇、科技创新篇、中以合作篇和附录等内容。其中，总报告聚焦三方面内容，2022 年以色列经济在多重风险下向好发展；政治大选诞生"最右翼"政府引发国内外担忧；巴以关系面临"最尖锐"挑战。分报告则对 2022 年的以色列经济发展、政治局势和高科技创新作出详细阐述。社会治理篇涵盖以色列的工商业政策、粮食安全、就业状况、营商外资、国家形象和生态治理等六大主题。科技创新篇聚焦于以色列的科技成果转化模式、网络安全技术、医疗创新、数字健康与军用医疗技术民用等内容。对外关系篇侧重于以色列与土耳其、印度、波兰以及非洲国家的关系发展趋向和科技创新合作等方面内容。中以合作篇涉及中以合作创新的现状与展望、以色列的中国学研究等内容。附录部分主要包括中以合作的典型案例（中以交流促进协会、山东大学-特拉维夫大学犹太与以色列联合研究所、上海生物医药基金投资以色列生物医药创新公司）、国内以色列研究综述、以色列大事记及其相关统计数据等内容。该报告对了解当前以色列及中东局势，进一步深化中以合作交流、推进中以创新全面合作伙伴关系有重要的资讯作用和参考价值。

（五）学术集刊

2023 年，由傅有德担任主编、山东大学犹太教与跨宗教研究中心主办、山东大学出版社出版的学术集刊《犹太研究》[①] 出版了第 21 辑。第 21 辑主要包括两大主题：一是以色列的极端正统派；二是犹太观念、历史和文本。其中，第一个主题主要涉及极端正统派的身份与变化趋向、极端正统派对性侵害的态度、极端正统派自我隔离与幸福感程度的关系、极端正统派的单身现象、极端正统派"圣城守护者"对大屠杀的认知以及对拉比以色列·梅尔·希尔施的访谈。第二个主题主要涉及大希律的希腊化与罗马化政策、基督教中的信任情感、作家奥兹克的喀巴拉书写、莫里斯·威廉的犹太难民计划、犹太人到开封时间考、犹太阿威罗伊主义对迈蒙尼

---

① 傅有德主编《犹太研究》（第 21 辑），山东大学出版社，2023。

德关于大流散的回应、《以赛亚书》中的居鲁士形象以及迈蒙尼德哲学中的神秘主义因素。

二　期刊论文

（一）犹太历史研究

犹太古代史的研究是犹太史的重要基础。张琳的《亚历山大里亚犹太社区"politeuma"概念与犹太人公民权问题考辨》[①] 一文通过对"politeuma"一词的界定，认为约瑟夫斯关于亚历山大里亚犹太人公民权的记载存在失真成分，不排除其为犹太人辩护而有意为之，但根据纸草文书，又不能完全否定其真实性，某些犹太人享有公民权，但未惠及犹太社区集体。除犹太聚居区即社区外，混居是犹太人生活的常态，尤其在乡村地区，但犹太人接纳外族文化元素的同时能够保持清晰的族群边界。

文明交流互鉴的视角是学术界的热点之一。高亢的《来华犹太移民的历史记忆：两种文明的交往》[②] 一文指出，犹太文化与中华文化经过长期交流与融合，既有融会贯通之处，也有犹太民族在移居中国后民族特性世代相传之处。犹太移民与华人在中国能够长期和睦共存是人类命运共同体意识的现实映射，亦对全世界向往和平和谐与正义的人民有所启示。

沙皇俄国的"犹太政策"是全方位、多角度了解"犹太人问题"的途径之一。疏会玲的《叶卡捷琳娜二世的犹太人政策与栅栏区的起源》[③] 一文以栅栏区的起源为出发点，探讨了沙皇俄国的对犹政策。最终，随着栅栏区的不断发展，犹太人与主流社会的融通渠道被封锁，因而使得晚期沙俄陷入"犹太人问题"的历史困境。

---

① 张琳：《亚历山大里亚犹太社区"politeuma"概念与犹太人公民权问题考辨》，《外国问题研究》2023 年第 3 期。
② 高亢：《来华犹太移民的历史记忆：两种文明的交往》，《安阳工学院学报》2023 年第 3 期。
③ 疏会玲：《叶卡捷琳娜二世的犹太人政策与栅栏区的起源》，《世界民族》2023 年第 4 期。

中东的民族国家建构以及英国委任统治时期的相关问题是学者关注的重点领域。艾仁贵的《从文明遗产中寻求国家认同：考古发掘与中东民族国家构建》①一文指出了考古发掘对于以色列集体认同的重要意义，这项事业为犹太人提供了曾经生活在故土的历史见证与心理支撑，也成为历史叙事的合法性文化资源，是犹太民族主义者恢复集体身份之根的重要工具。同时，考古发掘也是阿以冲突在另一个战场的延伸，双方对这个没有硝烟战场的争夺甚至更加激烈。贾延宾的《阿哈德·哈姆与〈贝尔福宣言〉的出台及其文化影响》②一文以文化犹太复国主义的主要代表阿哈德·哈姆与《贝尔福宣言》的出台为切入点，认为他对《贝尔福宣言》的解读丰富并指导了犹太复国主义活动，为处理阿犹民族关系提供了有益借鉴。李方恩、王皖强的《论委任统治时期英国的巴勒斯坦犹太政策——以丘吉尔的政策调整为视角》③一文指出丘吉尔在委任统治时期对英国的巴勒斯坦犹太政策产生了重要影响。1922年，丘吉尔通过白皮书将"扶犹排阿"政策调整为"抑犹压阿"政策，这些政策调整体现出英国在该地区强烈的功利性动机和突出的投机性策略。

纳粹德国实施的"种族灭绝"政策及其相关研究一直是学界的热点。张礼刚、张文艳的《纳粹德国对犹太男性气质的污名化（1933—1939）》④一文指出纳粹以媒体宣传和立法相结合的方式，宣称犹太男性缺乏军人品行、具有资本家的剥削本质、犯有"种族污染"罪行等，对犹太人的男性气质和人格尊严进行了有目的的污名化，这导致犹太人在德国社会各个领域被进一步边缘化。纳粹德国将犹太男性树立为攻击目标，是其种族主义和男

---

①　艾仁贵：《从文明遗产中寻求国家认同：考古发掘与中东民族国家构建》，《西亚非洲》2023年第5期。

②　贾延宾：《阿哈德·哈姆与〈贝尔福宣言〉的出台及其文化影响》，西北大学中东研究所编《中东研究2023年第1期（总第86期）》，社会科学文献出版社，2023。

③　李方恩、王皖强：《论委任统治时期英国的巴勒斯坦犹太政策——以丘吉尔的政策调整为视角》，《河南师范大学学报》（哲学社会科学版）2023年第1期。

④　张礼刚、张文艳：《纳粹德国对犹太男性气质的污名化（1933—1939）》，《史林》2023年第4期。

权思想的综合体现，并成为反犹政策的重要组成部分，为后来的"种族灭绝"打下了基础。艾仁贵、于睿珠的《欧美学界关于纳粹大屠杀起源问题的争论》① 一文通过列举、分析欧美学界对纳粹大屠杀起源问题的研究经历的三个阶段，认为半个多世纪以来欧美学界关于纳粹大屠杀起源问题的争论，不仅深化了纳粹大屠杀研究的议题，而且推动了纳粹大屠杀记忆和反思的进程，成为知识与社会互动的重要体现。周晓虹的《艾希曼、平庸之恶与服从行为研究》② 一文指出，纳粹德国在第二次世界大战中对犹太人的疯狂屠戮，在引发阿伦特有关"平庸之恶"讨论的同时，也在社会心理学领域酿就了以米尔格拉姆的"服从行为"研究为主导的实验。在现实中服从行为则源自犹太世界长期以来尤其是在第二次世界大战中遭受的肉体和心灵的双重创伤。正是犹太人长期以来遭受的苦难，使得从众和服从的话题成为犹太裔社会心理学家挥之不去的另类叙事。

孙文沛的《二战后德国对犹太人赔偿的路径调整与效果评估》③ 一文以战后德国对犹太人的战争赔偿为出发点，指出这种赔偿使得德国从国际法视域下的"战争受害者赔偿"从文本转向了实践层面，这为彻底解决战争遗留问题的可能性提供了历史证明。

此外，上海犹太难民的救济问题也被关注。王健、韩易的《国际救济机制下的上海犹太难民救济工作》④ 一文指出二战期间国际救济组织、中国政府、犹太组织三者共同构建起了国际救济机制，建立了正式和非正式的多国对话平台，引入国际救济经验的同时结合本土实际，创新救济措施，基本解决了物资和现金供给、身份认定、离沪移民这三个核心问题，阶段性地完成了上海犹太难民的救济工作。它见证了国际救济机制在中国的有效实践，体现了战后中国承担起国际救济责任，谱写出近代中外合作人道主义救济史的独特篇章。

---

① 艾仁贵、于睿珠：《欧美学界关于纳粹大屠杀起源问题的争论》，《世界历史》2023 年第 2 期。
② 周晓虹：《艾希曼、平庸之恶与服从行为研究》，《社会》2023 年第 4 期。
③ 孙文沛：《二战后德国对犹太人赔偿的路径调整与效果评估》，《世界民族》2023 年第 2 期。
④ 王健、韩易：《国际救济机制下的上海犹太难民救济工作》，《史林》2023 年第 1 期。

（二）犹太宗教典籍及犹太教相关问题研究

犹太宗教文本及其思想内涵一直是学者关注的焦点。田海华的《〈希伯来圣经〉著述和正典化综论》① 一文聚焦于《希伯来圣经》早期著述的文士文化，以及经学士对圣经文本的编修，最终呈现了《希伯来圣经》正典化的历史过程。艾仁贵的《犹太文化典籍中的和平思想及其世界影响》② 一文认为犹太文化典籍中的和平思想不仅直接影响了基督教和伊斯兰教，也对西方文明乃至世界文明都产生了深远影响，因而成为人类和平思想发展史上的重要里程碑。杨志友的《黑色婚礼：犹太教对瘟疫的一种应对》③ 一文以犹太教应对瘟疫的仪式——黑色婚礼为引，系统介绍了何谓黑色婚礼、黑色婚礼的起源以及对它的解读与归纳等。

犹太教改革及其相关运动也是学界重点考察的领域。王本立的《文明交流互鉴视域下的 19 世纪英国犹太教改革运动》④ 一文通过分析 19 世纪英国的犹太教改革运动的前后两个阶段，指出该运动明显受到了域外特别是德国犹太教改革运动的影响，可以说是文明交流互鉴的结果。汪舒明的《论新世纪以来美国犹太教的"极化"趋势》⑤ 一文以美国犹太教正统派与非正统派的"极化"趋势为核心，指出双方在社会文化形态与价值观领域的疏离对立，最后提出此种趋势逆转的关键因素在于超级正统派是否会在多种压力下继续维持自我隔离的状态。汪舒明的《冲击与回应：政治极化背景下美国犹太社团的转向》⑥ 一文指出，在美国政治极化的背景下，抗击反犹主义与支持以色列在美国发展出"党争"意涵，也推动了美国犹太社团内部

① 田海华：《〈希伯来圣经〉著述和正典化综论》，《圣经文学研究》2023 年第 26 辑。
② 艾仁贵：《犹太文化典籍中的和平思想及其世界影响》，西北大学中东研究所编《中东研究2023 年第 1 期（总第 86 期）》，社会科学文献出版社，2023。
③ 杨志友：《黑色婚礼：犹太教对瘟疫的一种应对》，《世界宗教文化》2023 年第 6 期。
④ 王本立：《文明交流互鉴视域下的 19 世纪英国犹太教改革运动》，《鲁东大学学报》（哲学社会科学版）2023 年第 5 期。
⑤ 汪舒明：《论新世纪以来美国犹太教的"极化"趋势》，《宗教学研究》2023 年第 2 期。
⑥ 汪舒明：《冲击与回应：政治极化背景下美国犹太社团的转向》，《西亚非洲》2023 年第 4 期。

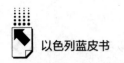

的非对称极化现象。陈艳艳和李勇的《传统与现代之争——论以色列的宗教基布兹运动》① 一文以宗教基布兹运动为核心，认为犹太教现代化、犹太复国主义和世界社会主义为其发展提供了推力，但近年来它的发展呈现明显的局限性，亟须改革。

除上述方面之外，以色列佛教的发展、斯宾诺莎与犹太思想的关联等内容也成为学者的关注点。李治宇的《"犹太佛教徒"：以色列佛教的历史境遇与当代发展》② 一文指出，19 世纪后期，犹太人中开始出现佛教徒，他们被称为"犹太佛教徒"，而后，佛教在以色列逐渐发展出具有本地特色的模式，这个过程中面临着诸多的困难与挑战。这一现象与犹太民族的历史遭遇及其在现代社会中面临文化更替有关。林婧的《从"对神的理智之爱"看斯宾诺莎与犹太思想的联系》③ 一文从斯宾诺莎的世俗化犹太人身份着眼，通过对照分析迈蒙尼德《迷途指津》与斯宾诺莎《伦理学》中的相关篇章，考察二者论"贞爱"和"对神的理智之爱"的内在相似之处，揭示斯宾诺莎并非与犹太思想传统完全切割，而是吸收了中世纪理性主义犹太哲学的精华，并在世俗化处境中对其加以改变和推进。

（三）犹太思想文化领域

"犹太人问题"在现代经济、身份认同等领域的诠释也被学者关注。刘玉瑶的《犹太精神与现代资本主义的起源——桑巴特对〈论犹太人问题〉的印证与发展》④ 一文指出，桑巴特从犹太人对现代资本主义贡献的路径研究犹太群体，指出犹太人在国际贸易、殖民扩张、现代国家、股票市场、经

① 陈艳艳、李勇：《传统与现代之争——论以色列的宗教基布兹运动》，《世界宗教文化》2023 年第 4 期。
② 李治宇：《"犹太佛教徒"：以色列佛教的历史境遇与当代发展》，《佛学研究》2023 年第 2 期。
③ 林婧：《从"对神的理智之爱"看斯宾诺莎与犹太思想的联系》，《世界宗教文化》2023 年第 1 期。
④ 刘玉瑶：《犹太精神与现代资本主义的起源——桑巴特对〈论犹太人问题〉的印证与发展》，《马克思主义哲学》2023 年第 5 期。

济理性主义观念的建立上发挥的重要作用。作者认为桑巴特的《犹太人与现代资本主义》可以视为对马克思观点的补充和发展。俞航的《陀思妥耶夫斯基的俄罗斯理念与"犹太问题"》[①] 一文认为陀思妥耶夫斯基关于"犹太问题"的言论与立场应该置于 19 世纪后半叶俄罗斯帝国与民族交互的历史进程中去解读，他的作品通过强化犹太民族"国中之国"这一核心特征，实际上赋予了俄罗斯民族普世回应性的理想。赵婧、宁瑞琴的《〈丹尼尔·德隆达〉的犹太景观与民族认同》[②] 一文通过剖析乔治·艾略特长篇小说《丹尼尔·德隆达》中的犹太人主题，认为犹太会堂、犹太市井等人文景观对于犹太人的民族想象与集体认同产生了重要影响。秦轩的《迈克尔·夏邦小说中的犹太乌托邦建构及其当代诠释》[③] 一文通过分析犹太作家迈克尔·夏邦建构的犹太乌托邦理念，认为夏邦既在流散的犹太历史中寻求开放包容的文化体验，又在现当代中突破性地诠释规训犹太民族的"三条誓约"，反映了他对犹太神秘主义既虔诚又迷狂的心态以及对弥赛亚既期待又恐惧的立场。

（四）犹太族群及其他群体问题研究

2023 年的犹太族群及其他群体问题研究重点关注了以色列阿拉伯基督教社团的德鲁兹化、也门犹太人阿利亚运动以及以色列少数群体政策等方面。潘楠的《以色列阿拉伯基督教徒社团的德鲁兹化及其影响》[④] 一文详述了以色列的阿拉伯基督教徒社团德鲁兹化的背景基础、发展变迁、影响与特征等方面内容，并分析了其对于以色列处理族群问题的积极影响与面临的制

---

① 俞航：《陀思妥耶夫斯基的俄罗斯理念与"犹太问题"》，《外国文学评论》2023 年第 2 期。
② 赵婧、宁瑞琴：《〈丹尼尔·德隆达〉的犹太景观与民族认同》，《福州大学学报》（哲学社会科学版），2023 年第 3 期。
③ 秦轩：《迈克尔·夏邦小说中的犹太乌托邦建构及其当代诠释》，《外国文学研究》2023 年第 2 期。
④ 潘楠：《以色列阿拉伯基督教徒社团的德鲁兹化及其影响》，《世界民族》2023 年第 3 期。

约因素。杨玉龙的《也门犹太人阿利亚运动：嬗变与动因》①一文总结了也门犹太人阿利亚运动的三个历史时期，指出了其背后的多维动因。同时，展现了也门犹太人在以色列多元文化的影响下所面临的社会融入、认同调试等挑战。周少青和周洁的《以色列少数群体政策安全化问题评析》②一文聚焦于以色列对少数群体政策的历史研究，指出这种政策从始至终都渗透着一种强烈的国家安全取向。这种导向既捍卫了"犹太民族国家"的属性，也造成了以色列内部的族群矛盾。

（五）当代以色列政治

对以色列各个党派的研究是剖析以色列政治的重要维度。王晋的《以色列左翼阿拉伯政党的演变、影响与挑战》③一文指出以色列左翼阿拉伯政党历经数十年演变已经成为以色列政坛的一支重要政治力量，在壮大以色列左翼力量、捍卫以色列阿拉伯群体政治和社会权益、促进巴以和平方面发挥了积极作用。与此同时，以色列左翼阿拉伯政党依然面临内部缺乏协调、政治身份尴尬、地域派系垄断和司法权威受限等诸多挑战。葛淑珍的《在民族主义与国际主义之间：以色列共产党的发展演变与政治参与》④一文详述了以色列共产党的发展历程、政治实践、内部分歧等内容，表明了它在民族主义与国际主义之间的艰难探索。以色列的青年运动也受到学者关注。蒲瑶和唐彬君的《当代以色列青年运动的历史演进、特色及影响》⑤一文聚焦于当代以色列的青年运动，指出青年运动在与政府的良性互动中发挥了教育性作用。

以色列与阿拉伯国家间的关系是牵动着国际政治与地区局势的重要因

① 杨玉龙：《也门犹太人阿利亚运动：嬗变与动因》，《外国问题研究》2023年第2期。
② 周少青、周洁：《以色列少数群体政策安全化问题评析》，《西亚非洲》2023年第3期。
③ 王晋：《以色列左翼阿拉伯政党的演变、影响与挑战》，《当代世界》2023年第9期。
④ 葛淑珍：《在民族主义与国际主义之间：以色列共产党的发展演变与政治参与》，《社会主义研究》2023年第1期。
⑤ 蒲瑶、唐彬君：《当代以色列青年运动的历史演进、特色及影响》，西北大学中东研究所编《中东研究2023年第1期（总第86期）》，社会科学文献出版社，2023。

素。陈双庆的《阿拉伯国家与以色列的新一轮和解及其限度》① 一文分析了近年来阿拉伯国家与以色列出现的和解势头，认为这种和解的驱动力源自以色列、部分阿拉伯国家和美国等有关各方根据地区形势变化作出的战略调整。钱磊、穆尼尔·宰亚达的《纳赛尔的和平努力与以色列的选择》② 一文指出，1953 年开始埃及与以色列经过多次和平的尝试，但是因以色列国内激进派的阻挠和国际机遇的转瞬即逝，埃以和谈无果而终。以色列的选择表明，霸权秩序并不必然导致稳定与和平，因其等级制结构催生的中间等级特殊利益，往往激励一些国家全力追逐中等强国地位，并实施"背靠霸权"的战略机会主义。

以色列的军事发展及其研究是学术界绕不开的话题。王毓龙等人的《以色列国家导弹防御体系建设发展研究》③ 一文总结了以色列国家导弹防御体系的发展历程，描述了以色列国家导弹防御体系的作战流程，分析了以色列国家导弹防御体系的作战能力，展望了以色列国家导弹防御体系的发展趋势。武琼的《以色列人工智能军事化的新进展及其影响》④ 一文指出，以色列高度重视人工智能军事化的发展，主要是基于"技术制胜"的历史传统和应对"三圈威胁"的现实需求。同时，它造成的一系列影响也不容忽视，主要包括加速军备竞赛、提升"意外战争"风险及增加区域性人道主义灾难等。

（六）以色列外交和安全

以色列的国家安全相关问题是学者探讨的重点之一。陈双庆的《以色列国家安全战略：环境、文化和实践》⑤ 一文从以色列的国家安全战略出

---

① 陈双庆：《阿拉伯国家与以色列的新一轮和解及其限度》，《现代国际关系》2023 年第 5 期。
② 钱磊、穆尼尔·宰亚达：《纳赛尔的和平努力与以色列的选择》，《阿拉伯世界研究》2023 年第 1 期。
③ 王毓龙等：《以色列国家导弹防御体系建设发展研究》，《中国电子科学研究院学报》2023 年第 1 期。
④ 武琼：《以色列人工智能军事化的新进展及其影响》，《阿拉伯世界研究》2023 年第 3 期。
⑤ 陈双庆：《以色列国家安全战略：环境、文化和实践》，《国家安全研究》2023 年第 1 期。

发，详述其力求实现"绝对安全"的目标，即以进攻为主、寸土不让。但该战略忽略了其他民族权益，因而影响了以色列的国际形象和声誉。马晓霖、杨府鑫的《哈马斯混合战争视角下的以色列国家安全漏洞探析》①一文从混合战争视角入手，认为以色列暴露出的国家安全漏洞源自国家安全实践与国家安全观念的互相影响，并从中总结出诸多经验教训。罗安澧的《义务与职业之间：以色列"人民军队"模式及其变革》②一文以被称为"人民军队"的以色列国防军为中心，阐述了其产生的渊源及其模式的发展变化，指出了当前它所面临的结构性危机和正在进行的渐进式调整。

美以关系及其对中东局势的影响也是经久不衰的议题。汪舒明与王健的《大国竞争背景下美国对中以关系的影响》③一文指出，近年来中以关系从蜜月期迅速降温是美国对华政策转向大国竞争导致的。美国通过多种途径对以色列的施压和诱导，影响了以色列对华政策和舆论，破坏和阻滞了中以关系的健康发展。贺鉴、李晨博的《拜登政府的以色列政策：谋求新的平衡》④一文认为，拜登政府执政以来，美国开始调整之前对以色列过分偏袒的做法，使美以关系回到常态，有意维护与中东其他各方力量之间的平衡，安抚中东的阿拉伯盟友。拜登政府的这种新以色列政策将对以色列的外部战略环境产生重大影响，以色列的回应、域内其他国家的反应以及域外大国的态度都将叠加在一起，成为未来中东局势中新的变量。王健、吕游的《"双重忠诚"：美国犹太人委员会与以色列政府的交涉及其影响（1948—1950）》⑤一文从"双重忠诚"的概念入手，围绕美国犹太人委员会与以色

---

① 马晓霖、杨府鑫：《哈马斯混合战争视角下的以色列国家安全漏洞探析》，《国家安全研究》2023 年第 6 期。

② 罗安澧：《义务与职业之间：以色列"人民军队"模式及其变革》，《阿拉伯世界研究》2023 年第 4 期。

③ 汪舒明、王健：《大国竞争背景下美国对中以关系的影响》，《国际关系研究》2023 年第 5 期。

④ 贺鉴、李晨博：《拜登政府的以色列政策：谋求新的平衡》，《国际政治与安全》2023 年第 1 期。

⑤ 王健、吕游：《"双重忠诚"：美国犹太人委员会与以色列政府的交涉及其影响（1948—1950）》，《历史教学问题》2023 年第 4 期。

列政府对于此问题的交涉乃至博弈，认为美国犹太人委员会既有对于犹太身份的历史传承，也有基于利益选择的考量。

（七）以色列教育、创新与文化

以色列的教育模式、教育制度、教育文化在世界范围内颇具借鉴意义。唐彬君的《试析社会整合视角下的以色列价值观教育》① 一文指出，以色列的价值观教育既取得了一定成效，也存在民主教育目标的徘徊以及对犹太复国主义霸权文化的质疑。王建梁、刘晨曦的《师范学院与综合大学教师培养的双重张力——以色列75年教师教育的实践探索》② 一文指出，以色列教师教育历经前学术化、学术化与专业化三个发展阶段，最终形成了师范学院与综合大学相结合的两级教师教育体系，彰显了自身特色，以色列教师教育体系能够为我国教师教育改革提供一些启示与借鉴。隋译征、尤铮的《以色列三轨并行高考制度的形成、特征及启示》③ 一文通过考察以色列已经形成三轨并行的高考制度，即高中毕业考试、心理测试及以色列控制下东耶路撒冷地区的巴勒斯坦全国高中毕业考试，作者认为多元化的教育与考评体系为以色列培养了大批拥有创新思维的优秀学生。阮项的《教育立国：以色列创新创业人才培养的课程战略》④ 一文指出，以色列在坚持教育立国根本方向的同时，有效应对了其教育系统内部的复杂因素，形成了多元共进的课程战略。

以色列的创新创业是其国家形象的一张名片。苏红的《以培养"服务精英"为战略目标的以色列拔尖创新人才早期培养》⑤ 一文介绍了以色列对

---

① 唐彬君：《试析社会整合视角下的以色列价值观教育》，《比较教育研究》2023年第4期。

② 王建梁、刘晨曦：《师范学院与综合大学教师培养的双重张力——以色列75年教师教育的实践探索》，《教师教育研究》2023年第6期。

③ 隋译征、尤铮：《以色列三轨并行高考制度的形成、特征及启示》，《中国考试》2023年第10期。

④ 阮项：《教育立国：以色列创新创业人才培养的课程战略》，《全球教育展望》2023年第8期。

⑤ 苏红：《以培养"服务精英"为战略目标的以色列拔尖创新人才早期培养》，《人民教育》2023年第18期。

于拔尖人才早期培养的全方位、多渠道策略。方艺润的《以色列现代农业创新发展及对中国的启示》① 一文指出农业发展一直是以色列的国家主要战略，以色列不仅实现了现代农业的创新和发展，还向国际市场输出了农产品和农业科技。作者认为中国可以借鉴吸收以色列的现代农业理念和技术，提高农业生产现代化水平。

（八）以色列史学

以色列史学方面的研究也在不断推进，学术界从对"耶路撒冷学派""新历史学家"的关注，开始转向"后犹太复国主义修正派"。张倩红和韩博雅的《"后犹太复国主义修正派"与以色列民族国家叙事的新趋向》② 一文以"后犹太复国主义修正派"为出发点，着重探讨了这一史学群体对于流散地历史与犹太教、犹太复国主义、移民运动、工党时期的集体主义观念、以色列国家性质与未来走向、巴以冲突及以色列国家合法性等话题的观点。他们重新审视了以色列国的发展历史，构建了一种以"修正"为核心的新史学话语。这标志着以色列史学发展的时代转向与史学方法的调试更新，也代表了以色列民族国家叙事的新趋向。

（九）犹太-以色列文学

从文学透视犹太身份相关问题是犹太-以色列文学中的重要维度。李暖的《从拓荒者到"苏联最后一代"：以色列俄语文学的身份建构与文化突围》③ 一文聚焦于当代以色列俄语文学跨界性与家园怀旧意识并存的特征，通过追索维索茨基等作家的拓荒叙事，勾勒出以色列俄语文学的发展轨迹。

---

① 方艺润：《以色列现代农业创新发展及对中国的启示》，《农业展望》2023 年第 12 期。
② 张倩红、韩博雅：《"后犹太复国主义修正派"与以色列民族国家叙事的新趋向》，《史学理论研究》2023 年第 4 期。
③ 李暖：《从拓荒者到"苏联最后一代"：以色列俄语文学的身份建构与文化突围》，《外国文学动态研究》2023 年第 6 期。

《以色列俄语作家鲁宾娜长篇小说的浪漫化记忆隐喻》① 一文以当代以色列俄语作家吉娜·鲁宾娜长篇小说中的浪漫化记忆书写为出发点，探讨了其背后隐含的族群身份认同问题。汪情乐的《瓦·格罗斯曼小说中的犹太线索与身份政治》② 一文以俄苏作家瓦·格罗斯曼在不同时期的犹太主题创作为切入点，考察格罗斯曼对犹太身份的认同从无意识状态转变为有意识状态，最后辩证地回到主动无意识的过程，这一变化过程不仅解释了他思想经历的某些变化以及对马克思列宁主义信仰始终如一的坚持，也展现了历史进程中苏联犹太人的民族境遇及集体或个人选择。崔诗韵的《走出世纪之交的犹太身份困境——〈诉讼〉中"启示的虚无"与世俗生活内的救赎》③ 一文利用综合文本细读、神学研究与历史分析，展现犹太人困境在《诉讼》文本细节中的渗透，分析肖勒姆对《诉讼》的理解与卡夫卡创作本身之间的偏差，借以阐释卡夫卡在犹太身份问题上区别于同时代犹太知识分子的独特立场。高晓倩的《上海文化熔炉中的现代身份养成：基于犹太青少年难民自传的考察》④ 一文重点考察犹太青少年难民自传展现的上海记忆，分析这段记忆中犹太青少年成长过程中的身份转型与身份困惑以及上海在新一代难民的现代身份塑形中扮演的关键性角色。肖诗洁的《身份·历史·现实——〈内塔尼亚胡一家〉对犹太族裔的三重观照》⑤ 一文以小说《内塔尼亚胡一家》为切入点，折射出当代美国犹太族裔的生存困境：一方面，犹太人努力融入美国主流社会；另一方面，他们仍然面临着来自其他群体的歧视和偏见，这也正是当下美国反犹主义的真实写照。

---

① 李暖：《以色列俄语作家鲁宾娜长篇小说的浪漫化记忆隐喻》，《西伯利亚研究》2023年第3期。

② 汪情乐：《瓦·格罗斯曼小说中的犹太线索与身份政治》，《外国文学动态研究》2023年第5期。

③ 崔诗韵：《走出世纪之交的犹太身份困境——〈诉讼〉中"启示的虚无"与世俗生活内的救赎》，《外国文学动态研究》2023年第5期。

④ 高晓倩：《上海文化熔炉中的现代身份养成：基于犹太青少年难民自传的考察》，《上海文化》2023年第12期。

⑤ 肖诗洁：《身份·历史·现实——〈内塔尼亚胡一家〉对犹太族裔的三重观照》，《世界文化》2023年第7期。

对以色列建国以及阿拉伯人的关注是以色列文学的重要内涵。钟志清的《以色列建国叙事与集体记忆——重读伊兹哈尔的〈黑泽废墟〉》①一文以第一位以色列本土作家伊兹哈尔的中篇小说《黑泽废墟》为核心，描述了以色列士兵对阿拉伯村民的驱逐以及这个过程中内心面临的道德困境。同时，将历史上犹太人的流亡经历与巴勒斯坦难民的苦境关联在一起，充分展现了1948年第一次中东战争对塑造以色列人集体记忆的重要影响。敬南菲的《〈耶路撒冷去来〉中的以色列地方书写》②一文以美国犹太作家索尔·贝娄的小说《耶路撒冷去来》为分析文本，认为其中蕴含着贝娄对古老犹太家园的情结、对犹太国家的支持、对中东"异域"风情的欲望和对巴勒斯坦的"他地"想象。林丰民、魏嘉星的《"以色列阿拉伯人"问题及其在文学中的呈现》③一文列举出了以色列阿拉伯人的身份困境在文学中的具体体现，作者认为在巴勒斯坦问题没有得到公正、和平、持久的解决的情况下，这种尴尬的身份处境很难得到根本改变。

除上述议题外，犹太文学与圣经、流散文学、美国犹太文学等相关联议题也涌现出来。王彪的《犹太作家"见证文学"的圣经根源》④一文指出犹太作家"见证文学"的圣经根源与记忆密不可分，这成为犹太作家对抗遗忘的坚固基石。犹太人作为被圣经塑造的"记忆的民族"也使得记忆得以传承。翟乃海的《犹太流散文学中的共同体想象及其表征》⑤一文认为犹太流散作品虽在不同时期有不同的体现，但其逐步发展出鲜明的世界主义倾向，这也为理解人类命运共同体提供了有益的借鉴。孔伟的《21世纪初美国犹太文学中的俄罗斯文化书写》⑥一文通过解析俄裔美国犹太作家的创

① 钟志清：《以色列建国叙事与集体记忆——重读伊兹哈尔的〈黑泽废墟〉》，《广州大学学报》（社会科学版）2023年第5期。
② 敬南菲：《〈耶路撒冷去来〉中的以色列地方书写》，《外国文学研究动态》2023年第4期。
③ 林丰民、魏嘉星：《"以色列阿拉伯人"问题及其在文学中的呈现》，《中国穆斯林》2023年第6期。
④ 王彪：《犹太作家"见证文学"的圣经根源》，《广州大学学报》（社会科学版）2023年第5期。
⑤ 翟乃海：《犹太流散文学中的共同体想象及其表征》，《外国文学研究》2023年第1期。
⑥ 孔伟：《21世纪初美国犹太文学中的俄罗斯文化书写》，《外国文学》2023年第1期。

作，阐释俄罗斯文化对美国犹太文学体系的三重影响，即书写俄罗斯地域和文化拓展了美国犹太文学的叙事边界；将俄罗斯性与犹太性、美国性并置，消解了美国犹太文学中的二元主题结构；采用异质、临界的叙述方式推动了美国犹太文学叙事空间的生产。王文毓的《灵·救·美：论布宁创作中的犹太调性》[①] 一文分析了布宁作品中对死亡与复活的描写彰显了神秘性的"灵"，异象与梦境则昭示着启示性的"救"，弥赛亚救赎展现了"普世性"的"美"。三者互补融合，极大地丰富了对人的本质、人的处境以及人的归宿的思考，共同构筑了布宁创作中"犹太调性"的强劲张力。李锋、阿琳·艾欧纳斯库的《犹太文学与大屠杀研究的跨学科探索——阿琳·艾欧纳斯库教授访谈录》[②] 采访涉及艾欧纳斯库学术生涯中的几个不同研究领域，如英国文学、犹太文学、大屠杀与记忆研究等内容，基于文学与大屠杀研究之间的联系，以及历史见证与代际传递在记忆研究中的重要作用，重点阐述了纪念伦理、后记忆、跨媒介性等概念。

此外，犹太文化与中国的联系也被关注到。宋梦书的《20世纪犹太文化对哈尔滨音乐艺术形成的影响》[③] 一文从犹太文化对哈尔滨音乐艺术发展影响的角度出发，对哈尔滨音乐艺术形成与发展的历史背景、犹太人与哈尔滨音乐艺术的关系进行分析，探讨犹太音乐在哈尔滨城市形象中的影响和价值。作者指出在20世纪的百年历程中，哈尔滨地区的犹太人和他们创造的文化对哈尔滨音乐艺术的发展产生巨大的影响，极大地促进哈尔滨音乐艺术的繁荣与发展。童欣的《犹太流亡音乐家的中国故事及其传播》[④] 一文通过展览、传记、电影等媒介介绍了犹太流亡音乐家的中国故事及其传播情况。

---

① 王文毓：《灵·救·美：论布宁创作中的犹太调性》，《外国语言文学》2023年第3期。
② 李锋、阿琳·艾欧纳斯库：《犹太文学与大屠杀研究的跨学科探索——阿琳·艾欧纳斯库教授访谈录》，《山东外语教学》2023年第3期。
③ 宋梦书：《20世纪犹太文化对哈尔滨音乐艺术形成的影响》，《艺术研究》2023年第6期。
④ 童欣：《犹太流亡音乐家的中国故事及其传播》，《中国故事》2023年第11期。

三 硕博学位论文

国内各科研院校的硕士、博士是犹太-以色列研究的生力军。2023 年有关犹太-以色列研究的硕士学位论文、博士学位论文涉及犹太教、犹太史和当代以色列研究的诸多方面。

（一）犹太史研究

犹太社团、犹太组织及犹太移民是犹太史的重要组成部分。王公燕的硕士学位论文《11—14 世纪法国犹太社团研究》①介绍了这一时期法国犹太社团的基本境况、社团的经济与文化生活以及社团的衰落等内容。王梦晨的硕士学位论文《费城犹太移民研究（1880—1924）》②聚焦 1880 年至 1924年费城犹太移民情况，指出犹太人在积极融入主流生活中，又时刻保持自身的民族文化，不断在美国化与民族身份认同之间寻求平衡。李洁的硕士学位论文《美国犹太组织：圣约之子会研究（1843—1948）》③聚焦于美国纽约1843 年诞生的犹太组织——圣约之子会，详细阐述了它的建立与发展过程、组织活动以及其影响等内容。文中认为该组织作为一个世界性的犹太组织，改善了美国乃至世界犹太人的生活状况，促进了犹太公益事业的发展。

论及犹太人在历史上的境况是犹太思想史的重要内涵。张彦松的硕士学位论文《西蒙·卢扎托的国家理性观研究——以〈论犹太人状况〉为中心》④以 17 世纪威尼斯犹太拉比西蒙·卢扎托对国家理性的重新阐释为中心，探讨该思想产生的历史背景、核心观点与理论价值等内容。李佳璐的硕士学位论文《马克思〈论犹太人问题〉中人类解放思想研究》以马克思的

① 王公燕：《11—14 世纪法国犹太社团研究》，硕士学位论文，鲁东大学，2023。
② 王梦晨：《费城犹太移民研究（1880—1924）》，硕士学位论文，鲁东大学，2023。
③ 李洁：《美国犹太组织：圣约之子会研究（1843—1948）》，硕士学位论文，鲁东大学，2023。
④ 张彦松：《西蒙·卢扎托的国家理性观研究——以〈论犹太人状况〉为中心》，硕士学位论文，河南大学，2023。

《论犹太人问题》为文本，探讨、分析了它出现的历史背景和思想渊源，详细阐述了其中关于人类思想解放的主要内容、理论贡献和当代反思等内容。[①]

犹太复国主义的思想内涵是犹太民族国家构建的核心内容。吴建杰的硕士学位论文《以色列·赞格威尔领土复国思想研究》[②] 以英国犹太裔政治活动家以色列·赞格威尔的领土复国思想为中心，阐述了该思想形成的背景、核心原则和实践探索等方面内容，最后指出该思想脱离犹太民族文化中的情感因素是导致其失败的重要原因。程晨的硕士学位论文《莱昂·平斯克的政治犹太复国主义研究》[③] 考察了平斯克的生平及其政治犹太复国主义思想，认为要解决犹太人的问题只有一个办法，那就是建立一个现代的犹太民族国家。作者认为平斯克的犹太复国思想是世界政治犹太复国主义理论体系的重要组成部分，对 20 世纪犹太复国主义的最终兴起与实现有着巨大的历史贡献。

纳粹德国时期是了解反犹主义的重要时间段。叶子晴的硕士学位论文《二战期间纳粹德国在中东地区的广播活动研究》[④] 以纳粹德国在中东地区的阿拉伯语广播为切入点，指出纳粹德国通过广播制造国际犹太人阴谋论、煽动对犹太人的仇恨，目的是拉拢中东以满足其政治需求，而中东地区的不同反应也映射出其各自的政治与社会需求。

（二）犹太教相关问题研究

犹太教是犹太-以色列研究的重要内容。成瑾的硕士学位论文《犹太教之学习传统研究》[⑤] 从犹太教的学习传统入手，梳理犹太教中的学习传统形

---

① 李佳璐：《马克思〈论犹太人问题〉中人类解放思想研究》，硕士学位论文，哈尔滨师范大学，2023。
② 吴建杰：《以色列·赞格威尔领土复国思想研究》，硕士学位论文，河南大学，2023。
③ 程晨：《莱昂·平斯克的政治犹太复国主义研究》，硕士学位论文，兰州大学，2023。
④ 叶子晴：《二战期间纳粹德国在中东地区的广播活动研究》，硕士学位论文，河南大学，2023。
⑤ 成瑾：《犹太教之学习传统研究》，硕士学位论文，山东大学，2023。

成过程，对犹太教的学习主体、学习内容、学习时间、学习地点、学习方法与思维模式等方面进行整理归纳，指出这种传统使得犹太人在自然科学与人文科学领域取得了卓越成就。张玉的博士学位论文《融合与演进——古代以色列民族与宗教的兴起》① 以古代以色列人和古代以色列宗教如何兴起为问题指引，文中通过考察青铜时代晚期至铁器时代早期的考古发掘资料，认为古代以色列人与宗教的兴起是综合性的结果。

（三）当代以色列研究

以色列教育是了解以色列社会的切入点。杨悦宁的硕士学位论文《"实践者探究"视角下以色列教师教育学院的课程体系研究》② 以"实践者探究"为理论视角，运用文献与因素分析法，探究了以色列教师教育学院的课程体系建设及其实践转向。王晨霏的博士学位论文《以色列学校德育模式研究》③ 指出以色列学校德育倡导以传承犹太文化为核心的民族精神和以铭记大屠杀为核心的时代精神，既要培养合格以色列人来建设"犹太的和民主的国家"，又是处理国家内部矛盾的重要途径。廖明珠的硕士学位论文《以色列补充教育对我国校外教育的启示研究》④ 认为以色列的补充教育有着独特的运行体系和发展历程，为学生的素质拓展、健康指导、道德规范和智力发展等的和谐发展起到重要作用。

以色列的法律体系是透视以色列社会的重要视角。温玉华的硕士学位论文《以色列建国初期法律体系的建构》⑤ 详细介绍了以色列初期以立法和司法为主的世俗法律体系建构和宗教法并存构成的整体法律体系。以色列的军

---

① 张玉：《融合与演进——古代以色列民族与宗教的兴起》，博士学位论文，山东大学，2023。

② 杨悦宁：《"实践者探究"视角下以色列教师教育学院的课程体系研究》，硕士学位论文，华东师范大学，2023。

③ 王晨霏：《以色列学校德育模式研究》，博士学位论文，东北师范大学，2023。

④ 廖明珠：《以色列补充教育对我国校外教育的启示研究》，硕士学位论文，西华师范大学，2023。

⑤ 温玉华：《以色列建国初期法律体系的建构》，硕士学位论文，天津师范大学，2023。

政关系与科技发展是了解以色列的主要领域。郭梦婕的硕士学位论文《军政视角下的以色列国家安全战略研究》① 从以色列的军政关系入手，阐述了以色列军事系统的主导格局与政治的持续右倾对于国内外安全政策的影响。武嘉明的硕士学位论文《以色列国际科技合作模式研究》② 将以色列的国际科技合作模式作为研究对象，对以色列开展国际科技合作的政治环境、经济环境、文化教育环境等进行了综合分析，结合近 21 年的科学论文数据，发现以色列国际科技合作程度日益加深，合作产出与成果随时间发展不断增加，科研合作采取以双边为主，多边为辅，两相结合的方式不断深化。

各个国家和地区与以色列的外交关系以及政策是研究的重点。黄帆的硕士学位论文《莫迪执政以来的印以关系研究》③ 通过对印以两国关系的发展脉络的总结，归纳了双方关系的几大时期特征，指出了双方因地缘位置的不同而采取相对应的对外策略。刘壮志的硕士学位论文《卡特政府对以色列外交政策研究（1977—1981）》④ 探讨了卡特时期对以色列外交政策对美国自身、以色列以及中东地区的不同程度影响。这一时期，以色列对美国的依赖加深，也使得中东的和平进程更加曲折。杨雨樵的硕士学位论文《里根中东和平政策的历史背景及实施评析——从现实主义的角度》⑤ 以美国里根政府的中东和平政策为出发点，运用现实主义理论，指出该政策既要确保以色列在中东的优势地位以维护自身利益，又尝试推动阿以和解，缓和地区矛盾的两面性。杨天阳的硕士学位论文《阿尔及利亚为什么坚定反对以色列？——国家身份视角的解释》⑥ 以"国家身份"概念为理论研究方法，提出为什么以色列在与其他阿拉伯国家达成和解的背景下，阿尔及利亚却始终

① 郭梦婕：《军政视角下的以色列国家安全战略研究》，硕士学位论文，外交学院，2023。
② 武嘉明：《以色列国际科技合作模式研究》，硕士学位论文，军事科学院，2023。
③ 黄帆：《莫迪执政以来的印以关系研究》，硕士学位论文，云南财经大学，2023。
④ 刘壮志：《卡特政府对以色列外交政策研究（1977—1981）》，硕士学位论文，河南大学，2023。
⑤ 杨雨樵：《里根中东和平政策的历史背景及实施评析——从现实主义的角度》，硕士学位论文，河北师范大学，2023。
⑥ 杨天阳：《阿尔及利亚为什么坚定反对以色列？——国家身份视角的解释》，硕士学位论文，外交学院，2023。

反以？最终，指出阿尔及利亚的反以态度是历史惯性、民族情感、地缘冲突等多重因素导致的。王义卓的硕士学位论文《美国对以色列犹太定居点政策探析（1967—1981）》① 指出"六日战争"后美国政府对以色列建设定居点总体持模糊态度。美国根据自身利益在支持与反对之间的摇摆，在很大程度上影响了中东的和平进程。王喆慧的博士学位论文《梵蒂冈与以色列关系的演变：从对抗到和解》② 梳理和分析了自第一次犹太复国主义大会至今的梵蒂冈与以色列之间的关系，并指出每个时期内梵以关系的主要特征及其影响因素，系统性地考察了两者关系的特殊性所在。

信仰者集团是了解以色列定居活动的重要组织团体。李根的硕士学位论文《以色列信仰者集团及其定居活动研究》③ 从以色列的宗教团体——信仰者集团入手，详述该组织的形成背景及构成、定居活动及其影响等，认为该组织反映了"大以色列"的土地愿景，对阿以和平进程造成了严重阻碍。

（四）犹太文学研究

对犹太身份的关注是犹太文学中的重点。刘志秀的硕士学位论文《保罗·奥斯特小说城市书写与犹太族裔共同体意识研究》④ 从保罗·奥斯特小说中的城市空间书写出发，运用空间理论和记忆伦理、身份伦理等文化理论来阐述保罗·奥斯特小说中城市书写背后的犹太族裔独特的共同体意识。屈巧红的硕士学位论文《奥地利犹太家庭小说〈维也纳一家人〉中记忆与身份书写》⑤ 以小说《维也纳一家人》中一个普通维也纳犹太家庭在 20 世纪

① 王义卓：《美国对以色列犹太定居点政策探析（1967—1981）》，硕士学位论文，东北师范大学，2023。
② 王喆慧：《梵蒂冈与以色列关系的演变：从对抗到和解》，博士学位论文，山东大学，2023。
③ 李根：《以色列信仰者集团及其定居活动研究》，硕士学位论文，延安大学，2023。
④ 刘志秀：《保罗·奥斯特小说城市书写与犹太族裔共同体意识研究》，硕士学位论文，华中科技大学，2023。
⑤ 屈巧红：《奥地利犹太家庭小说〈维也纳一家人〉中记忆与身份书写》，硕士学位论文，大连外国语大学，2023。

的经历为主线，通过几代人对于家庭历史的轶事讲述将发生在奥地利的事件呈现出来，从犹太人视角探讨几代人对于家族历史的不同看法，由此衍生出对于犹太身份的不同思考。谭雨昕的硕士学位论文《流散视角下索尔·贝娄〈勿失良辰〉中的犹太书写和身份建构研究》① 通过对索尔·贝娄的作品《勿失良辰》的分析，解读小说中两代犹太移民的生活经历和身份焦虑，指出索尔·贝娄想要传达的主题是要抓住时机、活在当下，主张犹太移民不仅要适应美国社会的现实，还要重视犹太文化的传统道德和伦理。张田田的硕士学位论文《异族通婚是美国犹太共同体的威胁吗?》② 一文通过对相关数据分析认为犹太人异族通婚是美国犹太共同体的一个威胁。作者认为对于犹太民族延续起着重要作用的犹太身份以及犹太教均会因异族通婚而受到不利影响，并且还会使犹太共同体面临同化的危险。

犹太文学是透视所在国家、社会的重要途径之一。董凯的博士学位论文《二战之后美国犹太文学中的美国知识分子研究》③ 整合了 20 世纪美国犹太作家的多部作品，通过结合政治学、社会学和经济学等学科中的知识分子理论，剖析美国犹太作家在知识分子问题上的叙事动机和叙事策略，而且探讨美国犹太作家对知识分子问题的价值批判与伦理反思，客观分析战后美国犹太文学在知识分子问题上的历史意义与认知局限，并结合现代市场机制反思21 世纪知识分子的身份建构。王彦文的硕士学位论文《以色列犹太作家笔下的基布兹文学形象及其演变》④ 聚焦于以色列犹太作家笔下的基布兹文学形象，对于此类作品进行历时性演变的分析，认为现实中以基布兹为代表的以色列乡村的发展影响了这种变化。

---

① 谭雨昕:《流散视角下索尔·贝娄〈勿失良辰〉中的犹太书写和身份建构研究》，硕士学位论文，西南大学，2023。
② 张田田:《异族通婚是美国犹太共同体的威胁吗?》，硕士学位论文，四川外国语大学，2023。
③ 董凯:《二战之后美国犹太文学中的美国知识分子研究》，博士学位论文，浙江大学，2023。
④ 王彦文:《以色列犹太作家笔下的基布兹文学形象及其演变》，硕士学位论文，上海外国语大学，2023。

结 语

　　2023 年，国内的犹太-以色列研究在过往研究的基础之上持续稳步推进，取得了较为丰硕的成果，其研究态势有如下特点。第一，研究成果涵盖内容广泛，包括历史、哲学、宗教、文学、政治、经济、社会、文化、军事、外交和创新等诸多领域。第二，研究深度不断提升，主要体现在对当代以色列史学新思潮的关注、大屠杀史学理论的梳理、考古发掘与中东民族国家构建等方面。这些议题都是此前国内学界尚未关注或探讨相对不足的前沿领域。同时，国内学者对于涉及犹太宗教、犹太哲学、犹太身份认同、以色列与中东地区安全和以色列文学等传统领域的研究也在不断推陈出新。第三，知识普及性不断提升。除了传统的学术型成果之外，一些通俗著作的问世使得犹太-以色列的相关知识走向大众读者。例如，南京大学出版的"缤纷以色列"系列丛书，详细介绍了以色列的法律、饮食、教育、创新和电影文化等，在大众读者中取得了良好的反响。第四，学术梯队建设良好，从事研究的老中青三代学人结构搭配合理。同时，犹太-以色列研究仍有一些需要提升和补足的地方。例如，对于前沿问题的关注需要不断增强，研究的深度需要进一步挖掘，如何在具体的学术研究中回应现实关切也是学者需要努力的方向。

附录三
2023年以色列大事记

赵晨曦*

1月3日 以色列新任国家安全部部长伊塔马·本-格维尔在警方陪同下进入耶路撒冷老城的圣殿山，引发巴勒斯坦等多方谴责。

1月3日 以色列创新局宣布启动量子计算技术计划，该计划获得1.15亿新谢克尔的预算。

1月4日 以色列司法部部长亚里夫·莱文宣布"司法改革"，草案包括加强内塔尼亚胡政府对司法任命的控制，削弱最高法院推翻立法或行政部门决定的能力，允许拥有120名议员的以色列议会以61票简单多数推翻最高法院裁决，以及减少最高法院的权力和重组司法机构等。随后，以色列反司法改革示威开始。

1月5日 以色列宣布成立新国家应用系统分析研究中心，简称以色列应用系统分析中心（Israeli Applied Systems Analysis Center of Excellence）。该中心旨在专注可持续发展相关领域创新，并与世界各地的研究机构合作，该中心将获得政府支持的300万新谢克尔资助。

1月13日 以色列著名舞蹈家、编舞家和教育家蕾娜·格鲁克（Rena Gluck）去世，享年89岁。格鲁克将现代舞引入以色列，并创建以色列著名舞蹈团巴特舍娃舞蹈团（Batsheva）。

1月22日 著名以色列科学哲学家约瑟夫·阿伽西（Joseph Agassi）去

---

* 赵晨曦，郑州大学历史学院博士研究生。

世，享年 96 岁。阿伽西是科学哲学家卡尔·波普尔最著名的学生之一。

1 月 26 日 19 名纳粹大屠杀幸存者参与了以色列一项人工智能项目，该项目旨在通过人工智能服务重述大屠杀幸存者的故事并生成图像，留下更多数字记录。

1 月 26 日 以色列总统伊萨克·赫尔佐格在欧洲议会上敦促欧盟打击反犹主义。

1 月 27 日 内塔尼亚胡批准扩大枪支许可政策，但警告以色列人不要动用私刑。

1 月 30 日 内塔尼亚胡与美国国务卿布林肯在以色列举行会晤，布林肯呼吁以色列对巴以冲突"采取紧急措施恢复平静"。

2 月 2 日 以色列外交部部长埃利·科恩表示以色列将与苏丹签署关系正常化协议。

2 月 15 日 数千人在耶路撒冷的以色列议会外抗议司法改革，参与者来自各个政治派别。抗议者认为，司法改革将几乎所有的国家权力集中于行政部门，这将破坏以色列的民主制衡制度，威胁以色列国民的人权尤其是少数群体的权利。

2 月 23 日 阿曼民航局宣布向所有符合飞行要求的航空公司开放其领空，其中包括以色列航空公司。

2 月 26 日 约 16 万以色列民众聚集特拉维夫街头，以反对以色列政府推行的司法改革。

3 月 8 日 以色列演员哈伊姆·托波尔（Chaim Topol）在特拉维夫-雅法去世，享寿 87 岁。托波尔在百老汇舞台音乐剧《屋顶上的小提琴手》中扮演泰维超过 50 年，总数逾 3500 次。

3 月 9 日 内塔尼亚胡访问意大利。当天，意大利副总理马泰奥·萨尔维尼表示意大利承认耶路撒冷为以色列首都。

3 月 13 日 以色列政府表示将评估美国硅谷银行倒闭对以色列众多科技创新等领域公司的影响。

3 月 14 日 中国外交部大使王克俭访问以色列，会见以色列外交部副总司长、政策研究中心主任费因梅瑟，负责亚太事务的代理副总司长沙格瑞，双方就中以关系、加沙冲突等问题交换意见。

3月20~23日　中国-以色列自贸协定第八轮谈判在以色列举行。

3月21日　以色列外交部部长埃利·科恩访问英国。当天，以色列与英国签署一项长期协议，以加强两国在国防、安全和技术领域的联系。

3月21日　以色列议会投票废除2005年通过的一项法律中的部分条款，使以色列居民重返约旦河西岸北部4个定居点成为可能。

3月24日　以色列总检察长加莉·巴哈拉夫-米亚拉（Gali Baharav-Miara）表示内塔尼亚胡推进司法改革，是无视高院针对其的腐败调查的行径。

3月25日　内塔尼亚胡政府授权在约旦河西岸和东耶路撒冷的犹太人定居点建造1000多套新房屋。

3月26日　内塔尼亚胡宣布解雇以色列国防部部长约阿夫·加兰特。当天，以色列驻纽约总领事阿萨夫·扎米尔宣布辞职，以抗议内塔尼亚胡解雇国防部部长约阿夫·加兰特和推进司法改革。

3月27日　以色列总统伊萨克·赫尔佐格敦促政府停止司法改革。

3月27日　内塔尼亚胡宣布暂缓推进司法改革立法。

3月28日　以色列创新局与总部位于纽约州奥尔巴尼的非营利组织"纽约创新"（NY Creates）签署合作协议，该协议将在半导体领域推进美国与以色列的合作，助力以色列半导体产业的发展。

3月29日　由于对以色列司法改革存疑态度，美国总统拜登宣布暂不邀请内塔尼亚胡访问美国。

3月29日　以色列在中部地区的帕勒马希姆空军基地使用"沙维特"运载火箭成功发射一颗名为"奥费克-13"（Ofek-13）的侦察卫星。

4月1日　以色列与阿联酋的贸易协定正式生效，该贸易协定将降低或取消超过96%的产品线的关税。

4月5日　哈马斯在加沙向以色列南部发射18枚火箭弹。

4月4日　内塔尼亚胡与阿联酋总统谢赫·穆罕默德通电话，双方讨论

加强双边关系的方法。

4月5日 以色列与芬兰达成一项价值3.16亿欧元（3.46亿美元）的军售协议，以色列向芬兰提供拉斐尔先进防空系统（Rafael Advanced Defense Systems Ltd），这是芬兰加入北约后与以色列的首次军事贸易。

4月10日 以色列与希腊达成一项价值14.4亿新谢克尔（4亿美元）的军售协议，以色列将向希腊出售斯派克反坦克导弹（Spike）。

4月19日 中国驻以色列大使蔡润赴以色列议会会见奥哈纳议长，双方就两国立法机构交流合作、中以关系及有关国际和地区问题交换了意见。

4月20日 以色列宣布在土库曼斯坦开设永久大使馆，使馆距伊朗国土仅17公里。

4月20日 以色列一家肉类替代品公司宣布开发出一种由鹰嘴豆蛋白制成的人造肉，这是世界上第一次将鹰嘴豆作为全天然产品加工成人造肉。

5月1日 时任美国众议院议长麦卡锡出访以色列并在以色列议会进行演讲，成为历史上第二位在以色列议会发表讲话的美国议长。

5月8日 欧盟取消在特拉维夫举行的庆祝欧洲日的外交招待会，以表示对以色列极右翼国家安全部长伊塔马尔·本-格维尔政治观点的不认可。

5月8日 美国高通公司以3.5亿美元收购以色列高科技公司Autotalks，该公司生产用于防止车祸的技术芯片。

5月11日 以色列国防军首次就半岛电视台女记者希琳·阿布·阿格莱一年前在约旦河西岸北部城市杰宁遇害事件道歉。

5月12日 加沙巴勒斯坦伊斯兰圣战组织（杰哈德）向耶路撒冷、特拉维夫及一些以色列定居点发射火箭弹，以方进行回击，暴力事件升级，导致加沙至少33名巴勒斯坦人死亡。

5月14日 以色列军方发布针对加沙巴勒斯坦伊斯兰圣战组织（杰哈德）的"盾牌和箭"行动的摘要。

5月16日 以色列外交部部长埃利·科恩访问瑞典，这是时隔22年以色列外交部部长再次访问瑞典。

5月18日 上万名以色列民众在耶路撒冷老城区举行"耶路撒冷日"

庆祝游行，活动引发巴勒斯坦民众的强烈抗议，双方发生数十起冲突。

5月24日　以色列议会以64票对55票通过了2023~2024年国家预算，2023年的预算为4840亿新谢克尔（1320亿美元），2024年的预算为5140亿新谢克尔（1400亿美元）

5月29日　联合国停战监督组织在耶路撒冷举行成立75周年纪念活动。

6月4日　在阿根廷举行的U20世界杯（又称世青赛），以色列以3比2击败巴西，进入世青赛4强。

6月8日　由中国驻以色列大使馆主办，以色列海法大学承办的第22届"汉语桥"世界大学生中文比赛以色列赛区预选赛在海法大学成功举行。

6月19日　以色列-瑞士联合金融科技公司（Okoora）推出人工智能集成平台"自动化商业货币管理"（Automatic Business Currency Management），该平台旨在利用创新技术解决企业财务主管在货币管理方面面临的挑战，帮助全球各地的公司转变货币管理方式并克服外汇风险。

6月28日　乌克兰驻以色列大使叶夫根·科尔尼丘克表示内塔尼亚胡正处于计划访问乌克兰的早期阶段。

7月3~5日　以色列军队在约旦河西岸杰宁地区发动大规模军事行动，该次对约旦河西岸军事行动是20年来的最大规模。

7月4日　以色列特拉维夫北部发生了卡车撞人和刺杀的恐怖袭击事件，有7人受伤。

7月11日　以色列在全国范围再度爆发大规模反司法改革抗议游行。

7月20日　以色列总统伊萨克·赫尔佐格在美国国会发表讲话。

7月23日　耶路撒冷高科技中心落成，该中心耗资1000万新谢克尔，是耶路撒冷事务部和耶路撒冷市政府硅谷高科技园区项目的第一步。

7月23日　以色列承认摩洛哥对西撒哈拉拥有主权，并考虑在该地设立领事馆。

7月24日　以色列议会通过司法改革首项法案，限制以色列最高法院以"不合理"为由推翻政府决定的权力。

7月26日 中国驻以色列大使蔡润会见以色列总理内塔尼亚胡，就中以关系进行交流。

7月29日 以色列弗雷斯科舞蹈团在北京上演著名现代舞《塔特拉山脉》。

8月15日 以色列启动价值5亿新谢克尔的国家人工智能计划第一阶段。

8月17日 以色列与德国达成一笔35亿美元军事防务协议，以色列将向德国出售箭-3导弹系统（Arrow-3 missile system），这成为以色列有史以来最大的防务协议。

8月27日 因与以色列外交部相关人员会晤，利比亚政府解雇其外交部部长纳吉拉·曼古什（Najla Mangoush）。

8月29日 以色列创新研究所（Israel Innovation Institute）推出了一项全新计划。该计划旨在应对全球出现的新挑战，系统化评估全球问题的解决方案，并精确执行创新流程。

9月2日 特拉维夫发生厄立特里亚难民与警方的大规模冲突事件，造成约160人受伤。

9月4日 2023年世界青年游泳锦标赛在以色列内坦亚开幕。

9月5日 美国总统拜登提名美国财政部前部长杰克·卢（Jack Lew）为驻以色列大使。

9月6日 以色列考古学家在死海沿岸洞穴中发现四把罗马剑和一件古代武器，其历史可以追溯到1900年前。

9月10日 以色列文物管理局局长埃利·埃斯科济多率领以色列代表团抵达沙特阿拉伯参加联合国世界遗产会议。随行团中包括以方外交官员，这是以色列政府多年来对沙特的首次公开访问。

9月12日 以色列最高法院针对司法改革法案召开了首场发布会，包括以色列最高法院院长埃丝特·海尤特在内的所有15名最高法院法官出席会议。

9月17日 联合国世界遗产委员会投票决定将约旦河西岸一处考古遗

址列为"巴勒斯坦世界遗产",引发以色列方面反对。

9月18日 内塔尼亚胡要求埃隆·马斯克在其创办的X(前身为Twitter)网络社交平台上有效限制反犹主义言论。

9月20日 中国驻以色列大使馆举办国庆招待会,庆祝中华人民共和国成立74周年。中国驻以色列大使蔡润在活动上发表致辞。

9月20日 以色列高科技公司因其将人工智能和机器学习应用于全球冲突解决领域的工作而受到克卢兹和平奖(Kluz Prize for Peace)表彰。

9月22日 内塔尼亚胡在联合国大会上宣布,以色列将取得"重大的突破",与沙特阿拉伯达成一项历史性的和平协议。

9月27日 特拉维夫大学和以色列文物局考古学家在耶路撒冷附近发现古希腊女性遗骸及保存完好的青铜盒镜(距今约2300年)。

9月27日 美国国务院和国土安全部发表联合声明,允许以色列公民免签进入美国。

10月7日 2023年10月7日,哈马斯对以色列发动代号为"阿克萨洪水"(Al-Aqsa Flood)的军事行动。这次袭击不同以往,哈马斯不仅向以色列发射数千枚火箭弹,同时约3000名巴勒斯坦武装人员通过滑翔伞等装备从海陆空至少7个地点进入以色列境内,对以色列南部约22个军事基地和平民社区发动袭击,并袭击了正在举办户外音乐节的人群。这是以色列建国75年以来在境内遭受的最为致命的袭击,共造成1200多名以色列人和外国人丧生,200多人被哈马斯劫持为人质。当天,内塔尼亚胡宣布以色列进入战争状态,这是1973年以后以色列首次宣布国家进入战争状态。

10月8日 黎巴嫩真主党在以黎边界炮击以色列,以表示对巴勒斯坦和加沙地带人民的支持。

10月9日 以色列国防军在48小时内征召30万名预备役军人,是以色列有史以来规模最大的一次征兵。

10月10日 以色列与哈马斯爆发冲突后,美国海军"福特"号航空母舰抵达地中海东部,对地区局势进行威慑。

10月11日 以色列成立紧急联合政府,全面应对冲突。

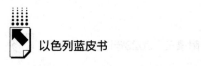

10 月 12 日 以色列空袭位于叙利亚的大马士革国际机场与阿勒颇国际机场。

10 月 12 日 内塔尼亚胡与美国国务卿布林肯在以色列会晤,布林肯承诺美国永远不会动摇对以色列的支持。

10 月 13 日 以色列命令加沙河以北的所有平民在 24 小时内撤离至南部。

10 月 13 日 以色列亿万富翁伊丹·奥弗(Idan Ofer)退出哈佛大学执行委员会,以抗议哈佛大学领导人对哈马斯袭击以色列的偏袒态度。

10 月 16 日 包括 2000 名海军陆战队等的美军作战单位向以色列海域及周边转移。

10 月 18 日 内塔尼亚胡与美国总统拜登在以色列会晤,拜登向以色列发出强烈支持信息,承诺向以色列政府提供用于加沙战争的新援助。

10 月 19 日 英国首相苏纳克于抵达特拉维夫,开始对以色列进行访问,并与内塔尼亚胡会晤。

10 月 22 日 以色列军方表示用"钢刺"(Steel Sting)迫击炮弹对抗哈马斯。该武器是一种双模制导迫击炮弹,在精确击中目标的同时可降低击中非相关人员风险。

10 月 24 日 以色列驻联合国代表吉拉德·埃尔丹要求联合国秘书长古特雷斯辞职。

10 月 24 日 谷歌公司宣布暂时禁止以色列使用其地图服务应用程序和实时交通状况功能。

10 月 28 日 以色列军方表示针对加沙进行地面进攻,加沙战争进入第二阶段。

10 月 30 日 以色列驻联合国代表吉拉德·埃尔丹在联合国安理会会议期间佩戴大卫之星,以抗议联合国在哈马斯袭击后不采取行动。

10 月 31 日 也门胡塞武装首次宣布对以色列发动导弹和无人机跨境袭击。

11 月 2 日 以色列军方宣布已完全包围加沙城。

11月3~6日　美国国务卿布林肯对中东地区开展"旋风式"外交，先后访问以色列、约旦和约旦河西岸，布林肯的优先事项是呼吁各方保护平民和增加进入加沙的人道主义援助。

11月6日　南非和乍得召回驻以色列的外交官。

11月9日　以色列同意在加沙北部地区每天暂停4小时的军事行动。

11月10日　以色列对外展示加沙一所学校和医院之间哈马斯的地下隧道，并表示哈马斯以医院为基地。

11月14日　美国的以色列支持者在华盛顿国家广场集会，呼吁哈马斯释放扣押的人质。

11月15日　联合国安理会通过一项决议，呼吁在加沙地带开辟"人道主义走廊"，美国、英国和俄罗斯投弃权票。

11月16日　以色列经济和工业部部长尼尔·巴尔卡特要求美国大学采取行动打击反犹主义。

11月17日　以色列军队对加沙最大医院希法医院（Al-Shifa）发动突袭，并指责哈马斯在该医院建筑群下方的隧道中运作。

11月17日　以色列劳工部指出在与加沙方面的持续冲突中，全国企业劳动力可用性平均下降18%。大约有76万人（占劳动力的约1/5）受到兵役等影响。另有46000名员工面临解雇或无薪休假。

11月21日　在线平台和社区网络"对话圈"（Circles of Dialogue）成立。该组织由全球科技公司、企业家和投资者组成旨在为以色列等国科技创新者提供支持，以应对以色列与哈马斯战争持续不断带来的挑战。

11月22日　以色列与哈马斯达成为期4天的临时停火协议并开始释放人质。

11月23日　以色列航空航天工业公司宣布2023年1月1日到9月30日，公司的销售额达到创纪录的38.7亿美元，创下历史新高。

11月24日　第一批巴以人质在休战协议下被释放。

11月26日　受到战争影响，以色列外国工人大量外流。自10月7日以来约有10000名非以色列籍工人离境。

11 月 27 日　内塔尼亚胡与美国太空探索技术公司（SpaceX）和特斯拉电动车公司创办人埃隆·马斯克进行交谈，马斯克参观受到战争袭击的基布兹。

11 月 28 日　以色列获得美国 143 亿美元的援助，用于加强以色列的军事力量并加强美国驻以色列大使馆的安全。

12 月 1 日　由于人质谈判失败，为期 7 天的休战结束，加沙冲突继续。

12 月 2 日　媒体透露以色列官员早在 10 月 7 日加沙冲突发生一年多以前，就知悉了哈马斯的作战计划——"耶利哥之墙"（Jericho Wall）。

12 月 3 日　内塔尼亚胡办公室表示，以色列在人质谈判无果后，召回卡塔尔的谈判团队。

12 月 7 日　以色列内阁部长、前国防军参谋长加迪·埃森科特（Gadi Eisenkot）之子贾勒·梅厄·埃森科特（Gal Meir Eisenkot）在加沙地带的战斗中丧生。

12 月 8 日　联合国秘书长安东尼奥·古特雷斯与以色列外交官在联合国发生争吵，以色列与联合国的关系走向历史最低点。

12 月 8 日　以色列获得价值 1.065 亿美元的 13000 枚坦克弹药的美国军售，这是美国国务院绕过国会审查，并动用紧急授权进行的。

12 月 13 日　内塔尼亚胡政府受到美国总统拜登谴责，拜登称其是"以色列历史上最保守的政府"，并批评以色列军队在加沙进行"不分青红皂白地轰炸"。

12 月 14 日　内塔尼亚胡与美国国家安全顾问杰克·沙利文在以色列会晤，沙利文敦促以色列军方在战争中要注意挽救平民生命。

12 月 15 日　以色列议会前议员克谢尼娅·斯维特洛娃表示，加沙战争将成为压垮内塔尼亚胡漫长政治生涯的最后一根稻草。

12 月 18 日　以色列国防部部长加兰特与美国国防部部长劳埃德·奥斯汀在以色列会谈，双方就本次加沙冲突进入新阶段，即"大规模战斗过渡到低强度冲突"进行讨论，并讨论如何降低对平民的伤害。

12 月 18 日　以色列国防军对外公布在加沙发现最大的哈马斯隧道（全

长 4 公里），隧道宽度足以让一辆大型车辆通过。

12 月 20 日　马来西亚政府宣布禁止所有以色列拥有和悬挂该国国旗的船只及任何前往以色列的船只停靠在马来西亚的港口。

12 月 22 日　联合国安理会通过一项决议，呼吁以色列和哈马斯之间人道主义停战，美国、俄罗斯投弃权票。

12 月 23 日　内塔尼亚胡与美国总统拜登通话，双方讨论本次战争的"目标和阶段"，但拜登表示没有要求以色列停火。

12 月 24 日　受战争影响，以色列南部城市伯利恒圣诞节多数活动被取消。

12 月 26 日　以色列政府和英特尔达成协议，将在以色列南部建造一座芯片制造工厂，投资总额度 250 亿美元，内塔尼亚胡称这是以色列历史上获得最大投资。

12 月 26 日　以色列国防部长加兰特表示，以色列正处于一场"多线战争"中。

12 月 29 日　美国拜登政府再次绕过国会向以色列出售近 1.5 亿美元军事装备。

12 月 29 日　南非就加沙冲突向国际法院起诉以色列对加沙地带巴勒斯人实施"种族灭绝"。

12 月 31 日　内塔尼亚胡表示，以色列对哈马斯的战争"将持续数月"。

附录四
2023年以色列主要统计数据

马丹静*

＊　马丹静，河南大学历史文化学院、以色列研究中心副教授。

表1　以色列月移民人数及来源国家和地区统计（2023年）

单位：人

来源国家和地区		年移民人数	移民月份											
			1月	2月	3月	4月	5月	6月	7月	8月	9月	10月	11月	12月
合计		37868	6713	5333	5105	2737	3458	3198	2943	3198	1792	888	980	1523
东欧	亚美尼亚	129	6	13	29	4	7	4	4	8	30	10	12	2
	立陶宛	54	6	7	7	5	4	0	10	6	6	0	1	2
	拉脱维亚	161	48	20	8	9	22	10	7	11	9	1	3	13
	爱沙尼亚	39	5	10	2	12	0	8	1	0	1	0	0	0
	白俄罗斯	1782	188	239	238	140	181	121	181	216	130	32	53	63
	乌克兰	2170	342	269	323	199	173	191	166	184	116	66	68	73
	俄罗斯	32307	5984	4653	4329	2266	2970	2759	2507	2598	1397	739	805	1300
	摩尔多瓦	94	13	12	11	7	14	1	9	23	1	1	2	0
	格鲁吉亚	389	65	25	72	32	38	38	22	44	29	6	6	12
	阿塞拜疆	187	9	29	24	19	17	16	12	8	30	3	3	17
	哈萨克斯坦	127	14	9	24	3	11	13	6	13	19	12	2	1
	土库曼斯坦	6	0	0	0	0	0	0	0	0	0	0	0	6
	塔吉克斯坦	10	0	3	0	6	0	0	0	0	1	0	0	0
	乌兹别克斯坦	250	24	26	27	22	6	23	5	61	10	17	16	13
	吉尔吉斯斯坦	24	2	9	2	3	0	1	3	0	0	0	0	4
	罗马尼亚	7	3	0	1	2	0	1	0	0	0	0	0	0
	斯洛文尼亚	1	0	0	0	1	0	0	0	1	0	0	0	0
	克罗地亚	12	0	0	2	0	0	0	1	0	0	0	1	6
	保加利亚	16	2	3	2	3	0	2	0	2	0	0	0	4
	捷克	46	0	4	1	4	9	2	3	1	9	0	7	6
	斯洛伐克	6	0	0	0	0	0	2	2	1	0	0	0	1
	匈牙利	51	2	2	3	0	6	9	4	19	4	1	1	0

来源国家和地区		年移民人数	移民月份											
			1月	2月	3月	4月	5月	6月	7月	8月	9月	10月	11月	12月
	合计	2029	178	169	157	96	159	142	289	336	165	86	115	137
西欧	希腊	8	0	3	1	1	0	0	1	0	0	0	2	0
	德国	166	28	21	15	9	15	9	19	14	18	2	8	8
	奥地利	18	3	1	3	0	0	2	4	2	1	0	1	1
	瑞士	67	9	6	4	8	4	1	5	7	14	3	4	2
	芬兰	19	6	4	0	0	4	0	1	0	0	0	1	3
	瑞典	26	0	7	6	0	0	1	1	7	2	0	1	1
	挪威	2	0	2	0	0	0	0	0	0	0	0	0	0
	丹麦	5	0	2	0	0	0	0	1	0	0	0	1	1
	英国	372	34	37	36	21	34	15	33	62	38	16	14	32
	爱尔兰	3	0	0	3	0	0	0	0	0	0	0	0	0
	荷兰	50	5	5	4	2	2	3	6	6	5	2	8	2
	比利时	95	0	7	12	7	5	9	13	12	8	8	6	8
	卢森堡	5	0	0	0	0	0	0	5	0	0	0	0	0
	法国	1029	81	63	61	41	83	88	178	197	62	55	63	57
	葡萄牙	11	2	1	0	0	0	3	2	2	0	0	0	1
	西班牙	80	6	3	11	2	9	6	13	12	7	0	3	8
	意大利	73	4	7	1	5	3	5	7	15	10	0	3	13
北美	合计	2927	186	171	238	130	174	162	272	875	221	115	193	190
	加拿大	294	30	18	29	14	20	16	17	80	29	9	13	19
	美国	2479	149	143	202	98	149	137	240	754	178	101	166	162
	墨西哥	154	7	10	7	18	5	9	15	41	14	5	14	9

续表

来源国家和地区		年移民人数	移民月份											
			1月	2月	3月	4月	5月	6月	7月	8月	9月	10月	11月	12月
中南美洲	合计	1166	138	152	113	68	100	91	77	173	80	36	79	59
	巴拿马	28	1	5	3	0	3	2	2	0	2	3	3	4
	委内瑞拉	31	4	1	4	0	1	4	3	5	7	0	2	0
	哥伦比亚	84	14	16	2	4	4	8	7	7	2	5	12	3
	厄瓜多尔	17	0	1	1	0	0	2	4	4	0	0	5	0
	秘鲁	52	8	7	7	0	1	1	3	14	2	1	5	3
	玻利维亚	8	3	0	0	0	1	4	0	0	0	0	0	0
	巴西	269	16	32	32	14	25	23	32	44	25	7	8	11
	乌拉圭	40	2	7	5	2	1	5	7	1	2	3	4	1
	阿根廷	567	88	61	56	43	61	38	12	88	28	17	39	36
	智利	70	2	22	3	5	3	4	7	10	12	0	1	1
非洲部分国家	合计	1969	47	147	615	50	578	189	162	105	27	2	17	30
	埃塞俄比亚	1678	4	124	584	32	561	176	129	58	10	0	0	0
	南非	291	43	23	31	18	17	13	33	47	17	2	17	30
亚洲部分国家	合计	112	7	7	5	11	9	10	17	8	8	—	18	12
	塞浦路斯	76	4	7	3	10	7	4	9	6	4	—	17	5
	印度	23	2	0	2	1	0	4	6	1	4	—	1	2
	中国	8	1	0	0	0	1	0	1	0	0	—	0	5
	日本	5	0	0	0	0	1	2	1	1	0	—	0	0
大洋洲	合计	127	16	13	5	9	12	6	15	17	14	1	6	13
	澳大利亚	121	15	12	5	9	11	6	15	17	12	1	5	13
	新西兰	6	1	1	0	0	1	0	0	0	2	0	1	0

续表

来源国家和地区		年移民人数	移民月份											
			1月	2月	3月	4月	5月	6月	7月	8月	9月	10月	11月	12月
南美洲其他国家	合计	33	—	6	4	—	4	—	8	—	11	—	—	—
非洲其他国家	合计	42	3	13	2	1	3	3	3	11	1	1	1	—
亚洲其他国家	合计	37	1	2	9	8	1	7	—	2	—	6	—	1
其他国家和地区	合计	280	20	21	7	23	22	37	29	43	30	18	16	14
	土耳其	98	12	7	4	6	6	13	9	10	13	8	8	2
	阿联酋	16	1	0	0	0	3	5	0	4	0	3	0	0
	斯里兰卡	1	0	0	1	0	0	0	0	0	0	0	0	0
	泰国	16	1	1	0	0	5	0	4	0	2	2	0	1
	新加坡	13	0	0	0	6	0	5	0	2	0	0	0	0
	越南	1	0	0	0	0	1	0	0	0	0	0	0	0
	菲律宾	2	0	0	0	0	0	0	0	0	0	0	0	1
	中国香港	3	0	0	0	1	0	1	1	0	1	0	0	0
	韩国	3	0	0	0	0	0	0	0	0	3	0	0	0
	尼日利亚	1	0	0	0	0	0	0	0	0	1	0	0	0
	毛里求斯	2	0	0	0	0	0	0	0	0	0	0	2	0
	波兰	24	0	3	0	4	2	1	3	10	0	0	0	1
	马其顿	1	0	1	0	0	0	0	0	0	0	0	0	0
	塞尔维亚	21	5	0	1	0	0	4	3	1	1	2	0	4
	古巴	8	0	0	0	0	0	0	5	3	0	0	0	0

续表

来源国家和地区		年移民人数	移民月份											
			1月	2月	3月	4月	5月	6月	7月	8月	9月	10月	11月	12月
其他国家和地区	直布罗陀	2	0	0	0	0	0	0	1	0	1	0	0	0
	马耳他	6	0	0	0	1	0	0	0	4	1	0	0	0
	尼加拉瓜	1	0	0	0	0	0	0	0	0	1	0	0	0
	哥斯达黎加	10	0	1	0	2	0	5	0	0	1	0	1	0
	萨尔瓦多	9	0	1	0	2	1	0	1	1	0	0	3	0
	洪都拉斯	5	0	0	0	0	0	1	0	2	0	1	1	0
	危地马拉	7	0	4	0	0	0	1	1	1	0	0	0	0
	百慕大	2	0	0	1	0	0	1	0	0	0	0	0	1
	多米尼加共和国	9	0	0	1	0	0	0	0	0	5	0	0	3
	马提尼克	1	0	0	0	1	0	0	0	0	0	0	0	0
	巴拉圭	17	1	3	0	0	4	0	1	4	0	2	1	1
	法属波利尼西亚	1	0	0	0	0	0	0	0	1	0	0	0	0
总计	总计	46590	7309	6034	6260	3133	4520	3845	3815	4768	2349	1153	1425	1979

资料来源：以色列移民吸收部网站，https：//www.gov.il/BlobFolder/reports/aliyah_2023/he/olim2_2023.xlsx。

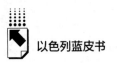

表2 以色列国民收入和国民储蓄统计（1995～2023年）

年份	国内生产总值	国外利润支出净额	国民总收入	固定资本消耗	国民净收入	国外经常性转移净额	国民可支配净收入	最终消费支出	国民净储蓄
	（1）	（2）	（3）=（1）-（2）	（4）	（5）=（3）-（4）	（6）	（7）=（5）+（6）	（8）	（9）=（7）-（8）
单位：百万新谢克尔，按当前价格计算									
1995	317850	8011	309839	48376	261463	17463	278926	249542	29384
1996	367619	10609	357010	55130	301880	19946	321826	285374	36452
1997	412253	13419	398834	61838	336996	21386	358383	315440	42943
1998	458236	14822	443414	69568	373845	23926	397772	349193	48579
1999	502667	20866	481801	79937	401864	26381	428245	381139	47106
2000	556623	33667	522956	85173	437784	26596	464380	414061	50319
2001	567720	22869	544851	90960	453891	28114	482005	436022	45983
2002	593832	20924	572908	101309	471600	31748	503347	466919	36428
2003	599069	20907	578162	103967	474195	29174	503369	466274	37094
2004	628204	17730	610474	110163	500311	27986	528297	484453	43843
2005	661675	5549	656126	116853	539273	27251	566524	506011	60513
2006	708810	2743	706067	121203	584863	32741	617605	539908	77697
2007	758788	981	757807	127751	630056	30116	660172	579921	80251
2008	793780	15112	778668	129809	648859	29563	678422	613824	64598
2009	839166	19471	819695	137360	682335	28381	710716	640861	69855
2010	896154	16232	879922	138832	741090	30635	771725	686410	85315
2011	959278	12609	946669	146271	800398	31027	831425	735670	95755
2012	1016384	25544	990840	157421	833419	30842	864262	774423	89839
2013	1077698	21475	1056223	160491	895731	33307	929038	817357	111682
2014	1127114	6722	1120392	168343	952049	36287	988335	851456	136880
2015	1179537	10004	1169533	177370	992163	36308	1028470	882004	146467
2016	1236440	11094	1225346	183422	1041924	37430	1079354	928178	151176
2017	1290293	6442	1283851	187244	1096608	29545	1126153	966442	159711
2018	1351160	984	1350176	200369	1149807	29499	1179305	1013600	165705
2019	1429164	6829	1422335	206011	1216324	29212	1245536	1061104	184432
2020	1422389	13190	1409199	220680	1188519	24030	1212549	1017954	194595
2021	1591183	24355	1566828	235877	1330950	29760	1360711	1125997	234714
2022	1772849	15153	1757696	261769	1495927	32508	1528435	1237334	291102
2023	1883604	15254	1868350	294484	1573866	38329	1612195	1322427	289768

资料来源：以色列中央统计局网站，https：//www.cbs.gov.il/he/publications/doclib/2024/11.shnatonnationalaccounts/st11_04.pdf。

表3 以色列进出口商品和服务及国外利润支出统计（2006~2023年）

单位：百万新谢克尔

	2006年	2018年	2019年	2020年	2021年	2022年	2023年
	以2015年的价格为准(3)						
出口商品和服务-总额(1)	278274	417091	429219	418858	480991	521608	515923
出口商品和服务（不包括初创公司）	275745	409602	419589	418009	474195	514652	507825
出口商品(1)	191939	225878	226048	229771	252965	261469	250494
出口服务	84823	191057	202843	189161	226883	256919	261475
出口商品和服务（包括其他渠道收入）	278467	417465	429623	419297	481512	522165	516468
进口商品和服务-总额(2)	248692	278919	288709	285603	343345	365570	331597
进口商品（不包括进口防务产品，离岸价）	168532	278919	288709	285603	343345	365570	331597
进口防务产品（离岸价）	11032	9742	10184	9933	12203	13550	14452
进口商品（不包括进口防务产品，到岸价）	177056	292437	302728	299515	359689	383028	346986
进口商品和服务（含税，离岸价）	266456	453568	473525	436888	527835	591825	552121
进口服务（离岸价）	68154	120908	126585	97285	119459	150936	148336
	按当前价格计算						
出口商品和服务(1)	280209	404041	416747	391434	463900	559627	576459
进口商品和服务(2)（离岸价）	278953	392519	390505	333552	407097	507554	507146
国外利润支出-净额	2743	984	6829	13190	24355	15153	15254
国外收入	38049	54083	52077	40048	57231	66184	76881
其中：员工薪酬	2182	3683	3395	3547	3967	4252	3614
国外利润支出	40792	55067	58906	53238	81586	81337	92136
其中：员工薪酬	10587	21222	21047	19058	21115	25535	22926

注：（1）不包括从商品出口商那里获得的其他收入；（2）不含税；（3）以2015年价格为准的估算是通过将每年的估算与前一年的价格锁定获得的。因为这种锁定，支出部分加起来与总额不一致。

资料来源：以色列中央统计局网站，https：//www.cbs.gov.il/he/publications/doclib/2024/11.shnatonnationalaccounts/st11_20.pdf。

表4 以色列与世界其他国家和地区的商品交易统计（2006~2023年）

年份	2006	2018	2019	2020	2021	2022	2023
当前收入（按当前价格计算）							
单位：百万新谢克尔	359765	501448	512979	472552	568542	676101	711991
百分比（%）	100.0	100.0	100.0	100.0	100.0	100.0	100.0
出口商品和服务	77.9	80.6	81.2	82.8	81.6	82.8	81.0
国外收入	10.6	10.8	10.2	8.5	10.1	9.8	10.8
国外经常性转移	11.3	8.4	8.4	8.5	8.2	7.3	8.1
给政府部门的	5.1	3.1	3.0	3.1	2.7	2.9	3.2
用于防务的	4.0	2.4	2.2	2.3	2.0	2.2	2.4
给其他部门的	6.3	5.3	5.4	5.4	5.5	4.4	4.8
国外所得税	0.2	0.2	0.2	0.2	0.2	0.2	0.2
当前支出（按当前价格计算）							
单位：百万新谢克尔	328511	461412	464354	403830	506333	606672	619603
百分比（%）	100.0	100.0	100.0	100.0	100.0	100.0	100.0
进口商品和服务（离岸价）	84.9	85.1	84.1	82.6	80.4	83.7	81.9
进口防务产品（离岸价）	3.6	1.9	2.0	2.2	2.1	2.1	2.5
国外收益支出	12.4	11.9	12.7	13.2	16.1	13.4	14.9
对外经常性转移	2.7	3.0	3.2	4.2	3.5	2.9	3.3
出自政府部门的	0.2	0.3	0.4	0.4	0.4	0.3	0.4
出自其他部门的	2.5	2.7	2.8	3.8	3.1	2.6	2.9
与其他国家和地区的经常性交易盈余（单位：百万新谢克尔）	31254	40036	48625	68721	62209	69429	92389
净资本转移	3501	5642	5755	5898	7017	8984	8842
经常性交易盈余和净资本转移	34755	45678	54380	74620	69226	78413	101230

注：表格原始数据存在四舍五入的现象。

资料来源：以色列中央统计局网站，https://www.cbs.gov.il/he/publications/doclib/2024/11.shnatonnationalaccounts/st11_21.pdf。

表 5　外国在以直接投资统计（2020~2022 年）

单位：百万美元

国家和地区	2020 年	2021 年	2022 年
经合组织国家	**78885**	**94097**	**89699**
欧洲国家和地区			
欧盟成员国	**29200**	**27213**	**26890**
根西岛	1088	1352	1233
德国	847	2026	4646
荷兰	12518	12672	13400
匈牙利	2166	1478	857
英国	2861	2863	3002
卢森堡	3740	7484	3972
列支敦士登	732	1021	813
波兰	338	478	283
法国	797	780	1250
瑞典	347	371	571
瑞士	1907	2276	1774
美洲国家和地区			
乌拉圭	173	200	207
开曼群岛	17645	19858	22622
美国	39181	52831	51279
加拿大	5003	7370	4962
亚洲、大洋洲国家和地区			
中国台湾	171	360	172
日本	418	968	764
新加坡	2914	4869	3489

注：本表仅统计直接投资以色列的国家和地区，不包括间接投资以色列的国家和地区，表格原始数据存在四舍五入的现象。

资料来源：以色列中央统计局网站，https：//www.cbs.gov.il/he/publications/doclib/2024/12.shnatoninternationalaccounts/st12_ 06. pdf。

表6　以色列对外直接投资统计（2020~2022年）

单位：百万美元

国家和地区	2020年	2021年	2022年
经合组织国家	73928	74412	75783
欧洲国家和地区			
欧盟成员国	46891	53478	54098
意大利	133	109	111
比利时	313	320	381
德国	1556	1572	1633
荷兰	41332	48968	49642
英国	3163	3231	3410
土耳其	807	489	707
希腊	22	24	—
卢森堡	503	394	381
挪威	-51	748	688
西班牙	129	118	111
波兰	296	90	143
芬兰	848	691	625
法国	186	235	215
塞浦路斯	221	289	250
俄罗斯	438	59	107
瑞士	2498	633	660
美洲国家和地区			
美国	14434	9742	10090
巴西	113	140	162
墨西哥	32	23	24
加拿大	3390	3142	3138
亚洲、大洋洲国家和地区			
澳大利亚	727	182	164
印度	959	244	267
中国香港	406	1298	—
日本	2867	3105	3113
中国	815	300	296
新加坡	817	811	814

注：本表仅统计直接接收以色列投资的国家和地区，不包括间接接收以色列投资的国家和地区。

资料来源：以色列中央统计局网站，https：//www.cbs.gov.il/he/publications/doclib/ 2024/12. shnatoninternationalaccounts/st12_07. pdf。

Abstract

In 2023, Israel underwent unprecedented international and domestic pressures. In the political area, the judicial reform plunged Israel into a quagmire of political instability. On January 4th 2023, Israel's Minister of Justice Levin proposed a comprehensive reform of the judicial system, including changing the judge selection process to give the ruling coalition control over the appointment of judges, eliminating the Supreme Court's judicial review power over parliamentary legislations, allowing the Knesset to overturn the Supreme Court's rulings with a simple majority, and prohibiting the Supreme Court from canceling government decisions and reforming legal advisors of government on the grounds of "reasonableness". The wave of protests triggered by the judicial reform had swept the country and turned into the most profound internal crisis the country had experienced in the past four decades. On October 7, a new round of Israeli－Palestinian conflict broke out in Gaza. Hamas's sudden attack caused Israel to suffer unprecedented casualties. Israel subsequently declared a state of emergency, which was the first time since the end of the Fourth Middle East War. Israel's retaliatory actions in Gaza caused a large number of Palestinian casualties and aroused widespread condemnations from the international community. Moreover, when the battlefield in Gaza stabilized, Israel launched multiple counterattacks against Hamas, Lebanese Hezbollah, Yemen's Houthi armed forces, Iraqi militia groups, and Iran. The spillover of the war further complicated the geopolitical environment of the Middle East. The humanitarian crisis caused by the war seriously damaged Israel's international image, and international anti-Semitic and anti-Israel forces had witnessed an unprecedented rise.

on the economic aspect, influenced by the major events such as the judicial

reform and the Gaza conflict, Israel's economy experienced significant changes in 2023. Its economic growth in the first half of the year was once interrupted, and then gradually stabilized, and the economic trend completely changed in October. The GDP growth rate of the year was 2.0%, obviously lower than the growth level of previous years, while its GDP per capita had barely increased. Before the outbreak of the Gaza conflict, Israel's economy showed a sign of "soft landing", with its inflation dropping from 5.4% at the beginning of the year to 3% at the end of the year, and the output gap narrowing. However, in the fourth quarter, Israel's GDP fell by 5.6% due to the impact of the war. The increase of risks in Israel's business environment has heightened concerns among foreign high-tech investors, bringing about a sharp decline in the speed of startups in raising capital through venture capital funds. With the outbreak of the Gaza conflict, the output of Israeli startups dropped significantly, and the amount of capital raised by high-tech companies through domestic and foreign venture capital funds fell by about 70% compared with 2022, falling back to the level of five years ago.

In terms of diplomacy, Israel faced unprecedented criticisms and isolation in 2023 on the international stage. The judicial reform not only caused great disagreements in Israel, but also engendered widespread criticisms from outside. The United States, the European Union, etc. had expressed dissatisfaction with Israel's judicial reform. Especially in the new round of Israeli-Palestinian conflict which started on October 7th, Israel's retaliatory military operations in Gaza caused massive casualties among the Palestinians, arousing widespread condemnations from the international community. Bolivia, Colombia, Nicaragua and other countries successively announced their break of foreign relations with Israel. Israel's western allies also criticized its excessive actions, and waves of protests against Israel frequently broke out in European and American countries.

In the aspect of Sino-Israel relations, despite the influence of the game between China and the United States, China and Israel conducted active cooperations in many fields. With the end of the epidemic, cooperation between China and Israel had been restored and got back on track. This cooperation was both at the national level and at the provincial and municipal levels, and a series of progress has been made, especially in the key area of innovation cooperation.

In view of Israel's significant influence in the Middle East and the international affairs, coupled with the practical need to enhance bilateral exchanges and cooperation, and promoting the development of innovative comprehensive partnership between China and Israel, the research group of the Blue Book of Israel incorporates relevant academic resources in China and abroad, drawing the support and participation of experts and scholars from the Sino-Israel Strategic Research Center on Innovation Cooperation, a subsidiary body of Chinese Ministry of Science and Technology, and Sino-Israel Global Network & Academic Leadership (SIGNAL), and together we present *The Blue Book of Israel —Annual Report on Israel's National Development* (2024).

Keywords: Israel; Gaza Conflict; Social Governance; Innovation in Sciences and Technology; Sino-Israel Cooperation

Contents

I General Report

Abstract: In 2023, the overall situation in Israel can be summarized as "internal and external troubles". The "internal troubles" caused by the judicial reform and the "external troubles" caused by the Gaza conflict have dealt a heavy blow to Israel's economy, politics and society. Israel's economy has suffered a severe blow, especially the high-tech industry is facing severe tests, but Israel's foundation as an "innovation nation" remains. The wave of mass protests triggered by the judicial reform is not only a contest for power between the government and the judicial system, but also a concentrated manifestation of the divisions between the state and society in Israel in recent years. The conflict in Gaza has severely damaged the sense of security of Israel and its people, damaged Israel's regional deterrence and international image, and the international anti-Israel and anti-Semitism situation has become more serious.

Keywords: Israeli Economy; Judicial Reform; Gaza Conflict; Political Instability

II   Topical Reports

Abstract: Israel's economy experienced significant volatility in 2023, primarily due to the social crisis triggered by judicial reforms at the beginning of the year and the negative impact of the Gaza conflict following Hamas' attacks in October. Despite early economic indicators showing full employment and inflation rates above target, signs of economic adjustment were already emerging before the Gaza conflict. The sudden outbreak of Gaza conflict caused a sharp economic downturn, which was only stabilized after the government implemented a series of emergency policy measures. These measures included interest rate hikes, foreign exchange market interventions, substantial increases in defense spending, and support measures for affected businesses and households. The long-term impacts of the Gaza conflict on Israel's economy include labor market strain, reduced production capacity, decreased demand, financial market volatility, credit rating downgrades, and the exodus of high-tech companies and talent. Additionally, Israel faces the dual pressures of a damaged international image and the outflow of its high-tech industry. Despite these challenges, the foundations of Israel's economy remain solid, but the recovery of its national economy may take several years of effort.

Keywords: Israeli Economy; Gaza Conflict; Economic Policy; Economic Challenges

Abstract: Turmoil caused by divisions and fissures, was the main feature of

Israel's politics in 2023. On the one hand, the government formed by Netanyahu in November 2022, which united right-wing and far-right parties, began pushing for judicial reform in January 2023, advocating for limiting the authority of Israel's Supreme Court and Attorney General, and increasing the power of the Knesset. The judicial reforms provoked uproar in Israel, with fierce criticism, particularly from Israel's left-and center-wing parties, and a wave of mass protests and demonstrations. Although President Herzog hosted a dialogue in March 2023 in an attempt to calm the divisions in the country, the negotiations broke down in July 2023, leading to renewed large-scale protests and demonstrations. The outbreak of a new round of the Israeli-Palestinian conflict on 7 October 2023 interrupted the social rift caused by the reforms in the country, and for a short period of time led to the unification of all sectors of the population. However, as the war continued, disagreements among various political groups in Israel over whether and how to continue the military campaign and whether to open an investigation into the responsibility for the war emerged and will continue to influence the Israeli politics in the future.

Keywords: Israel Parties; Judicial Reform; Israeli-Palestinian Conflict; Political Situation

Ⅲ   Social Governance

B.4   Urban Environmental Governance Measures in
the Tel Aviv Metropolitan Area

Kong Yan, Zheng Tiancheng / 052

Abstract: The municipal government of Tel Aviv attaches great importance to urban environmental issues, and takes active measures in the management of water resources, climate, and solid waste and the development of urban agriculture. It also works with local residents and non-governmental organizations to deal with the challenges of urban environment and build an environmentally friendly, green and sustainable metropolis. To sum up, through targeted environmental governance measures, Tel Aviv has made several notable achievements, such asachieving self-sufficiency in water resources and reducing its dependence on freshwater resources, controlling urban carbon emissions and increasing urban green coverage, reducing the landfill rate and increasing the recycling rate of solid waste, enhancing the residents'environmental awareness and initiativeness. However, there still exist some shortcomings, such as high costs and the constraints of urbanization process and slow environmental governance actions at the national level.

Keywords: Tel Aviv; Metropolitan Area; Urbanization; Urban Environmental Governance

B.5 Development, Characteristics, and Influence of Israel's Innovation Exhibition Industry

Zhao Chenxi, Wu Junchao / 075

Abstract: Israel's exhibition activities can be traced back to the "Levant Fair" in the 1930s. Following the establishment of the state of Israel in 1948, these activities have continuously developed toward the direction of modernization, internationalization, and specialization, leading to the emergence of internationally renowned exhibition clusters, including Expo Tel Aviv and the International Convention Center in Jerusalem. Today, Israel's innovation exhibition industry serves as a crucial platform in driving national economic growth, enhancing the country's international reputation, and promoting the commercialization of technological achievements. It yields significant economic, social, and political benefits. While emphasizing the diversification of exhibition themes and formats, it strives to establish a distinctive Israeli brand for innovation exhibition. Moreover, as a vital component of the innovation ecosystem, this industry of innovation exhibition focuses on the growth of startups, facilitating the marketization of Israel's

technological innovation achievements and serving as a prominent calling card of Israel on the international stage.

Keywords: Israel; Technology Innovation; Exhibition Industry; Expo Tel Aviv

B. 6　Israel's Strategic Pathways and Risk Outlook in

Algorithmic Governance　　　　*Zhao Xiuzan*, *Zhang Dexin* / 094

Abstract: Algorithmic systems are widely applied in Israel, with significant involvement of market entities in fields such as algorithmic technology, intelligent transportation, smart agriculture, and digital healthcare. Consequently, the Israeli government recognizes the necessity of ensuring the transparency, fairness, and reliability of algorithmic systems to protect public interests and national security. In the era of algorithms, the Israeli government continuously refines its strategic pathways for algorithmic governance, implementing a series of measures to manage and regulate the use and operation of algorithmic systems. Specifically, its overarching goal has evolved from being a cybersecurity powerhouse to becoming an algorithmic powerhouse. Its organizational approach has shifted from fragmented responses to systematic coordination, and its focus has transitioned from policy guidance to action-oriented initiatives. However, Israel still faces risks in the process of algorithmic governance. For example, its aggressive preferences affect the healthy development of the algorithmic market entities; its intelligence-driven approach leads to an overload of security pressures on Israel's algorithmic governance; and the spread of deepfake technology undermines Israel's virtual national image in cyberspace.

Keywords: Israel; Algorithmic Governance; National Image

IV   Science and Technology Innovation Topics

B.7   Israel's Artificial Intelligence Technology and Its Application
in the Field of Innovation

Ai Rengui, Li Xuanming ∕ 117

Abstract: Israel is one of the earliest countries in the world to study artificial intelligence, and has been conducting research on artificial intelligence since the 1960s. Over the course of more than half a century's development, Israel has achieved a series of important achievements in the field of artificial intelligence. Israeli society has itsunique understanding of artificial intelligence, treating it as an engine of economic growth, an important fulcrum for innovation, a weapon of national defense, and a diplomatic highlight. Since the 21st century, with the rapid development of artificial intelligence technology, Israel has begun to formulate its strategy for artificial intelligence and achieved initial results. Known as the "Silicon Valley of the Middle East," Israelattaches great importance to the application of artificial intelligence technology in the field of innovation and entrepreneurship, and regards artificial intelligence as a key support for its innovation ecosystem. Based on its own national conditions, Israel has embarked on a path of artificial intelligence development which is deeply integrated with its innovation ecosystem and leads the world in some important fields. It not only offers a strong support to the construction of the innovative country, but also generates considerable economic and social benefits.

Keywords: Israel; Artificial Intelligence Technology; Development Strategy; Innovation Ecosystem

435

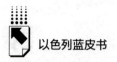
B. 8   The Construction of Israel's Smart Transportation

Xie Zhiheng, *Zhang Yanbo* / 137

Abstract: Israel is a global innovation hub in the field of smart transportation, boasting impressive smart transportation technologies and startups that are among the leaders driving the next round of global transportation revolution. The construction of smart transportation driven by digitalization, electrification, and automation has received high support from the Israeli government, which has issued multiple documents and reports aimed at establishing Israel's leadership position in the field of smart transportation. The construction of smart transportation helps solve the issues of traffic congestion, traffic accident, and traffic pollution that have plagued Israel's development, and provides a new growth point for Israel's economic development. However, the construction of smart transportation in Israel also faces challenges similar to other innovative industries, such as heavy reliance on foreign funding, limited domestic market, and insufficient absorption of technology.

Keywords: Israel; Smart Transportation; Startups; Digital Economy

B. 9   The Market Pattern and Innovation Ecosystem of

Israel's Semiconductor Industry   *Deng Yanping* / 156

Abstract: With the support of national policy, Israel's semiconductor industry has undergone a rapid development and has become a leading power in the global semiconductor industry. What makes Israel a kingdom of semiconductor is its construction of a high-efficient and high-output innovation ecosystem of semiconductor, whose predominant characteristics are an innovation atmosphere created by the government, collaboration of several departments, gathering of high-quality talents and assurance of quality education system. It offers strong support for Israel's semiconductor industry. By establishing a sound risk investment ecosystem, Israel attracts a large amount of investments and promotes its innovative development. In the meantime, Israel attaches great importance to cooperation with other countries in the field of semiconductor. However, the influence of narrow market and long-lasting Israeli-Palestinian conflict on the supply chain restricts the expansion and stability of the scale of Israel's semiconductor innovation ecosystem. Israel's military and civilian integration mode, cultivation of innovation culture, industry-university-research coordination system in the semiconductor industry could provide inspirations for the majority of developing countries in the world.

Keywords: Israel; Semiconductor Industry; Innovation Ecosystem

B. 10   The Development Status of Israel's Life Sciences Industry

Liu Zun / 174

Abstract: As a global leader in life science innovation, Israel's life sciences industry has developed rapidly in recent years, and in the past 10 years, Israel has gradually formed an industrial system with digital health, medical devices, biotechnology and pharmaceuticals as the core. The large number of start-ups in the life sciences industry, strong scientific research capabilities, smooth financing channels and strong government support underpin its position as the world's most dynamic center in drug R&D and innovation. At the same time, Israel has vigorously promoted the application of cutting-edge technologies such as artificial intelligence and metaverse to the field of life sciences, so as to promote the rapid development of this industry.

Keywords: Israel; Life Sciences Industry; Digital Health Industry; Intelligent Healthcare; Biotechnology

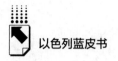

V　Foreign Policy

B.11　German-Israeli Relations Since Scholz Came to Power

Zhang Ligang, *Wang Siyi* / 195

Abstract: Since German Chancellor Scholz took office in December 2021, the relationship between Germany and Israel has shown a new development trend, with the bilateral economic and trade relations strengthening, military cooperation deepening, and civilian exchanges increasing. At the same time, Germany emphasized its historical responsibility and commitment to Israel and increased its efforts to combat anti-Semitism. The Scholz government, while actively fulfilling its historical responsibilities, has expanded its cooperation with Israel and enriched the channels for bilateral public exchanges. The Scholz government's foreign policy towards Israel reflects a value-oriented diplomacy, which is not only a response to Germany's historical reflection after World War Ⅱ, but also reflects Scholz's unique understanding of the German-Israeli relationship.

Keywords: Schultz; Merkel; Germany-Israeli Relations; Value-oriented Diplomacy

B.12　The Development Trend of Israel-Japan Relations in

Recent Years　　　　　　　　　*Li Yemeng*, *Xiao Tao* / 213

Abstract: Israel and Japan have strong regional influence in the Middle East and East Asia, and the two countries maintain close relations in the political, economic, scientific and technological, and humanistic fields. Despite the challenges of the global epidemic, relations between the two countries have developed positively. After the outbreak of a new round of Israeli-Palestinian conflict in 2023, the two countries still maintain high-frequency political exchanges, but their economic and trade, as well as humanistic exchanges are affected to a certain extent. In the long run, the basic direction of bilateral relations between the two countries will remain unchanged: political relations will develop steadily, while economic and trade, scientific and technological, and humanistic exchanges will continue to be strengthened. But there are also challenges arising from the energy issue and the strengthening of negative perceptions of Israel among the Japanese public.

Keywords: Israel; Japan; Bilateral Relations; Development Trend

B. 13 New Developments in the Relations Between Israel and
the ASEAN Countries

Pang Weidong, Li Yuyang / 231

Abstract: After World War Ⅱ, Israel established diplomatic relations with some Southeast Asian countries. With the end of the Cold War, Israel and ASEAN countries conformed to the era's trend of peace and development, elevating bilateral relations to a new level. In recent years, frequent political interactions, close economic exchanges, deepened cultural engagement, and stable innovation cooperation have characterized ties between Israel and ASEAN nations. Current factors driving the positive development of their relations include economic complementarity, the absence of direct geopolitical conflicts, and impetus from the United States. However, challenges persist in Israel's relations with ASEAN collectively and with individual member states, such as the Israeli-Palestinian conflict, lingering anti-Semitism within ASEAN, significant cultural differences, and the Islamic background of certain ASEAN countries. The recent progress in Israel-ASEAN relations reflects Israel's growing emphasis on Southeast Asia, though divergences exist among regional states regarding deepening ties with Israel.

Keywords: Israel; ASEAN Countries; New Developments; Israeli-Palestinian Conflict

B . 14 New Trends in Israel-South Africa Relations

Gao Wenyang / 252

Abstract: At the end of 2023, South Africa sued Israel to the International Court of Justice for "genocide" against Palestinians in the Gaza Strip, and the bilateral diplomatic relations between the two countries fell to the freezing point. As one of the first countries to recognize Israel, South Africa maintained intensive political, economic, trade and defense exchanges with Israel for a long time in the 1970s and 1980s. However, after the end of apartheid in South Africa in 1994, its foreign policy towards Israel has gradually shifted, its position on the Palestinian issue has changed from mild to tough, and the relationship between the two countries has been on a downward trend. In recent years, South Africa has readjusted its foreign policy towards Israel again for the following reasons: Israel's declining international reputation; the successive change of the core of South Africa's foreign policy; the realistic demand of a new round of general election; limited economic and trade ties between the two countries; and South Africa's emotional rebound towards the United States and its allies. The adjustment of South Africa's foreign policy towards Israel has brought profound changes to the regional and global security situation, and at the same time provided new perspectives and inspirations to deal with international conflicts.

Keywords: Israel; South Africa; Israel-South Africa Relations

B . 15 New Trends in Latin American-Israeli Relations Under the "Pink Tide"

Wei Tong / 279

Abstract: Latin American countries played an important role in the founding of Israel. After the establishment of the state of Israel, it maintained good and stable diplomatic relations with most Latin American countries. At the end of the 20th century and the beginning of the 21st century, with the rise of the "Pink

Tide", Latin American countries showed a polarized trend in their relations with Israel. Especially since the outbreak of a new round of Israeli-Palestinian conflict in October 2023, Latin American countries led by left-wing governments have continuously protested against the Israeli army's actions in Gaza by condemning, breaking off diplomatic relations, and prosecuting, while the right-wing leaders of Latin America represented by the new Argentine President Javier Milei have strongly supported Israel's defense of "national security". Latin American countries' orientations of foreign policy in the Israeli-Palestinian conflict reflect public opinions, proving that most peace-loving people of Latin America still support the "two-state solution", and meanwhile highlighting the weakening of the United States' influence in Latin America and the decline of its unipolar hegemony.

Keywords: "Pink Tide"; Latin America; Israel; Israeli-Palestinian Conflict

Ⅵ China-Israel Cooperation

B. 16   Current Status, Characteristics and Prospects of Innovation
Cooperation Between Major Provinces (Autonomous Regions,
Municipalities) of China and Israel

Han Bingyang, Yu Zhicheng, Yang Jian, Nan Fang and Ren Xiaoping / 301

Abstract: Currently, unprecedented situation is changing rapidly, profoundly reshaping the international landscape. China continues to expand its high-level opening-up to the outside world, with local governments actively engaging in international cooperation and accelerating their integration into the global innovation network. At the level of provinces (autonomous regions, municipalities), collaboration in various fields has become an integral part of the comprehensive innovation partnership between China and Israel, and studying the current status of local innovation cooperation with Israel helps to understand China-Israel innovation cooperation. This paper analyzes the situation of innovation cooperation of Beijing, Shanghai, Jiangsu, Zhejiang, and Guangdong, among

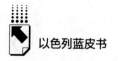

other regions, with Israel. It employs specific examples and relevant indicators to delve into the performance of local innovation cooperation with Israel, aiming to uncover the developmental impetus and internal factors of innovation cooperation of provinces and cities under the mechanism of the China-Israel Joint Committee on Innovation Cooperation. It concludes that the cooperation model demonstrates a trend of multi-sectoral, interactive, and cross-regional development, thereby providing valuable insights for promoting sub-national cooperation between China and Israel in the future.

Keywords: China-Israel Innovation Cooperation; China-Israel Relations; Local Cooperation

B.17　China-Israel Cooperation in the Field of Healthcare and

　　Its Effects　　　　　　　　　　　　*Hu Hao, Feng Yixuan* / 325

Abstract: The cooperation between China and Israel in the field of healthcare has a good foundation and maintains a continuous development trend. In recent years, influenced by the COVID-19 epidemic and promoted by the emerging technologies such as artificial intelligence, big data and others, China and Israel have further enhanced their innovative cooperation in the field of healthcare, and have made important progresses in key areas such as joint epidemic prevention, medical devices, and the incubation of new medical enterprises, etc. The cooperation between the two parties shows the characteristics of coordinated official and private cooperation in parallel, outstanding cooperation results in key cities, and steady advancement in innovative cooperation. For now, cooperation between China and Israel in the field of healthcare faces opportunities and challenges. This demands joint efforts from the two countries in improving laws and regulations, strengthening joint research, and deepening scientific and cultural exchanges.

Keywords: China; Israel; Healthcare Cooperation

B . 18   Current Status and Future Prospects of Energy Cooperation
Between China and Israel

Wang Hui / 343

Abstract: As challenges such as environmental pollution and depleting fossil fuel resources escalate, the transition to new energy sources has emerged as a significant topic of global concern. Establishing an energy structure primarily focused on new energy is essential for the future development of nations worldwide. In recent years, China's new energy sector has expanded rapidly, achieving a prominent position on the global stage. Likewise, Israel is also proactively advancing its energy transformation, constructing a green energy framework, and demonstrating technological leadership in the development of green science and technology. Currently, cooperation between China and Israel in the new energy domain is progressing steadily, particularly in areas such as New energy power generation, new energy storage technology, and new energy vehicles etc., which is characterized by frequent interactions and notable achievements. This collaboration aligns with both countries'energy transformation strategies and economic interests, exhibiting technological complementarity and adhering to market principles. However, challenges remain in terms of inconsistent industrial development, uneven distribution of cooperation priorities, intense market competition, and constraints posed by international political factors. Nevertheless, the prospects for new energy collaboration between China and Israel are promising. Based on existing cooperation, the two countries should strive to deepen scientific and technological collaborations, enhance the robustness of their industrial chains, diversify new energy product offerings, and actively explore new joint ventures and overseas operational models to enhance the resilience and depth of their partnership.

Keywords: China; Israel; New Energy Cooperation; Green Technology

皮书数据库
ANNUAL REPORT(YEARBOOK)
DATABASE

权威报告·连续出版·独家资源

分析解读当下中国发展变迁的高端智库平台

所获荣誉

- 2022年，入选技术赋能"新闻+"推荐案例
- 2020年，入选全国新闻出版深度融合发展创新案例
- 2019年，入选国家新闻出版署数字出版精品遴选推荐计划
- 2016年，入选"十三五"国家重点电子出版物出版规划骨干工程
- 2013年，荣获"中国出版政府奖·网络出版物奖"提名奖

皮书数据库

"社科数托邦"
微信公众号

成为用户

登录网址www.pishu.com.cn访问皮书数据库网站或下载皮书数据库APP，通过手机号码验证或邮箱验证即可成为皮书数据库用户。

用户福利

- 已注册用户购书后可免费获赠100元皮书数据库充值卡。刮开充值卡涂层获取充值密码，登录并进入"会员中心"—"在线充值"—"充值卡充值"，充值成功即可购买和查看数据库内容。
- 用户福利最终解释权归社会科学文献出版社所有。

数据库服务热线：010-59367265
数据库服务QQ：2475522410
数据库服务邮箱：database@ssap.cn
图书销售热线：010-59367070/7028
图书服务QQ：1265056568
图书服务邮箱：duzhe@ssap.cn

社会科学文献出版社 皮书系列
SOCIAL SCIENCES ACADEMIC PRESS (CHINA)

卡号：663415192634
密码：

S 基本子库
UB DATABASE

中国社会发展数据库（下设 12 个专题子库）

紧扣人口、政治、外交、法律、教育、医疗卫生、资源环境等 12 个社会发展领域的前沿和热点，全面整合专业著作、智库报告、学术资讯、调研数据等类型资源，帮助用户追踪中国社会发展动态、研究社会发展战略与政策、了解社会热点问题、分析社会发展趋势。

中国经济发展数据库（下设 12 专题子库）

内容涵盖宏观经济、产业经济、工业经济、农业经济、财政金融、房地产经济、城市经济、商业贸易等 12 个重点经济领域，为把握经济运行态势、洞察经济发展规律、研判经济发展趋势、进行经济调控决策提供参考和依据。

中国行业发展数据库（下设 17 个专题子库）

以中国国民经济行业分类为依据，覆盖金融业、旅游业、交通运输业、能源矿产业、制造业等 100 多个行业，跟踪分析国民经济相关行业市场运行状况和政策导向，汇集行业发展前沿资讯，为投资、从业及各种经济决策提供理论支撑和实践指导。

中国区域发展数据库（下设 4 个专题子库）

对中国特定区域内的经济、社会、文化等领域现状与发展情况进行深度分析和预测，涉及省级行政区、城市群、城市、农村等不同维度，研究层级至县及县以下行政区，为学者研究地方经济社会宏观态势、经验模式、发展案例提供支撑，为地方政府决策提供参考。

中国文化传媒数据库（下设 18 个专题子库）

内容覆盖文化产业、新闻传播、电影娱乐、文学艺术、群众文化、图书情报等 18 个重点研究领域，聚焦文化传媒领域发展前沿、热点话题、行业实践，服务用户的教学科研、文化投资、企业规划等需要。

世界经济与国际关系数据库（下设 6 个专题子库）

整合世界经济、国际政治、世界文化与科技、全球性问题、国际组织与国际法、区域研究 6 大领域研究成果，对世界经济形势、国际形势进行连续性深度分析，对年度热点问题进行专题解读，为研判全球发展趋势提供事实和数据支持。

法律声明

　　"皮书系列"（含蓝皮书、绿皮书、黄皮书）之品牌由社会科学文献出版社最早使用并持续至今，现已被中国图书行业所熟知。"皮书系列"的相关商标已在国家商标管理部门商标局注册，包括但不限于 LOGO（　）、皮书、Pishu、经济蓝皮书、社会蓝皮书等。"皮书系列"图书的注册商标专用权及封面设计、版式设计的著作权均为社会科学文献出版社所有。未经社会科学文献出版社书面授权许可，任何使用与"皮书系列"图书注册商标、封面设计、版式设计相同或者近似的文字、图形或其组合的行为均系侵权行为。

　　经作者授权，本书的专有出版权及信息网络传播权等为社会科学文献出版社享有。未经社会科学文献出版社书面授权许可，任何就本书内容的复制、发行或以数字形式进行网络传播的行为均系侵权行为。

　　社会科学文献出版社将通过法律途径追究上述侵权行为的法律责任，维护自身合法权益。

　　欢迎社会各界人士对侵犯社会科学文献出版社上述权利的侵权行为进行举报。电话：010-59367121，电子邮箱：fawubu@ssap.cn。

社会科学文献出版社